VERÖFFENTLICHUNGEN DER ALTERTUMSKOMMISSION
IM PROVINZIALINSTITUT
FÜR WESTFÄLISCHE LANDES- UND VOLKSFORSCHUNG
LANDSCHAFTSVERBAND WESTFALEN-LIPPE

HERAUSGEGEBEN VON WILHELM WINKELMANN

BAND V

FRIEDRICH HOHENSCHWERT

UR- UND FRÜHGESCHICHTLICHE BEFESTIGUNGEN IN LIPPE

ASCHENDORFFSCHE VERLAGSBUCHHANDLUNG

MÜNSTER WESTFALEN 1978

UR- UND FRÜHGESCHICHTLICHE BEFESTIGUNGEN IN LIPPE

VON

FRIEDRICH HOHENSCHWERT

ASCHENDORFFSCHE VERLAGSBUCHHANDLUNG

MÜNSTER WESTFALEN 1978

Erscheint gleichzeitig als Band 4
der „Lippischen Studien“,
Forschungsreihe des Landesverbandes Lippe in Detmold

Dieses Buch wurde hergestellt in den Druckereien
F. L. Wagener GmbH & Co. KG, Lemgo (Satz und Druck)
und Aschendorff, Münster (Klischees und buchbinderische Verarbeitung), 1978.

ISBN 3-402-05843-X

In dankbarer Erinnerung an

LEO NEBELSIEK

1886 — 1974

INHALT

VORWORT

Im Sommersemester 1966 wurde der Philosophischen Fakultät der Universität zu Köln eine Magisterarbeit unter dem Titel „Frühgeschichtliche Befestigungen im Lande Lippe – Stand und Aufgaben ihrer Erforschung“ vorgelegt.
Nachdem in dieser Arbeit Stand und Aufgaben der frühgeschichtlichen Burgenforschung behandelt worden waren, lag es nahe, den darin aufgezeigten Problemen, insbesondere an Hand neuer Ausgrabungen, nachzugehen, um zu einer fundierteren und vollständigeren Darstellung der ur- und frühgeschichtlichen Befestigungsanlagen im Gebiet zwischen Teutoburger Wald und mittlerer Weser zu gelangen. Vor allem die 1968 bei Ausgrabungen am Tönsberg bei Oerlinghausen gewonnenen Ergebnisse bestärkten mich in diesem Plan.
Hinsichtlich dieser und weiterer Tönsberggrabungen habe ich zunächst der Hanielschen Guts- und Forstverwaltung, die mir in all den Jahren in großzügiger Weise die Arbeit im privaten Waldrevier am Tönsberg gestattete, zu danken. Mein besonderer Dank gilt Frau Benedikta Haniel und Herrn Forstmeister Hallstein, die nicht nur für die Ausgrabungen stets Interesse zeigten, sondern auch großes Verständnis für unvermeidliche Maßnahmen in den Forstkulturen aufbrachten.
Danken möchte ich sodann den ersten Grabungshelfern am Tönsberg, den Oerlinghauser Gymnasiasten mit ihrem Lehrer, Herrn OStR Böttcher. Ohne ihr Hilfsangebot, in den Ferien mitzuarbeiten, wäre das Vorhaben sicher nicht so schnell realisiert worden. In den folgenden Grabungskampagnen stießen immer neue interessierte Studenten, Schülerinnen und Schüler aus verschiedenen lippischen Orten, vor allem aber aus Detmold, zu den Grabungshelfern. Sie waren trotz harter Arbeit stets interessiert und aufmerksam. Stellvertretend für sie alle möchte ich hier Herrn stud. phil. Altwasser meinen Dank für die engagierte Mitarbeit aussprechen. Er war bald so eingearbeitet, daß er über mehrere Grabungskampagnen hin mich bei der Erstellung der Feldzeichnungen, Fundbeschriftung und Fundlisten entlastete.
Mein besonderer Dank gilt Herrn Dr. H. Beck, der in seiner Eigenschaft als Staatlicher Vertrauensmann für kulturgeschichtliche Bodenaltertümer meine Untersuchungen von Anfang an unterstützte und mich in schwierigen Situationen mit seinem Rat ermutigte. In gleicher Weise habe ich dem Vorsitzenden der Westfälischen Altertumskommission, Herrn Prof. W. Winkelmann, für sein starkes Interesse an meiner Arbeit, viele kollegiale, förderliche Gespräche und finanzielle Hilfe zu danken.
Der Altertumskommission für Westfalen danke ich für die Übernahme dieser Arbeit in die Reihe „Veröffentlichungen der Altertumskommission“.
Dem Landesverband Lippe habe ich dafür zu danken, daß er für die Zeit der Tönsberguntersuchungen finanzielle Mittel bereitstellte, um die zusätzlichen Kosten für Grabungshelfer, Zeichner und Vorbereitung der Publikation zu bestreiten. Durch die Übernahme in seine Forschungsreihe „Lippische Studien“ ermöglichte er die ungekürzte Veröffentlichung und notwendige Illustration der Arbeit.
Dem Lippischen Landesmuseum und seinen Mitarbeitern habe ich dafür zu danken, daß stets Verständnis und Hilfsbereitschaft bei der Bewältigung der umfangreichen Arbeiten vorhanden war. Hier habe ich meines Vorgängers im Amt, L. Nebelsiek, zu gedenken, der mir seine persönlichen Grabungsaufzeichnungen und alle Unterlagen in wohlgeordnetem Zustand hinterließ und in all den Jahren in sorgfältigster Kleinarbeit die denkmalspflegerischen Unterlagen und Fundkarteien erstellte, die in dieser Arbeit mit ausgewertet wurden.
Herrn Dr. Trier, Direktor des Landesmuseums für Vor- und Frühgeschichte in Münster, und seinen Mitarbeitern habe ich für Unterstützung bei der Erstellung vorläufiger Vermessungsunterlagen zur Einbindung der einzelnen Grabungsschnitte zu danken. Der in den Schuchhardtschen Tönsbergplan eingetragene Polygonzug wurde von Herrn Bennemann erstellt. Für fruchtbare

Diskussionen und Anregungen habe ich mich bei allen Gästen und Fachkollegen auf der Grabungsstelle zu bedanken.
Zahlreiche Gespräche zu speziellen Fragen führte ich mit Kollegen und Freunden. Mit Frau Dr. Dahm-Ahrens vom Geologischen Landesamt Krefeld erörterte ich bodenkundliche Fragen, von Herrn W. R. Lange erhielt ich wertvolle Hinweise für die Auswertung des keramischen Materials der älteren Eisenzeit. Herr Dr. U. Lobbedey beriet mich bei der Auswertung der mittelalterlichen Befunde und gab Anregungen für die Bearbeitung der Keramik. Wertvolle Gespräche zu methodischen Fragen der Materialbearbeitung und Hilfe bei der Aufarbeitung der älteren Ausgrabungsunterlagen und kurzfristige Hilfe auf Grabungsstellen hatte ich durch Frau Dr. M. Dohrn, Herrn Dr. R. Kuper und P. Stehli. Ihnen allen gebührt mein aufrichtiger Dank.
Herr D. Bönig, Bonn, zeichnete die Keramik, das Ehepaar E. Schutter, Hannover, erstellte mit großem Interesse an der Sache und stets hilfsbereit die umfangreiche Umzeichnung aller Grabungsbefunde für die Veröffentlichung. Herr K. Kleinschmidt erledigte mit Sorgfalt alle fotomechanischen Arbeiten für das umfangreiche Tafelmaterial und die Verkleinerung der Originalvorlagen auf ein handliches Format. Frau I. Krehbiel-Gräther habe ich für die Erstellung des sehr umfangreichen Manuskriptes und der Grabungsprotokolle an Ort und Stelle zu danken. Ohne ihr großes Interesse und Einfühlungsvermögen wäre das zum Teil schwierige Material in so kurzer Zeit kaum aufzuarbeiten gewesen.
Der Verfasser stand schon seit einigen Jahren in der praktischen Arbeit des Abteilungsleiters am Lippischen Landesmuseum Detmold und der Bodendenkmalspflege, als diese Arbeit in Angriff genommen wurde. Diese Situation bereitete viele Schwierigkeiten.
An dieser Stelle habe ich meinem Lehrer, Herrn Prof. Dr. H. Schwabedissen, zu danken. Schon seit der Studentenzeit galt sein Interesse den Wallburgen im Lipperland. Er hat meine Arbeit mit großer Anteilnahme verfolgt und unterstützt. Er ermutigte mich nicht nur zu all den Untersuchungen, die dieser Arbeit zugrunde liegen, er war es auch, der mir nach 25jähriger Unterbrechung meines Studiums, bedingt durch Krieg und Berufswechsel, Mut machte, das Studium wiederaufzunehmen und zum Abschluß zu bringen. Die Ergebnisse der vom Lippischen Landesmuseum aus betriebenen Feldforschung bilden die Grundlage für die Arbeit, die 1974/75 im Kölner Institut für Ur- und Frühgeschichte angefertigt worden ist.
Die Arbeit wurde unter gleichem Titel in der hier vorliegenden Form im Frühjahr 1975 der Mathematisch-Naturwissenschaftlichen Fakultät der Universität zu Köln als Dissertation eingereicht. Die seit 1975 erschienene Literatur konnte nicht mehr berücksichtigt werden.
All dies wäre mir jedoch nicht möglich gewesen, wenn meine Frau nicht in den Jahren, in denen ich neben der Tätigkeit als Landwirt mein Studium zum Abschluß brachte, großes Verständnis für dieses Vorhaben gehabt hätte. Sie nahm viel Unruhe und zusätzliche Belastung auf sich. Darüber hinaus leistete sie mir wertvolle Hilfe bei technischen Arbeiten am Manuskript, insbesondere bei der Erstellung des umfangreichen Tafelteils. Ihr gilt mein ganz persönlicher Dank.

1. EINLEITUNG

1.1. GRUNDLAGEN

Gegenstand dieser Untersuchung sind die ur- und frühgeschichtlichen Befestigungen in dem zwischen Teutoburger Wald und mittlerer Weser gelegenen Gebiet des ehemaligen Landes Lippe. Die zum großen Teil in der Landschaft deutlich erkennbaren Bodendenkmäler haben für die Geschichte des Arbeitsgebietes stets eine besondere Rolle gespielt und bilden hier seit langem das Hauptobjekt der archäologischen Forschung. Dennoch lagen zu Zeitstellung und Bedeutung dieser Anlagen nur wenige gesicherte Ergebnisse vor, wie ein Vergleich der als Abb. 2 wiedergegebenen Karte mit dem ergänzten Verbreitungsbild unserer Abb. 70 am Beispiel der latènezeitlichen Befestigungen deutlich macht.
Die auffällige Häufigkeit der Wallanlagen im Arbeitsgebiet hat zur Prägung des vieldiskutierten Begriffes „Weserfestung“ (Hofmann, 1920) geführt. In der vorliegenden Arbeit wurde die früher übliche Betrachtungsweise unter ausschließlich oder vorrangig militärischen oder historisch-politischen Aspekten weitgehend zurückgestellt und einer Darlegung und Auswertung archäologischer Befunde einerseits und des Verhältnisses der Burgen zu ihrer Landschaft, den Siedlungsräumen und durch geographische Untersuchungen erschlossenen alten Verkehrslinien andererseits der Vorrang gegeben. Ferner wurde der Versuch unternommen, in der Standortwahl für die verschiedenen Burgentypen und Altersschichten Gesetzmäßigkeiten zu erkennen und Motivationen zu ergründen. Bei den frühen Anlagen wurde geprüft, in welchem Umfang die natürlichen Standortgegebenheiten fortifikatorisch genutzt wurden und die Platzwahl bestimmten. Bei allen wurde versucht, Gruppentypisches zu erkennen und Hinweise für militärische, administrative oder wirtschaftliche Funktionen zu finden.
Damit wird ein Weg beschritten, der in der neueren Burgenforschung allgemein gegangen wird. Ein Beispiel gibt H. G. Peters mit der Untersuchung „Ur- und frühgeschichtliche Befestigungen zwischen Oberweser und Leine“. In einem historischen Teil (1970, 147 f.) werden Entwicklungen und Stand der Burgenforschung in verschiedenen Bundesländern kurz skizziert. Grundsätzliche Ausführungen macht H. Jankuhn (1971) zu den methodischen Ansätzen und Fragestellungen, die in Zusammenarbeit mit historischer Landesforschung und Geographie der archäologischen Burgenforschung im benachbarten Niedersachsen neue Impulse gaben.
M. Last (1969) zog den archäologischen Denkmalsbestand heran, um rein historische Fragestellungen nach der Rolle von Adel und Graf bei der Herausbildung eines Territoriums im Mittelalter zu klären. In einer Untersuchung kleinräumiger Burgenlandschaften Nordwestdeutschlands gelang es ihm (1968, 59) nachzuweisen, „daß die Kontinuitätserscheinungen an frühmittelalterlichen Burgwällen eindeutig auf deren Funktion im Rahmen herrschaftlicher, vor allem gräflicher Organisation, zurückverweisen“. Der Schwerpunkt jener Forschungen liegt natürlich bei den karolingerzeitlichen bis hochmittelalterlichen Befestigungen, da vor dieser Zeit kaum auswertbare schriftliche Quellen für die jeweilige Burgenlandschaft vorliegen.
Die archäologische Erforschung dieser frühgeschichtlich-mittelalterlichen Anlagen im Arbeitsgebiet muß leider weitgehend ohne solche Zusammenarbeit mit historischer Landesforschung und Geographie auskommen. Die völlig unzureichende Quellenlage hat die Lokalhistoriker nicht gerade ermutigt, nach versteckten Nachrichten zu suchen, und neuere geographische Untersuchungen für den Zeitraum und unsere Thematik liegen auch nicht vor. So war eine historische Auswertung und Funktionsdeutung bei den mittelalterlichen Befestigungen nur teilweise möglich. Geographische Aspekte wurden weitgehend vom Standpunkt des Archäologen aus zu berücksichtigen versucht.

Unter diesen Verhältnissen erschienen die älteren ur- und frühgeschichtlichen Befestigungen, die Gruppe der „Volksburgen“ nach Schuchhardt, am besten geeignet, die archäologische Burgenforschung fortzusetzen. Der Magisterarbeit des Verfassers (Hohenschwert, 1966) lagen nur wenige jüngere Grabungsergebnisse zugrunde, die ausschließlich der Forschungstätigkeit von L. Nebelsiek zu verdanken waren und, soweit noch nicht veröffentlicht, für diese Arbeit in großzügiger Weise zur Auswertung überlassen wurden. Dazu kamen Ergebnisse einer eigenen kleinen, als Nachuntersuchung gedachten Grabung am Piepenkopf und einiger Sondierungen zur Gewinnung von Holzkohleproben zur C14-Datierung.
Die Materialsammlung zu jener Arbeit mußte nach Überarbeitung und Erweiterung durch eine Fundvorlage zu den mittelalterlichen Anlagen in diese Untersuchung übernommen werden.
Jegliche Burgenforschung in unserem Gebiet hat auszugehen von den für ihre Zeit vorbildlichen Denkmalsinventarisationen und Untersuchungen von L. Hölzermann: „Lokaluntersuchungen, die Kriege der Roemer und Franken sowie die Befestigungsmanieren der Germanen, Sachsen und des spaeteren Mittelalters betreffend“, Münster 1878, und dem „Atlas vorgeschichtlicher Befestigungen in Niedersachsen“, der 1888 von A. Oppermann begonnen und nach seinem Tode 1892 von C. Schuchhardt 1916 fertiggestellt war. Schuchhardts besonderes Interesse für die Befestigungen unseres Arbeitsgebietes wurde noch dadurch verstärkt, daß er in Prof. O. Weerth, einem hervorragenden Sachkenner der landschaftlichen Verhältnisse Lippes, einen engagierten Partner fand. Obwohl die Befestigungen im lippischen Land in Schuchhardts Publikationen einen wesentlichen Platz einnehmen, blieb vieles, was später an Detailuntersuchungen hinzukam, im Lokal- und Heimatschrifttum versteckt.
Beim Studium der Literatur kam der Verfasser zu der Überzeugung, daß an die historischen Nachrichten zu große Erwartungen geknüpft wurden. Für die urgeschichtlichen Anlagen hatte die Auslegung der römischen Berichte über die militärischen Aktionen im freien Germanien und der noch unzureichende archäologische Forschungsstand zu ausgesprochenen Fehlbeurteilungen geführt. Für die sächsisch-karolingische Zeit ist es zwar gelungen, außerhalb des Arbeitsgebietes mehrere Anlagen nach den historischen Quellen zu identifizieren, für das Arbeitsgebiet trifft dies mit größter Wahrscheinlichkeit für die Herlingsburg und Alt-Schieder zu. Über die mittelalterlichen Anlagen, soweit sie Gegenstand der Arbeit sind, existieren, ausgenommen Alt-Schieder, jedoch überhaupt keine historischen Nachrichten.
Es erscheint daher auch für die Gruppe der Befestigungsanlagen der karolingischen und mittelalterlichen Zeit sinnvoll, unabhängig von herrschender Meinung früherer archäologischer Forschung und den bisherigen Auffassungen der lokalen historischen Landesforschung archäologische Untersuchungen selbständig durchzuführen.
Insofern besteht ein wesentlicher Unterschied zu anderen Landschaften, in denen die Voraussetzungen für die archäologische Erforschung karolingischer und hochmittelalterlicher Burgen auf der Basis eines reicheren Quellenmaterials und neuerer Forschungsergebnisse der historischen Landesforschung erfolgreicher und sinnvoller erscheinen (Peters, 1970, 1971, u. Last, 1969).

1.2. RÄUMLICHE ABGRENZUNG

Das Arbeitsgebiet ist der im Zuge der kommunalen Neuordnung entstandene Kreis Lippe, Regierungsbezirk Detmold, Land Nordrhein-Westfalen (Abb. 1). Dieser Kreis entstand durch Zusammenlegung der ehemaligen lippischen Kreise Detmold und Lemgo und einer Eingliederung der Stadt Lügde. Seine Grenzen entsprechen im wesentlichen denen des ehemaligen Landes Lippe, dessen fast 8 Jahrhunderte währende politische und kulturelle Eigenständigkeit dazu führte, daß sich behördliche Zuständigkeiten entwickelten, gesetzliche Grundlagen geschaffen wurden und seit dem Beginn des vorigen Jahrhunderts intensive, vielseitige und selbständige Landesforschung

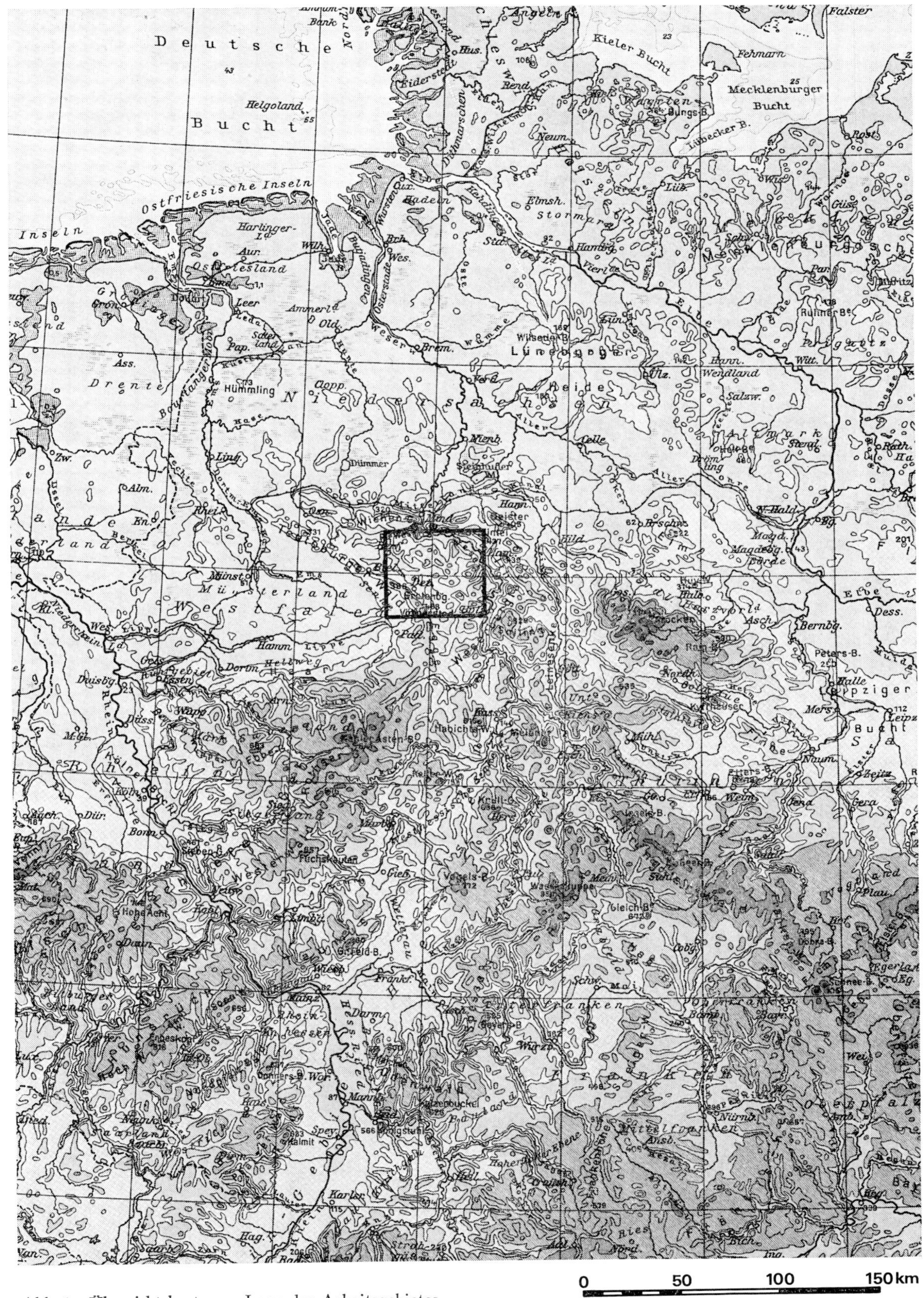

Abb. 1 Übersichtskarte zur Lage des Arbeitsgebietes.

einen starken Niederschlag in lokalen wissenschaftlichen Publikationen und in einem vielfältigen Heimatschrifttum fand. Beschreibungen und Forschungsergebnisse, Notizen, Originalpläne und Feldskizzen der frühesten Vermessungen wurden zunächst im Lippischen Staatsarchiv und später im Lippischen Landesmuseum verwahrt, ebenso die Funde aller älteren Grabungen. Direktoren und Mitarbeiter des Lippischen Landesmuseums, wie O. Weerth, A. Meier-Böke, H. Schwanold und L. Nebelsiek, versuchten immer wieder im Rahmen ihrer Möglichkeiten, die Erforschung der zahlreichen ur- und frühgeschichtlichen Befestigungen des lippischen Landes voranzutreiben. Das geschah in guter Zusammenarbeit und mit Kontakten zu den Vertretern der prähistorischen Forschung in Niedersachsen und Westfalen, Prof. K. H. Jacob-Friesen, Hannover, und Prof. A. Stieren, Münster. Nach dem Anschluß Lippes an das Land Nordrhein-Westfalen blieb diesem Raum die Selbständigkeit in der landschaftlichen Kulturpflege erhalten.
So erscheint es sinnvoll, für unser Thema die Abgrenzung dieses Arbeitsgebietes beizubehalten, zumal im neueren Schrifttum immer wieder der Vorteil von Untersuchungen überschaubarer kleinerer Räume und Burgenlandschaften betont und als erfolgversprechend angesehen wird. In Lippe waren die Voraussetzungen dafür in besonderer Weise gegeben. Es gibt in keinem Kreise am Nordrande der Mittelgebirge und im Weserbergland eine so große Zahl ur- und frühgeschichtlicher Befestigungen, insbesondere urgeschichtlicher Befestigungen, die eine vergleichende Untersuchung vielfältiger Erscheinungen auf so engem Raum ermöglichen.

1.3. ZEITLICHE ABGRENZUNG

Die zeitliche Abgrenzung ergibt sich aus der Tatsache, daß Befestigungen des Neolithikums und der Bronzezeit in unserem Arbeitsgebiet bisher nicht bekannt sind. Die frühesten Anlagen gehören der älteren Eisenzeit an. Eine zweite Gruppe bilden die einige Jahrhunderte später errichteten Anlagen der spätsächsisch-karolingischen Zeit und des hohen Mittelalters, die aufgrund der historischen Quellenlage für unser Arbeitsgebiet noch unter den Begriff „frühgeschichtlich“ einzubeziehen sind. Obwohl sie zeitlich zum Teil an der Grenze zum hohen Mittelalter einzuordnen sind, liegen die meisten Befestigungen dieser Burgenbauperiode unseres Arbeitsgebietes, was schriftliche Quellen angeht, im dunkeln.
Lediglich aus dem karolingischen und frühmittelalterlichen Paderborn und der alten Reichsabtei Corvey erhellen einzelne Nachrichten und Urkunden schlagartig wenige Plätze im lippischen Land. Von den befestigten Plätzen sind nur die Herlingsburg in ihrer frühgeschichtlichen Ausbauphase und Alt-Schieder in der Nachbarschaft von Lügde in den Quellen genannt. Für alle anderen Befestigungen des Arbeitsgebietes in der zeitlichen Abgrenzung bis zum Bau der hochmittelalterlichen bekannten Territorialburgen gibt es keine historische Quelle, bei der ein absolut gesicherter Bezug zu den hier besprochenen Anlagen besteht. So sind außer Alt-Schieder alle befestigten Plätze nur als archäologische Forschungsobjekte zu behandeln, und auch der Versuch, sie historisch einzuordnen und ihre Funktion zu deuten, muß vom archäologischen Forschungsergebnis unter Hinzuziehung geographischer Gesichtspunkte ausgehen.
Im Mittelpunkt dieser Untersuchung stehen verstärkt die großen Höhenbefestigungen der La-Tène-Zeit. Der Tönsberg, über dessen Zeitstellung und Bedeutung sehr unterschiedliche Meinungen in der Fachliteratur vertreten werden, schien für eine exemplarische Untersuchung am besten geeignet. Ziel dieser Untersuchung war auch, die allzu verschwommenen und zum Teil pseudowissenschaftlichen Vorstellungen über dieses bedeutende Bodendenkmal zu widerlegen. Es bestand die Gefahr, daß dem Ansehen der prähistorischen Landesforschung und der amtlichen Bodendenkmalspflege dadurch auf Dauer ein großer Schaden zugefügt wurde. Um einen wirksamen und dauerhaften Denkmalschutz auch für das weitere Umland, dessen Denkmalsbestand zum besseren Verständnis der Bedeutung der Befestigungen und Klärung ihrer Funktion in alle

Forschungen mit einzubeziehen ist, durchsetzen zu können, fiel ebenfalls die Wahl auf den Tönsberg. Der Verfasser hegte allerdings schon vor Beginn der Untersuchung die Hoffnung, damit zugleich archäologische Ergebnisse erarbeiten zu können, die für die Beurteilung der anderen, auch der mittelalterlichen Anlagen des Arbeitsgebietes und des weiteren Weserberglandes von Wert sein könnten. So führten dann die am Tönsberg neu gewonnenen Erkenntnisse dazu, daß die frühere Beurteilung der anderen latènezeitlichen Befestigungen überprüft wurde.
Eine systematische Bearbeitung der frühgeschichtlichen Befestigungen Westfalens erfolgt durch Ph. R. Hömberg (unveröffentlichte Diss. phil. Münster, 1972). Das Manuskript hat dem Verfasser nicht zur Verfügung gestanden. Wegen der Abgrenzungen der Arbeitsgebiete und des zeitlich anderen Schwerpunktes mußte darauf verzichtet werden, die Ergebnisse dieser Arbeit zu berücksichtigen.
Auf weiträumig angelegte Materialvergleiche konnte verzichtet werden, weil in der zusammenfassenden Arbeit R. v. Uslars „Studien zu frühgeschichtlichen Befestigungen zwischen Nordsee und Alpen“ (1964) alle wesentlichen und bekannten älteren Untersuchungen und Befunde des Arbeitsgebietes berücksichtigt, ausgewertet und zugeordnet wurden. Diese Studie war oft die entscheidende Quelle für Materialvergleich und Auswertung. Die Tatsache, daß der Tönsberg nach den Untersuchungen eine völlig abweichende Beurteilung und zeitliche Aufgliederung erfuhr, zeigt, wie sehr die durch v. Uslar erhobene Forderung (1964, 36) nach neuen Untersuchungen berechtigt ist. Nur so ist für zusammenfassende Auswertungen des umfangreichen, weitgestreuten Materials aus älteren Untersuchungen eine verbesserte Grundlage zu gewinnen.
Diese Untersuchung von Befestigungen eines überschaubaren Arbeitsgebietes möge als Beitrag zu dieser Forschungsaufgabe gewertet werden.

2. VORAUSSETZUNGEN FÜR DIE ENTWICKLUNG DER BURGEN

2.1. NATURRAUM

Das Arbeitsgebiet zwischen Teutoburger Wald und mittlerer Weser liegt im Zentrum des Weserberglandes (Abb. 1); nur ein schmaler Streifen an der südwestlichen Grenze gehört zur Westfälischen Bucht. Diese geographischen Begriffe wurden zur Kennzeichnung von Großlandschaften entwickelt, die in besonderer Weise durch das Zusammenwirken verschiedenster Elemente und Faktoren geprägt werden. Diese haben ihren Ursprung im physikalisch-geographischen Bereich (Oberflächengestalt, Gewässernetz, Klima, Boden) und im biogeographischen (Vegetation und Tierwelt) (Müller-Wille, 1942, 3). Vom letzteren ist ein weiterer anthropogen bestimmter Bereich, der kulturgeographische, bewußt abzusondern. Die Wechselwirkungen zwischen den beiden ersten Bereichen und dem anthropogenen sind es, die zum Verständnis vieler Erscheinungen und Beantwortung anstehender Fragen im Rahmen dieser Untersuchung zu beachten sind.
In sehr auffälliger Weise greift das Weserbergland, die allgemeine West-Ost-Richtung des Mittelgebirgsrandes unterbrechend, in die Norddeutsche Tiefebene aus. Mit den vielfältigen Landschaftserscheinungen dieses Gebietes auf engstem Raum nebeneinander hat sich die regionale und lokale Forschung der verschiedenen naturwissenschaftlichen Disziplinen seit langem auseinandergesetzt, um eine sinnvolle Gliederung zu erreichen und Gesetzmäßigkeiten zu erkennen, die die landschaftliche, siedlungsgeographische, wirtschaftliche, kulturelle und historische Entwicklung zu allen Zeiten entscheidend beeinflußten. Die im folgenden skizzierten Verhältnisse des Untersuchungsraumes erfolgen in Anlehnung an zahlreiche lokale Untersuchungen. Über den Teutoburger Wald und seine besonderen geographischen Verhältnisse und zur naturräumlichen Gliederung Lippes liegen detaillierte Untersuchungen vor (Pittelkow, 1941 und 1950), deren Kenntnis für das Verständnis des Siedlungsgeschehens, historischer Entwicklungen und Ereignisse der frühgeschichtlichen Zeit und des Mittelalters nützlich ist.

2.1.1. Morphologie

Die Kenntnis der überaus komplizierten tektonischen Vorgänge dieses Raumes verdanken wir vor allem den intensiven Forschungen von H. Stille in den ersten zwei Jahrzehnten dieses Jahrhunderts (ausführliches Literaturverzeichnis dazu bei Pittelkow, 1941, 148). Sie sind es, die zur Bildung der Vielfalt von Einzellandschaften im Arbeitsgebiet wesentlich beigetragen haben. Verschiedene Faltungen und Brüche unterschiedlicher Richtungen und Zeiträume bestimmen die überaus komplizierten geologischen Verhältnisse und die vielfältigen Erscheinungen im Relief. Die markanteste Linie ist an der südwestlichen Grenze des Arbeitsgebietes der Teutoburger Wald mit der Berlebecker und der Osningachse. In Abhängigkeit von der Intensität und dem Ablauf der tektonischen Vorgänge haben sich im südlichen Teil Schichtstufen, im nördlichen Bereich Schichtkämme herausgebildet. Dieser charakteristischen Linie im N vorgelagert liegt die Herforder Liasmulde mit einzelnen Keuperschollen, weiträumig mit einer Lößdecke überzogen. Nach O schließt die Werre-Bega-Talung an. Die Form der Landschaft wird bestimmt von den eiszeitlichen Wasserläufen der Werre und Bega mit ihren Ablagerungen. Östlich von Detmold und Lage haben wir das charakteristische Lippische Hügelland (nach Pittelkow, 1950, Karte, differenzierter als südostlippisches Berg- und Beckenland angesprochen). Wesentliche, für unsere Betrachtung wichtige Kleinlandschaften sind das Blomberg-Steinheimer Becken und das Blomberg-Schwalenberger Bergland. Der gesamte Bereich nördlich des Begatales mit einem sehr abwechslungsreichen und kräftig ausgebildeten Relief ist das nordlippische Bergland. Auch in dieser Landschaft sind Kleinlandschaften auszugliedern, die für unsere Betrachtungen im Hinblick auf Siedlungskammern und Verkehrsverhältnisse von Bedeutung sind. Es sind die Teillandschaften des Ausraumes von Exter, des Bergkirchener Berglandes, die z.B. Siedlungskammern und Trassierung alter Wege wesentlich bestimmen. Eine für die Herausbildung einer Siedlungskammer wichtige Kleinlandschaft ist die Begatalung mit der Entruper Bucht und das Hohenhausen-Alverdissener Bergland. Eine weitere Kleinlandschaft, die sich außerhalb des Extertales sehr lange einer dichten Besiedlung versperrt hat, ist das Exter Bergland (siehe dazu die historische Karte von Le Coq, 1805, mit Ergänzung durch Fundkartierung und alte Ortsnamen, Beilage 24).

2.1.2. Geologie und Bodenkunde

Zu den lokalen geologischen Verhältnissen und den durch sie mit bestimmten Bodenverhältnissen liegen die Ergebnisse einer intensiven Forschung durch O. Weerth vor (1929), dazu die Kartierung der Bodenarten von M. Sellke (1932–1934) und eine neuere Karte von E. Mückenhausen und H. Wortmann (1953). Die örtlichen Bodenverhältnisse sind ausführlicher im Kap. 5.1.1. beschrieben.
Der geologische Untergrund der Landschaft besteht im gesamten südwestlichen Bereich vom Teutoburger Wald bis zur Grenze des Arbeitsgebietes aus Ablagerungen der Ober- und Unterkreide mit Sandauflagerung in der Senne, auf denen sich Heideböden mit starker Podsolierung entwickelten, an den Westhängen des Teutoburger Waldes, vor allem im S, Humus-Karbonat-Böden mit krümeliger oder würfelig-plattiger Struktur. Die Bodenklassen (M. Sellke, 1934) in diesem Bereich sind die schlechtesten des Arbeitsgebietes, im wesentlichen von der 5. bis zur 8. Bodenklasse, die vorherrscht. Nur in einem kleinen Gebiet um Schlangen-Kohlstädt ist die 4. Bodenklasse vertreten. Gleiche Verhältnisse liegen in der gesamten Linie des Teutoburger Waldes vor, soweit bis zur mittleren Kette der Untergrund aus Ablagerungen der Unterkreide, wie Osningsandstein, Grünsand und Flammenmergel, besteht. Östlich des Waldes beginnen bessere Böden, die sich zunächst in der östlichen Kette des Teutoburger Waldes über Muschelkalk mit teilweise Geschiebelehm- und Lößüberdeckung entwickelt haben. Dieses gesamte Gebiet östlich des Waldes ist auf großen Flächen durch eiszeitliche Vorgänge im Relief und in der Bodenentwicklung wesentlich bestimmt. Sowohl im nördlichen Teil, dem nordlippischen Bergland, wie im südöstlichen Bereich sind die hohen Erhebungen von der Vereisung nicht erfaßt worden. Hier treten genauso wie am Osthang des Teutoburger Waldes periglaziale Erscheinungen, wie Blockmeerbildungen, häufig auf. Sie sind vor allem auf den durch die harten Deckschichten des oberen Keuper, den Rätquarzit, gebildeten Bergen zu finden. Die Böden im gesamten Bereich gehören weitgehend der 2. bis 4. Bodenklasse an, wobei die 2. und 3. Bodenklasse einen sehr hohen Anteil stellen. Nur in einzelnen, bis heute fast völlig vom Wald bedeckten Gebieten im äußersten NO, östlich des Extertales, sind wiederum sehr ungünstige Bodenverhältnisse vorhanden, wie es sich im Siedlungsbild der verschiedensten historischen Epochen auch deutlich abzeichnet. Ähnlich, aber nicht ganz so extrem ist die Situation im Bereich des Blomberger und Schwalenberger Berglandes.
Es können hier nicht alle kleinräumigen Unterschiede des geologischen Untergrundes geschildert werden, die in einzelnen Liasgräben, wie im Falkenhagener Bereich, und auf anderen Schollen sowohl im lippischen N wie am Osthang des Teutoburger Waldes zu finden sind. Sie sind für die Herausbildung der einzelnen Siedlungskammern und die allgemeinen Boden- und Wirtschaftsverhältnisse auch nicht von so entscheidender Bedeutung. Zu erwähnen wären lediglich noch verschiedene eiszeitliche Ablagerungen in Tongruben, die im Hinblick auf die Untersuchung der Keramik und ihrer lokalen Ausprägung Beachtung verdienen. Wesentliche abbauwürdige Bodenschätze und Erze, die für die Entwicklung in einzelnen Kulturepochen besondere Bedeutung haben

könnten, sind nicht vorhanden, bis auf kleine Brauneisenvorkommen im Bereich des Teutoburger Waldes und mögliche Raseneisenerzvorkommen im Bereich der Senne.
Bedeutungsvoller mag das Vorkommen von salzhaltigen Quellen gewesen sein. Obwohl wirtschaftliche Nutzung des Salzes für die ur- und frühgeschichtliche Zeit hier durch Bodenfunde noch nicht nachgewiesen wurde, ist es auffällig, daß im Raume Bad Salzuflen-Schötmar besonders häufig latènezeitliche Funde vorkommen und in der römischen Kaiserzeit sogar auffällig reiche Siedlungsplätze, in deren Fundgut Einflüsse aus den verschiedensten Landschaften erkennbar sind.

2.1.3. Hydrologie

Eine besondere Bedeutung für die Herausbildung der Siedlungsräume und die Anlage der latènezeitlichen Höhenbefestigungen haben die hydrographischen Verhältnisse (Hunke, 1931, 22, u. Pittelkow, 1941, 76f.), die in Abhängigkeit vom Relief zugleich in entscheidender Weise die verkehrsgeographische Gesamtsituation bestimmen (Abb. 1; 3 u. Beilage 24). Dieser Teil des Weserberglandes hat verschiedene Wasserscheiden, die zur Entwässerung in drei Fluß- und Stromsysteme führen. Westlich des Teutoburger Waldes bewirken die durchlässigen Plänerkalke einerseits und die Stauhorizonte mergeliger Schichten andererseits einen für Siedlungs- und Verkehrsgeschehen entscheidend bestimmenden Quellhorizont. Zahllose Quellen speisen die Emszuflüsse, ihr Wasser nimmt den Weg direkt zur Nordsee. Im S liegen verschiedene kleine Zuflüsse und Quellen der Lippe, die auf ihrem weiteren Weg zum Rhein die Zuflüsse vom Haarstrang aufnimmt. Zwischen beiden Systemen ist ein Landrücken mit trockeneren Siedlungsböden sicher auch immer ein Weg gewesen, auf dem Warenaustausch und Kontakte nach W zum Niederrhein stattfanden. Die zahllosen Bäche im Bereich der oberen Ems und Lippe haben mit ihren Uferüberhöhungen und mit den versumpften Niederungen in der Frühzeit sicher für den Verkehr in nord-südlicher Richtung in der Münsterländischen Bucht ein Hindernis dargestellt und andererseits die deutliche Leitlinie eines Südost-Nordwest-Verkehrs auf der Trasse am Südhang des Teutoburger Waldes bestimmt. Der SO des Arbeitsgebietes entwässert zur Emmer hin und zeigt am Emmerdurchbruch im Blomberg-Schwalenberger Wald, auf Mittelterrassen des Flusses und in daran anschließenden Siedlungsräumen im Blomberger und Steinheimer Becken und im Raum Lügde–Bad Pyrmont eine dichtere Besiedlung (Beilage 24). Diesem Entwässerungssystem in Richtung NO steht das System der Werre und Bega gegenüber, deren kleine Zuflüsse in großer Zahl sowohl am Osthang des Teutoburger Waldes, im westlichen Teil des lippischen Hügellandes östlich von Detmold und Lemgo als auch im westlichen und südlichen Teil des nordlippischen Berglandes vorhanden sind. Ihr Wasser fließt in einem weiten Bogen nach NW, schließlich nach NO zur Weser. Der östlichste und nördliche Teil des nordlippischen Berglandes wird auf kürzestem Wege direkt nach N zur Weser hin entwässert. So ist auf engstem Raum im Weserbogen ein strahlenförmig auseinanderstrebendes Flußsystem vorhanden, das dazu beigetragen haben mag, daß die großen Verkehrslinien im wesentlichen den Raum nur an seinen Grenzen berühren. Um diese bedeutenden Linien aber miteinander auf kurzem Wege zu verbinden, haben sich einige sehr deutliche Verkehrslinien entwickelt, die den Übergang von der einen zur anderen Richtung abkürzen (Abb. 74 u. Beilage 24). Für eine verhältnismäßig dichte Besiedlung dieses Raumes schafft dieses engmaschige System günstige Voraussetzungen in vielen kleinen Siedlungskammern. Eine großräumige und geschlossene Besiedlung, wie sie sich in den großen Stromlandschaften vollziehen konnte, wurde jedoch durch Relief und Entwässerungssystem der Landschaft in der Frühzeit verhindert. Für die Anlage von Höhenbefestigungen und ihre Versorgung mit Wasser, die im Arbeitsgebiet die Regel ist, sind kleine Quellhorizonte an Schichtgrenzen im Keupergebiet ebenso wichtig wie im Teutoburger-Wald-Gebiet die Grenze zwischen Osningsandstein, Grünsand und Flammenmergel einerseits und den an einigen Stellen auftretenden Juratonen andererseits. Das Relief bedingt im übrigen eine unterschiedliche Verteilung der Niederschläge (Hunke, 1931, 20, u. Pittelkow, 1941, 89), die am Teutoburger Wald besonders hoch sind und den Quellhorizont für Lippe und Ems speisen. Östlich des Waldes nehmen sie ab, um in einigen Becken und Mulden, wie dem Blomberger Becken, dem Pyrmonter Becken, besonders günstige Verhältnisse für ackerbauliche Nutzung der Böden zu schaffen. Eine weitere Höhenbarriere, die die Niederschlagsmengen erneut ansteigen läßt, wodurch dichtbewaldete Gebiete entstanden, bildet das nordlippische Bergland und der Blomberg-Schwalenberger Wald.

2.1.4. Vegetation

Die Landschaft der Senne, der Mittelgebirgszug des Teutoburger Waldes und die verschiedenen Teillandschaften des Lippischen Hügellandes und des nordlippischen Berglandes haben sicher in prähistorischer Zeit zu sehr unterschiedlichen Ausprägungen lokaler Vegetationsgemeinschaften geführt. Einzeluntersuchungen dazu liegen jedoch nicht vor, und so kann das Gebiet im Hinblick auf die vegetationsgeschichtliche Entwicklung nur an Hand großräumiger Untersuchungen, wie sie von Schlüter (1952/53) vorgenommen wurden, betrachtet werden. Einzeluntersuchungen zur Waldgeschichte und Entwicklung der Landschaft liegen von H. Hunke (1931) und H. Schmidt (1940) vor. In ihnen wird der Nachweis geführt, daß das gesamte Gebiet zwar verhältnismäßig stark bewaldet war, daß dieser Wald aber in seiner besonderen Beschaffenheit als Buchen- und Eichenmischwald einer frühen und engmaschigen Besiedlung nicht im Wege stand, im Gegenteil, der Wald war offensichtlich ein wichtiger Nutz- und Wirtschaftsfaktor. Die unter der Waldvegetation entwickelten Braunerdeböden konnten gut ackerbaulich genutzt werden. Waldhude und -mast haben bis ins Mittelalter hinein eine entscheidende Rolle gespielt und wurden noch in der frühen Neuzeit von den Gemeinden oft sehr energisch gegen den Zugriff durch die Territorialherrschaft verteidigt. Die frühen Stadtgründungen des Landes, wie Lemgo und Blomberg, haben noch heute umfangreichen kommunalen Waldbesitz. Die Aufteilung und Aufsiedlung der „Heiden“, Hudeflächen und „Gemeinheiten“ der ältesten frühgeschichtlichen Siedlungen des Landes vollzogen sich, wie reiches Urkundenmaterial belegt, vom hohen Mittelalter bis in die Neuzeit hinein. Für die Beurteilung der Vegetationsverhältnisse im Weserbergland sind die Untersuchungen von F. Firbas (1952) eine wichtige Quelle. Es sollte jedoch immer berücksichtigt werden, daß bei der starken Gliederung der Landschaft lokale Varianten der vegetationsgeschichtlichen Entwicklung möglich sind. Ihre Untersuchung wird allerdings dadurch erschwert, daß größere Moore für pollenanalytische Untersuchungen im Arbeitsgebiet nicht erhalten sind. Einige klima- und vegetationsgeschichtliche Kenntnisse zur lokalen Entwicklung sind von dendrochronologischen Untersuchungen zu erhoffen, wie sie an einem reichen Material aus den Kies- und Sandbaggereien des Flußsystemes der Weser und Werre z.Z. vom Institut für Ur- und Frühgeschichte der Universität Köln vorgenommen werden.

2.2. URGESCHICHTLICHE SIEDLUNGSVERHÄLTNISSE

(Literatur: L. Nebelsiek, Bibliographie der lippischen Ur- und Frühgeschichte, in: W. Hansen, 1957; Hohenschwert, 1969)

Die frühesten Bodenfunde in Lippe gehören der mittleren Altsteinzeit an. Besonders am Westhang des Teutoburger Waldes, aber auch auf der östlichen Muschelkalkkette läßt sich eine ins Auge fallende Fundhäufigkeit feststellen. Einzelfunde sind aber im gesamten übrigen Gebiet bis an die Weser vorhanden, in der Regel an die die Wasserläufe begleitenden Terrassen oder

Geländestufen gebunden. Aus der mittleren Steinzeit liegen zahlreiche Fundkomplexe von Wohnplätzen, vor allem aus dem Bereich des Teutoburger Waldes, vor. Sie konzentrieren sich im Quellhorizont der Senne ebenso wie an den Quellhorizonten des Teutoburger Waldes in den Pässen und entlang der Wasserläufe zur Werre. Bevorzugt wurden am Teutoburger Wald offensichtlich Wohnplätze auf trockenen, sandigen Böden. Wo aber solch eine Möglichkeit nicht bestand, liegen im übrigen lippischen Hügel- und Bergland die Fundplätze auch auf den schwereren Böden.

Die jungsteinzeitliche Besiedlung ist für alle Abschnitte des Neolithikums nachgewiesen. Die zahlreichen Einzelfunde gehören den verschiedenen neolithischen Kulturen an. Hacken und Keile der Bandkeramik, Rössener Keile, spitznackige Beile der Michelsberger Kultur, Rechteckbeile der Trichterbecherkultur aus verschiedenem Flint- oder Felsgestein sind im gesamten Arbeitsgebiet vorhanden.

Besonders zu nennen sind typische Axt- und Beilfunde von endneolithischen Gruppen um 2000 v. Chr., der Streitaxtkulturen, sowohl der Schnurkeramik als auch der nordischen Einzelgrabkultur und der Glockenbecherkultur. In größerer Zahl sind die Pfeilspitzen aus Feuerstein auf zahlreichen Plätzen vorhanden, die auch schon von den mittelsteinzeitlichen Jägern benutzt wurden. Die Fundplätze liegen im südlichsten Teil des Quellhorizontes der Senne, wo relativ gute Ackerböden vorhanden sind. Östlich des Teutoburger Waldes sind sie auf den fruchtbaren Ackerböden, auf Terrassen der Bäche und kleinen Flüsse, in den zahlreichen lößbedeckten Mulden und größeren Becken des gesamten Hügel- und Berglandes festzustellen. Außer den Hacken, Keilen und Beilen kommen Schaber, Klingen und Dolchspitzen aus Feuerstein vor. In den geschlossenen Waldgebieten des höheren Berglandes fehlen die Funde. Interessant ist jedoch das Vorkommen einzelner Stücke auf der Grotenburg, im oberen Heidental und vor der Dörenschlucht. Sie lassen bereits die seit dem Beginn der Besiedlung benutzten Übergänge des Teutoburger Waldes und Verbindungen zwischen den kleinen Siedlungskammern erkennen.

Leider sind Siedlungsplätze mit Hausgrundrissen, Gruben mit Keramik und Gräber bisher nicht gefunden. Das ist zweifellos durch die starken Veränderungen im Relief des Berg- und Hügellandes seit der ersten neolithischen Besiedlung zu erklären. Die Wohnhorizonte der Siedlungsplätze sind seither abgetragen oder in tieferen Lagen stark überdeckt. Die schmale Übergangszone zwischen Abtrag und Auffüllung ist nur schwer zu beobachten und nur rein zufällig einige Male angeschnitten worden. So gibt es bisher nur einzelne gesicherte neolithische Scherben, darunter Rössener Keramik, aus einer besiedelten Mulde bei Langenholzhausen.

Die eindrucksvollen Grabdenkmäler des Jungneolithikums fehlen im Arbeitsgebiet. Die Ausbreitung der Großsteingräber reicht vom N her bis zur Weser. Die Verbreitungsgrenze der westfälisch-hessischen Steinkisten liegt im Raum Paderborn–Warburg.

Zahlreiche Plaggenhügel der Senne sind schon im Endneolithikum entstanden. Aus dem Gebiet einer im Truppenübungsplatzgelände zerstörten Grabhügelgruppe stammt der Rest eines jütländischen Bechers. Fundverhältnisse und Fundgut des Neolithikums weisen das Arbeitsgebiet als Kontaktzone oder auch als Durchzugsgebiet verschiedener neolithischer Gruppen aus.

Die Bodenfunde und Denkmäler zur bronzezeitlichen Besiedlung sind in größerer Zahl vorhanden und wurden in systematischer Kartierung in den 30er Jahren aufgenommen. Es erscheint gerechtfertigt, sie bereits in die Betrachtungen zur Entwicklung der Siedlungs- und Verkehrsverhältnisse in Lippe einzubeziehen. Die systematische Kartierung der Grabhügel (Nebelsiek, 1950c, 163 ff.) schließt aus, daß es sich um eine Verteilung der Denkmäler handelt, die durch nur lokale Forschungstätigkeit bestimmt wäre. Eine Veränderung dieser Verteilung hat allerdings durch die starke Rodungs- und Ackerbautätigkeit zu Beginn des vorigen Jahrhunderts stattgefunden. Die ältesten Kartierungen seit langem zerstörter Grabhügel (Tappe, 1820) betonen die aus der Karte (Beilage 24) ersichtliche Verteilung entlang prähistorischer Siedlungskammern und deren Verbindungswegen. Sie wird sogar durch die frühesten Kartierungen noch stärker betont. Auch die mögliche Zerstörung von Grabhügeln im Raume des Blomberger Beckens und um Barntrup kann das Gesamtbild nicht wesentlich beeinflussen, denn die in diesen Gebieten

zahlreichen Waldkuppen, soweit sie nicht in den an Siedlungs- und Verkehrsflächen entstandenen Hauptlinien liegen, weisen auch keine Grabhügel auf.
Eine eindeutig älterbronzezeitliche Denkmalsgruppe sind die Steinhügelgräber der nördlichen und mittleren Kette des Teutoburger Waldes, des nordlippischen Berglandes und des Berglandes im SO. Die in diesen Gräbern häufig vorkommenden Grabbeigaben weisen auf eine Verbindung zu den älteren süddeutschen Hügelgräbern hin (Nebelsiek, 1950, 166).
Die in der Senne besonders häufigen Plaggenhügelgräber und die über das ganze Land verteilten Erdhügel beginnen bereits in der jüngeren Steinzeit, werden in der älteren Bronzezeit weiter errichtet und haben Körperbestattungen. Während der jüngeren Bronzezeit und der älteren Eisenzeit werden sie zum Teil mit Nachbestattungen belegt. Jetzt handelt es sich ausschließlich um Brandbestattungen in Urnen.
Leider sind zahlreiche Hügel bereits im vorigen Jahrhundert durch Raubgrabungen weitgehend zerstört und die Funde in alle Winde zerstreut. Aus dem Material, das nach der Jahrhundertwende durch die Untersuchungen von H. Schwanold (1926, 106 ff.; 1927, 125 ff.) geborgen wurde, ist zu erkennen, daß ältereisenzeitliche Bestattungen in den Grabhügeln sehr häufig vorkommen. Zahlreich sind Rauhtopfscherben; aus einem Grabhügel bei Bad Salzuflen stammt der Rand einer Harpstedter Schüssel.
Der allgemeine Forschungsstand läßt es leider nicht zu, eine unterschiedliche Zeitstellung berücksichtigende Kartierung dieser für unsere Betrachtung wichtigen Denkmalsgruppe (Beilage 24) vorzunehmen. Es erscheint aber gerechtfertigt, sie zu den Überlegungen zur Rekonstruktion des alten Verkehrsnetzes mit heranzuziehen, auch unter dem Gesichtspunkt, daß in prähistorischer Zeit, bedingt durch das ausgeprägte Relief (Kap. 2.1.1.) und die hydrographische Situation (Kap. 2.1.3.), am vorgezeichneten Wegenetz stärkere Veränderungen kaum anzunehmen sind.
Die auffällige Konzentration eisenzeitlicher Siedlungsplätze (Beilage 24) östlich des Teutoburger Waldes, im Raume Lage–Bad Salzuflen und im lippischen N am Wesertal ist sicher mit besonderer Forschungsintensität in diesen Gebieten zu erklären. Ihre Gruppierung läßt jedoch auch deutlich günstige Siedlungsgebiete und Verkehrslinien erkennen.
Dieses Siedlungsbild ist für die Umgebung des Piepenkopfes noch sehr unvollständig, für das Gebiet der Herlingsburg liegen dagegen bereits deutliche Hinweise vor. Diese Verhältnisse sind mit Sicherheit dadurch zu erklären, daß der Raum um Lemgo zum wichtigsten mittelalterlichen Siedlungsgebiet gehörte und hier bereits die meisten Bodenfunde seit Jahrhunderten durch intensiven Landbau zerstört wurden. Das gleiche gilt für das Blomberger Becken. Für die kleineren Siedlungskammern und besiedelten Mulden in der Umgebung des Piepenkopfes und der Herlingsburg ist die Fundarmut sicherlich auf eine Forschungslücke zurückzuführen.
Es wird bewußt darauf verzichtet, auf die kriegerische Auseinandersetzung zwischen Germanen und Römern in der Zeit um Christi Geburt einzugehen. Die umfangreiche Diskussion unter Auswertung der historischen Nachrichten hat bisher keine gesicherten Ergebnisse gezeigt, und die archäologischen Ergebnisse reichen noch nicht aus, Schlüsse zu ziehen. Daß das Arbeitsgebiet in diesen Auseinandersetzungen sicher eine Rolle spielte, wurde erst in jüngster Zeit durch die Entdeckung des römischen Legionslagers bei Anreppen an der oberen Lippe bestätigt. Es erscheint dem Verfasser sinnvoller, zunächst die archäologischen Materialien der späten La-Tène-Zeit und der römischen Kaiserzeit, die aus zahlreichen Siedlungsplätzen vorliegen, zu bearbeiten und durch weitere Untersuchungen das Siedlungsbild dieser Zeit zu vervollständigen, bevor von archäologischer Seite der Versuch unternommen werden kann, einige der viel früher beginnenden Burgen noch mit diesem historischen Ereignis in Verbindung zu bringen.
Zur Völkerwanderungszeit und sächsischen Zeit ist das Material noch zu lückenhaft, um es für unsere Fragestellungen heranzuziehen. Soweit schriftliche Überlieferungen für die Zeit der Auseinandersetzung zwischen Sachsen und Franken vorliegen, sind sie in die Betrachtung zu den Objekten Herlingsburg (Kap. 4.2.3.) und Alt-Schieder (Kap. 4.3.2.) einbezogen worden. Die spärliche Überlieferung für das frühe Mittelalter wird im Kap. 4.3.1. behandelt. Es muß darauf verzichtet werden, hier näher darauf einzugehen. Die Befestigungen dieser Zeit werden im

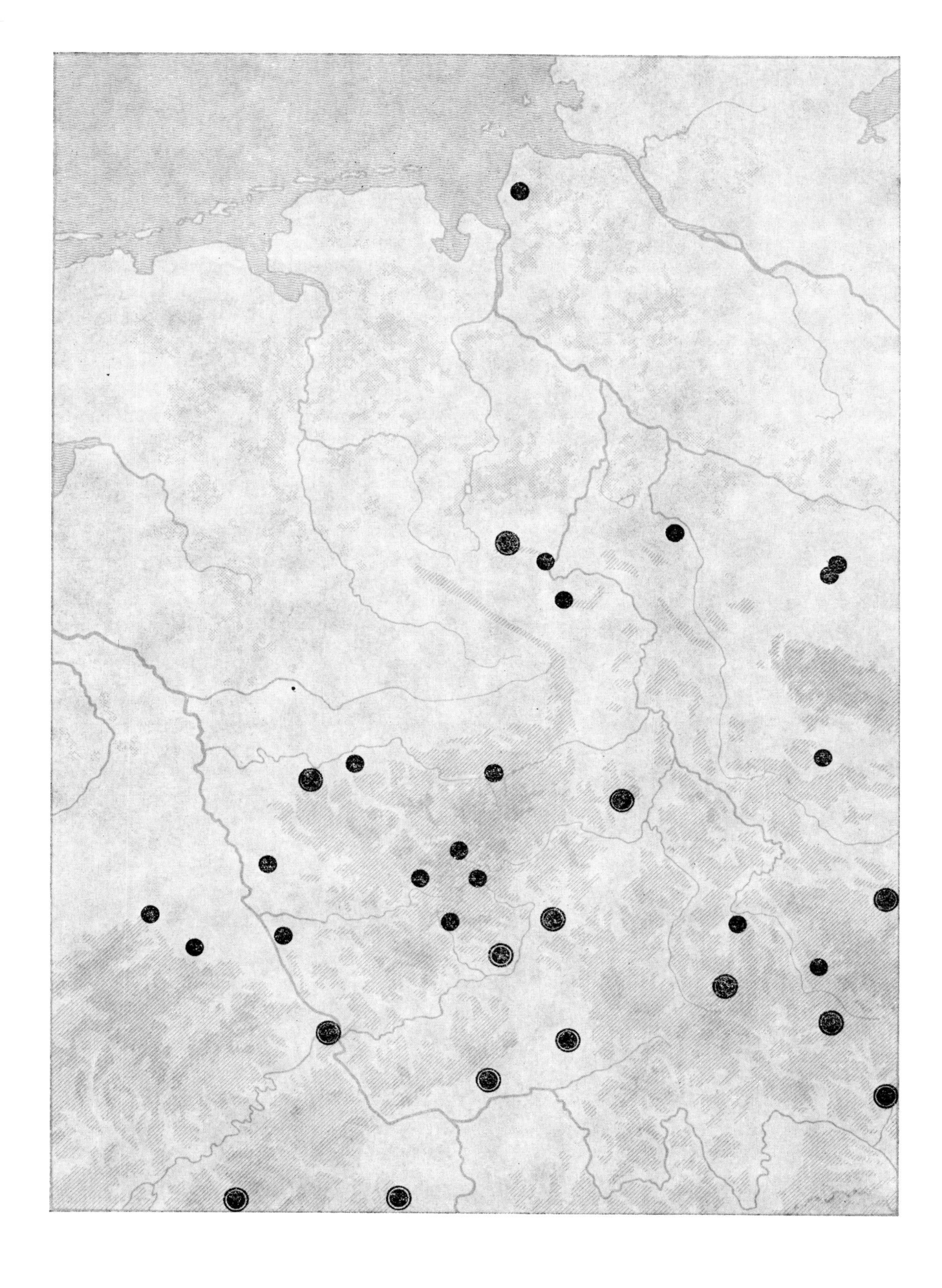

◉ Oppidum ● Ringwall

Abb. 2 Oppida und kleinere Ringwälle der späten La-Tène-Zeit, Übersicht (nach R. Hachmann; G. Kossack; H. Kuhn, 1962, Karte 2).

wesentlichen als Vergleichsobjekte behandelt, um die Unterschiede zu den frühen Anlagen herauszuarbeiten.
Im Mittelpunkt der Untersuchung stehen die Höhenbefestigungen der vorchristlichen Eisenzeit (Abb. 2 u. 70), für deren Betrachtung diese Skizze der urgeschichtlichen Siedlungsverhältnisse sinnvoll erschien. Zwischen der prähistorischen und der frühgeschichtlichen Burgengruppe liegt ohnehin ein sehr langer Zeitraum, in dem Befestigungen nicht errichtet wurden (Abb. 3 u. 73).

3. FORSCHUNGSGESCHICHTLICHER ÜBERBLICK

3.1. ALLGEMEINES

Die Erforschung ur- und frühgeschichtlicher Befestigungen des Arbeitsgebietes war seit der Schrift des Fürstlich Lippischen Archivrats Chr. Gottlieb Clostermeier (1822) „Wo Hermann den Varus schlug" immer mehr oder weniger stark gekoppelt mit den Forschungen und Auseinandersetzungen um die historisch bedeutsamen Ereignisse dieses Raumes in frühgeschichtlicher Zeit, dem Kampf zwischen Germanen und Römern ebenso wie zwischen Sachsen und Franken. Die Zahl der Abhandlungen zum Thema stieg immer in Zeiten nationaler Aktivität, in denen man sich gern jener großen militärischen und politischen Entscheidungen erinnerte, z.B. nach den Napoleonischen Kriegen und nach 1870/71. Aus diesen nationalen Impulsen und ihrer Zeit ist das Werk einzelner Lokalforscher, die mit den Ergebnissen ihrer Arbeiten durchaus überregionales Ansehen und Bedeutung gewannen, und das Interesse weiter Laienkreise zu verstehen. Zu dieser Erkenntnis muß man kommen, wenn man in der Lippischen Bibliographie (W. Hansen, 1957) z.B. außer den 16 Titeln über die Grotenburg noch jene vierzig zur „Teutoburg" findet. Hier zeigt sich, wie sehr Schuchhardt recht hat mit seiner Feststellung, eine Burg auf Bergeshöhe „regt den Sinn des Volkes lebhafter an. Sie ist aus dem Berge herausgewachsen, verstärkt seine Kraft, die Gegend zu schützen oder auch zu bedrücken. Was solch eine Burg bedeutet hat, wie ihre Rolle verlaufen ist, beschäftigt alle Gemüter" (Schuchhardt, 1931, 2). Haben wir dieser Wirkung auch viele Impulse für unsere Wissenschaft zu verdanken, so stand für lange Zeit die Festlegung auf ein bestimmtes historisches Wunschdenken oder der Vorrang militärischer und strategischer Gesichtspunkte dem Bemühen um neue Erkenntnisse sehr entgegen.

3.2. CHR. G. CLOSTERMEIER UND L. HÖLZERMANN

Clostermeier kommt das große Verdienst zu (1822, 118–129), die zu seiner Zeit noch bedeutenden Reste der Grotenburg, die Wälle des „Großen Hünenrings", ausführlich beschrieben zu haben, bevor mit dem Bau des Hermannsdenkmals durch die zusätzliche Entnahme von Steinblöcken die Zerstörung beschleunigt wurde. Ohnehin erfolgte seit langem der Abbau der Steinwälle durch die Bewohner der umliegenden Dörfer zur Gewinnung von Baumaterial.
Ludwig Hölzermann begann in einer für seine Zeit vorbildlichen Art und Weise mit einer ersten systematischen Aufnahme und Untersuchung. Er war in Bad Salzuflen beheimatet und entwickelte als Berufssoldat ein überaus starkes Interesse für alle geschichtlichen Fragen seiner Heimat und bewies in seiner Arbeitsweise eine große wissenschaftliche Befähigung. Bedeutend sind auch seine Forschungen zur lippischen Münzgeschichte. Er fiel vierzigjährig im Krieg 1870/71. Sein durchaus bedeutendes Forschungsvorhaben konnte nicht vollendet werden. Das Ergebnis seines Forschens liegt uns in den nach seinem Tode vom Verein für Geschichte und Altertumskunde Westfalens 1878 herausgegebenen „Localuntersuchungen ..." vor. Noch heute kann uns dieses Werk wertvolle Hinweise für den Ansatz künftiger archäologischer Forschungen geben. Das gilt besonders für die Befestigungen unseres Arbeitsgebietes. Einige Sätze seines Vorwortes verdienen im Rahmen des forschungsgeschichtlichen Überblicks als Richtschnur auch für zukünftige Arbeit zitiert zu werden. Über zwei im Lippegebiet tätige Forscher: „Der Gewinn ihrer verdienst-

vollen Arbeiten wurde leider dadurch beeinträchtigt, daß beide sich veranlaßt fanden, von vorn herein die weitgehendsten Hypothesen damit zu verbinden ... In Folge dessen entwickelte sich ein Meinungsstreit, bei welchem die Hypothesen, als das streitige Object, zur Hauptsache gemacht wurden, während die thatsächlichen Ergebnisse der Untersuchungen nur so weit in Betracht kamen, als sie geeignet erschienen, jene einmal aufgestellten individuellen Ansichten zu unterstützen. Die Unbefangenheit der Anschauung ging dadurch natürlich vollständig verloren." Hölzermann (1878, 3) führt als Beispiel dafür, „wie weit der wissenschaftliche Werth von Localuntersuchungen durch ein derartiges Verfahren beeinträchtigt werden kann", schon damals die umfangreiche Literatur zur Varusschlacht an und spricht weiter von einer Klippe, an der die Forschung scheitern könne, „nämlich an der willkürlichen Vermischung der durch eigene sinnliche Wahrnehmung gewonnenen Resultate mit solchen, welche lediglich auf Vermuthungen und Annahme beruhen, selbst wenn letztere zur festen individuellen Überzeugung geworden sein sollte".
Wilbrand (1902), hier stellvertretend zitiert für andere, behauptet in einem Bericht über Schuchhardts Forschungen, daß Hölzermann „große Verwirrung" stiftete und die westfälische Altertumsforschung „in eine Sackgasse führte, aus welcher sie erst wieder durch Schuchhardt befreit wurde", weil „ihm z.B. der Unterschied zwischen römischen und fränkischen Befestigungen gänzlich verhüllt blieb ...". Er hatte Hölzermanns kritische Gedanken zur Arbeitsweise im Vorwort zu seiner nicht vollendeten Arbeit nicht beherzigt. Der große Wert dieser frühen Phase der archäologischen Erforschung liegt zweifellos in der sorgfältigen Beobachtung und guten Darstellung, die sich einer Auswertung für aktuelle Fragestellungen der Burgenforschung nicht entzieht. Daß diese Arbeit vorwiegend von Militärs getragen wurde (Last, 1968, 35–37), ist stets zu beachten, muß aber nicht negativ bewertet werden. Unter Irrungen und voreiligen Schlüssen, wie sie v. Uslar (1964, 5–7) an einem Beispiel eifriger Lokal- und Heimatforschung demonstriert, genauso zu leiden blieb auch der historischen Quellenforschung und der archäologischen Forschung nach Hölzermann nicht erspart.

3.3. C. SCHUCHHARDT UND O. WEERTH

Vom „Historischen Verein von Niedersachsen" wurde nach der Veröffentlichung der Hölzermannschen Arbeit die Erstellung des „Atlas vorgeschichtlicher Befestigungen in Niedersachsen" (Schuchhardt, 1916) angeregt. Mit der Leitung der Arbeit wurde der hannoversche Ing.-Off. Generalmajor von Oppermann betraut, der die ersten drei Hefte herausgab. Nach seinem Tode 1892 übernahm Prof. Dr. C. Schuchhardt die Fortführung dieser Untersuchung. Er weitete, „um wissenschaftliche Ergebnisse zu erzielen", die Arbeit wesentlich aus (1916, Arbeitsbericht §4). Durch Ausgrabungen wollte er die sichere Zeit- und Zweckbestimmung erreichen. Er nahm eine Aufgliederung der „Volksburgen" vor, sonderte die mittelalterlichen Anlagen, die bisher in ein starres typologisches Schema und in die militärischen „Systeme" eingeordnet waren, aus und stellte „neue Gattungen" heraus, wie die „umwallten karolingischen Königshöfe, die kleinen Ringwälle und die frühen mittelalterlichen Dynastenburgen".
Schuchhardt erkannte aber unter all den „Altertümern", mit denen sich die prähistorische Forschung befaßte, die Burgen als „das einzige politische Element, das was uns zeigt, wer Herr im Lande war, gegen welchen Feind man sich sichern mußte und wie diese Verhältnisse wechselten und sich verschoben" (1924, 7). So wurde im Verhältnis zum riesigen Arbeitsvorhaben mit sehr bescheidenen Mitteln die grundlegende und umfangreiche Bestandsaufnahme prähistorischer und mittelalterlicher Befestigungen erstellt. Die heute notwendige vorsichtige und kritische Verwendung oder Widerlegung verschiedener Ergebnisse darf daher nicht als abwertende Kritik an dieser Leistung verstanden werden. Es wurde nach den bereits von Oppermann aufgestellten

Grundsätzen bei der Aufnahme einer Burg und ihrer Eintragung in Meßtischblattvergrößerungen das umliegende Gelände bis zu einer Entfernung von 300 m mitgezeichnet. Dabei wurden verschiedene Wallprofile aufgenommen, Schnitte und Toruntersuchungen durchgeführt und auch einzelne kleinere Teilflächen im Inneren der Anlagen aufgedeckt. Örtliche Forscher wirkten bei dieser Arbeit mit. Im ehemaligen Land Lippe, dem das Arbeitsgebiet dieser Untersuchung entspricht, war es vor allem der Detmolder Museumsdirektor Prof. Dr. Otto Weerth, der durch seine intensive Zusammenarbeit mit Prof. Schuchhardt und darüber hinaus durch selbständige Untersuchungen und Detailfeststellungen dazu beitrug, daß die Befestigungen des lippischen Raumes eine verhältnismäßig intensive Bearbeitung erfuhren.

3.4. L. NEBELSIEK

Fortgesetzt wurde diese Arbeit, anknüpfend an die Schuchhardtschen und Weerthschen Forschungen, nach einer 30jährigen Pause, durch Leo Nebelsiek. In der Zeit seiner Tätigkeit am Landesmuseum Detmold und in der Bodendenkmalpflege des ehemaligen Landes Lippe wurden viele der Befestigungen neu vermessen, die Schuchhardtschen Pläne ergänzt sowie neue Anlagen festgestellt und unter Denkmalschutz gestellt. In die Reihe der „Volksburgen“ nach Schuchhardt wurde 1933 der „Piepenkopf“ (Abb. 3, 2) aufgenommen, eine bis dahin unbekannte Befestigung. Sie wurde 1938 vermessen. 1939 nahm Nebelsiek eine erste Untersuchung vor, die leider durch den Krieg unterbrochen wurde. Weitere Grabungen erfolgten 1938 in Alt-Schieder (Nebelsiek, 1950a u. b) und, einer Anregung Prof. Dr. Stieren folgend, auf der Grotenburg bei Detmold. Aufgenommen wurden ferner 1939 Wälle auf „Bunten Berg“ bei Göstrup (Abb. 3, 6), die A. Meier-Böke (1933) entdeckte. Ihr prähistorischer Charakter ist jedoch bisher noch nicht geklärt (Nebelsiek, 1950a, 154).
Eine große, leider stark zerstörte Ringwallanlage, die „Rodenstatt“ bei Brakelsiek (Abb. 3, 5), mit der man sich schon recht früh beschäftigt hatte (Piderit, 1627, Böger, 1905), wurde 1950 nach einer kleinen Voruntersuchung durch L. Nebelsiek unter Schutz gestellt und 1951 vermessen. Die umfangreichen Vermessungsarbeiten bei diesen Neuaufnahmen wurden von Regierungsvermessungsrat F. Koppmann durchgeführt. In unmittelbarer Fortsetzung der von L. Nebelsiek am „Piepenkopf“ begonnenen Arbeiten, deren Abschluß durch die Schwierigkeiten der Nachkriegsjahre bis dahin unterblieben war, konnte der Verfasser im März 1966 eine kleinere Untersuchung durchführen, deren Ergebnisse im Rahmen seiner Magisterarbeit zusammen mit den Befunden der Nebelsiekschen Grabungen vorgelegt wurden (Hohenschwert, 1966).
Leo Nebelsiek stellte dem Verfasser die Unterlagen aller seiner früheren Burgengrabungen, Grabungsprotokolle, Zeichnungen und Fotos zur Auswertung zur Verfügung. Schon in der Detmolder Schulzeit durfte er als Gehilfe bei der Vermessung von Alt-Schieder unter Nebelsieks Anleitung mitarbeiten. Noch im hohen Alter verfolgte L. Nebelsiek, leider an sein Studierzimmer gebunden, stets den Fortgang der Untersuchungen, freute sich über jedes kleine, neue Ergebnis und äußerte freundschaftlich, ja väterlich seinen Rat ebenso wie gelegentlich seine Bedenken. Ihm ist diese Arbeit in Verehrung und Dankbarkeit gewidmet.

4. BESCHREIBUNG DER BEFESTIGUNGEN

4.1. VORBEMERKUNGEN

Eine wesentliche Aufgabe dieser Arbeit wird in einer Materialvorlage nach dem derzeitigen Stand gesehen. Darüber hinaus waren die zu behandelnden Befestigungen einer erneuten Betrachtung im Gelände zu unterziehen, um die vorliegenden Pläne zumindest schon in Details zu ergänzen. Eine generelle Neuvermessung und Erstellung von Plänen in einem größeren Maßstab, der die morphologischen Einzelheiten der Standorte besser erkennen läßt, war nicht möglich. Dies ist jedoch eine wichtige Aufgabe zukünftiger Forschung. Nur so lassen sich wehrtechnische Details und Baumaßnahmen, die sehr auf die Örtlichkeit bezogen sind, in Wert und Funktion richtig einschätzen. Neben den Möglichkeiten, die uns durch neuere Forschungsmethoden und verbesserte Grabungstechniken gegeben sind, liegt es in der Besonderheit der Objekte, daß sie bei laufender Beobachtung immer noch neue Ergebnisse bringen, denn alle Anlagen liegen in ausgedehnten Waldgebieten. Die intensive forstliche Nutzung stand nicht nur zu allen Zeiten aus wirtschaftlichen Gründen großzügig angelegten Untersuchungen entgegen, sie schafft auch, je nach dem Zustand der Kulturen, ob junge Schonung oder undurchdringliche Dickung, dunkler Fichtenbestand oder lichter Hochwald, fast in jedem Jahrzehnt völlig veränderte Beobachtungsbedingungen. Auch können starke Windwurfschäden auf sturmgefährdeten Standorten die Beobachtung schwacher Geländelinien sehr erschweren.
Daraus ergibt sich, daß die Befestigungen einer laufenden Beobachtung bedürfen und jede Gelegenheit, zum geeigneten Zeitpunkt Untersuchungen anzustellen, wahrgenommen werden muß, wenn wir der Beantwortung der mit ihnen verknüpften wissenschaftlichen Fragen näherkommen wollen.
Bei der Gliederung der zu besprechenden Anlagen für die Materialvorlage tauchen terminologische Schwierigkeiten auf. Auf die Verwendung der Schuchhardtschen Terminologie, die sehr häufig eine Funktionsaussage beinhaltet, die sich mit dem Fortgang der Forschung nicht bestätigte, wurde verzichtet. Eine zeitliche Ordnung des Materials erschien zu Beginn der Arbeit nicht zweckmäßig, da über einige Anlagen in Datierungsfragen noch erhebliche Meinungsverschiedenheiten bestanden, ebenso über eine funktionale Deutung und Verknüpfung mit bestimmten historischen Ereignissen. Ein gutes Beispiel dafür gibt die Herlingsburg/Skidroburg (v. Uslar, 1964, 13, u. Nebelsiek, 1950a, 100; 1950b, 149; 1961b, 39). Ein noch eindrucksvolleres Beispiel liefert, wie die Grabungsergebnisse zeigen, der Tönsberg bei Oerlinghausen (v. Uslar, 1964, 35, Anm. 177 u. S. 145–147). Auch die Tatsache, daß der archäologische Befund im allgemeinen bisher sehr mager war, ließ den Verfasser auf die Verwendung fester terminologischer Begriffe verzichten. Die Objekte wurden zur Bearbeitung in folgende Gruppen gegliedert, die sich im wesentlichen an der Größe und spezifischen Lage, weniger an typologischen Merkmalen orientieren:
1. Große Höhenbefestigungen, die sich in besonderer Weise den gegebenen Geländeverhältnissen anpassen und auf beherrschenden Bergkuppen und Hochflächen angelegt sind. Sie gehören im wesentlichen zum Typ der Schuchhardtschen „Volksburgen".
2. Kleine Befestigungen und befestigte Höfe. Diese Arbeitsgruppe ist als Sammelbegriff für alle die Anlagen zu verstehen, die nach dem derzeitigen Stand der Forschung manchmal durch keramische Funde in die ausgehende Frühgeschichte oder das frühe und hohe Mittelalter datiert werden. Sie sind bevorzugt auf Geländestufen unterhalb von Bergkuppen und auf Bergnasen angelegt und zeigen eine sehr deutliche Orientierung zum mittelalterlichen Wegenetz. In dieser Arbeitsgruppe sind erfaßt: ältere gegliederte Ringwälle mit Haupt- und Vorburg, kleine Rund-

wälle, rechteckige Anlagen, frühe Dynastenburgen mit noch vorherrschender Erdbauweise, gemörtelte Anlagen mit Kammertoren, Wohntürme und schließlich schwache rechteckige Erdwälle als Hofbefestigungen.
3. *Pseudobefestigungen,* d.h. Anlagen, die bisher als Befestigungswerke angesprochen wurden, aber bei der Untersuchung keine Bestätigung lieferten.
Der Besprechung der Einzelobjekte ist jeweils eine tabellarische Übersicht vorangestellt, um die wesentlichen Daten und Merkmale der Anlagen schnell zugänglich zu machen und einen Hinweis auf Forschungsmöglichkeiten und Forschungsstand zu geben. Eine Auswahl der wichtigsten Literaturhinweise zu den einzelnen Anlagen wird bewußt nicht in der üblichen alphabetischen, sondern in chronologischer Reihenfolge gegeben, um damit Gang und Stationen der Forschung anzudeuten.
Der Abschnitt „Lage und geologische Verhältnisse“ behandelt jeweils die örtlichen Gegebenheiten, soweit sie für Erklärung und Verständnis der unterschiedlichen Bodenbefunde, für die Befestigungstechnik und für ein Erkennen der Funktion der Plätze im Rahmen des verkehrs- und siedlungsgeographischen Geschehens und ihrer strategischen, politischen und wirtschaftlichen Bedeutung wichtig sind.
Im forschungsgeschichtlichen Abschnitt mußten oft ältere Befunde, Funde und Deutungen zum besseren Verständnis sofort mit besprochen werden, um Wiederholungen zu vermeiden.
Im Abschnitt „Befunde“ erfolgt immer zunächst eine Beschreibung der Gesamtanlage mit all ihren Einzelelementen, auch im Verhältnis zum Gelände. Es schließt dann die Beschreibung der Grabungen und der einzelnen Schnitte an. Auch hier konnten allgemeine Beschreibung und Detailinterpretation nicht immer scharf getrennt werden. Funde werden in der Regel nach der Fundsituation, Lage und durch eine kurze Beschreibung zum Schluß des Abschnittes „Befunde“ mit behandelt.
Beschreibung, Gliederung und Auswertung des Fundmaterials erfolgt in einem gesonderten Kapitel für alle Anlagen zusammengefaßt. Nur bei den in größerem Umfange untersuchten Befestigungen sind nach Bedarf verschiedene Abschnitte für die zusammenfassende Besprechung der Grabungsbefunde und Funde eingefügt.
Im Abschnitt „Auswertung“ werden bei einzelnen Anlagen alle Beobachtungen zur Datierung und Frage der Funktion zusammengefaßt und Ansätze zukünftiger Untersuchungen angesprochen. In den meisten Fällen, wo das Material für eine solche Auswertung nicht ausreicht, sind Gedanken und Hinweise zu diesem Thema in einer Zusammenfassung an den Schluß gesetzt.
Als Abbildungen im Text sind Übersichtskarten, Ausschnitte der topographischen Karten zur Lage der Burgen und alle zur Darstellung der Forschungsgeschichte, Beschreibung der Anlagen und zum Vergleich herangezogenen, bereits veröffentlichten älteren Pläne und Abbildungen sowie Zeichnungen ausgewerteter früherer Grabungsberichte und eine tabellarische Tafel zur Zeitstellung der Burgen, fortlaufend numeriert (Abb. 1–76), jeweils ihrer ersten Textstelle zugeordnet.
Im Tafelteil am Schluß des Buches befinden sich die Materialtafeln mit Funden (Taf. 1–16) und alle Fototafeln (Taf. 17–56). Als Orientierungshilfe für den Benutzer dienen Beschriftungen oder Bezeichnung durch Buchstaben, die jeweils im Tafeltext erklärt werden. Dort sind Hinweise auf Abbildungen und Beilagen (Plan- und Profilzeichnungen) zur Einordnung und zum leichteren Verständnis der dargestellten Befunde gegeben und bei Grabungsfotos die jeweiligen Kapitel des Inhaltsverzeichnisses angeführt, in denen die ausführliche Beschreibung erfolgt.
Alle Lagepläne, Zeichnungen der Plana und Profile der eigenen Ausgrabungen und eine Karte, die die Ergebnisse der Arbeit zu den verkehrsgeographischen Verhältnissen und zur Siedlungsgeschichte mit Fundplätzen darstellt, wurden aus technischen Gründen als Beilagen 1–24 zusammengefaßt.

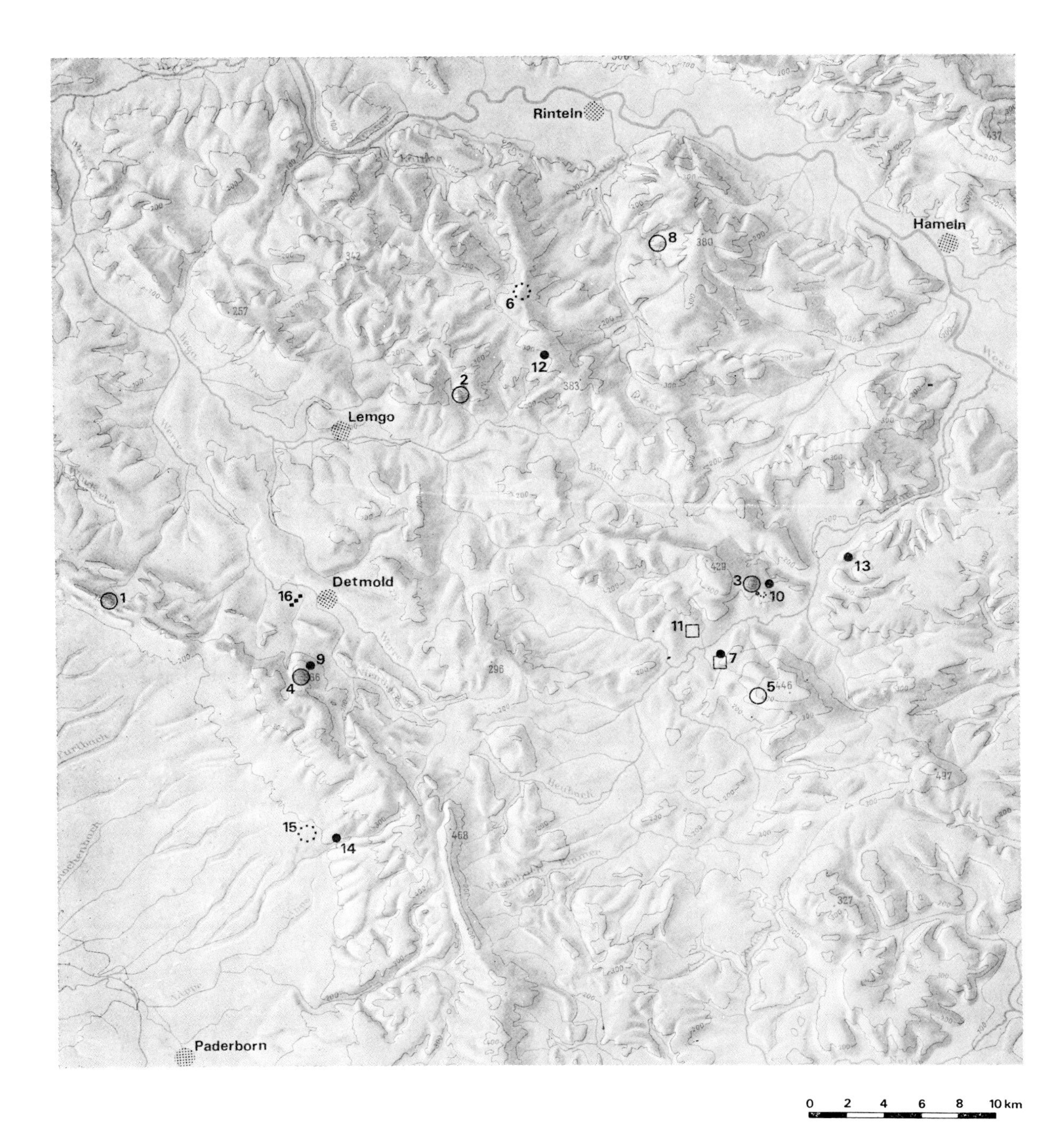

Abb. 3 Verbreitungskarte der Befestigungen im Arbeitsgebiet.

Große Höhenbefestigungen

① Tönsberg bei Oerlinghausen
② Piepenkopf bei Hillentrup
③ Herlingsburg bei Schieder
④ Grotenburg bei Detmold
⑤ Rodenstatt bei Brakelsiek
⑥ Bunten Berg bei Göstrup

Kleine Befestigungen und befestigte Höfe

⑦ Alt-Schieder
⑧ Uffoburg bei Bremke
⑨ Kleiner Hünenring bei Detmold
⑩ Bomhof bei Lügde
⑪ Schanze im Siekholz bei Schieder
⑫ Alt-Sternberg bei Schwelentrup
⑬ Burg auf dem Schildberg bei Lügde
⑭ Burg in Kohlstädt

Pseudobefestigungen

⑮ Wälle von Haus Gierke
⑯ Heidenoldendorfer „Spitzgraben"

4.2. GROSSE HÖHENBEFESTIGUNGEN

4.2.1. Tönsberg bei Oerlinghausen

TK 4018 Lage: r. 347860–347940,
h. 575685–575730

(Abb. 3, 1; 4–12; Taf. 1–6, 17–31; Beilagen 1–18)

Höhenlage: 265–334 m ü. NN.

Flächengröße: Innerhalb des Hauptwalles ca. 7 ha; Kernwerk ca. 1,5 ha; mit Terrassen und Vorwällen insgesamt ca. 15 ha.

Befestigungsart: Erdwälle mit und ohne Mörtelmauerwerk sowie mit und ohne Graben umschließen einen Teil des Bergrückens. Zwei Kammertore sind im Wall am Südhang und in der Nordwestecke zum Bergrücken hin eingebaut. Am weniger steilen Südhang sind Vorwälle, Terrassierungen und Gräben in mehreren Linien gestaffelt vorhanden. Die Linie zum Bergrücken und am Nordwesttor ist durch einen besonders starken Hauptwall mit Außengraben und mehreren Vorwällen gesichert. Ein Querwall im Innenraum trennt ein Kernwerk ab. Unterschiedlicher Erhaltungszustand und wechselnde Bautechnik lassen mehrere Bauperioden erkennen.

Heutiger Zustand: Die Wälle sind gut erhalten. Mauerwerk ist nur streckenweise in niedrigen Resten und in den Toren festzustellen. Innerhalb des Kernwerks steht eine Kapelle. Ein Gebäuderest am Nordwesttor ist durch Herausbrechen von Werksteinen und alte Grabungen stark durchwühlt.

Bodennutzung: Das Gelände wird ausschließlich forstwirtschaftlich genutzt. Es ist zum größten Teil mit Fichten, am westlichen Südhang mit Mischwald, Lärchen, Eichen und Buchen bestanden, vor allem entlang des südlichen Hauptwalles.

Besitzverhältnisse: Hanielsche Forstverwaltung, Gut Wistinghausen.

Ausgrabungen: Schuchhardt 1892 und 1897, Döring und Deppe verschiedene kleine Grabungen um 1900, Reinerth 1937, Hohenschwert 1968, 1972 bis 1974/75.

Literatur: W. Weerth, 1873; Hölzermann, 1878; Schuchhardt, 1892; Deppe, 1893; Wilbrand, 1897; Wormstall (Nachweis älterer Literatur), 1899; Wilbrand, 1900; O. Weerth, 1911; Schuchhardt, 1916; Schuchhardt, 1924; Nebelsiek, 1950; v. Uslar, 1964; Hohenschwert, 1966.

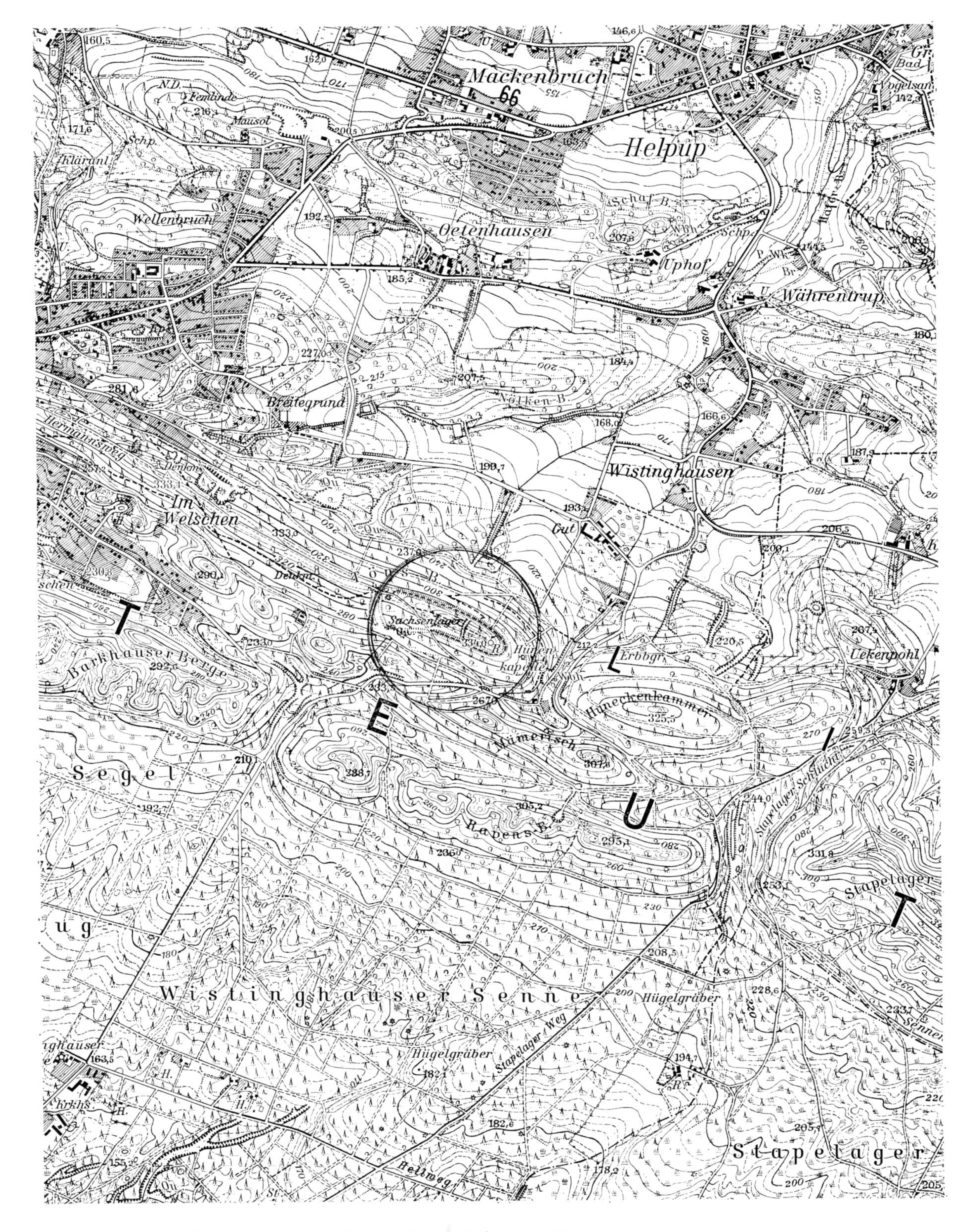

Abb. 4 Tönsberg, Ausschnitt aus der TK 4018 Lage. Maßstab 1 : 25 000.

4.2.1.1. Lage und geologische Verhältnisse

Die Befestigungsanlagen des Tönsberges umfassen den äußersten östlichen Abschnitt eines 3,5 km langen Bergrückens der mittleren Kette des Teutoburger Waldes, der sich von Oerlinghausen nach Osten bis zur Wistinghauser Schlucht erstreckt (vgl. Abb. 4). Die Gesamtlänge beträgt 700 m bei einer Durchschnittsbreite von 220 m. Die Wälle der Anlage beziehen den Nordhang nur in geringem Umfange ein, während sie am Südhang weit talwärts ausgreifen. 75 % der Innenfläche liegen auf der Südseite des Bergrückens (Beilage 1).
Der Teutoburger Wald wurde am Ende der Kreidezeit und im Alttertiär durch tektonische Vorgänge, die zu sehr komplizierten, häufig wechselnden Schichtverhältnissen, Verwerfungen, Stauchungen und Überschiebungen führten, gebildet. Sie können hier nur soweit erörtert werden, als sie die Oberflächenformen, die Bodenverhältnisse und damit die siedlungs- und verkehrsgeographische Situation des Standortes entscheidend beeinflussen. Nach Pittelkow (1941, 18) ist „im Teutoburger Wald der Rand der westfälischen Kreidemulde mit den Triasgesteinen der nordwestfälisch-lippischen Schwelle zu einer morphologisch und damit geographisch selbständigen Einheit zusammengeschweißt".
Drei Gebirgsketten sind in diesem Bereich besonders deutlich ausgebildet. Die Schichten der zwei westlichen Ketten, fast senkrecht aufgestaucht oder gebogen, bilden schmale und steile Bergrücken mit zum Teil kammartiger Ausbildung, zwischen denen in weicheren Mergeln, Tonen und Sanden Längstäler ausgeräumt sind. Die westliche Kette besteht aus den härteren Kalken und Plänern der Oberkreide, die mittlere Kette aus Osningsandstein mit zum Teil vorhandenen Vorbergen nach Westen aus Flammenmergel. Der Osningsandstein bildet auch den besonders geschlossenen langen Rücken des Tönsberges. Seine Nordflanke ist in den hier auftretenden weicheren Juraschichten des oberen Lias sehr steil ausgebildet. Das hier vorhandene Vorkommen von Posidonienschiefer hat in der Vergangenheit zeitweise eine wirtschaftliche Nutzung als Ölschiefer und das ausgeglühte Material eine Verwendung bei der Baustoffherstellung gefunden. Das weite nördliche Längstal bis zu den aus harten Ablagerungen des oberen Muschelkalks gebildeten Horsten und Rücken der nördlichen Bergkette ist vorwiegend in den weicheren Schichten des mittleren Muschelkalks ausgeräumt. Außer schweren nassen Ton- und Lehmböden, Kalk-Carbonat-Böden an den Muschelkalkrücken haben weite Flächen auch eine fruchtbare Lößdecke mit guten Ackerböden, auf denen früh die ersten Ansiedlungen entstanden.
Die Wistinghauser Schlucht (vgl. Abb. 4) ist durch eine Querstörung angelegt. Sie bedingt die besondere Form des Gebirgspasses, dessen Talränder gegeneinander versetzt und verschoben sind. Ob und in welchem Umfang auch fließendes Wasser bei der Ausformung beteiligt war, kann nicht gesagt werden, da die Schlucht sehr stark mit Sanden aufgefüllt ist (Pittelkow, 1941, 50). Da die Durchlässe in den beiden südlichen Gebirgsketten stark gegeneinander versetzt sind, wirkt der befestigte Tönsbergrücken wie ein Riegel vor der Paßlücke in der südwestlichen Kette. Auf einer Länge von 600 m flankiert er die Wistinghauser Schlucht nach Südosten bis zu einem engen Durchlaß in der mittleren Kette, der den Weg in das nördliche Tal freigibt.
Durch vorherrschende westliche Winde sind aus den von saaleeiszeitlichen Schmelzwassern abgelagerten Sanderflächen der Senne in der Folgezeit Flugsande in die Schlucht und über die Bergkämme nach NO verweht und vor allem an der steilen Nordflanke des Tönsberges in Lee abgelagert worden. Auch die Schlucht selbst weist an einigen Stellen kleine Dünenbildungen auf und hat eine unterschiedlich mächtige Flugsanddecke.
An der Südwestflanke des Tönsberges tritt an der Grenze zum Grünsand eine Quelle aus, die für die Tönsbergbefestigung von größter Bedeutung war. Ihr Wasser versickert aber schon nach wenigen hundert Metern mehr und mehr in der Sanddecke und den darunterliegenden plattigen, verkarsteten Kalken der Oberkreide, um erst einige Kilometer weiter westlich erneut im Quellhorizont der Senne zutage zu treten.

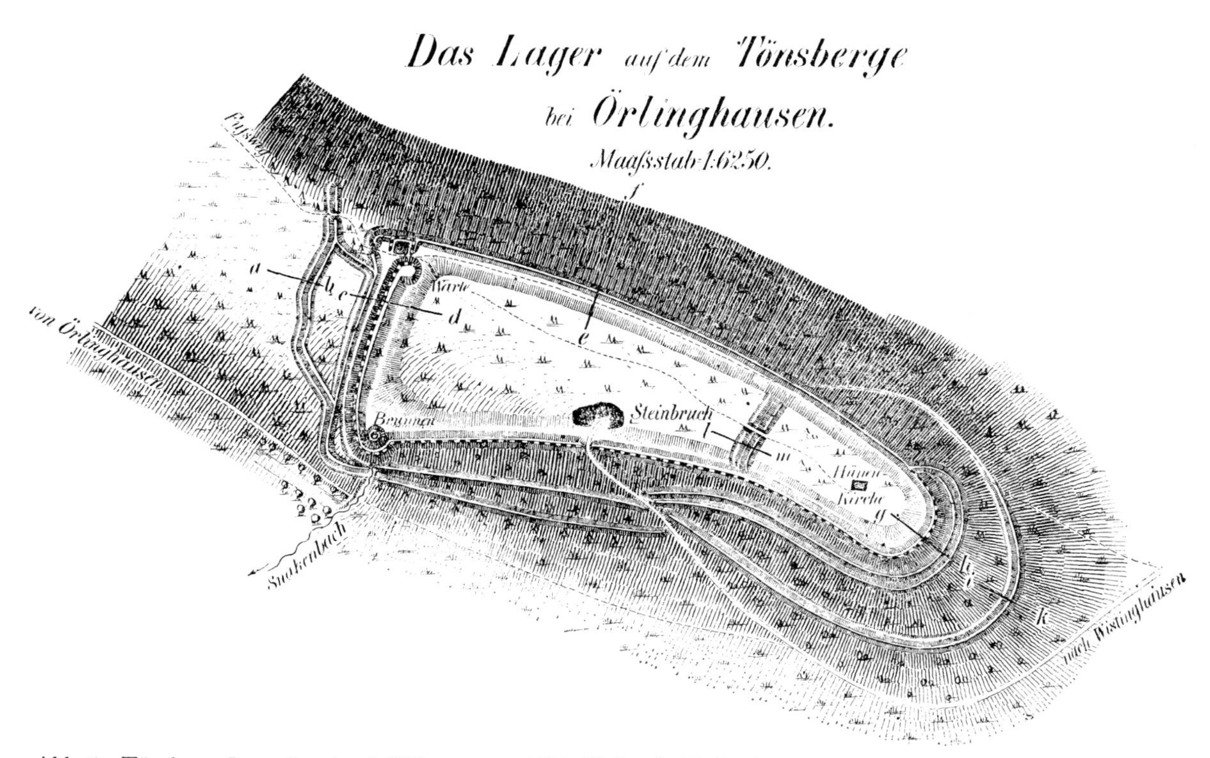

Abb. 5 Tönsberg, Lageplan (nach Hölzermann, 1878, Taf. 44). Maßstab 1 : 6 250.

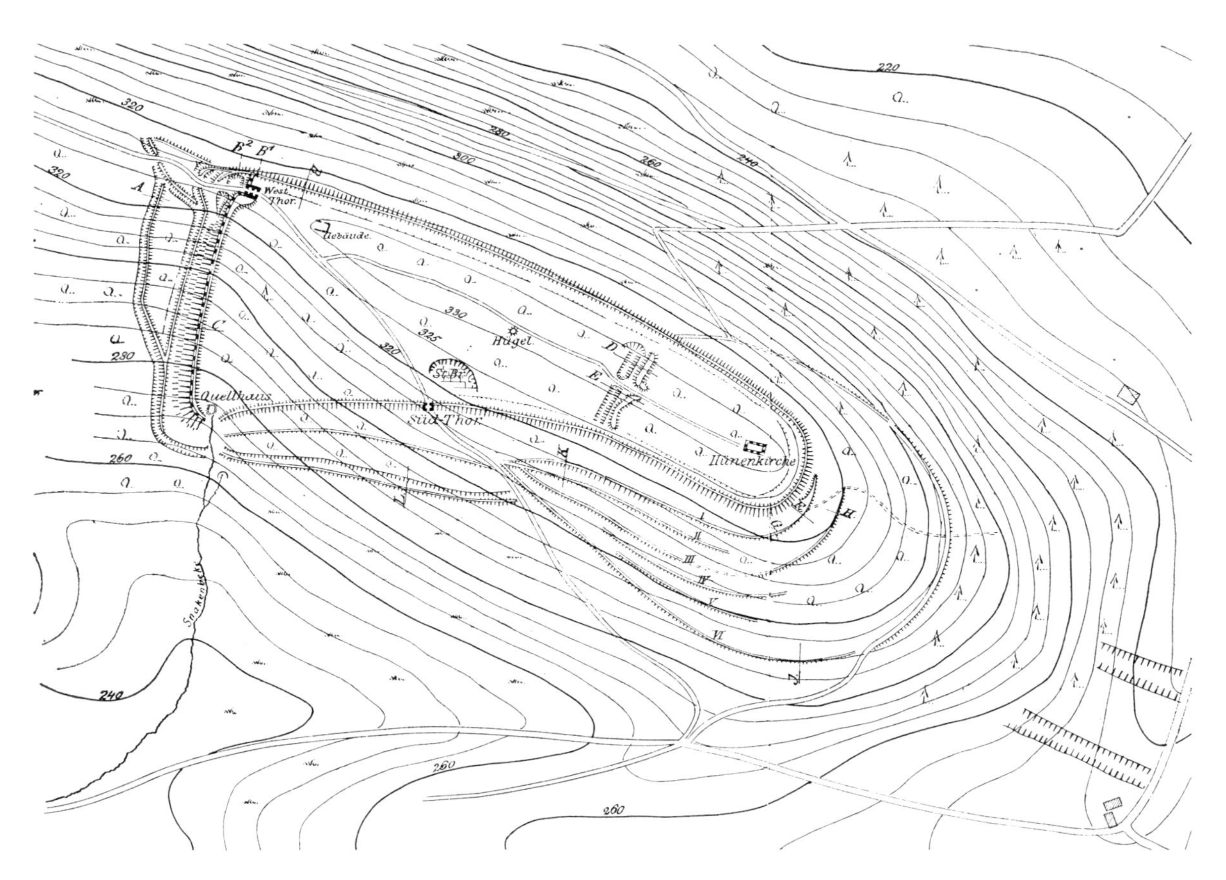

Abb. 6 Tönsberg, Lageplan (nach Schuchhardt, 1916, Blatt 56). Maßstab etwa 1 : 5 800.

4.2.1.2. Forschungsgeschichte

Die älteste archäologische Quelle zum Tönsberglager haben wir von Hölzermann (1878, 106). Sein ausführlicher Bericht und der sehr genaue Plan der Anlage (Abb. 5) beweisen eine sorgfältige Aufnahme. Vor ihm hatte sich der Oerlinghauser Superintendent W. Weerth (1873) schon eingehend mit der Befestigung beschäftigt und eine erste Lageskizze angefertigt. Er ist der örtliche Gewährsmann Hölzermanns gewesen.
Hölzermann vertrat schon die Meinung, daß die Anlage aus verschiedenen Heerlagern bestehe, einem älteren germanischen und einem später in dasselbe hineingebauten sächsischen. Die Spuren des älteren glaubte er in dem äußeren „Vorwall" zu erkennen, während der innere mächtige Hauptwall mit Mauerresten das sächsische Lager darstelle. Das Tor der germanischen Anlage sieht er in der Mitte im S. Die anderen Zwischenwälle wurden seiner Meinung nach angelegt, um den gefährdeten Südhang in sächsischer Zeit noch stärker zu sichern. Das sächsische Lager erhielt sein Haupttor im NW. Hier auf dem Tönsbergrücken wurden zur Verstärkung mehrere Wälle mit Gräben hintereinander angelegt und Schanzen am Nordwesttor ausgebaut. Nach Hölzermanns Beobachtungen hatte nur der Hauptwall der Angriffsfront im Inneren eine Mörtelmauer von 1,68 m Dicke. Am äußerlich ähnlichen Wall (am Steilhang im N) beobachtete er kein Mauerwerk.
Schuchhardt, der 1892 dann die erste Ausgrabung vornahm, berichtet von den Ergebnissen einer zweitägigen mit sechs Mann durchgeführten Untersuchung (Abb. 6–12). Er sieht eine große Ähnlichkeit mit der Herlingsburg und darin den Beweis, daß beides sächsische Burgen sind. Hier wie dort sind hinter dem Wall ausgeprägte Materialentnahmegräben erkennbar (Taf. 22 oben, 23 unten, 30 oben). Die verschiedenen Vorwälle, Terrassen (Taf. 18 unten) und „Zwingersysteme" an den Toren (Taf. 18 oben links) hält er für typisch sächsisch und führt zum Vergleich die Beobachtungen an der Herlingsburg, der Iburg bei Bad Driburg und der Hohensyburg an. Er lehnt Hölzermanns Auffassung von einem durch die Sachsen umgewandelten altgermanischen Lager ab. Für ihn ist der Tönsberg typisch und einheitlich sächsisch. Sein scharfer Gegner um diese Zeit ist der Oerlinghauser Lehrer Deppe (1893). Dieser glaubt, daß der Tönsberg ein Lager des Varus ist. Deppes Polemik gegen Schuchhardts Grabungsbefunde enthält aber immerhin einige präzise Angaben über die Größe der Anlage und Hinweise für den Wall- und Maueraufbau. Er behauptet, im Gegensatz zu Schuchhardt festgestellt zu haben, daß das Mörtelmauerwerk im Wall an der Westseite nicht nur 30 cm tief in die lose Wallaufschüttung hineinreicht, bei einer Stärke von 2,10 m (Abb. 7), sondern daß dieses Maß durch ein Verrutschen der oberen Steinlagen vorgetäuscht wird und die Mauer in Wirklichkeit in geringerer Stärke (1,65–1,68 m) bis auf den gewachsenen Boden heruntergehe. Schuchhardt (1916, 78) berichtet über die Ergebnisse der mehrtägigen Ausgrabungen 1892 und 1897 im einzelnen. Die Untersuchung der Tore ergab im S ein einfaches Kammertor mit kräftig vorspringenden Mauerenden (Abb. 8). Die Innenmaße des Torraums betragen 4,95 m in der Länge und 4,50 m in der Breite bei einer Durchlaßbreite von 2,60–2,70 m, ähnlich den Toren von der Hohensyburg und in Alt-Schieder. Das Tor in NW weist je drei Mauervorsprünge in den Torwänden auf, wodurch bei etwa gleichen Gesamtmaßen zwei kleinere Kammern ausgebildet sind (Abb. 9). 1897 untersuchte Schuchhardt die Grundmauern eines Gebäudes 60 m östlich vom Nordwesttor, dessen Maße mit ca. 21,50 x 8,25 m bei einer Stärke von 0,80 m angegeben sind (Abb. 6). Sie sind gebaut wie die Mauern im Wall und an den Toren. Er beschreibt ferner das kurz zuvor bei der Wassersuche von Oerlinghauser Bürgern freigelegte „alte sächsische Quellhaus" in der Südwestecke (Abb. 10–12). Es handelt sich dabei um eine Quellfassung von unregelmäßiger viereckiger Form, etwa 4 x 4 m noch bis 1,50 m hoch erhalten. Der Boden war mit grünlichem Ton dick belegt. Der Überlauf und Durchlaß nach S war durch Eichenbohlen verschlossen. In den Vorwällen wurde an keiner Stelle eine Mauer festgestellt, in NW außerhalb des Tores (Abb. 6 bei B 2) dagegen Palisaden, „die starke Brandspuren hinterlassen haben" (Schuchhardt, 1916, 79, § 324). Für die anderen Vorwälle im S nimmt Schuchhardt gleiche Bauweise an. Den Vorwällen auf dem Bergrücken im W sind Gräben vorgelagert. Die

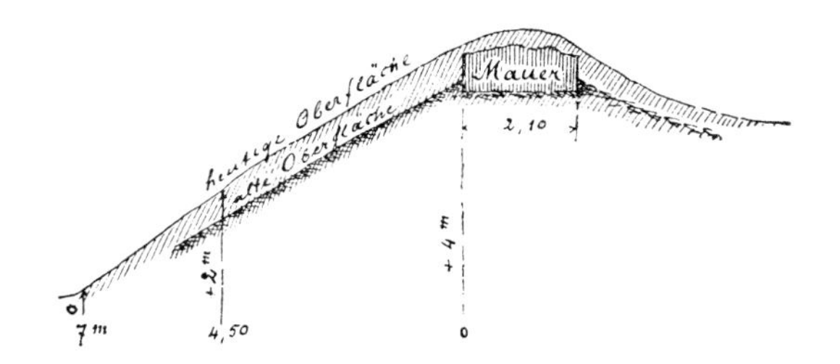

Abb. 7 Tönsberg, Profilschnitt durch den westlichen Hauptwall (nach Schuchhardt, 1916, Abb. 73). Maßstab 1 : 200.

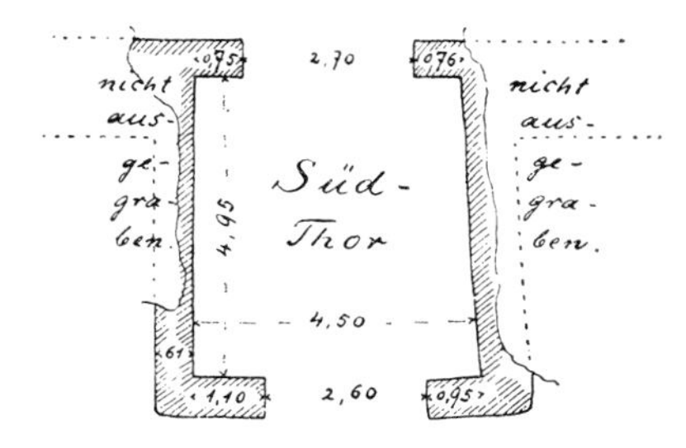

Abb. 8 Tönsberg, Grundriß des Südtores (nach Schuchhardt, 1916, Abb. 74). Maßstab 1 : 200.

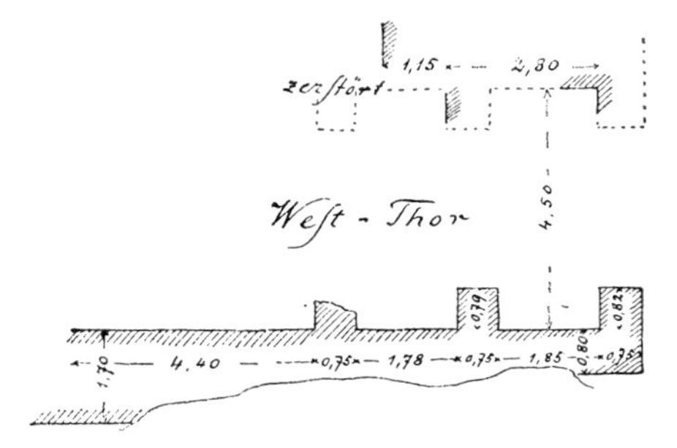

Abb. 9 Tönsberg, Grundriß des Westtores (nach Schuchhardt, 1916, Abb. 75). Maßstab 1 : 200.

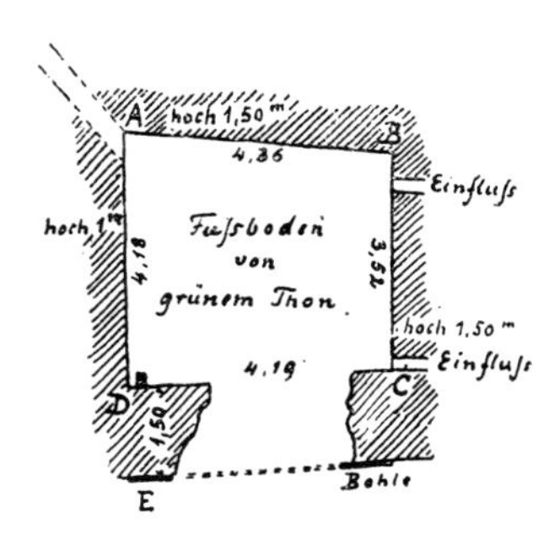

Abb. 10 Tönsberg, Grundriß des „Quellhauses“ (nach Schuchhardt, 1916, Abb. 76). Maßstab 1 : 200.

Abb. 11 Tönsberg, Ansicht der Ostwand des „Quellhauses“ (nach Schuchhardt, 1916, Abb. 77). Maßstab 1 : 50.

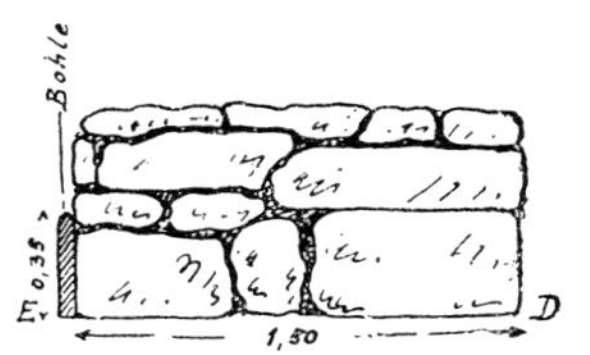

Abb. 12 Tönsberg, „Quellhaus“, Profil der Südmauer bei D, E (nach Schuchhardt, 1916, Abb. 78). Maßstab 1 : 50.

kräftige Sperrlinie, die das östliche Drittel der Innenfläche abtrennt (Abb. 6 bei D, E), hat nach seinen Feststellungen eine über 7 m breite Berme zwischen dem starken Wall und dem ausgeprägten Graben; Mauerreste sind nicht erkennbar.

Schuchhardt (1916, 140) erwägt, ob das Tönsberglager noch eine „sächsische Volksburg oder schon ein fränkischer Königshof“ ist. Er wurde dazu angeregt durch die Rübelsche Annahme, daß bei Oerlinghausen ein Königsgut nachweisbar wäre. Das beruhte aber auf einem Irrtum, wie O. Weerth ihm mitteilte. So kommt Schuchhardt zu dem Schluß, daß es sich hier um eine späte sächsische Volksburg handele, die doch wohl erst gegen die Franken angelegt wurde. Er begründet diese Annahme mit dem vorhandenen Kalkmauerwerk der Tore und der breiten Berme beim „Stirnwall“ des Kernwerkes. Zum Vergleich zieht er den besonders geschützten Kopf der „Babilonie“ heran (Abb. 66).

Später reiht er das Tönsberglager doch unter die Königshöfe ein (Schuchhardt, 1924, 67 f.), mit der Einschränkung, daß es mit manchen Eigentümlichkeiten noch stark an die sächsischen Volksburgen erinnert, wobei ihn die Vorschanzen am Nordwesttor erneut zu einem Vergleich mit der

Herlingsburg veranlassen, während er Kalkmörtelmauern und die Torform jetzt klar als fränkisch deutet. Die 7,50 m breite Berme des Kernwerks sieht er als Merkmal für die „fortgeschrittene Zeit nach der fränkischen Eroberung". In dieser unterschiedlichen Beurteilung spiegelt sich natürlich die Entwicklung des Forschungsstandes zwischen 1892 und 1924 wider. Inzwischen waren die „Zutaten" karolingischer Zeit, die Mörtelmauern und Kammertore, klar von ihm erkannt und auch die jüngere, breite Berme als datierendes Element. Aber Schuchhardt kann sich nicht dazu entschließen, hier verschiedene Bauperioden zu sehen. In einer einheitlichen Anlage sind jedoch diese widersprechenden Merkmale für ihn verständlich, wenn sie „im letzten Stadium der Kriege Karls des Großen oder noch etwas später nicht von einem fränkischen, sondern von einem sächsischen Grafen angelegt" wurde (Schuchhardt, 1924, 68).
Nur der Vollständigkeit halber sei hier angemerkt, daß Hartmann (1899, 26–27) über Funde berichtet, die Deppe gehoben haben soll. Aufgezählt werden ein Helmbruchstück, Hasta, bronzener Schulterschmuck mit Löwenköpfen, eiserne Sporen, Terra Sigillata mit erhabenem Efeublatt. Diese Funde seien von Jacobi in Homburg und dem Archäologen Koenen als römisch anerkannt. Über Fundumstände und Verbleib dieser Gegenstände, mit denen Deppe seine Theorie vom Römerlager untermauerte, konnte nichts in Erfahrung gebracht werden. Diese Angaben sind damit für die Datierung wertlos. Dasselbe gilt für vereinzelt gefundene, nicht näher beschriebene Scherben dieser Grabungen.
Leider liegt uns über eine spätere Untersuchung von Reinerth im Jahre 1937 weder ein Grabungsbericht noch eine wissenschaftliche Veröffentlichung vor. Aus einem Zeitungsinterview (Reinerth, 1937) ist lediglich der Hinweis zu entnehmen, daß im Schnitt eines Hauptwalls der Aufbau mit Holz, Stein und Lehm nachgewiesen wurde und verkohlte Holzreste und Brandspuren vorhanden waren.
Nebelsiek (1950a, 97, und 1961b, 39) greift Hölzermanns Meinung wieder auf und vertritt klar die Auffassung, daß in den Wehranlagen des Tönsberges eine latènezeitliche Bauperiode steckt, wie auch bei all den anderen größeren Höhenbefestigungen dieses Gebietes. Von ihnen wurden das Tönsberglager und die Herlingsburg in sächsischer Zeit erneut hergerichtet und benutzt. Das Tönsberglager erfuhr seiner Meinung nach einen Um- und Ausbau in fränkischer Zeit.
v. Uslar (1964, 145) führt diese Befestigung als Beispiel für die Anpassung an das Gelände an. Ein Merkmal, das ja gerade für die Gruppe der frühen Höhenbefestigungen in besonderer Weise charakteristisch ist. Er hält den Tönsberg aber aufgrund der einzelnen, jüngeren Merkmale (1964, 35), wohl in Anlehnung an Schuchhardt, dennoch für wesentlich jünger.

4.2.1.3. Befunde

4.2.1.3.1. Gesamtanlage

Kommt man von SW aus der Wistinghauser oder Oerlinghauser Senne, so beobachtet man zunächst am Wege zur Wistinghauser Schlucht einzelne urgeschichtliche Plaggenhügelgräber, die in auffälliger Weise von den größeren geschlossenen Gruppen der Senne entlang des Teutoburger Waldes abgesetzt sind (Beilage 24). Sie reihen sich auf die Gebirgsdurchlässe zu und bis in diese hinein. (Zur nachfolgenden Beschreibung vgl. Abb. 4; Beilage 1.)
Nach Passieren der südwestlichen Kalksteinkette der oberen Kreide weitet sich das Tal. In die Sandablagerungen sind in breiten Fächern deutlich alte Wegespuren eingeschnitten, die in der ansteigenden Schlucht zum Scheitel hin zusammenlaufen (Taf. 56 unten). Nach dem Durchlaß durch die mittlere Gebirgskette fächern sie wieder auf. In diesem Bereich sind Reste alter Landwehren erkennbar. Alle diese Spuren sprechen für die verkehrsgeographische Bedeutung der jetzt völlig abseits liegenden Wistinghauser Schlucht in der Vergangenheit. Obwohl moderne Wirtschaftswege, die sich nicht mehr konsequent an die Morphologie halten, die historischen Befunde überlagern, ist südlich vom Scheitel eine alte Wegespinne noch erkennbar. Von hier führt ein Weg

in das Längstal nach SO, ein anderer nach NW schräg den Tönsbergkamm hinauf, während der Weg durch die Schlucht nach NO weiterführt. Oberhalb des Weges, der am Südhang des Tönsberges nach NW zum Kamm hinführt, sind die zahlreichen Vorwälle der Befestigung, die hier weit hangabwärts ausgreifen, erkennbar (Taf. 18 unten). Der äußerste zieht in weitem Bogen der Höhenschichtlinie folgend nach N um die Bergnase herum, um dann im N den Steilhang aufwärts ziehend den Anschluß an den Hauptwall zu finden. Am Südhang zieht er weit nach W allmählich hangaufwärts, bis er mit den weiteren Vorwällen in diesem Bereich zusammenläuft. Diese Wälle sind nur an der Südflanke des Berges ausgebildet. Sie folgen den Höhenschichtlinien. Nach O laufen sie bis auf zwei im oberen Bereich aus. Vor der Bergnase ist die alte Kartierung nicht vollständig. Dort scheinen noch hangabwärts laufende „Spangen" die einzelnen Linien zu verbinden. Ob diese stark verwaschenen Spuren anthropogen sind, kann nur durch Grabungsschnitte geklärt werden. Es besteht die Möglichkeit, daß hier eine alte Zuwegung durch spätere Ausbaumaßnahmen überlagert ist. Alle diese Linien kann man nicht als Wälle bezeichnen. Sie entstanden, wie Schnitt XIV (Beilage 17) zeigt, durch einen Hangausbau im Wechsel von flachen Gräben und Stufen. Die oberste sichtbare Linie vor dem Hauptwall ist eine solche Stufe oder Terrasse, die vom heutigen Wanderweg aus zunächst in engem Bogen nach NO und dann allmählich hangaufwärts zieht, um schließlich vor der östlichen Bergnase unter den Massen des Hauptwalles auszulaufen. Auf dem letzten Abschnitt scheint auf diese Terrasse nachträglich zusätzliches Material aufgebracht und darin direkt vor dem Hauptwall ein Graben ausgebildet zu sein. Auch in diesem Bereich ist die Kartierung nicht vollständig.
Westlich des Weges ist ein echter Wall mit Innengraben in einem kräftigen Bogen hangabwärts ziehend vorhanden. Darüber liegt außer einer deutlichen Terrasse noch eine weitere kurze Strecke eines Walles mit Innengraben. Auch in diesem Bereich weicht der Verlauf deutlich vom Plan (Beilage 1) ab. Diese südwestliche Bergflanke ist im Gegensatz zur südöstlichen mit einer bis zu 1 m mächtigen Flugsanddecke überlagert. Der Hang ist sehr stark durch zahlreiche Fuchs- und Dachsbauten und die Anlage von Pflanzfurchen für Forstkulturen gestört.
Der Weg führt durch das Südtor im Hauptwall (Taf. 18 oben rechts), der nach W hangabwärts zieht, stark ausgebildet ist und ganz im SW eine Quelle einfaßt. Dann verläuft er quer zum Hang steil aufwärts zum Nordwesttor (Taf. 18 oben links). In dieser westlichen Linie erreicht der Wall seine größte Mächtigkeit mit über 10 m Breite und ca. 4–5 m Höhe über der alten Oberfläche. Genaue Maßangaben können nicht gemacht werden, da bisher kein Schnitt in diesem Bereich bis an die Basis durchgeführt wurde. Vor ihm liegt ein tiefer Graben. Es folgen nach W ein zweiter kleiner Wall mit Graben und 50 m weiter nach W eine äußere Linie, die einen großen zwingerartigen Raum umschließt. Ein sehr kompliziertes System mehrerer Wälle und Gräben und eine tiefe Grube bilden vor dem Nordwesttor eine verteidigungstechnisch überaus günstige Situation. Anders als im Schuchhardtschen Plan erkennbar, ist nicht nur in den Kammertoren (Abb. 8 u. 9) und im westlichen Hauptwall (Abb. 7), sondern nördlich des Nordwesttores in einer kurzen Strecke des Nordwalles, in der Ecke zwischen Nordwall und Tor, und im Südwall fast auf der ganzen Strecke bis in den Abschnitt südlich der Antoniuskapelle Mörtelmauerwerk feststellbar. Überall an der südlichen Linie, wo Kalkmörtel im Wall vorhanden ist, stehen selbstgesamte Buchen (Taf. 17 unten), die hier, wo Nadelhölzer sich auf dem Schutt von Wall und Mauer nicht entwickeln konnten, einen günstigen Standort fanden. Auf der übrigen Fläche der Osningsandsteinverwitterung mit stellenweisen Flugsanddecken bestimmen die Nadelhölzer das Waldbild, die heute hier ihren günstigsten Standort haben. Der Nordwall (Taf. 30 oben) hat außer am Tor keine Mauer und auch am sehr steilen Hang keine Vorwälle.
Von der Innenfläche ist im O ein kleinerer, etwa 1,5 ha großer Bereich durch je zwei tiefe Gräben und breite Querwallenden als Kernwerk abgetrennt (Taf. 23). Im N schließen Wall und Graben nicht an den Hauptwall an. Auf dem Bergrücken deutet eine natürliche Erdbrücke zwischen den Gräben und einbiegenden Wallenden eine Torsituation an. Im S weicht der Geländebefund ebenfalls vom Schuchhardtschen Plan ab (Beilage 8 u. Taf. 23 unten). Der Kernwerkswall ist bei der Anlage eines jüngeren Waldweges teils verschleift, teils durchbrochen worden. Er mündete

ursprünglich in den südlichen Hauptwall ein, der von hier ab nach O bis um die Bergnase wesentlich stärker ausgebildet ist.
Auf allen Strecken ist innerhalb des Hauptwalles entsprechend seiner Mächtigkeit eine unterschiedlich deutliche Materialentnahme erkennbar (Taf. 30 oben). Die Innenfläche der Befestigung hebt sich als Rücken hoch über die Wehrlinie hinaus. Lediglich durch die Wallführung nach SW zur Quelle hin entsteht in dieser Richtung eine größere abgedachte Fläche. Am östlichen Ende des Bergrückens steht in dem Kernwerk die Ruine der Antoniuskapelle, nach der der Berg benannt ist. Ganz im NW liegen die Mauerreste eines größeren Steinbaues. Die Stelle des „Quellhauses" (Abb. 10–12) in der Südwestecke ist nur noch als großes trichterförmiges Loch erkennbar. Die Quelle selbst wurde durch den Versuch, dort um 1897 nach Wasser für Oerlinghausen zu graben, gestört und tritt heute weiter unten am Hang außerhalb der Befestigung zutage. Ein kleiner Hügel in der Mitte des Bergrückens (Abb. 6) ist leider so stark verschleift, daß seine Lage nicht mehr mit Sicherheit feststellbar ist. Es kann ein Grabhügel gewesen sein wie zwei weitere, ebenfalls gestörte auf dem Tönsbergrücken in Richtung Oerlinghausen. Ein aufgelassener Steinbruch nördlich vom Südtor stammt wahrscheinlich aus jüngerer Zeit.
Nach intensivem Geländestudium wurde die Überzeugung gewonnen, daß es möglich sein müßte, durch kleinere, gezielt angesetzte Schnitte viele der beim bisherigen Forschungsstand offengebliebenen oder neu aufgetretenen Fragen zu klären. Gerade diese Anlage ließ stratigraphische Befunde und Material für C14-Datierung der verschiedenen Wälle erhoffen und dazu Feststellungen zur Frage der Gleichzeitigkeit oder zeitlichen Abfolge verschiedener Elemente und Techniken des Wehrbaues, im Sinne der Studie v. Uslars (1964, 194), Ergebnisse, die wiederum für die Bearbeitung und Beurteilung der zahlreichen anderen ur- und frühgeschichtlichen Anlagen des überschaubaren Arbeitsgebietes förderlich sein konnten. Auch erschien eine exemplarische Untersuchung wichtig, um Wert und Aussagekraft dieser Bodendenkmalsgruppe für die Forschung deutlich zu machen und damit allgemein denkmalspflegerische Anliegen für das Gebiet des Teutoburger Waldes in der Nähe des Truppenübungsplatzes Senne besser vertreten zu können. In der Zusammenschau der Bodendenkmäler der verschiedenen prähistorischen Epochen bekommt dieses Gebiet, das durch planerische und wirtschaftliche Aktivitäten starken Veränderungen ausgesetzt ist, ein besonderes Gewicht.

4.2.1.3.2. Grabungen 1968, 1972 und 1974/75, Technik, Ablauf und Beschreibung der Schnitte I–XV

Im August 1968 war es möglich, die ersten Probeschnitte anzulegen. Die Bereitschaft zur Mitarbeit und das Verständnis einer Schülergruppe des Oerlinghauser Gymnasiums mit ihrem Klassenlehrer ermöglichte die Durchführung der Arbeiten in sehr schwierigem Gelände. Der Beginn mit ausschließlich ungeschulten Grabungshelfern, die dazu auch noch im Umgang mit Hacke und Schaufel bis auf einen ebenfalls eingesetzten Rentner völlig unerfahren waren und nur zum Teil jemals härtere körperliche Arbeit verrichtet hatten, zwang dazu, die Schnitte zunächst so schmal wie nur irgend möglich zu halten und keine zu hohen Ansprüche an Profile und Plana zu stellen, wie aus der Fotodokumentation zu ersehen ist. Mit Rücksicht auf den Baumbestand und die starke Durchwurzelung konnten die Schnitte selten in gleicher Breite durchgeführt werden, mußte häufig auf Rechtwinkeligkeit verzichtet und Versprung in Kauf genommen werden.
Zum Schluß der Grabung 1968 auftretende Pfosten konnten nicht mehr geschnitten, sondern nur im Negativverfahren untersucht werden. Sie wurden mit Folie abgedeckt, um sie bei der Fortsetzung der Grabung wieder in die Untersuchung einbeziehen zu können. Das Gesagte gilt sinngemäß auch für die Kampagnen 1972 und 1974/75, obwohl inzwischen verschiedene Grabungshelfer geschult waren und studentische Hilfskräfte in den Semesterferien hinzukamen. Die Vermessung und Zeichnung erfolgten unter ständiger Anleitung durch den Verfasser ebenfalls mit diesen Hilfskräften.
Für die einzelnen Grabungsflächen mußten zunächst im Gelände Hilfsmeßpunkte und -linien

festgelegt werden, bevor im Jahre 1972 eine Einmessung der Grabungsschnitte in den Gesamtplan erfolgte. Dabei zeigte sich deutlich, daß eine Neuaufmessung der Gesamtanlage dringend erforderlich ist. Da hierfür die personellen und finanziellen Voraussetzungen bisher nicht bestehen, mußte der Verfasser sich zu einer Übernahme des Vermessungssystemes und der Schnitte in den Schuchhardtschen Plan in Form einer Lageskizze entschließen (Beilage 1). Die dabei möglichen Plankorrekturen zeigen deutlich die Notwendigkeit einer Neuaufmessung der Gesamtanlage.
Im Hangschutt des Osningsandsteines in den stark durchwurzelten Flächen und Wallschüttungen liegen die denkbar schwierigsten Arbeitsbedingungen vor. Die Beobachtung der Plana und Profile war bei anhaltender Trockenheit und Hitze im Sommer, wo am Südhang über der Senne Temperaturen von 30° C sehr schnell und häufig erreicht wurden, nicht einfach. Verheerende Folgen für die aufbereiteten Befunde in den Schnitten am Hang hinter dem Wall und im Walldurchstich hatte jeder stärkere Regen, weil sich das ganze Hangwasser hinter dem Wall in Minuten aufstaute, die Flächen überschwemmte und in den Schnitten die Befunde ausspülte. So mußte auch ständig auf die Wasserführung geachtet werden. Die Lagerung des Aushubs wurde an den Steilhängen zu einem besonderen Problem, da es erforderlich war – um spätere Verfüllung nicht zu schwierig zu gestalten –, den gesamten Aushub stets hangaufwärts und so zu lagern, daß er nicht hangabwärts rollte.
Hinzu kam die ständige Sorge, daß die zahlreichen Jugendgruppen auf dem Hauptwanderwege unbedacht oder von Neugier getrieben die Grabungsabsperrungen mißachteten und die ohnehin nicht sehr standfesten Profile der Stein-Erde-Wälle und Kleinbefunde der Flächen zertraten. So bestand der Zwang, laufend und täglich zum Abschluß ohne Rücksicht auf Lichtverhältnisse und Wetter die Fotoaufnahmen zu machen und die zeichnerische Darstellung in großer Eile durchzuführen. Bei Sonnenlicht war das Fotografieren unmöglich, weil starke Schlagschatten der Bäume die Befunde überlagerten. So wurde die Fotodokumentation ohne Anspruch auf Qualität weitgehend als Belegmaterial für die wissenschaftliche Bearbeitung und die zeichnerische Darstellung erstellt und eignet sich nur bedingt für die Publikation. Von einigen mit Steinen nicht zu stark durchsetzten Befunden wurden für die Dokumentation und auch für Ausstellungszwecke Lackprofile abgenommen. Um so wichtiger war unter diesen Bedingungen die zeichnerische Darstellung. Jedoch mußte auch hier aus zeitlichen und finanziellen Gründen auf eine stets steingerechte Zeichnung der Profile und Plana verzichtet werden. Andererseits mußten bestimmte Befunde doch steingerecht aufgenommen und Horizonte deutlich hervorgehoben werden, um Konstruktionsmerkmale, Wallaufbau und stratigraphische Verhältnisse deutlich zu machen. So wurde ein Kompromiß gefunden zwischen steingerechter Darstellung, z.B. bei Pfostenverkeilungen, Plattierungen und Steinpackungen an Feuerstellen, Trocken- und Mörtelmauerresten und wichtigen, Grenzen markierenden, einregulierten Steinen einerseits und schematischer Darstellung von größeren Flächen eingeregelten Materials, Wallschüttungen, Terrassenschüttungen und Frontpackungen aus Plaggen und Steinen an Terrassenkanten andererseits, bei denen die Zusammensetzung des Materials durch Signaturen verdeutlicht wird.
Mit dem Fortgang der Untersuchungen über die Jahre hin wurden einige Befunde immer deutlicher und mehrfach bestätigt. Andere wiederholten sich nicht. Auch dies fand seinen Niederschlag in der Art, die Profile zu zeichnen. So sind Profile von Schnitten zur Überprüfung bereits bekannter Wallstratigraphien stärker interpretierend gezeichnet. Ein besonderes Problem gaben die Signaturen und Benennungen der verschiedenen in den einzelnen Schnitten variierenden Schichten und Bodenbefunde auf. Mit dem Fortgang der Grabung kam es zu immer detaillierteren Beobachtungen. Es mußten neue Signaturen zur Verdeutlichung der Befunde hinzugenommen, andere variiert werden. Das gleiche gilt für die Beschreibung der Befunde. Hinzu kommt, daß die Umzeichnung der älteren Grabungsbefunde schon einige Jahre früher erfolgte. So mußte auf eine völlige Vereinheitlichung der Legendentexte verzichtet werden. Bodenkundliche Symbole werden nur bei der Beschreibung und Interpretation im Text angewandt.
Da bei der starken Hangerosion auf den Flächen wichtige Einzelfunde teils sehr flach lagen und

Befunde wie Pfostenspuren und Feuerstellen teils sehr stark verwittert und durch Bewuchs gestört sind, war Maschineneinsatz bei der Grabung vollkommen unmöglich. Auch für die tiefen Wallschnitte trifft das zu. Bei der Struktur der Wallschüttungen und der Durchwurzelung würde ein Baggerlöffel das Material von der Arbeitsgrenze aus durch Erschütterung, Druck und Zerrung so tief lockern, daß zur Gewinnung ungestörter Profile und Plana die doppelte Materialmenge doch noch von Hand bewegt werden müßte. Dabei würden Befunde des dadurch wesentlich breiteren Schnittes weitgehend zerstört. Der Einsatz von Förderbändern in diesem Gelände scheiterte an Transportschwierigkeiten und hätte zusätzlich starke Handarbeitskräfte in größerer Zahl für ihre Versetzung erfordert. Das Hauptproblem der Organisation und Durchführung einer Ringwalluntersuchung unter diesen Bedingungen liegt also in der Beschaffung einer ausreichenden Zahl zu harter Handarbeit mit Schaufel und Hacke bereiter Helfer, die obendrein ein starkes Interesse und die Fähigkeit zur ständigen scharfen Beobachtung zeigen. Auf die äußerste Perfektion, die bei modernen Plangrabungen unter anderen Verhältnissen und auf offenen Flächen dem Ausgräber und seinen Mitarbeitern zur Ehre gereichen, mußte hier verzichtet werden, wenn überhaupt mit den sehr begrenzten Mitteln Erkenntnisse gewonnen werden sollten. Die Frage nach der Relation von technischem Aufwand und damit zu erzielendem Ergebnis und seinem Wert für die Klärung wissenschaftlicher Fragestellung stellte sich immer wieder neu. Die Entscheidung zu einer etwas großzügigeren Arbeitsweise fiel auch unter Berücksichtigung der Tatsache, daß das Gelände auf kürzesten Strecken sehr unruhig gegliedert ist, ständig wechselnde Verhältnisse, verursacht durch Erosion, Arbeit in den Forstkulturen und Störung durch Windwürfe wie bei dem Orkan am 13. November 1972, aufweist.

Nach Abschluß der zweiwöchigen Voruntersuchung im Jahre 1968 stand fest:

1. Im Profil des Schnittes I (Beilagen 1–3; Taf. 19 u. 20 oben) waren drei Bauperioden erkennbar.
2. Datierendes Material, Kleinfunde und Siedlungsreste sowie Holzkohleproben von verschiedenen Bauperioden konnten geborgen werden. Es bestand die Aussicht, bei Erweiterung der Schnitte und in neuen Schnitten umfangreicheres Material zu gewinnen.
3. Der Schnitt XIV (Beilage 1 u. 17 oben; Taf. 20 Mitte und unten) durch die Linien am Südhang zeigte, daß es sich nicht um Vorwälle, sondern um ein System von flachen, muldenförmigen Gräben, künstlichen Aussteilungen im Wechsel mit Terrassen oder Podien handelte.
4. Die stratigraphischen Befunde ließen erhoffen, in anderen Schnitten die Zeitstellung einzelner Abschnitte der Gesamtanlage, das Verhältnis der Anlagen zueinander und die Zuordnung der Anlagen außerhalb des Hauptwalles zu den verschiedenen Bauperioden im Hauptwall zu klären.

Es hatte sich gezeigt, daß die Wallschnitte der alten Grabungen Schuchhardts und Deppes nicht tief genug geführt und nur unzureichende Beobachtungen angestellt und dokumentiert worden waren. Man hatte die Morphologie des Geländes nicht genügend berücksichtigt und die dunkle Oberfläche der unteren Wallschüttung aus feinerem Osningsandsteinhangschutt für die natürliche Oberfläche gehalten.
Darum wurde 1972 der Südwall bei Schnitt I direkt im Anschluß an die alte Fläche erneut geöffnet und erheblich erweitert, um den Befunden am Wallinnenfuß nachzugehen und ihre Ausdehnung auf die Innenfläche zu beobachten (Beilagen 2, 4, 5 oben u. 6). Nach S wurde der Wallschnitt stark hangabwärts verlängert, um Anschluß an die Terrassierungen am südlichen Außenhang zu gewinnen. Im Bereich außen vor der Wehrlinie wurde er verbreitert, um eine unter Wallversturz am Hang liegende Terrasse und eine Terrassenkantenbefestigung untersuchen zu können.
Auf der Suche nach Siedlungsspuren im Innenraum wurde Schnitt II (Beilagen 1 u. 7 oben; Taf. 22 oben) angelegt. Dort traten zunächst spärliche, stark verwitterte Siedlungsreste an abgeschwemmter Kulturschicht in größerer Menge auf. Der Befund führte zur Beobachtung stark verwaschener Terrassierungen am oberen südlichen Hang oberhalb der Materialentnahmemulde. Am deutlichsten wurden dann diese Terrassierungen im Innenraum des Kernwerkes beobachtet.

In der Hoffnung, eine besser erhaltene Kulturschicht zu finden, wurde nach Stellen gesucht, wo sie nicht die ganze Zeitdauer seit ihrer Entstehung der Erosion und Verwitterung und Störungen durch forstliche Maßnahmen ausgesetzt war. Aus diesem Grunde wurde bei Schnitt III (Beilagen 1, 8 u. 9; Taf. 24) zunächst am Innenfuß des Kernwerkswalles eine Fläche geöffnet. Hier zeigte sich eine deutlich ausgebildete Kulturschicht mit wesentlich besser erhaltenen Keramikresten. Aus diesem Grunde wurde sie nach W zu einem Schnitt durch den gesamten Kernwerkswall ausgeweitet und vor allem in der Grabungskampagne 1974 bis in den natürlichen Hangschutt vertieft. Gleichzeitig erfolgte eine weitere Verlängerung bis in den nach W vorgelagerten Graben, um ein vollständiges Profil dieser Wehrlinie zu gewinnen (Beilagen 8, 9 u. 10; Taf. 25 u. 26). Um die Frage nach ihrer Zeitstellung zu klären, wurde versucht, ihr Verhältnis zu den Bauperioden im Südwall zu klären. Die Geländebeobachtung führte zu der Erkenntnis, daß dieser Wall nicht, wie auf dem Schuchhardtschen Plan dargestellt, vor dem Südwall endete, sondern in diesen einmündete. An dieser Einmündungsstelle wurde Schnitt VI (Beilagen 8 u. 12; Taf. 23 unten u. 27) durchgeführt. Da sich, wie erwartet, hier ein anderer Aufbau mit einer zusätzlichen Bauphase zeigte, erschien ein weiterer Einschlag, Schnitt VII (Beilagen 8 u. 13; Taf. 28 unten), westlich in Richtung auf Schnitt I, sinnvoll, um eine Abgrenzung des Befundes bei Schnitt VI und gleichzeitig eine Kontrolle der Erscheinungen und Befunde von Schnitt I zu gewinnen.
Auf einen Schnitt durch den breiter verstürzten Nordwall (Schnitt IV; Beilagen 1 u. 11; Taf. 30 oben) konnte nicht verzichtet werden, um seinen Aufbau mit den Befunden am Südwall zu vergleichen und festzustellen, ob auch in diesem Abschnitt die Wehrlinie mehrperiodisch war.
Um einen Überblick über die Ausdehnung der in den Schnitten I, II und III aufgetretenen Besiedlungsspuren zu gewinnen, wurden zwei kleinere Schnitte VIIIa und b (Beilage 1) bei der Antoniuskapelle angelegt. Auch direkt an der Kapelle entlang der nördlichen Mauer wurde auf der Innenseite ein Schnitt angelegt und eine Verlängerung vor der östlichen Mauer. Das ganze Gelände erwies sich als stark gestört und durchwühlt. Die Kapelle war seit Generationen bis in die 30er Jahre hinein ein Objekt für Raubgräber und Laienforscher. Der Grabungsbefund war insgesamt negativ. Die Hoffnung, hier im Bereich des Kernwerks unter der Kapelle einen Vorläuferbau und Hinweise für eine Kontinuität seit dem Mittelalter gewinnen zu können, erfüllte sich nicht. Nach dem Befund kann mit Sicherheit gesagt werden, daß ältere Grundmauerreste nicht vorhanden gewesen sein können; Fundamente und Fundamentgräben reichten überall bis in die ungestörten Reste der braunen latènezeitlichen Kulturschicht und brachten auch einzelne Scherben dieser Zeit. Bei Vergleichen des aufgehenden Mauerwerks mit bildlichen Darstellungen des vorigen Jahrhunderts und Beobachtung der Mauerbefunde ist festzustellen, daß die vorhandenen Baureste in den 30er Jahren stark frisiert und rekonstruiert wurden. Die noch vorhandene alte Bausubstanz läßt nach Auskunft von Dr. U. Lobbedey, Münster, den Schluß zu, daß es sich um eine im späten Mittelalter errichtete Klause handelt. Es wurde darauf verzichtet, die Untersuchungen an der Kapelle weiter auszudehnen und die Beobachtungen an dieser Stelle zu veröffentlichen, da ein direkter Zusammenhang mit der Befestigungsanlage am Tönsberg nicht gegeben erscheint.
Um Fragen der Funktion und Bedeutung des Platzes in der durch gemörtelte Kammertore und Mauern auf den Wällen belegten mittelalterlichen Ausbauperiode nachzugehen, wurden nach dem negativen Ergebnis an der Antoniuskapelle mit Schnitt IX (Beilagen 1 u. 14; Taf. 31) Teilflächen eines völlig durchwühlten und überwucherten Trümmergeländes freigelegt, um jenes von Schuchhardt angeschnittene und nach ihm von verschiedenen Laien angegrabene Gebäude am Nordwesttor zu überprüfen.
Trotz Ermittlung des Grundrisses konnte diese Untersuchung nicht mit der gebotenen Sorgfalt zum Abschluß gebracht werden, da dazu der Waldbestand der gesamten Fläche hätte eingeschlagen werden müssen. Die Grabungsbefunde wurden wieder eingedeckt, um später im Rahmen einer Flächengrabung untersucht werden zu können. Um eventuelle Begleitbauten zu diesem beachtlichen Bauwerk zu finden, wurde auf einer deutlich ausgebildeten Terrasse südlich des Steinbaues Schnitt V (Beilagen 1 u. 7 unten) angelegt.

Im Jahre 1973 konnte die Grabung nicht fortgesetzt werden, da das gesamte Waldgebiet zunächst durch die Orkanschäden vom 13. November 1972 und Frühjahr 1973 nicht zugänglich war. Nach Fortschreiten der Aufräumungsarbeiten herrschte in den Sommermonaten dann solch eine extreme Hitze und Trockenheit, daß Grabungen in diesem Gelände nicht durchzuführen waren.
Im Jahre 1974 und Frühjahr 1975 wurden die Schnitte I, III und VI erweitert und Nachuntersuchungen vorgenommen. Am Kernwerk wurde zur Klärung der Torsituation ein kleiner Schnitt X (Beilagen 1 u. 15 oben) durch den Grabenkopf des nördlichen Kernwerkswalles durchgeführt und ebenso das Ende des südlichen Grabens durch Schnitt XI (Beilagen 8 u. 15 unten) festgestellt.
Für die Klärung bodenkundlicher Fragen wurden die Schnitte IVa und b am Nordhang in Verlängerung des Schnittes IV und XIIa und b (Beilagen 1 u. 18) auf einer deutlich ausgebildeten Terrasse am westlichen Südhang angelegt. Auch erschien es sinnvoll, um das Bild auch in diesem Bereich der Anlage zu vervollständigen, einen Schnitt durch den westlichen Vorwall mit Innengraben, Schnitt XIII (Beilage 1; Taf. 30 unten), anzulegen. Die Grabung wurde mit einigen kleinen Nachuntersuchungen an der Terrassenfront mit Trockenmauer im Schnitt I außen und Untersuchung der Siedlungsspuren unter dem Kernwerkswall im Schnitt III vorerst abgeschlossen. Über die Ergebnisse wird im folgenden berichtet.

Schnitt I
(Beilagen 2–6; Taf. 19, 20 oben, 21 u. 22 unten)

Im Anschluß an den ersten Wallschnitt durch den Hauptwall östlich des Südtores im Jahre 1968 wurde 1972 nach O ein parallel laufender Schnitt in durchschnittlicher Breite von 1,20 m als Erweiterung angelegt. Zum Lagerinnern hin wurden die Flächen hinter Wall und Mauer nach O und W und zum Bergrücken hin wesentlich erweitert.
Das Längsprofil in der Flucht der Mauerinnenseite ergab die deutliche Bestätigung des Befundes von 1968. In einer Mächtigkeit von 60–70 cm unter Wallkrone ist mit grauem Mörtel die Mauer der jüngsten Bauphase erhalten. Darunter lagert in einer mittleren Mächtigkeit von 40 cm ein braunsandig-lehmiges Paket mit fast ausschließlich waagerecht darin verlegten plattigen Sandsteinen. Es folgt bei ca. 110–120 cm unter Wallkrone ein grauschwarzer humoser Horizont, der eine Wallschüttung, hier 30–40 cm stark, aus unregelmäßig gelagertem Gesteinsmaterial in rötlichbraunem bis gelblichbraunem lehmigem Sand überdeckt bzw. in diese eindringt. Deutlich zu beobachten ist an der Untergrenze dieser grauschwarzen humosen Deckschicht eine schwache Ausbleichung und eine Anreicherungszone mit Eisenfärbung. Diese Beobachtung läßt den Schluß zu, daß diese dunkle humose Schicht, in der Kulturschichtreste fast völlig verwittert und vergangen sind, lange Zeit Deckschicht und Oberfläche der Wallschüttung war, bevor die oberen Schichten des Walles aufgebracht wurden. Holzkohle z.B. ist zwar häufig, aber nur in feinsten, schlecht erhaltenen Krümelchen zu finden, verbrannte Steinchen und Scherbenreste sind zumeist nur in winzigen Fragmenten festzustellen. Dieser ausgeprägte Horizont wurde seit Beginn der Untersuchungen als „alter Laufhorizont“ angesprochen (vgl. Beilage 6). Im unteren Bereich der Wallschüttung geht das feine Füllmaterial zwischen den Steinen in immer hellere gelbliche Färbung über. Bei einer Tiefe von durchschnittlich 155 cm unter Wallkrone liegt die deutliche Grenze zu einer älteren Kulturschicht unter der Wallschüttung. Sie läßt sich unterteilen in eine unregelmäßig fleckige, obere braune humose Zone, wechselnd 10–20 cm mächtig, mit häufig eingesprengten Holzkohleteilchen, vereinzelten Scherbenfunden und ausgeglühten rötlichen Gesteinsbrocken. Darunter wechselnd stark (5–15 cm) ausgebildet liegt eine vorwiegend tiefschwarze, durch starken Brandschutt gefärbte Schicht mit Resten verkohlter Hölzer mit erkennbarer Struktur und Streichrichtung, vorwiegend an der Oberkante begleitet von stark gerötetem, verglühtem Boden und Gesteinsmaterial. Unter dieser humosen Schicht mit starkem Brandschutt, in der Regel scharf abgegrenzt, beginnt ein durchschnittlich 5–6 cm mächtiger, gebleichter Bodenhorizont, gelblichweiß, darunter Übergang zum gelblich getönten Osningsandsteinhangschutt. Soweit die

Beobachtungen am Längsprofil der Wallinnenseite. Die beschriebene Abfolge ist an den entsprechenden Schnittlinien der Querprofile (Beilagen 3 u. 6) dargestellt. Die Verhältnisse waren auf der gesamten Strecke der inneren Mauerflucht in der östlichen wie in der westlichen Erweiterungsfläche hinter Mauer bzw. Wall die gleichen!

Profil Westseite (Beilagen 2, 4 u. 5 oben)

Die zuvor für die Fluchtlinie der Mauerinnenkante beschriebene Schichtenfolge des Walles verläuft in den Querprofilen im Bereich des Walles bis zum heute erkennbaren Wallfuß (1,80–2,20 m vor der inneren Mauerflucht) sehr unterschiedlich. Im Profil an der Westgrenze des erweiterten Suchschnittes zur Innenfläche (Beilage 5 oben) ergibt sich folgender Schichtenverlauf: Der Böschungsfuß des heutigen verstürzten Walles liegt etwa 2 m vor der inneren Mauerflucht. Die obere Humusschicht dünnt in Richtung auf die Mauer zur Wallkrone hin aus und erreicht im Bereich des Wallfußes eine Mächtigkeit bis zu 20 cm. Darunter liegt in gleicher keilförmiger Ausbildung, von der Wallkrone zum Böschungsfuß hin ständig zunehmend, eine bis 40 cm mächtige, graulila gefärbte Bleichzone, in einem Material ausgebildet, das zum Mauerversturz zu rechnen ist. Darunter liegt ein mächtiger dreieckiger Zwickel, umgekehrt zum Wall hin zunehmend, sowohl vor den unteren Steinlagen der Mörtelmauer als auch der darunter folgenden plattigen Schichtung im bräunlichen lehmigen Sand. Er besteht aus gleichem Material wie die Schicht unter der Mörtelmauer, nur die plattigen Steine liegen vorwiegend geneigt, parallel zur Oberfläche der inneren Wallböschung. Die auslaufende Spitze dieser Schüttung liegt im Schnitt etwa 1,30 m vor der Innenfront der Mauer. Sie ist als Ausgleichsschicht in Verbindung mit der Fundamentierung der Mörtelmauer zu sehen. Die darunter folgende graue humose Deckschicht der ältesten Wallschüttung, der alte „Laufhorizont", liegt in diesem Bereich fast waagerecht in einer Stärke von 10–12 cm. Er ist im Profil noch 120 cm zur Lagerinnenseite hin deutlich erkennbar, läuft dann mit den übrigen Schichten nicht mehr klar abgrenzbar zusammen. Der hellere untere Bereich der ältesten Wallschüttung aus Sandsteinschutt ist in diesem Profil nur als auslaufender Zwickel mit einer Mächtigkeit von 30 cm erkennbar, läuft aber bereits 80 cm vor der Mauerinnenflucht aus.
Im Zusammenhang mit der zuvor im Längsprofil beschriebenen unteren Brandschicht, die zum Innenraum hin deutlich ansteigt, steht ein schwach in das Profil eintauchender Pfosten (P IV), der von der Brandschicht aus noch 70 cm tief in den geologischen Untergrund hinabreicht. Die Pfostengrube hat einen Durchmesser von 50 cm oben und 40 cm unten. Das kurze Gegenprofil an der Grabungsgrenze nach O zeigt die gleichen Erscheinungen wie zuvor am Westprofil beschrieben, jedoch ist der Zwickel der unteren Wallschüttung hier stärker vorhanden, bis zur Mächtigkeit von 60 cm vor Innenkante Mauer und bei 120 cm ebenso spitz dreieckig auslaufend. Die Mörtelmauer und die darunterliegende Schicht sind hier etwas schwächer, da die unteren Schichten dem Gelände folgend nach O hin ständig ansteigen und stärker erhalten sind.

Planum innen (Beilage 4; Taf. 19 u. 21 unten)

Im Planum zwischen östlichem und westlichem Profil hat die untere mächtige, von der zuvor beschriebenen Wallschüttung überdeckte Kulturschicht auf der gesamten Fläche innerhalb des Walles in einer Breite von 1–1,20 m vor der Innenflucht der Mauer eine nach außen stark abfallende Oberfläche erkennen lassen. An ihrer Grenze zur Lagerinnenfläche liegen fast auf der gesamten Strecke deutlich erkennbare verkohlte Balkenreste mit Struktur in Richtung der Wallflucht.
In Verbindung mit diesen Balkenresten und dieser deutlichen Abgrenzung der Brandschicht steht auch die im folgenden zu beschreibende Pfostenreihe: Zu ihr gehört Pfosten P IV im Profil Westseite des Schnittes I. Im Abstand von 1,80 m nach O, jeweils von der Mitte gerechnet, folgt der nächste Pfosten, P III, dieser Reihe, ein weiterer, P II, schon im Abstand von nur 70 cm (Taf. 19 unten links). Die Pfostenlöcher zeigen sehr deutlich große plattige Steine ringsum als senkrechte Verkeilung und hatten in der Grube nach außen vor der Pfostenspur zahlreiche eingestampfte

Gesteinsbrocken als Verfüllung. Hart an der Grenze des ersten Planums von 1968 wurde damals schon die Pfostengrube P I angeschnitten (Taf. 19 unten rechts). Bei der Erweiterung des Planums 1972 wurde sie genauer untersucht (Taf. 21 unten). Sie hat ebenfalls einen oberen Durchmesser von 50, einen unteren von 40 cm und reicht 80 cm tief unter die Brandschicht in den geologischen Untergrund. In der noch um 2 m nach O erweiterten Fläche trat die untere Brand- und Kulturschicht hinter dem Fuß der alten Wallschüttung ebenso deutlich in Erscheinung wie auch an der Grenze die Längsstruktur verkohlter Balken. Eine weitere Pfostengrube, P V, konnte jedoch erst 1974 untersucht werden (Beilagen 4 u. 6). Zwischen P I und P II wurde bereits 1968 ein etwas verzerrter, tiefer greifender Befund beobachtet, der vielleicht durch das Herausbrechen eines Pfostens zu erklären ist. Er würde sich als P VI bei den ohnehin unregelmäßigen Abständen durchaus in diese Reihe einordnen lassen. Bei einer Kontrolle der Grabungsstelle im Herbst 1973 kam beim Aufputzen und Zurücklegen des Profiles Ostseite, Innenplanum, um 10 cm an der Grabungsgrenze der obenerwähnte Pfosten P V zum Vorschein. Dieser 1974 gleich zu Beginn untersuchte Befund ließ Einzelheiten des Wehrbaues und der stratigraphischen Verhältnisse noch deutlicher als bisher erkennen. Er wird im folgenden ausführlich beschrieben.

Profil Ostseite (Beilagen 4 u. 6; Taf. 21)

Die Pfostengrube im lichten Abstand von 100 cm hinter der Mörtelmauerflucht hat einen Durchmesser von 60 cm. Die Pfostenstandspur in einer Stärke von 25–30 cm ist darin deutlich sichtbar. Das dunkle, humose Material, das nach der Zerstörung des Pfostens den Hohlraum ausfüllt, enthält große Holzkohlestücke mit erkennbarer Struktur senkrecht nach unten gerichtet, Reste des verbrannten Pfostens. Die zum späteren Wall hin hangabwärts liegende Hälfte der Grube ist mit dicht gepackten Gesteinsbrocken mit teils noch offenen Zwischenräumen ausgefüllt. Diese 15–25 cm langen oder breiten Gesteinsbrocken dienten offensichtlich zur Verkeilung des Pfostens. Eingetieft ist die Pfostengrube in den aus Osningsandsteinverwitterung bestehenden Hangschutt, sandig-lehmiges Material mit einzelnen dicht gelagerten Sandsteinbrocken. Die deutlich erkennbare Pfostengrube schließt nach oben an den schräg hangabwärts gelagerten Brandhorizont an. Er enthält deutliche Holzreste, deren Längsstruktur in Richtung der Fluchtlinie der Pfostenreihe streicht. Beim Pfosten V liegt der Rest eines solchen Holzes noch zur Lagerinnenseite hin direkt hinter der Pfostenverfärbung, während im übrigen Planum zuvor diese Hölzer vorwiegend außerhalb der Pfostenflucht gefunden wurden. Der Pfosten selbst weist eine wahrscheinlich durch Bodendruck entstandene leichte Neigung nach außen hangabwärts auf. Im übrigen endet zum Lagerinneren hin überall in der Pfostenflucht die zusammenhängende starke Brandschicht. Von der Pfostenreihe nach außen fällt sie flächendeckend schräg ab und ist bis zu 3 m hangabwärts unter der darüberliegenden Wallschüttung fast geschlossen erkennbar. In diesem Bereich traten jeweils unterhalb der Pfostenlöcher, mit ihrer Längsstruktur auf diese hinorientiert, verkohlte Holzreste bis zu Längen von 1 m erhalten auf. Ebenso wurden mehrfach im Planum, wie schon zuvor erwähnt, auch unter der Stein-Erde-Wallschüttung verkohlte Holzreste in Richtung des Wallverlaufes am häufigsten vor der Pfostenreihe unter dem Fuß der Wallschüttung gefunden. Unter dieser mit verkohlten Holzresten angereicherten Brandschicht hat sich im Hangschutt ein kräftiger Bleichsandhorizont ausgebildet, der an der oberen Grenze brandgerötete Gesteinsbrocken in großer Zahl aufweist. Darunter folgt eine braunrote Anreicherungszone mit Übergang zum normalen hellen Sandsteinverwitterungsschutt. Über dem Holzkohle- und Brandschutthorizont, der in der Regel eine Stärke von 3–5 cm hat, jeweils von den Pfostengruben aus hangabwärts aber eine Stärke von 10 cm und mehr erreicht, liegt ein umgelagertes, vorwiegend lehmigsandiges, humoses Material mit wechselnder Farbe, das hangwärts etwa im Bereich der Pfostenreihe auskeilt, aber schon 1 m hangabwärts eine Stärke von 30–40 cm erreicht. Diese Schicht brachte überall im Planum, auch unter dem Wall, einzelne Keramikfunde (Taf. 1 B), einen Eisenring, Mahlsteinfragmente aus Basaltlava im Schnitt durch den Hauptwall. Sie weist ferner zahlreiche ausgeglühte kleine Sandsteinbrocken auf, ebenso kleinere Holzkohlereste in feiner Verteilung. Dieser sandige Horizont ist fleckig durch unterschiedliche Humusanreicherung und

läuft hangabwärts etwa mit einzelnen Ausläufern der unteren Holzkohle-Brandschicht bei 3,50–4 m aus. Er ist von der Stein-Erde-Wallschüttung überlagert, die unten mehr sandiges Material mit vereinzelten Humus- und Holzkohleresten enthält, nach oben hin aber vorwiegend aus gebrochenem Gesteinsmaterial besteht. Diese Wallschüttung in ursprünglicher Lagerung endet etwa 3,80–4 m außerhalb der Pfostenflucht und wird durch eine deutlich mit plattigem Sandstein geschichtete Front abgeschlossen. Dieser Befund war besonders deutlich im Profil 1968 (Beilage 3). Davor liegt direkt über einem Humushorizont einer leicht hangabwärts geneigten Terrasse im Winkel vor der ursprünglichen Wallschüttung, mit humosem Material und Einschwemmungen vermengt, sehr lockerer Versturz der alten Stein-Erde-Mauer.
Bei 7–7,40 m des Profils (Beilage 6) fällt die durch einen oberen Bodenhorizont deutlich markierte Terrassenkante steil ab. Sie zeigt mit schwarzen humosen Bändern in einer Stärke von etwa 5 cm einen Hinweis auf eine Abstützung durch Plaggen- oder Grassoden. Sie fällt bis an die Linie eines unten im Schnitt regelmäßig hangaufwärts ziehenden grauen, leicht humosen Bandes, den Rest der ursprünglichen Oberfläche, ab. Das keilförmig darüber lagernde Material besteht aus umgelagerten, aber durch Oxydation leicht rötlich gefärbten Osningsandsteinbrocken. Vor dieser befestigten Kante beginnt, wie im Profil bei 7,40 m ersichtlich, eine weitere, wesentlich tiefer gelegene Terrasse, die später wiederum mit bewegtem Verwitterungsmaterial überdeckt ist und im oberen Bereich erneut einen Humushorizont zeigt. Dieser Horizont markiert eine weitere Terrasse, die in der Vorderfront bei 9,20–10 m durch mächtiges plattiges Gesteinsmaterial einer Trockenmauer abgestützt ist. Diese Frontpackung ist noch in einer Höhe von weit über 1 m deutlich erkennbar (Taf. 22 unten). Sie setzt über einem flach muldenförmigen, zugeschwemmten bzw. zugefüllten Graben an, der bei 9–11 m zuvor bestanden hatte. Sein Querschnitt wurde dadurch verstärkt, daß ein Teil seines Aushubs, Rest eines braunroten Bodens, nach außen bei 11–12 m aufgeschüttet war. Außen vor dem Graben mit eingesetzter Mauer folgt eine weitere Terrassenstufe, die durch plattiges Material fast waagerecht gelagert deutlich wird. Unter dieser Terrassierung ist ebenfalls eine beginnende Bodenbildung mit Bleichsand und Bänderungen über dem Osningsandstein mit Anreicherungshorizont erkennbar. Bei etwa 12,50 m fällt erneut zu einem kleinen Trockenmäuerchen geschichtetes plattiges Material auf. Davor ist das Gelände wiederum leicht abgesenkt und eine weitere Terrassierung erkennbar. Eine weitere Stufe, nicht durch eine Stützmauer markiert, zeichnet sich bei 16 m im Profil ab. All diese Terrassenstufen zeigen Auflagerungen von Versturzmassen mit starken Humusanreicherungen.

Terrassenstützmauer (Taf. 22 unten)

Die Mauer bei 10 m wurde durch einen Kontrollschnitt 4 m nach O freigelegt. In der Erweiterung des Schnittes I im Bereich der Stützmauer an der Terrassenstufe konnte auf der gesamten unteren Terrassenfläche die Auslegung, zumindest Einorientierung, von plattigem Material beobachtet werden. Die Terrassenstützmauer war in einer Breite von ca. 1 m erkennbar, bis zu einer Höhe von 70 cm noch in ihrer ursprünglichen Schichtung erhalten, darüber nach außen hin verstürzt. Unter ihr lag im zum Hang hin allmählich ansteigenden, lockeren, dunkleren Hangschutt, der ohne eine Grenze in helleren Hangschutt übergeht, entlang der Wallflucht ein flacher muldenförmiger Graben (Beilage 6, bei 9–10,50 m). Dieser ist angefüllt mit lockerem, grau getöntem, teils gebleichtem Material. Am äußeren Rand treten Ockerfarbtöne auf. In diese Mulde ist die plattige Trockenmauer eingesetzt, an die nach rückwärts hangaufwärts ein grauer humoser Boden anschließt, der geschichteten Plaggensoden ähnliche Spuren zeigt. Im obersten Bereich unter der jungen Waldhumusdecke und dem Versturz ist dieses Profil eindeutig von helleren Bodenschichten überlagert, die auf eine Aufhöhung der darüberliegenden Terrasse hinweisen. In der Trockenmauer zeigten sich an der Basis, durchgehend mit großen Mengen Holzkohle, und in Abständen von etwa 1,40 m im aufgehenden Mauerwerk starke Konzentrationen von verbrannten Gesteinsresten und beim Abbau schräg zum Hang hin abwärts gerichtete Hohlräume. Dieser Befund weist auf Schwell- und Ankerhölzer hin, die in der Trockenmauer als Holzgerüst eingebaut waren und verbrannten. Nach seiner Zerstörung verstürzte ein Teil der Mauer hangabwärts.

Beim Abbau eines Teils der Trockenmauer wurden die ersten Beobachtungen deutlich bestätigt. Entlang der äußeren Front an der Basis zeigte sich in einer Breite von 30–40 cm auf der gesamten Länge stark brandzerstörter und -geröteter Gesteinsschutt mit darunter und dazwischen liegenden Holzkohleresten über einer gebleichten Schicht. In dem kleinen, muldenförmigen Graben wurden am Boden und hangaufwärts hinter der Mauer zahlreiche guterhaltene La-Tène-Scherben gefunden. Damit ist erwiesen, daß er kaum für die Mörtelmauer angelegt wurde, sondern zu einer älteren Bauphase gehört. Er beginnt etwa 2 m oberhalb mit einer künstlichen Aussteilung des Hanges. Oberhalb der Aussteilung sind die schwarzgrau gestreiften Schichtungen einer mit humosem Material aufgebauten, ca. 3 m breiten Terrasse sichtbar, die etwa 3 m vor der Pfostenreihe der ältesten Holzbefestigung in eine weitere Aussteilung übergeht, an deren Oberkante zum Lagerinneren hin die älteste Befestigungslinie entstand. Beim Abtrag des Stein-Erde-Walles auf einer weiteren Breite von 1,20 m wurden noch einmal die deutlichen Reste des Brandversturzes der ältesten Holzbefestigung sichtbar, die nicht nur über den Steilhang hinabgefallen sind, sondern noch etwa 1 m auf die vorgelagerte Terrassenaufschüttung reicht. Damit ist nachgewiesen, daß die Terrassierungen mit den muldenförmigen Gräben und Aussteilungen der frühesten Ausbauphase zuzurechnen sind.

Erweiterung Innenraum

Kehren wir noch einmal zur erweiterten Grabungsfläche im Innenraum zurück. Die Profilverlängerung an der Westseite (Beilage 5 oben) zeigt folgenden Befund: Am heutigen Wallfuß liegt der ältere Holzabfuhr- und Wanderweg. In diesem Bereich sind in den oberen Schichten des Profils keine genauen Abgrenzungen möglich, da die Fahrrinnen häufiger ausgeflossen und wieder neu ausgebessert worden sind. Wohl aber liegt unter dem heutigen Böschungsfuß, 40–70 cm tief, im Anschluß an P IV nach N linsenförmig ein dunkelbraun gefärbter, feinsandig-lehmiger Boden mit kleinen scharfkantigen Gesteinsbrocken, der weder der Wallschüttung noch den Schichten des Profils weiter zum Innenraum zugehört. Auch entlang der Pfostenreihe wurde diese Bildung stellenweise im Planum erfaßt. Unter dieser braunen humosen Linse, die direkt an dem starken, hangabwärts liegenden Brandpaket vor der Pfostenreihe endet, liegt noch dunkelbraun gefärbtes Hangschuttmaterial keilförmig über dem eigentlichen, ungestörten geologischen Hangschutt. Dieser Befund könnte darauf hinweisen, daß es innerhalb der Pfostenfront zumindest stellenweise eine Rampe gegeben hat. Die schokoladenbraune Verfärbung und Linse im Profil könnte ein Rest der im übrigen abplanierten Kulturschicht des ältesten Siedlungshorizontes hinter der hölzernen Wehrlinie sein. Allerdings war die Abgrenzung dieses dickeren Paketes gegen den von der latènezeitlichen Wallschüttung nach innen ziehenden Laufhorizont sehr schwierig. Es wäre natürlich auch möglich, daß diese Verfärbung, ähnlich wie in jüngster Zeit, dadurch entstanden ist, daß es in der flachen Mulde hinter dem Wall immer wieder zu humosen Einschwemmungen und Ablagerungen bei starken Regenfällen kam. Bänderungen und Ausbleichungen, die für diese Deutung sprechen würden, fehlen allerdings. Die ähnliche Bildung in der „Materialentnahmemulde“ für die Wallschüttung bei 5–8 m des Profils muß später entstanden sein als die gleichartige Schicht unter der Wallschüttung, die wiederum über dem starken unteren Brandschutthorizont liegt. Diese letzte jüngere Kulturschicht ist auf den weiteren 4 m des Profiles zum Innenhang hin, bedingt durch die starke Neigung des Geländes, natürlich zum Teil umgelagert oder auch von Kulturschichtresten aus dem Gelände oberhalb infolge der Hangerosion überlagert. Man kann sie also nicht mit Sicherheit gegenüber dem umgelagerten oberen Material klar abgrenzen. Sie ist aber durch ausgeglühtes Gesteinsmaterial und Scherbenfunde, die noch nicht so stark abgerollt und verwittert sind, in einer Tiefe von 40–50 cm unter der heutigen Oberfläche nachgewiesen.
Bei der Erweiterung der Fläche zum Bergrücken hin war zunächst davon ausgegangen worden, daß die ersten aufgetretenen Pfosten evtl. zu Bauten hinter dem Lagerwall gehören könnten. Es wurden jedoch auf der hangaufwärts angelegten Fläche keine weiteren Pfostenspuren gefunden, wohl aber mehrere durch Steinsetzungen, verbrannte Steine, Holzkohlereste und Scherbenfunde markierte Feuerstellen. Diese liegen in einer sehr deutlich abzugrenzenden, dichtgelagerten

Kulturschicht hangaufwärts auf einem Untergrund, der durch Einplanieren des Steinbruchschuttes, der bei der Gewinnung des Materials für den Wall anfiel, zu erklären ist. Er besteht aus hellsandigem Material, in das auffällig viele kleinere scharfkantige Gesteinsbröckchen zuunterst und größere plattige Steine, ausschließlich flach liegend, eingebettet sind. Das war der Befund, der im Bereich nördlich der ersten Feuerstelle (Beilage 4, F 1) auftrat. Von dieser Feuerstelle F 1 bis zur Pfostenreihe unter dem Wallfuß ist in einem Streifen auch noch der Rest einer alten Bodenbildung, ein brauner B-Horizont, im Sandsteinhangschutt erhalten. In ihm traten vereinzelt auch noch eingetretene Reste der älteren Besiedlung, wie verglühte Steinchen und Holzkohlestückchen, auf. Weiter nach N im Planum war der stratigraphische Befund noch deutlicher ausgebildet. Über dem Ausbruch im tieferen verwitterten Osningsandstein, der hier schon großplattig Streichrichtung und Fallen in der Schichtung erkennen läßt, war der feine Steinbruchschutt aus scharfkantigem Material mit hellem lehmigem Sand einplaniert, um das Gelände wieder begehbar zu machen. Darüber lagen sorgfältig flach verlegte, an der Oberfläche abgelaufene Steinplatten in einer bis zu 10 cm mächtigen Schicht in fast weißgelbem Flugsand, der hier nach der Abtragung des Materials für den Wall nicht in primärer Lage angenommen werden kann. Auf diesem ca. 2,50 m breiten Streifen lag nach NO bis zur Grabungsgrenze eine ausgedehnte Feuerstelle (F 2) mit zwei Zentren bei teilweiser Überlagerung, die auf eine Verschiebung bei längerer Benutzung hinweisen. Auch sie liegt in einer leicht humosen, braun gefärbten Kulturschicht, die im einplanierten Steinbruchschutt entstanden ist, hier direkt über dem anstehenden Sandsteinfelsen, der deutlich noch die Spuren des Steinebrechens für den Aufbau des Walles zeigt.

In dieser Kulturschicht wurde verstreut und an den Feuerstellen in starker Konzentration latènezeitliche Keramik gefunden.

Es sind also innerhalb des erweiterten Schnittes von der Mauer zum Lagerinnern hin vier unterschiedliche Zonen deutlich abzugrenzen:

1. Hinter Wall und Mauer die Zone mit starken Brandresten in der Tiefe und darüber aufplanierten Kulturschichtresten. Sie wird im Untergrund noch deutlicher markiert durch die Reihe der Pfostengruben.
2. Eine etwa 1,50 m breite Zone innerhalb der Pfostenlochreihe, in der gelblich- bis rötlichbraunes, verhältnismäßig lockeres Hangschuttmaterial erhalten ist, das zur Innenfläche hin, bedingt durch den Abbau bei der Errichtung des Walles, auskeilt. Dieses Material lagert über einem bleichen graugelb gefärbten, in der Struktur ähnlichen Material, das in den anstehenden Fels übergeht.
3. Eine Zone, in der dieses Hangschuttmaterial nicht mehr vorhanden ist, sondern ein einplaniertes hellsandiges, mit kleineren Gesteinsbrocken und -splittern durchsetztes Material. An der Oberfläche findet sich sehr häufig flachliegendes, bei der Begehung wahrscheinlich einreguliertes, wenn nicht verlegtes, plattiges Material mit teils abgelaufener Oberfläche. Es ist hier in hellem Flugsand verlegt. Darauf aufgesetzt erscheint die Feuerstelle F 1 in einer bräunlich gefärbten Kulturschicht. Diese ist in einer Breite von 3 m verhältnismäßig deutlich abzugrenzen. Auch die zweite Feuerstelle (F 2) liegt an der Grenze dieser Zone zum Hang hin. In ihrer Umgebung kamen zahlreiche Scherbenfunde und stark rotverbrannte Steine, Spinnwirtel und eine Platte ausgeglühter Ölschiefer zutage. Im Bereich dieser Feuerstelle war das zuvor beschriebene plattig verlegte Material besonders deutlich erkennbar. Die Kulturschicht war hier etwa 20 cm mächtig und von weiteren 40 cm umgelagertem dunklem Material überdeckt.
4. Die letzten 1,50 m zeigen direkt über dem ausgebrochenen Gestein hangaufwärts die Aussteilung und zum Wall hin die Verebnung zu einer terrassenförmigen Wohnfläche mit der Erweiterung der Feuerstelle F 2, die zeitlich zur Wallschüttung gehört bzw. direkt im Anschluß bestanden hat, während in diesem Bereich mit Sicherheit der älteste Wohnhorizont, der zu der Pfostenbefestigung gehörte, im vollen Umfange beim Bau des Walles abgetragen wurde.

Nach der ausführlichen Beschreibung der unteren Schichtungen der ältereisenzeitlichen Nutzungs-

und Bauperioden im Wall und in den anschließenden Flächen innen und außen müßten wir uns noch einmal der als „Laufhorizont" bezeichneten Oberfläche des Stein-Erde-Walles und der aufgesetzten Mörtelmauer zuwenden (Beilagen 3 u. 6; Taf. 20 u. 21 oben).
Der schon zuvor mehrfach beschriebene Laufhorizont (Beilage 3, bei 0,70–3 m; Beilage 6, bei 1,80–4,50 m) ist in einer durchschnittlich 5–10 cm mächtigen Schicht auf und im obersten Horizont des Stein-Erde-Walles ausgebildet. Die Oberfläche mit ihren charakteristischen, stark verwitterten Kulturschicht- und Brandresten wurde nach Entfernung eines Teils der Mörtelmauer und ihres plattigen Fundamentes (Taf. 21 oben) gut sichtbar.
Auffällig war die muldenförmige Eintiefung und Verstärkung der Schicht auf 20 cm und eine starke Konzentration von Brandschutt bei 2–2,80 m (Beilage 3), 3–4 m (Beilage 6) und bei B (Taf. 20 u. 21 oben) mit einem tief in die Wallschüttung reichenden dunklen Zapfen. Der Befund liegt jeweils direkt innerhalb und auf der aus Steinplatten geschichteten Front des Walles und ist als Rest einer dort aufgebauten und verbrannten Brustwehr in Holzkonstruktion zu deuten (Taf. 29 unten). Bei der Brandkatastrophe waren Teile des Materials nach außen über die Wallkrone hangabwärts gestürzt, wie zahlreiche stark ausgeglühte Steine und Brandreste zeigten. Unter diesem Laufhorizont ist ein deutliches Ausbleichungsband in der Wallschüttung und darunter eine Anreicherungszone erkennbar (Beilage 6, bei 2–4 m). Daraus kann der Schluß gezogen werden, daß nach Zerstörung dieser Anlage eine längere Wüstungszeit folgte. Deutlich davon abgegrenzt wurde dann im frühen Mittelalter darüber ein unterschiedlich starkes und damit ausgleichendes Fundament aus plattigen Steinen in sandigem Lehm für die Mörtelmauer aufgesetzt und dann die Mauer errichtet (Beilage 3, bei 1,80–2,50 m; Beilagen 4 u. 6, bei 2–3,60 m; Taf. 20 u. 21 oben). Die Mörtelmauer hat eine Breite von ca. 1,60 m mit einfacher Schale innen und verstärkter Schale nach außen und ist im Kap. 4.2.1.3.3. genauer beschrieben.

Schnitt II: Terrassen im Innenraum
(Beilage 7 oben; Taf. 22 oben)

Auf der Innenfläche 20 m östlich der Erweiterung des Schnittes I wurde 10 m von der Wallkrone nach N ein Schnitt angelegt, der, auf einer kleinen Terrasse beginnend, den Steilhang hinauf über die nächste Terrasse in einer Breite von ca. 1,40 m gezogen wurde. Auf der unteren Terrasse wurde er nach O hin erweitert, so daß insgesamt eine Fläche von 3x4 m unterhalb des kleinen Steilhanges aufgedeckt wurde. In der Fläche wurde gleich bei Grabungsbeginn 1972 ein Mahlsteinfragment gefunden (Taf. 3 F). Verglühte Gesteinsbröckchen und stark verwitterte Holzkohlereste ließen schwach die Reste ehemaliger Besiedlung erkennen. Der Schnitt zeigte auf der Gesamtlänge hangaufwärts, daß die heute verwaschenen Stufen einer Hangterrassierung mit Wohnresten ursprünglich kräftiger ausgebildet waren. Die hangabwärts umgelagerte junge Hangschuttschicht mit Kulturschichtresten bildet oberhalb der Aussteilung einen verstärkten Überhang, in dem häufig Keramikreste gefunden werden. In dem unteren stumpfen Winkel zwischen Steilböschung und Terrassenfläche liegt das umgelagerte Material bis 70 cm dick über dem natürlichen Hangschutt, während es am oberen Hang nur in der normalen Verwitterungstiefe von 15 cm erkennbar ist. Gleich oberhalb im Bereich der nächsten Terrassenstufe erreicht die Schicht dann wieder eine Stärke von 40 cm, um im oberen Bereich der etwa 4 m breiten Terrasse wieder wesentlich dünner zu werden. Weiter nach oben steigt erneut der helle Hangschutt auf kürzester Strecke von etwa 1,50 m um 50 cm an. Dann beginnt eine neue Terrasse. Sie wurde nicht bis zur oberen Grenze aufgegraben. Nach diesem Befund ist die Durchschnittsbreite dieser am Südhang angelegten Terrassierungen in ihrer Nutzfläche durchschnittlich 4 m, wobei eine Schwankungsbreite von ± 50 cm gegeben ist. Die zwischen den einzelnen Terrassenflächen liegenden, ausgesteilten Böschungen haben eine Durchschnittsbreite von 1,50–2 m. Im Bereich dieser Terrassierungen wurden künstliche Kantenbefestigungen nicht beobachtet.

Schnitt III: Kernwerk
(Beilagen 5 unten, 8–10; Taf. 23 oben, 24–26)

Der Schnitt III wurde auf der Suche nach einem besser erhaltenen Rest des latènezeitlichen Siedlungshorizontes am östlichen Fuß des Kernwerkswalles an einer Stelle angelegt, wo der Wallfuß die Linie einer erkennbaren Terrassenkante schneidet. Östlich des Kernwerkswalles ist diese Terrassierung des südlichen Innenhanges deutlicher zu erkennen. Da bereits 80 cm unter dem dunkleren Wallversturz und der auslaufenden helleren Wallschüttung in scharfer Abgrenzung ein über 20 cm mächtiges braunhumoses Kulturschichtpaket mit zahlreichen Scherben angetroffen wurde (Taf. 4 A, 17 u. 18), wurde auf der östlichen Innenseite des Walles im rechten Winkel zu der erkennbaren Terrassenkante zunächst eine Fläche von 4 x 4 m geöffnet. Mit Rücksicht auf den Hochwaldbestand mußte die nordöstliche Ecke ausgespart werden, die dann zur Bodenlagerung diente. In einer flachen Mulde im Winkel zwischen Wallfuß und oberer Terrassenkante lag zuoberst ein bis zu 20 cm mächtiges Paket mit Auflagehumus im Wechsel mit Einschlemmschichten, darunter der normale Ah-Horizont. Infolge der Humusanreicherung hat sich darunter ein kräftiger Ausbleichungshorizont entwickelt. Darunter im Osningsandsteinhangschutt ein kräftiger Ortsteinhorizont, in dem Siedlungsreste, wie Pfostenspuren und Kleinfunde, stark verbacken durch die Eisen-Humus-Anreicherung, zunächst nur schwer zu erkennen waren (Taf. 24 oben links). Bereits in dieser Schicht wurden aber zahlreiche Scherben gefunden und auffällig flach eingeregelte plattige Steine (Beilage 9, zw. 101/99, 102/96, 104/96 und den nördlichen Grabungskanten). Dieser Flächenbefund setzte sich deutlich vom natürlichen Sandsteinhangschutt der Umgebung ab. Das Material zwischen den plattigen Steinen erschien unabhängig von der Ortsteinbildung sehr stark verfestigt, und verschiedene Steine waren an der Oberfläche leicht abgelaufen. Bei der Suche nach Pfostenspuren waren es wieder einmal senkrechte, auffällig verkeilte Steine, die unter den schwierigen Beobachtungsbedingungen zur Entdeckung des ersten Pfostenloches (Beilage 9, P I) führten. Um die Befunde deutlicher zu machen, wurde das gesamte Planum noch um 5–10 cm tiefer gelegt (Taf. 24 oben links u. unten). Jetzt zeigte sich 50 cm westlich von P I eine braunhumose Verfärbung, die sich im Schnitt als eindeutig schräg gestellte, P I zuzuordnende Stützpfostengrube erwies (Taf. 24). Die Maße für Pfostenabstände beziehen sich jeweils auf die Mitte der Verfärbung. Die Grubenverfüllung bei P I reichte noch 25 cm tiefer in den hellen Hangschutt. Im Grubeninhalt lagen zahlreiche Scherben und ein Spinnwirtel (Taf. 4 u. 5). An der Grenze der „Wohnfläche" wurde nach S im Abstand von 2 m P II festgestellt. Die Grube war allerdings nicht so groß wie bei P I. 60 cm westlich davon wieder eine schräg in den Boden eingeschnittene Stützpfostengrube. Erst später wurde beim Abbau einer Scherbenkonzentration (Taf. 4, 10–16) und darunter liegender Steinplatten bei P III eine weitere Grube gefunden, die allerdings aus der Flucht P I–P II um 60 cm nach O herausspringt (Beilage 9). Die Überdeckung durch die Schicht mit Scherben und Steinplatten macht es wahrscheinlich, daß diese Pfostengrube zu einem Vorläuferbau gehört.
Bei dem Versuch, die Siedlungsreste weiter nach O zu verfolgen, stand leider ein starker Baum im Wege. So wurde nur im südlichen Teil der Schnitt weiter nach O geführt und dann erneut 1,20 m breit hangaufwärts angelegt. Vor der Terrassenkante war er wegen eines Wasserrisses zu versetzen (Beilage 8). Hier sind leider wegen der fehlenden und schützenden Überdeckung die Erhaltungsbedingungen wieder wesentlich schlechter. Das Profil zeigte die gleichen Verhältnisse wie im Schnitt II. Scherbenreste, sehr stark verwittert, in der Regel nur noch in fingernagelgroßen Fragmenten erhalten, lagen sowohl vor der oberen Terrassenkante wie an der unteren Abbruchkante zur Materialentnahmemulde für den Hauptwall. Auf der gesamten Fläche traten wiederum unter der Waldhumusdecke zahlreiche brandgerötete und stark frittierte Sandsteintrümmer auf. Dazu in ebenso großer Zahl kleine zersprungene Eisenschwarten der Brauneisenadern im Osningsandstein. Holzkohlepartikelchen sind nur noch in den untersten Schichten gelegentlich festzustellen. Im übrigen ist das ganze Bodenprofil sehr stark gestört durch Erosion, Durchwurzelung, Forstkulturmaßnahmen und überformt durch die Podsolierung. Es ist leider zu

befürchten, daß auf den nicht durch nachträgliche Überdeckung geschützten Innenflächen die Siedlungsreste in kleineren Suchschnitten kaum noch faßbar sein werden. Nur bei großflächiger Grabung wird man mit Hilfe von Feuerstellenresten und einzelnen stärkeren Pfostengruben mit typischer Steinverkeilung die Möglichkeit haben, die Dichte der Besiedlung und Hausgrundrisse festzustellen.

Im Planum auf der Innenseite des Kernwerkswalles lassen sich zwar Fluchtlinien der Bebauung erkennen und bauliche Details, wie die zu den Hauptpfosten gehörigen schräggestellten kleineren Pfostenlöcher, ermitteln, ein vollständiger Hausgrundriß konnte in der eingeengten Fläche leider nicht ergraben werden (Beilage 9; Taf. 24).

Das Längsprofil an der Westseite (Beilage 5 unten) ließ sehr bald weitere Pfostenspuren erkennen, die zunächst nur eben angeschnitten waren. Daraufhin wurde das gesamte Profil um 10 cm zurückgelegt und zugleich nach N entlang der Wallschüttung um 2 m verlängert. In diesem Bereich wurde eine alte Grabungsstörung angeschnitten. Die Vorgänger hatten insofern Pech gehabt, als sie, von den Aufschwemmungen hinter dem Wallfuß getäuscht, die alte Oberfläche zu hoch angenommen und den Schnitt nicht tief genug durchgeführt hatten. Er hörte praktisch über der untersten Lage der Wallschüttung auf und hatte die eindeutige und fundreiche Kulturschicht darunter nicht mehr erreicht (Beilage 5 unten, bei 1–2 m; Taf. 24 oben links).

Im Längsprofil Westseite des Schnittes III sind die stratigraphischen Verhältnisse sehr deutlich. Unter der hellen Schüttung aus Osningsandsteinverwitterung folgt im leicht abfallenden Gelände von N nach S die verdichtete Oberfläche der alten Kulturschicht. Sie ist durch ein schmales doppeltes Band mit braunen Eisenausfällungen und einem ebenso schmalen dazwischenliegenden grauweißen Band mit sehr feinem, mehr tonigem Material gekennzeichnet. Durch die Verfestigung der alten Oberfläche und feine Aufschwemmungen bei starken Regengüssen muß es zu dieser Bildung gekommen sein, die bodenkundlich zwischen einem aus Braunerde entwickelten Lessivé und einem Pseudogley (Stauwasserboden) steht. Diese nur 3–5 cm dicke Schicht „versiegelt" geradezu die darunterliegende Kulturschicht, die in einem gekappten Braunerdeboden ausgebildet ist (Taf. 24 oben rechts u. 25 oben). Diese Kulturschicht wechselt in ihrer Stärke auffällig und bestätigt damit wieder die schon in Schnitt II beobachtete und zuvor in der Erweiterung von Schnitt III beschriebene künstliche Terrassierung des Hanges. Durch Erosion am Südhang nach Zerstörung der Siedlung wurden die Stufen der kleinen Terrassen durch teilweise Umlagerung der Kulturschicht weitgehend ausgeglichen.

Bei 0–1 m des Profiles (Beilage 5 unten) ist diese Braunerde mit Siedlungsresten 10 cm mächtig. Bei 1–2 m liegt die kleine Stufe der ehemaligen Terrassenkante, an deren Fuß genau P IV festgestellt wurde. Die Kulturschicht nimmt hier in der Mächtigkeit zu und erreicht eine Stärke von 35 cm, um sich auf der weiteren Strecke leicht hangabwärts bis 5 m als Decke der Wohnterrasse in einer durchschnittlichen Stärke von 15 cm zu zeigen. An der Grenze des Schnittes nach S nimmt sie allmählich wieder zu, ein Hinweis auf die erneute keilförmige Verstärkung zur nächst tiefer gelegenen Wohnterrasse. Damit bestätigt sich in diesem Schnitt, wie auch an allen anderen Schnitten, die festgestellte durchschnittliche Breite dieser künstlichen Wohnterrassen oder -podien von nur 4–5 m. In dem Profil konnten bei 1,60, 2,80 und 4 m Pfostengruben festgestellt werden, die das für alle Pfostengruben charakteristische Profil zeigen (s. a. Taf. 26 oben). Sie sind vom alten Wohnniveau gerechnet, das durch eine fast geschlossene Lage plattiger, brandgeröteter Steine gekennzeichnet ist, insbesondere an der Feuerstelle, die sich zwischen P IV und P V nach W anschließt (s. a. Taf. 26 unten), 60 cm in den Boden eingetieft. Sie haben eine Durchschnittsbreite von 30 cm. Die Verkeilsteine lassen Pfosten in einer Stärke von 20 cm vermuten. Einzelne Pfosten, wie P V, sind sichtbar schwächer und nur etwa 40 cm eingetieft. Außerdem gibt es die auffällig flachen, schräggestellten Pfostengrübchen, wie P Ia, P IIa, P VIIIa u. b weiter westlich im Schnitt (s. Beilage 9).

Bei allen Pfostenspuren war eindeutig festzustellen, daß sie mit der „versiegelten" Kulturschicht nach oben aufhören und nicht im konstruktiven Zusammenhang mit der darüberliegenden Wallschüttung stehen. In der Hoffnung, nach diesem Befund unter dem mächtigen Wall selbst noch

besser erhaltene Befunde zu erlangen, wurde der Schnitt III nach W durch den Kernwerkswall geführt, um dabei gleichzeitig ein vollständiges Profil dieser Wallschüttung zu erlangen (Taf. 24 oben rechts, 25 u. 26). Die verfügbaren Arbeitsmittel und -kräfte zwangen auch hier leider dazu, den Schnitt nur sehr schmal anzulegen, um das Problem der Lagerung der gewaltigen Bodenmassen für ihre spätere Rückführung überhaupt bewältigen zu können. Die unregelmäßigen Grabungsgrenzen ergeben sich aus einer materialbedingten leichten Abschrägung der Schnittseiten und Baumbewuchs.
Obwohl auch hier ein vollständiger Hausgrundriß nicht ergraben werden konnte, trat die Ecke eines Hauses mit Feuerstelle sehr deutlich hervor (Beilage 9; Taf. 26). Im rechten Winkel zur Pfostenreihe im Profil Westseite verlief deutlich die Grenze der alten Wohnfläche, gekennzeichnet durch eine dunkelbraune bis schwarze Kulturschicht im Bereich der Feuerstelle F 2. Eine etwa 1,80 m lange und 1 m breite, 10–15 cm tiefer liegende Mulde hebt sich deutlich vom umliegenden helleren Braunerderest über dem Hangschutt ab. Sowohl an der nördlichen wie an der südlichen Grenze reihten sich in auffälliger Weise brandgerötete Steine. In der südlichen Linie zwischen P VI und P VII steckten sie senkrecht im Boden (Taf. 26 unten). Die geschlossene flache Plattierung der Feuerstelle neigte sich zu dieser Linie hin in die Tiefe. Beim Fortgang der Arbeiten wurde hier, etwa in der Breite der Pfosten und nur 10–15 cm weniger tief, ein mit den gleichen dunklen Kulturschichtresten verfülltes Gräbchen festgestellt. Im unteren Bereich dieses Gräbchens außerhalb der senkrechten Platten und etwa an deren unterer Grenze wurde die Nauheimer Fibel gefunden (Taf. 5 B). Das übrige aus diesem Befund geborgene Material lag bis auf einige weitere Scherben über den Platten der Feuerstelle. Nur an einer Stelle südlich von P VI markierte eine weitere große rotverbrannte Platte mit zahlreichen kleineren Stücken den weiteren Verlauf des Wohnniveaus. Von P VII nach N bis zur Grabungsgrenze war wiederum eine deutliche Abgrenzung der dunkleren Verfüllung gegenüber der normalen Braunerde erkennbar. 75 cm weiter nach W folgte P VIII mit zwei dieser Pfostenspur zugeordneten kleineren, nur 20 cm starken Pfostenspuren (Beilage 9). Um diese Pfosten herum war die intensive dunkle Füllung der flachen Mulde zwischen P V und P VII nicht festzustellen. 1 m weiter nach W begann in einer Ausdehnung von 1 m wiederum eine geschlossen plattierte Feuerstelle F 1. Die Platten dieser Feuerstelle waren wieder in ganz auffälliger Weise in das zuvor beschriebene dünne Band von Eisenablagerungen mit helltoniger Schicht eingebunden (Beilagen 9 u. 10, bei 4,80–5,80 m; Taf. 25 oben u. Mitte). An dieser Feuerstelle konnten keine Pfosten festgestellt werden.
Das über diesem Siedlungsbefund liegende Profil (Beilage 10; Taf. 25 oben) der Wallschüttung zeigt im unteren Bereich eine ähnliche Materialbeschaffenheit wie die latènezeitliche Wallschüttung in den Schnitten I und VI. Das Material besteht vorwiegend aus feinerem Osningsandsteinhangschutt mit Resten der darüber ausgebildeten Braunerde mit humosen Linsen, helleren Ausbleichungen und Kulturschichtresten (Taf. 5 A). Diese Schüttung ist im Profil bei 0 m in einer Mächtigkeit von 70 cm, bei 1 m nach W in einer Stärke von 1,60 m und dann schräg abfallend bis 8 m, wo sie auskeilt, feststellbar. An der oberen Grenze dieser Schüttung (Beilage 10; Taf. 25 oben) ist eine schwache Anreicherungszone erkennbar, auf der bei 3–4 m eine feinhumose Linse dunkleren Materials mit Holzkohle und Scherben liegt. Darüber folgt eine sehr grobe Wallschüttung mit Material aus dem westlich vorgelagerten und tief im Felsen ausgebrochenen Spitzgraben (s.a. Taf. 23 oben). Ob dieser Befund als Hinweis auf zwei Bauphasen gewertet werden kann oder durch den normalen Arbeitsablauf beim Aufbau des Walles mit einer Profilumkehr zu erklären ist, soll noch offenbleiben. Es könnte auch ein Hinweis auf eine nur vorübergehende Unterbrechung der Arbeit sein. In dieser Zeit wäre es dann durch Zusammenschwemmung oder Anlage eines kleinen Feuers zur Bildung der Linse bei 3–4 m gekommen. Hinweise für eine längere Unterbrechung liegen sonst nicht vor. Diese grobe obere Wallschüttung entspricht in ihrer gesamten Beschaffenheit genau der oberen Wallschüttung im Profil VI. Sie zeigt bei 5–6 m im Profil 70 cm über der Feuerstelle F 1 eine sehr auffällige Frontpackung aus plattigem Material, die nach außen zum Teil abgestürzt ist (Taf. 25 unten). Davor nach W liegt keilförmig

von 6–9 m ein stark verwitterter, humusdurchsetzter Versturz (Beilage 10), unter diesem wiederum hangaufwärts vor der Frontpackung endend eine Schicht aus feinerem Hangschutt mit stärkerer Eisenanreicherung. Bei 9 m weist diese Schicht wiederum eine kleine 60 cm hohe Frontpackung aus plattigem Material in einer Stärke von 50 cm auf. Außerhalb dieser Frontpackung liegt erneut eine durchschnittlich 40–50 cm mächtige, zur Geländekante bei 12 m auskeilende Schicht aus stark verwittertem, humusdurchsetztem Versturz.
Unter den zuletzt beschriebenen Abschnitten der Wallschüttung liegt von 7–12 m eine graubraunhumose Schicht, die nach unten in einen rötlichbraunen Horizont allmählich übergeht, und darunter wiederum mit weichen Übergängen eine bräunliche Anreicherungszone im hellen Osningsandsteinschutt. Im Bereich 9–12 m vor der äußersten kleinen Frontpackung ist dieser Horizont stärker ausgebildet. Bei 7 m liegt mit weichem Übergang die Grenze zwischen der rostfarbenen und weißgrauen Oxydations- und Reduktionsschicht einerseits und dem graubraunhumosen oberen Bodenhorizont andererseits, der weiter nach W außen vor der Wallschüttung eine starke Überformung erfahren hat.
Bei 12–17 m fällt die Obergrenze des ungestörten Osningsandsteinhangschuttes steil ab bis zur Spitze des Grabens (Taf. 23 oben). Der Höhenunterschied beträgt 4 m. Das Grabenprofil wurde bis 18 m nach W weiter aufgegraben, wo die Obergrenze des Osningsandsteins schon wieder um 40 cm ansteigt. Eine weitere Aufgrabung des Spitzgrabenprofiles war hier nicht lohnend, da an dieser Stelle eine jüngere Störung das Grabenprofil verändert hatte. In der Spitze des Grabens lag bis zu einer Mächtigkeit von 75 cm grobplattiger Versturz, locker von Humus durchsetzt. Über der zuvor beschriebenen Schichtenfolge im Bereich des Walles, der Berme und des Grabens liegt, den unterschiedlichen Hangneigungen angepaßt, eine wechselnd starke Schicht jüngeren Versturzes mit Humusanreicherung und Auflagehumus.
Der Befund (Beilage 10) wird wie folgt interpretiert: Die untere Wallschüttung aus feinerem Material der Umgebung ist aus den Resten der alten Oberfläche und den obersten Schichten des verwitterten Hangschuttes aufgetragen. Auf dieser Rampe wurde bereits nach kürzerer Zeit die obere Wallschüttung, deren Material aus dem Graben stammt, aufgebracht. Diese Schüttung wurde nach außen mit einer Trockenmauer gestützt. Nachdem eine gewisse Höhe der Schüttung erreicht war, schüttete man vor dieser Trockenmauerfront ein kleines Podium auf, das wiederum eine kleine Stützmauer erhielt. Unter dieser Aufschüttung zeigt sich deutlich das plattig aufgelagerte Material der älteren Arbeitsebene bei 6–9 m. Von 9–12 m ist die wirkliche Breite der offenen Berme erkennbar. Schuchhardt hatte bei seinen Grabungen um 1900 an anderer Stelle dieses Walles eine Bermenbreite von 7 m festgestellt, wobei er offensichtlich die erkennbare schräg geneigte Fläche von der Trockenmauerfront bis zur Grabenkante als Berme angesehen hat. Auch diese Interpretation ist möglich, man müßte dann jedoch eine zweite Bauphase annehmen, in der der stufenförmige Aufbau, wie er sich jetzt zeigt, erfolgte. Die bodenkundlichen Beobachtungen im Kernbereich der Wallschüttung lassen diese Deutung jedoch nicht mit Sicherheit zu. Schließlich könnte man den Befund der Strecke von 6–9 und 9–12 m als teils kräftig gestuft, teils schräge Berme ansprechen. Sicher wird man die Anlage des Kernwerks unter Berücksichtigung aller weiteren Ergebnisse am Tönsberg früher ansetzen müssen, als das bisher geschah.

Schnitt IV: Nördlicher Hauptwall
(Beilagen 1 u. 11; Taf. 30 oben)

Der Schnitt wurde aus Gründen der Arbeitserleichterung direkt neben einem jungen Durchstich angelegt, der zur Ableitung der sich hier bei starken Niederschlägen hinter dem Wall bildenden Wasserpfützen diente. Da in der gesamten Wallschüttung Konstruktionsmerkmale nicht erkennbar sind, können die einzelnen Schichten jeweils über die gesamte Profillänge beschrieben werden.
In diesem Gebiet hat sich auf dem Nordhang des Tönsbergrückens eine Flugsanddecke gebildet.

Über dieser lagert eine einfache Stein-Erde-Wallschüttung von 2–8 m, die im oberen Bereich zunehmend aus Sandsteinschutt, vermengt mit Dünensand, besteht. Nach unten nimmt der Steinanteil ab. Es folgt nach außen eine Zone mit von der Wallkrone erodiertem Flugsand, leicht humos, bräunlich gefärbt, die sich nur schwer von einem in primärer Lage befindlichen Braunerderest auf der ursprünglichen Flugsanddecke trennen läßt. Nur im ersten Abschnitt des Profiles von 0–2,50 m wird der anstehende Osningsandsteinhangschutt angeschnitten. Es ist jener Bereich, aus dem auf der Innenseite des Walles aus einer Materialentnahmemulde das Material für die Wallschüttung gewonnen wurde. Diese Schicht liegt ca. 50 cm unter heutiger Oberfläche. Darüber hat sich ein jüngerer festgefahrener Hangschutt, dunkler gefärbt, abgelagert. Bei ca. 2,50–8 m ist über dem noch erhaltenen alten Bodenprofil, einer Braunerdebildung, die Wallschüttung aufgelagert. Das wechselnde Material entspricht der bei diesem Arbeitsvorgang zwangsläufig entstehenden Profilumkehr. In der Wallschüttung liegt zuunterst das alte Oberflächenmaterial des Innenraumes, bestehend aus einer umgelagerten Braunerde. Nach dem Abgraben dieser Decke stieß man auf den Sandsteinhangschutt, der in der Wallschüttung zuoberst liegt. In der obersten Schicht ist nur sehr schwach ein rezenter humoser Ah-Horizont ausgebildet. Ein verändertes Bild in der Schichtung ist ab 6,50–9,50 m hangabwärts im Profil erkennbar. Hier liegt über dem gelb gefärbten und völlig sterilen Flugsand an der Basis eine bis zu 30 cm mächtige Braunerde. Bei 6,50 m lagert darüber ein graugelber Sand mit feiner weißer, aber auch brauner Bänderung, der manchmal leicht gefleckt ist; hangabwärts bis zum Profilende wächst seine Mächtigkeit von 10 auf 30 cm an.
In dieser Schicht, vor allem an ihrer oberen Grenze, sind einzelne Steine der Wallschüttung parallel zur Hangneigung einorientiert. Der Befund kann nur mit der Oberflächennähe dieser Schicht bei Errichtung des Walles erklärt werden. In dieser Schicht traten auch die auf der Taf. 3 A abgebildeten Keramikreste und das unter Nr. 4 abgebildete Fragment einer blauen Glasperle auf. Damit dürfte die latènezeitliche Oberfläche bestimmt sein. Ihre Beschaffenheit erklärt sich am ehesten durch ein Belaufen während der Bauzeit, kleine Aufschwemmungen von der Hangschüttung und eine beginnende Degradierung des bis dahin geschützten Waldbodenprofiles. Darüber lagern von der Wallschüttung nach außen abgerollte Massen, braun sandig, stark vermengt mit einzelnen kleineren Sandsteinbrocken. Die obere Humusdecke nimmt von der Wallkrone hangabwärts allmählich zu. Sie zeigt bei 8–9 m unter dem Ah-Horizont eine beginnende Ausbleichung. Über der Wallkrone selbst ist sie nicht festzustellen, weil durch ständige Erosion eine solche Profilentwicklung immer wieder gekappt wurde. Die äußere Front der Wallschüttung ist dort anzunehmen, wo bei 6,50 m die graugelb gebänderte Zone auskeilt. Dieser Bereich hat außen vor dem Wall offengelegen, bis er von den verstürzenden Massen desselben überdeckt wurde. Bei der Breite des Schnittes von nur 1,20 m und der Behinderung durch den Fichtenhochwald war es zur Zeit nicht möglich, den Schnitt vor der Außenfront zu verbreitern, um nach eventuellen Stützpfosten zu suchen. Die Breite der ursprünglichen Wallschüttung ist von etwa 2,50–6,50 m mit 4 m anzunehmen.
Im Planum des Schnittes waren außer den jeweils angeschnittenen Schichten keine Befunde zu beobachten. Verfärbungen im Innenbereich von 1–3 m rührten von Wasserrissen bzw. zugeflossenen Fahrrinnen her. Bis auf wenige Funde in der schon beschriebenen graugelben alten Oberflächenschicht und einem Kumpfrand (Taf. 3 A, 1), die unter der Wallschüttung in der Braunerde gefunden wurden, war dieser Schnitt ausgesprochen fundarm. Brandschichten und Siedlungshorizonte waren nicht vorhanden. Der Wallaufbau hier am Nordhang läßt nach diesem Befund nur auf einen einmaligen Ausbau schließen.
Um die Ausdehnung des Versturzes hangabwärts zu ermitteln, wurden in der Verlängerung des Schnittes IV hangabwärts nach N zwei kleine Schnitte IVa und b in Abständen von jeweils 8 m angelegt (Beilage 18). Das obere Profil zeigte noch in einer Mächtigkeit von 30 cm unter Oberfläche Reste des Wallversturzes in Form von Sandsteinbrocken der Wallschüttung. Auch Profil IVb zeigte noch einige wenige Sandsteinbröckchen in einer Tiefe von 40–50 cm. Im übrigen handelt es sich hier vorwiegend um abgeschwemmten Sand, der sich in einer leichten Delle am

sonst steilen Hang gefangen hatte. Dieses Material kann aber nicht mehr mit Sicherheit dem Wallversturz zugerechnet werden.
(Zu den bodenkundlichen Fragen, die die Schnitte IV, IVa und IVb aufwerfen, siehe Abschnitt 4.2.1.5.1. Bodenkundliche Beobachtungen.)

Schnitt V: Siedlungsterrassen
(Beilagen 1 u. 7 unten)

Im westlichen Teil südlich des Hauptwanderweges zwischen den Toren sind mehrere sehr ausgeprägte Terrassenstufen, vor allem am oberen Innenhang, erkennbar. Hier wurde unter großen Schwierigkeiten im dichten Stangenholz der Schnitt V angelegt, um auch hier die Erhaltungsbedingungen für Siedlungsreste zu prüfen. Da schon direkt unter dem Auflagehumus und dem Ah-Horizont Scherbennester, einzelne Pfostenspuren und Feuerstellen auftraten, der Baumbestand eine großzügige Untersuchung aber nicht ermöglichte, wurde nach dieser Feststellung der Schnitt bald wieder geschlossen.
Die Befunde sind nur im Planum festgehalten, da ein aussagefähiger Profilaufbau nicht ergraben werden konnte. Die Oberflächengestaltung und die Tiefenlage der Befunde ergeben sich aus dem ins Planum übernommenen Nivellement. Im nördlichen Bereich wurde ein Teil des Planums tiefer gelegt, um eine Störung, die sich später als eine fundarme Steinentnahmegrube herausstellte, zu untersuchen. In diesem Bereich traf eine Pfostengrube P I in Erscheinung, die in ihrer Füllung Keramik enthielt und Verkeilsteine zeigte. Weitere Befunde ähnlicher Art waren nicht mit Sicherheit zu deuten.
7 m südwestlich der nordöstlichen Grabungsgrenze war ein muldenförmiges Gebilde mit 2 m Länge, etwa 15 cm in die anstehende Osningsandsteinverwitterung eingetieft, festzustellen, in der Mitte eine Pfostengrube P III, um die herum sich Siedlungsreste häuften. Die Füllung bestand aus graugrünlichem humosem Material. Um den Pfosten herum lag graugebleichter Quarzsand. Zahlreiche verbrannte Steine, Holzkohlereste, Schalenränder und eine Bleiperle (Taf. 3 B) wurden hier geborgen. Die Fundstreuung setzte sich zur deutlichen Abbruchkante der Terrasse nach unten hin fort, wo weitere Scherben in einer grauen Quarzsandlinse auftraten. Direkt in der Abbruchkante wurde erneut eine Pfostengrube P II festgestellt. Die Pfostengruben hatten einen Durchmesser von 30 cm (P I), 35 cm (P III) und 40 cm (P II). Sie reichten nur durchschnittlich 30 cm tief in den hellen Osningsandstein.

Schnitt VI: Südlicher Hauptwall–Einmündung Kernwerk
(Beilagen 1, 8 u. 12; Taf. 27 u. 28 oben)

Die Stelle, an der der Kernwerkswall in den Hauptwall einmündet, mußte durch einen weiteren Schnitt untersucht werden, um die zeitliche Abfolge der verschiedenen Baumaßnahmen zu klären. Der bisherigen Auffassung, daß der Kernwerkswall hier endet (s. Pläne Hölzermann und Schuchhardt, Abb. 5 u. 6), konnte nach der Geländebeobachtung nicht gefolgt werden,
1. weil der Hauptwall der Südseite von dieser Stelle ab nach O sehr viel stärker ausgebildet und auch steiler profiliert ist;
2. weil der den Hauptwall innen begleitende Forst- und Wanderweg in diesem Bereich auf kurzer Strecke stärker ansteigt und wieder fällt und zu beiden Seiten auffällig steile Böschungen aufweist. Das weist darauf hin, daß er erst in jüngster Zeit in den hier stärker verschleiften Wall eingearbeitet wurde. Vom Innenraum des Kernwerks führt auch noch eine zweite, ältere Fahrspur über die Wallschüttung hinweg, die hier deutlich die Fläche der älteren latènezeitlichen Materialentnahme überlagert.

Der Schnitt VI wurde 1972 zunächst nur auf der Innenseite als Einschlag 2 x 2 m angelegt. Seine eindeutigen Befunde ließen einen schmalen Schnitt durch den gesamten Wall nach außen hin

zweckmäßig erscheinen. Die Grabungstiefe unter der Wallkrone beträgt vor der Innenfront der Mörtelmauer 2,50 m.
Die Schichtenfolge wird im Längsprofil und in seinem Anschluß an das Querprofil bei 8 m ersichtlich (Beilage 12; Taf. 27 u. 28 oben). Die angesprochenen Schichten werden auch sofort in ihrem Verlauf im Querprofil beschrieben. Im Längsprofil Innenseite ist im obersten Bereich mit großplattigem Material und Mörtelresten, wenn auch stärker verwittert, noch deutlich die mittelalterliche Doppelschalenmauer erkennbar (Taf. 27).
Auch die Fundamentzone mit waagerecht verlegtem plattigem Material in Lehm zeichnet sich ab. Dieses Paket hat insgesamt eine Stärke von 60 cm. Sie liegt aber nicht mehr, wie an den zuvor beschriebenen westlichen Schnitten, über der höchsten Stelle der Wallschüttung, sondern ist am Außenhang des wesentlich stärker ausgebildeten Walles aufgesetzt (Beilage 12, bei 6,50–8 m). Darunter folgt in einer Mächtigkeit von 80–90 cm eine Wallschüttung aus sehr grobem Material mit Steinplatten bis zu 60 cm Länge und 40–50 cm Breite; ein Block hatte die Maße von 80–90 cm Länge, 50 cm Breite und 30 cm größter Stärke (Beilage 12, bei 6–10 m; Taf. 27). Die Zwischenräume sind bei dieser Wallschüttung nur im unteren Bereich mit feinerem Material durchsetzt und im oberen Bereich durch eine Einschwemmungs- und Waldhumusschicht ausgefüllt. Dazwischen ist beim Aufbau des Walles überhaupt kein Boden eingefüllt worden. Diese Wallschüttung unterscheidet sich also sehr deutlich von der in Schnitt I beschriebenen und auch hier von der darunterliegenden Schicht, der latènezeitlichen Wallschüttung (Taf. 27 u. 28 oben). Die Grenze zwischen dieser groben Wallschüttung und der Fundamentierung der mittelalterlichen Mauer ist nicht deutlich ausgebildet und zeigt vor allem keine Bodenbildung, wie der Übergang Wallschüttung–Mauer im Schnitt I (Beilage 6, bei 2–4 m; Taf. 21 oben), die auf einen längeren Zeitraum zwischen zwei Bauphasen hinweisen würde.
Ganz anders ist die Grenze zwischen der oberen, grobsteinigen Wallschüttung und dem darunterliegenden latènezeitlichen Wall (Beilage 12, bei 5–8,60 m; Taf. 27 unten u. 28 oben), der auch hier, wie in Schnitt I, über einen durch Aufplanierung ausgeglichenen starken Geländeabfall sozusagen als stark überhöhte Terrassenkante aufgeschüttet ist. Diese Wallschüttung tritt in einer Stärke von 60 cm im Längsprofil deutlich in Erscheinung. Im Planum der älteren Eingrabung von 1972 war das kräftige Brandpaket in einem humosen Oberboden (Ah) wieder ganz deutlich erkennbar (Taf. 27 unten). Es endet, wie im Schnitt I, mit einer deutlichen Abgrenzung ca. 90–100 cm hinter der inneren oberen Mörtelmauerflucht. Daran schließt nach innen eine dunkelbraun gefärbte Kulturschicht mit Ausbleichungserscheinungen an, die sich weiter lagereinwärts zieht und über dem hellen Hangschutt liegt. Die untere Grenze der Wallschüttung ist scharf abgesetzt von dieser Brandschicht, die wiederum nach unten hin über einem Bleichhorizont liegt und zahlreiche kleine brandgerötete Gesteinstrümmer aufweist (Beilage 12, bei 6–9 m).
Die ältere, dicht geschichtete Wallschüttung besteht etwa zu 50 % aus hellerem und dunklerem fleckigem Material. Sie ist im Längsprofil etwa 40 cm stark und keilt 1 m weiter zum Innenraum hin aus (Beilage 12, bei 8–9 m; Taf. 28 oben). An der Obergrenze dieses Walles hat sich hier ein stark verfestigter Laufhorizont erhalten, der nach unten in die Wallschüttung hinein ausgebildet und, mit der Wallschüttung verzahnt, ein regelrechtes Bodenprofil aufweist. Zuoberst ist die Schicht 10–15 cm stark grau- bis schwarzhumos mit zahlreichen, aber stark verwitterten Holzkohleresten und brandgeröteten Gesteinsbröckchen. Aus dieser Schicht wurden zahlreiche latènezeitliche Keramikreste geborgen. Unter dem dunklen humosen Horizont ist mit Unterbrechungen, bedingt durch die Gesteinsbrocken der Schüttung, ein Bleichhorizont 5–10 cm dick erkennbar. Darunter liegt in der Wallschüttung ausgebildet etwa 10 cm tief vorwiegend rostbrauner Anreicherungshorizont.
Dieser Befund macht deutlich, daß zwischen der unteren dicht gelagerten Wallschüttung und der mächtigen oberen Wallschüttung aus großen Gesteinsbrocken eine lange Wüstungsphase anzunehmen ist. Im Gegensatz dazu sind an der oberen Grenze zwischen grober Wallschüttung und mittelalterlicher Mauer bzw. ihrem Fundament noch nicht einmal Reste humoser Ablagerungen zwischen den Gesteinsbrocken vorhanden. Es kann also keine große Zeitspanne zwischen diesen

beiden jüngeren Baumaßnahmen liegen, andernfalls müßten sich auch hier zumindest Reste eines solchen Bodenprofils zeigen.
Beim Tieferlegen des gesamten Planums auf der Wallinnenseite bestätigen die Flächenbefunde und die Querprofile diese Beobachtung in überzeugender Weise. Hinter der zum Lagerinneren nur leicht abfallenden oberen „Lauffläche" des latènezeitlichen Walles hat sich eine bis zu 20 cm mächtige Kulturschicht herausgebildet, die eine durch Holzkohleanreicherung und brandgerötete Gesteinsplatten mit Scherbenresten kenntliche Feuerstelle aufweist (Beilage 12, bei 8–9 m u. bis 2 m unter Wallkrone). Diese Feuerstelle liegt 20 cm über dem untersten Brandhorizont und ist noch mit etwa 10 cm Bodenmaterial dieser Kulturschicht überdeckt. Darauf setzt dann die obere grobe Wallschüttung an. Beim weiteren Abgraben der Kulturschicht tauchte 1 m hinter der inneren Mörtelmauerflucht vor dem östlichen Profil eine nicht so deutlich ausgebildete Pfostengrube auf, die sich aber durch Kulturschichtreste, rotbraune Füllung, doch vom hellen Hangschutt der Umgebung abhebt. Sie reicht 70 cm unter den unteren Brandhorizont in den helleren Hangschutt hinein und hat einen Durchmesser von 30 cm in der südwestlich-nordöstlichen und 40 cm in der Längsrichtung des Walles. Eine etwas schwächere gleichartige Verfärbung wurde im Abstand von 1,40 m nach W hin im Planum festgestellt mit 40 cm Durchmesser, 60 cm Tiefe unter dem unteren Brandhorizont (Beilage 12, bei 9 m). Die Profilwand zur Lagerinnenseite hin wurde unter dem heutigen Wanderweg bis in 1,50 m Tiefe freigelegt. Sie zeigt im oberen Bereich jungen festgefahrenen Waldhumus und abgeschwemmtes Material zwischen den Steinen der sehr groben jüngsten Wallschüttung, die in einer Mächtigkeit von 90 cm erhalten ist. Sie liegt auch hier noch auf dem „Laufhorizont", der zum latènezeitlichen Wall gehört und durch Holzkohlereste, Scherbenfunde, gerötete Gesteinstrümmer und eine braune Bodenfärbung erkennbar ist. Dieses „Kulturschichtpaket" ist hier noch durchschnittlich 20 cm stark und geht in den Osningsandsteinhangschutt über, der allmählich von gelbbraun zu graugelb nach unten seine Farbe wechselt.
Im folgenden werden die weiteren Befunde beschrieben, die zu beobachten waren, als im Jahr 1974 ab April von der Westgrenze der alten Grabungsstelle von 1972 ein Schnitt quer durch den gesamten Hauptwall nach außen angelegt wurde, um den weiteren Schichtenverlauf der einzelnen Bauphasen zu überprüfen und den Erhaltungszustand in diesem Bereich festzustellen. Wegen der Schwierigkeiten, die der vorhandene Waldbestand, Transport und Lagerung größerer Aushubmengen bereiten, wurde der Schnitt nur in einer Breite von 1 m ausgeführt. Dabei konnte auch hier die Breite der mittelalterlichen Mauer mit etwa 1,60 m ermittelt werden (Beilage 12). Der Mörtel ist an dieser Stelle, weil die Mauer nur noch in einer Höhe von 30 cm in ein bis drei Lagen erhalten ist, stark verwittert und von dem darunterliegenden sandig-lehmigen Material der Fundamentierung mit flachen Platten nur durch eine leichte Graufärbung zu unterscheiden. Reste von Mörtel sind aber an den Steinen der Außen- und Innenschale haftend erhalten, und im Innern der Mauerfüllung treten häufig hasel- bis walnußgroße Kalksteinbröckchen auf, Reste des schlecht gebrannten Kalkes für den Mörtel. Darunter folgt die schon beschriebene Fundamentschicht, hier nicht so deutlich und kräftig ausgebildet wie im Schnitt I des Hauptwalles, weil die Mauer hier auf den jüngeren Wall aufgesetzt ist, der aus sehr grobem Material aufgeschüttet wurde. Die Beschaffenheit dieser Wallschüttung, die sehr viele Hohlräume aufweist und fast ausschließlich aus grobem Gestein besteht, erklärt sich daraus, daß die Erbauer bei dieser Baumaßnahme bei der Anlage des Spitzgrabens vor dem Kernwerkswall und der Überbauung des latènezeitlichen Walles das Material aus dem Lagerinnern nicht mehr aus dem stärker verwitterten oberen Bereich des natürlichen Hangschuttes nahmen, sondern tiefer in den Berghang vordrangen. Die im Bereich des Kernwerks wesentlich stärker ausgebildete Materialentnahme zeigt das deutlich. Ebenso ist es selbstverständlich, daß im unteren Bereich dieser Bauperiode sandig-lehmiges Material mit humosen Flecken, aber vorwiegend braun gefärbt, auftritt, ein Beleg für die Profilumkehr, die dadurch zustande kam, daß man bei dieser Maßnahme zunächst das Oberflächenmaterial des Lagerinnern mit Resten der Kulturschicht hierher schaffte. So ist es auch verständlich, daß in diesem untersten Bereich vereinzelt stark verwitterte Reste eisenzeit-

licher Keramik zu finden waren. Unter dieser Wallschüttung, der vorletzten Bauperiode, trat dann sehr auffällig, wie zuvor beim Längsprofil beschrieben, die alte Oberfläche des latènezeitlichen Walles zutage. Sie ist bis zur äußeren Wallkante als ein bis zu 10 cm breites, grauschwarzes humoses Band, mit Übergängen zu einer schwachen Bleichzone darunter, gut erhalten. An ihrer Oberfläche liegen zahllose Trümmer von verbranntem und ausgeglühtem Sandstein in Korngrößen von 1–10 cm, die Masse in Größen bis 5 cm. Diese deutlichen Brandspuren nehmen bis zur latènezeitlichen Wallkrone, die etwa 1,50 m außerhalb der heutigen Wallkrone liegt, zu (Beilage 12). Die Fläche des Innenwalles steigt rampenförmig vom Lagerinnern allmählich an.
Im Bereich der Wallkrone ist die Brandschicht um ein Vielfaches stärker und nach unten hin muldenförmig in die Wallschüttung eingesenkt (Beilage 12, bei 5,60–6,60 m). An der Basis der Mulde liegen auffällig großplattiges Material und große Mengen verkohlter Reste stärkerer Hölzer. Darüber die völlig ausgeglühten und morschen Reste rotverbrannter Sandsteine, die als Trümmer bis in die heutige Walloberfläche zu beobachten sind. Sie sind allerdings in einem mächtigen Paket von 50–60 cm von der jüngeren Wallschüttung und Mauerversturz überdeckt. An dieser Stelle ist mit Sicherheit eine Holzkonstruktion verbrannt. Sie kann nur zu einer hölzernen Brustwehr auf dem darunterliegenden latènezeitlichen Wall gehören, da ein gleicher Befund, nicht so gut erhalten, weil nicht so gut geschützt, auch im Schnitt I auf der Wallkrone außen vorhanden war. Braunverfärbungen unter dieser Brandschuttmulde, die in den Schnitten tiefer in den latènezeitlichen Wall hinabreichten, aber nicht scharf zu umreißen waren, legen den Gedanken nahe, daß eine Schwellbalkenkonstruktion oder Bohlenwand zwischen Pfählen in der darunterliegenden Wallschüttung verankert waren. Dieses mächtige Brandschuttpaket verläuft auf der Wallkrone hinter der anzunehmenden „Brustwehr". Außerhalb der Brandschuttmulde geht die Schicht mit ihren Resten in die heutige steil abfallende äußere Wallböschung über. Zahlreiche Brocken von ausgeglühten Steinen, die hangabwärts allmählich ausdünnen, sind in der oberen Schicht des Waldhumus zu finden.
Die Wallschüttung des älteren Walles ist im gesamten Schnitt quer durch den Wall sehr deutlich von der oberen Wallschüttung zu unterscheiden. Sie ist sehr dicht gelagert und besteht aus braunem sandig-lehmigem Material mit wenigen kleineren Steinen. Darin tauchen immer wieder dunklere Linsen und Bänder auf, die von abgegrabener Kulturschicht aus dem Lagerinnern stammen müssen. Das übrige Material kann nach seiner Gesamtbeschaffenheit nur aus den oberen Schichten des stark verwitterten Hangschuttes im Lagerinnern stammen. An der Basis dieser Wallschüttung liegt, nach außen stark hangabwärts fallend, die unterste, sehr kräftig ausgebildete Brandschicht. Besonders auffällig ist ein Befund bei 3,50–6 m und 3,20–4 m unter örtl. Höhe 0 (s. Beilage 12). Über dem hier gekappten ursprünglichen Bodenprofil liegt ein Bodenpaket mit wechselnder, fast schwarzer und heller Bänderung. Auch Reste von Reisig und armdicken verkohlten Frechtungshölzern wurden darin festgestellt. Der Befund ist als Frontpackung für den Unterbau der älteren Wallschüttung am Hang zu deuten. Er zeigt sowohl in der Fläche wie im Profil einen starken Wechsel von schwarzhumosem und hellgelb-braunem Material. Es handelt sich um eine Grassoden- oder Plaggenpackung im Wechsel mit Erde, die zur Frontbefestigung der unter der unteren Wallschüttung liegenden Terrasse gehört. An der Oberfläche dieser „Terrasse" liegen fein verteilte Reste von Brandschutt in Form von Holzkohlestückchen und kleinsten im Feuer zerstörten Gesteinsresten, wie sie sonst in dem hangaufwärts anschließenden unteren Brandschutthorizont auftreten. Auch in der Frontpackung selbst ist Feuereinwirkung durch Häufung zahlreicher großer und kleiner Holzkohlestücke und auch brandgerötetes sowie ausgeglühtes Gestein zu finden. Aus dem Bereich dieser Frontbefestigung an der Terrassenkante wurden mehrere Holzkohle- und Bodenproben, vor allem der schwarzhumosen Schichten und Flecken (Sodenreste), entnommen, ebenso eine starke Holzkohleprobe, die sich nach Verfestigung evtl. für eine dendrochronologische Untersuchung eignet. Sie stammt von einem etwa in 7 cm Stärke erhaltenen Rundholz, das, von der Innenkante der Frontbefestigung leicht schräg nach oben außen gerichtet, in der Packung erhalten war. Diese Frontpackung, die im oberen Bereich nach außen hangabwärts ausdünnend verschleift oder verstürzt erscheint, läßt im

unteren Bereich eine Breite von ca. 100 cm erkennen. Nach S wurde der Schnitt noch um ca. 4 m hangabwärts verlängert und tiefer gelegt, um den Anschluß an den ungestörten geologischen Hangschutt zu finden und auch hier in diesem Schnitt vielleicht unter besseren Erhaltungsbedingungen die unter der latènezeitlichen Wallschüttung im Schnitt I vorhandenen Terassierungen und andere Ausbaumaßnahmen zu beobachten. Bei 3,50 m wurde der Schnitt um 1,10 m tiefer gesetzt (Beilage 12). Dabei ergibt sich eine Mächtigkeit der gebänderten Plaggenhumusfront mit weißen zwischengelagerten Streifen mit Eisenbänderungen von 50 cm, dann folgt hangabwärts eine braune Schicht mit umgelagertem Hangschutt oder Kulturschichtresten in einer Mächtigkeit von 30–40 cm. Darunter liegt ein gekappter, schwach ausgebildeter Bodenhorizont mit Resten des humosen Horizontes, Bleichung und Anreicherung in einer Stärke von insgesamt nur 10 cm. Im äußersten Abschnitt des Suchschnittes von 0–2,50 m bei einer Tiefe von 4,50–5,80 m ist eine auffällige Veränderung der alten Oberfläche festzustellen. Der natürliche Hang ist, bei 2,50 m beginnend, steil abgegraben und senkt sich bis 0,50 m um 1,30 m, um auf den letzten 0,80 m des Schnittes wieder 35 cm anzusteigen. Dadurch ist auch hier am Hang ein flacher, muldenförmiger Graben entstanden, der zuunterst eine schwarzhumose Grabenfüllung enthält. Im natürlichen Hangschutt darunter ist ein schwacher, neuer Anreicherungshorizont entstanden. Ihm entsprechen leichte Ausbleichungen in der Grabenfüllung. Darüber lagert über der gesamten Grabenmulde ein aus feinerem Material mit hangabwärts eingeregelten Steinen gebildeter, teils gebänderter Hangschuttkegel. Weiter nimmt in diesem Abschnitt die junge humose Auflage stark zu. Unter ihr zeigt sich ein junger Podsol. Der Schnitt brachte Keramikreste, vor allem im Bereich des latènezeitlichen Laufhorizontes über dem Wall im Innenraum und der anschließenden Kulturschicht. In der unteren Brandschuttschicht waren Funde seltener. Randstücke und Böden und eine Schnuröse am Gefäßumbruch stammen von dickwandigen, teils beschlickten, aber auch von einer mittelfeinen geglätteten, zumeist lederfarbenen Ware (Taf. 3 C).
Der Schnitt VI bestätigte und verdeutlichte einige im Schnitt I nicht so klare Befunde, wie den muldenförmigen Graben, die anschließende Hangaussteilung, die Frontpackung aus Soden oder Plaggen, das Verhältnis von Pfostenreihe zur Wallschüttung und die Brand- und Fundhorizonte.
Neu sind hier Befunde des einmündenden Kernwerkswalles und sein Verhältnis zu den bereits bekannten Bauperioden aus Schnitt I, weiterhin die deutlichen Spuren der verbrannten Holzkonstruktion auf der Wallkrone und der zugeschwemmte Graben, in den hier keine Trockenmauer eingesetzt wurde.

Schnitt VII

(Beilagen 8 u. 13; Taf. 28 unten)

Um die Beobachtung der Pfostenreihe unter dem Innenfuß der Wallschüttung zu überprüfen und die Schichtenfolge der verschiedenen Bauperioden vor der Einmündung des Kernwerkswalles noch einmal zu kontrollieren, wurde 60 m östlich von Schnitt I und 27 m westlich des Schnittes VI auf der Wallinnenseite vor der Innenfront der mittelalterlichen Mauer ein Einschlag von ca. 2,40 x 2,50 m vorgenommen (Taf. 28 unten). Die beim Schnitt I beobachtete Schichtenfolge wurde hier im wesentlichen bestätigt (Beilage 13). Die mittelalterliche Mörtelmauer ist im oberen Bereich erhalten. Das über der alten Wallschüttung zum Ausgleich der Schräge aufgebrachte plattige Fundament in lehmigem Sand ist ebenfalls vorhanden. Allerdings folgt in diesem Schnitt der Laufhorizont über dem Wall nicht direkt unter dem Fundament der Mörtelmauer wie beim Schnitt I.
Zunächst folgt mit einer Mächtigkeit von 35–40 cm eine helle und gröbere Wallschüttung, die als zur Kernwerkswallschüttung gehörige Ausgleichsschicht zu deuten ist (Taf. 28 unten, F). Dann folgt die untere Schicht des latènezeitlichen Laufhorizontes (Taf. 28 unten, G). Seine alte Humusbedeckung wurde in diesem Bereich wohl abgeräumt, als man beim Bau des Kernwerks

diese Anschlußstrecke des Hauptwalles verstärkte. Im östlichen und auch im westlichen Querprofil liegen über dieser Wallaufhöhung, dachziegelförmig überlappend, als scharfe Abgrenzung und Abdeckung unter der 30 cm mächtigen Versturz- und Waldhumusdecke zum Innenraum hin plattige Steine. Darauf erst setzen Fundament und aufgehende mittelalterliche Mörtelmauer, die hier noch in einer Höhe von insgesamt bis zu 50 cm erhalten ist.

Im unteren Bereich des Schnittes VII werden die entsprechenden Schichten der Schnitte I und VI im Längsprofil und in den Querprofilen voll bestätigt. Das Paket der latènezeitlichen Wallschüttung, sandig, leicht lehmig, mit geringerem Steinanteil, ist im Längsprofil in einer Stärke von 40–50 cm vorhanden. Darunter lagert umgelagertes Material in einer Schicht von 40–50 cm (Taf. 28 unten, H), im oberen Bereich braunrot, dann schwarzhumos, darunter gelb bis braunrot mit stark geröteten, verbrannten Gesteinsresten. Zuunterst ist sehr deutlich die dunkelhumose Schicht mit verkohlten Holzresten über einem hellgebleichten Horizont und eine rostfarbene Anreicherungszone mit einem allmählichen Übergang zum gelblich-bräunlichen Hangschutt ausgebildet. Wir haben hier die Schichten einer beginnenden schwachen Podsolierung (Beilage 13).

Im Abstand von 50 cm hinter der rückwärtigen Mauerfront liegt in der Mitte der Eingrabung eine Pfostengrube P I mit einem Durchmesser von 50 cm, in der Mitte noch deutlich erkennbar die dunkle Pfostenstandspur (Taf. 28 unten, J), schwarzbraun mit Holzkohleresten und mit von oben her eingesacktem humosem Material. An den Rändern der Pfostengrube befinden sich wiederum mehrere Steine zur Verkeilung des Pfostens. Die Pfostenstärke beträgt ca. 25 cm. Die Pfostengrube reicht 80 cm tief unter die Brandschicht in den natürlichen Sandsteinhangschutt. In diesem Schnitt reicht allerdings die Brandschicht im westlichen Querprofil hangaufwärts ansteigend noch bis zur Grabungsgrenze zum Lagerinnern über die Pfostenflucht hinaus. Sie liegt an der Grabungsgrenze nur 50 cm unter der heutigen Oberfläche. Besonders deutlich war die Struktur eines verkohlten Holzes in der Wallflucht erkennbar, das in einer Breite von 15 cm an der Innenseite des Pfostens lag. Aus diesem Befund kann geschlossen werden, daß

1. vor oder z.Zt. der Anlage dieser Pfostenreihe ein Steilhang bestanden hat, auf dem bereits Brand- und Kulturreste abgelagert wurden bzw. von einer oberhalb liegenden Terrasse hierher gerieten;
2. dann diese Pfosten am Hang unterhalb der Terrassenkante eingesetzt und vielleicht mit einer flachen Rampe hinterfüllt wurden, also sowohl zur Befestigung der Wohnterrassenkante als auch als Schutzanlage dienten;
3. außerhalb der Pfostenreihe der typische Steilhangabfall, wie er beim Schnitt VI unter der Wallschüttung gefunden wurde, auch hier vorhanden ist und über diesen Hang die verbrannten Reste der Holzbefestigung abstürzten. Nach der Zerstörung wurde auch hier durch Abplanieren der Kulturschichtreste aus dem Innern ein Podium geschaffen (Taf. 28 unten, H), auf dem dann der Aufbau der ersten Wallschüttung (Taf. 28 unten, G) erfolgte.

Nachdem dieser Befund die Beobachtungen in Schnitt I und VI bestätigte, wurde hier auf eine Verlängerung des Schnittes durch den Wall verzichtet. Die verkohlten Reste des hinter dem Pfosten liegenden Balkens wurden für eine Radiocarbondatierung sichergestellt.

Bei einer Nachuntersuchung und Absenkung des Planums um 50 cm unter die hangaufwärts ansteigende Kulturschicht wurde 70 cm nach NW von der Mitte des großen Pfostens aus mit einem Durchmesser von 30 cm eine dunkelbraunhumose Verfärbung (P II) festgestellt, die noch etwa 15 cm tiefer deutlich im hellfarbigen Hangschutt sichtbar war. Im 20 cm nach W liegenden Profil senkt sich der bräunlichrot gefärbte obere Hangschutt in diesem Bereich deutlich zu dieser Verfärbung hin ab, obwohl in einem Abstand von nur 20 cm nach N hin in der Profilwand der helle Hangschutt 30 cm höher steigt. Es kann angenommen werden, daß es sich bei dieser Verfärbung um den Rest einer Pfostenspur handelt, die zu einer Bebauung wahrscheinlich der ältesten Benutzungsphase gehört. Ein Zusammenhang mit dem ältesten Holzwehrbau war nicht erkennbar. In dem übrigen Planum 1,20 m nach O trat keine weitere vergleichbare Verfärbung auf. Dieser Befund legt nahe, wegen der zum Lagerinneren hin erkennbaren Kulturschicht später in diesem Bereich eine Innenfläche zu öffnen, um hier evtl. Spuren der ersten Besiedlung zu fassen. Von den auch hier gefundenen Keramikfragmenten sind ein kleiner Schalenrand und ein Bodenstück abgebildet (Taf. 3 D).

Schnitt VIIIa u. b: Siedlungsfläche um die Kapelle
(Beilage 1)

Die sogenannte Hünenkapelle, in einem Bericht (Kittel, 1954) als Wallfahrtskapelle des hl. Antonius erwähnt, ist auf älteren Darstellungen des vorigen Jahrhunderts noch mit Teilen der Einwölbungen zu sehen, auch ist im W ein zweigeschossiger Wohnteil und nach O ein eingeschossiger Sakralraum erkennbar. Dr. U. Lobbedey, Münster, hält die Kapelle für ein gutes Beispiel der aus schriftlicher Überlieferung bekannten Klausen des späten Mittelalters. Das Gebäude ist leider falsch und in sehr großzügiger Weise mehrfach instandgesetzt worden, so daß die Untersuchung des Baugefüges heute nur noch sehr fragmentarisch den alten Baubestand und die Baugeschichte erkennen läßt. Durch einen an der Nordseite im Inneren nach O in 3 m Breite und nach W in 1 m Breite durchgeführten Schnitt, der auf dem Übersichtsplan nicht eingezeichnet ist, sollte geklärt werden, ob diese Kapelle der gotischen Zeit einen romanischen oder gar vorromanische Vorläufer hatte. Dieser Gedanke lag bei Berücksichtigung der sonst vorhandenen mittelalterlichen Bausubstanz, der jüngsten Befestigung auf dem Tönsberg, nahe. Das Ergebnis war jedoch eindeutig negativ, und die dabei angestellten baugeschichtlichen Beobachtungen zur spätmittelalterlichen Klause können hier nicht dargestellt werden.
Es wurde festgestellt, daß keinerlei gesicherte Spuren im Fundamentbereich und darunter, wo der Schnitt überall bis auf den anstehenden Osningsandstein niedergebracht wurde, vorhanden waren. Das Fundament gleicht die Unebenheiten des Felsens aus. An der Basis tauchten stellenweise kleine Reste der latènezeitlichen Kulturschicht mit atypischen Scherben auf. Im übrigen mußte festgestellt werden, daß der gesamte Innenraum tiefgründig durchwühlt und mit Schutt der letzten Jahrhunderte verfüllt war.
Um die Ausdehnung der latènezeitlichen Kulturschicht zu erfassen, wurde 12 m nordwestlich der Kapelle und 6 m südlich der Kapelle jeweils ein 1 m² großer Schnitt angelegt. Die oberste Schicht zeigte jeweils in 10–20 cm Mächtigkeit mit Humus angereicherten einplanierten Schutt von der Kapelle. Darunter folgte 40–50 cm stark eine Braunerdebildung, die bis in den unteren Bereich hinein im Schnitt VIIIa einzelne latènezeitliche Scherben brachte (Taf. 3 E). Darunter ein kleiner Schalenrand (Taf. 3 E, 25) und eine graubraune Randscherbe eines größeren Gefäßes mit runder Schulter und kurz abgewinkeltem und abgestrichenem Rand. Diese Scherbe kann zum mittelalterlichen Fundgut gehören. Im Probeloch VIIIb wurden Scherben nicht gefunden. Allerdings waren auch hier wieder die für den latènezeitlichen Wohnhorizont typischen, frittierten kleinen Gesteinsbröckchen in größerer Zahl vorhanden. Es kann somit gesagt werden, daß im Bereich um die Kapelle latènezeitliche Siedlungsreste vorhanden sind.
Auch bei der Anlage eines 2 m langen Suchschnittes vor der Ostmauer der Kapelle wurden die Reste dieser Kulturschicht mit kleinen stark verwitterten Scherbenresten sichtbar.

Schnitt IX: Gebäude am Westtor
(Beilagen 1 u. 14; Taf. 31)

Nachdem das Ergebnis im Schnitt VIIIa u. b an der Antonius-Kapelle negativ war, wurde versucht, in dem von Schuchhardt bereits in der Grabung von 1892 festgestellten Gebäuderest früh- bzw. hochmittelalterliche Baureste, die den Kammertoren und den umfangreichen Mauern auf der Wallkrone entsprachen, zu finden. Das gesamte Gelände war stark durchwühlt und mit Strauchwerk bewachsen. Immer wieder haben seit der Jahrhundertwende lokale Privatforscher an diesem Platz ohne System gegraben, so daß zunächst sehr wenig Hoffnung bestand, klare Befunde zu erarbeiten. Es stellte sich aber bei der Untersuchung heraus, daß auf kurzen Strecken

doch noch einige Lagen des aufgehenden Mauerwerks erhalten waren (Taf. 31). Auf anderen Linien zeigte sich der Ausbruchgraben mit Fundamentresten sehr gut. Da der Schuchhardtsche Gebäudeplan in seinem Grabungsbericht nicht veröffentlicht wurde, sondern auf dem Lageplan (Abb. 6) nur der Verlauf der Mauern ohne einen erkennbaren Gebäudeabschluß angedeutet wurde, entschloß sich der Verfasser, zumindest die Außenmaße festzustellen und zu ermitteln, ob das Gebäude im Inneren Trennwände hatte. Da das gesamte Gelände tief durchwühlt ist und zwischen den Mauerresten und Linien nur Abraumschutt der Steinbruchtätigkeit zu finden ist, wurde die Grabungsmethode darauf abgestellt und entlang der nördlichen Mauer ein Sondierungsschnitt so weit geführt, daß die gesamte Länge erkennbar wurde. Dabei blieben Kontrollstege des intakten unteren Bodenprofiles mit Anschluß an die Mauer erhalten. An der Außenseite wurde dort, wo noch aufgehendes Mauerwerk vorhanden war, nicht gegraben, um dieses zu schützen. Nur an einer Stelle bei 98/99–103 des Meßsystemes wurde ein Schnitt von außen an die Mauer herangeführt und das Profil AB aufgeschlossen.
Nachdem die östliche und westliche Begrenzung des Bauwerkes durch Reste des aufgehenden Mauerwerks im W, durch Fundamentreste, Ausbruchgraben und den sowohl außen als auch innen beim Abbruch an der Mauer entstandenen Schuttkegel des Abbruchmörtels festgestellt war, wurden an der südlichen Front noch zwei Schnitte angelegt, um den Befund bzw. die Maße zu kontrollieren und stratigraphische Verhältnisse zu klären.
In einem Schnitt bei 100/92–100/98 wurde bei 100/95 eine alte Grabungsstörung erfaßt. Bei 93/100 zeigte sich an der nördlichen Mauer als Spur einer Spannmauer ein Ausbruchgraben. An ihr entlang wurde über starke alte Grabungsstörungen ein Schnitt nach S geführt und an der Anschlußstelle der eindeutige Rest dieser Spannmauer, die hier gegen die Südmauer gesetzt ist, in zwei Lagen aufgehenden Mauerwerks erfaßt.
So ergaben sich folgende Maße des Gebäudes: Gesamtlänge außen 21,60 m, Breite außen 8 m. Im Gebäude ist lediglich nach W ein kleiner Vorraum abgeteilt. Er hat lichte Maße von 6,50 m in der Breite und 4,20 m in der Tiefe. Der große östliche Raum hat Innenmaße von 15 m in der Länge und 6,50 m in der Breite. Die Stärke der Doppelschalenmauer beträgt 0,75–0,80 m.
Da an der Nordmauer der Suchschnitt durchgezogen wurde, ist kaum anzunehmen, daß dieser Raum eine weitere Unterteilung in Mörtelmauertechnik gehabt hat. Bei 94/100 ist in der erhaltenen Mauer in mehreren Lagen eine Leibungskante erkennbar; da westlich davon alles Mauerwerk durch „Steinräuber" restlos abgebaut war, konnte die Bedeutung dieses Befundes noch nicht geklärt werden. Als Torlücke steht er zu nah an der abwinkelnden Innenmauer. Es bliebe nur eine Breite von ca. 70 cm bis zum Ansatz der Quermauer. Als Fensternische kommt er ebensowenig in Frage, da er bis zum Fundament hinabreicht.
In allen Schnitten wurde festgestellt, daß die Fundamente in die latènezeitliche Kulturschicht eingetieft wurden, wobei sehr schnell der felsige Untergrund, zumindest auf der nördlichen Seite, erreicht war. In dieser Kulturschicht waren an verschiedenen Stellen, so z.B. bei 92/98, starke Reste plattierter Feuerstellen erkennbar. In der nördlichen Hälfte des saalähnlichen Baues ist ein Teil der alten Kulturschicht abgegraben worden. Vor der südlichen Mauer ist dieses Material auf der Innenseite aufplaniert, um den Höhenunterschied innerhalb des Gebäudes am Hang auszugleichen. So ergibt sich in den südlichen Flächen der zwei Schnitte quer zum Gebäude eine doppelte Kulturschicht, die ungestörte, an der Oberfläche festgetretene alte Oberfläche mit eingetretenem Werkschutt in Form von kleinen abgespitzten, scharfkantigen Steinen und ebenso eingetretenen Mörtelresten. Darüber folgt die umplanierte vermengte Kulturschicht aus der nördlichen Hälfte. An ihrer Oberfläche folgt noch ein wenig einplanierter Bauschutt. Darüber lagert sandig-humoses Material mit Resten vom Abbruch des Gebäudes. Ein ausgeprägter Estrich konnte nicht festgestellt werden.
Im Schnitt AB nördlich vor der Außenmauer (Taf. 31 oben) ist das lagenhafte, aus plattigen Steinen errichtete Mauerwerk gut erhalten. Das Fundament springt leicht zurück und besteht aus wahllos und locker in den Fundamentgraben geworfenen Gesteinsbrocken. Das Außenprofil AB (Beilage 14) zeigt folgende Schichtenfolge: zuunterst die Bodenbildung in der Osning-

sandsteinverwitterung, ein rötlichbrauner, leicht lehmiger Sand mit latènezeitlichen Scherbenfunden. Darüber in einem Zwickel vor der Mauer bis 15 cm umgelagerte latènezeitliche Kulturschicht, wahrscheinlich vom Aushub des Fundamentgrabens. Diese Schicht geht nach außen hangabwärts in eine Werkschuttschicht über, die durch Mörtelreste und abgeschlagene Werksteinsplitter gekennzeichnet ist. Darüber lagert wiederum direkt vor der Mauer kegelförmig bis zu mehr als 50 cm Breite und 30 cm Höhe Mörtel. Beim näheren Hinsehen ließ sich dieses Mörtelpaket unterteilen. Direkt vor der Mauer, verklebt mit der untersten Steinlage, liegt ein kleiner Zwickel von Fallmörtel, der nach außen hin in die einplanierte Werkschuttschicht einmündet. Der darüberliegende Mörtelkegel ist sehr locker und hatte zuvor im Mauerwerk abgebunden. Es ist einwandfrei ein Abbruchmörtel. Gleich darüber lagert in unterschiedlicher Stärke bis zu 0,50 m und mehr, außerhalb des Gebäudes allerdings hangabwärts auskeilend, ein locker sandig-humoser Abbruchschutt, vermengt mit Waldboden und kleineren Steinen. In der Oberfläche ist mit Auflagehumus ein normales Bodenprofil eines sandig-humosen Bodens in Entwicklung begriffen.
Auf der Suche nach datierenden Scherben wurde im S vor der Mauer eine Fläche 2 x 2 m geöffnet und später weiter hangabwärts verlängert (Beilage 14, bei 95/92; Taf. 31 unten). Der im Schnitt AB erkannte stratigraphische Befund wurde hier in der kleinen Fläche untersucht und brachte ein recht erfreuliches Ergebnis: zahlreiche kleinere Kugeltopfränder, wie sie im Kap. 5.3.2.1.2. als Gruppe A beschrieben sind, traten hier zutage (Taf. 6 A). Nach Auffassung von U. Lobbedey und W. Winkelmann steht ihrer Datierung ins ausgehende 8. Jahrhundert, spätestens aber in das 9. Jahrhundert, nichts entgegen. Dieses Material wurde aus einer Schicht geborgen, die sich, wie bereits im Schnitt AB beschrieben, über dem latènezeitlichen Siedlungshorizont abzeichnet. Sie besteht aus einplaniertem Werkschutt, wie beschrieben, und war, hier sehr gut erkennbar, wiederum mit dem Fallmörtelzwickel vor der Mauer verzahnt. Damit ist sie in die Bauzeit des Gebäudes am Westtor zu setzen. Das Foto (Taf. 31 unten) läßt außerdem erkennen, daß direkt über dieser Schicht der durchwühlte Boden aus der Zeit der Zerstörung des Gebäudes liegt, die in zwei Abschnitten erfolgt sein muß, da unter diesem Schuttpaket direkt vor der Mauer noch der Abbruchschuttkegel liegt. Einzelne große, hangabwärts verschleppte Mauersteine liegen noch rings um das Gebäude in den Deckschichten.
Wenn man Schuchhardts Beobachtung akzeptiert, wonach dieses Mauerwerk in allen Einzelheiten dem der Kammertore entsprach, könnte man über die Datierung dieses Gebäudes einen Anhalt für die Datierung der Kammertore und wahrscheinlich auch der Doppelschalenmauer auf der südlichen und westlichen Hauptwallinie gewinnen. Da das gesamte Gelände mit Lärchenhochwald bestanden ist, konnte eine völlige Freilegung des Gebäudes noch nicht erfolgen. Alle Befunde wurden durch Folie markiert, mit Folie überdeckt und wieder zugeworfen. Eine Klärung der Funktion dieses Bauwerks ist für die Deutung des mittelalterlichen Ausbaues der Gesamtanlage von größtem Wert. Sie mußte zunächst zurückgestellt werden. Der Bericht über die bisherigen Ergebnisse ist daher nur als Vorbericht zu werten.

Schnitt X: Kernwerk, nördlich Kammweg
(Beilagen 1 u. 15 oben)

Der Schnitt wurde im Grabenende direkt am Kammweg angelegt, um die Beschaffenheit der Erdbrücke zwischen den beiden Grabenenden und den einbiegenden Wallenden zu untersuchen. Nach Entfernung des 40 cm mächtigen Auflagehumus, der zu den Rändern hin auskeilte, folgt eine ebenso mächtige Schicht eines kräftig humosen Versturzes. An der Grenze zum anstehenden Osningsandstein ist in einer Schicht von 10–20 cm Mächtigkeit vor allem die Grabenspitze, aber auch die Oberfläche hangaufwärts mit Brandschutt überdeckt. Außer Holzresten sind es vor allen Dingen stark brandgerötete und mürbe Gesteinsbrocken (Beilage 15, Schnitte AB u. CD).
An der Stirnseite zeigte sich der Osningsandstein in einer sehr regelmäßigen plattigen Lage, fast waagerecht. Das widerspricht den sonstigen Beobachtungen, vor allem im Schnitt XI durch

den südlichen Graben, wo die Schichten sehr stark einfallen. Aus diesem Grunde wurde zunächst beim Auftreten der plattigen Steine eine Mauerschale vermutet. Bei der Anlage eines Stichprofiles AB war aber sofort klar, daß es sich um anstehenden Fels handelt. Dieser ganz andersartige Befund im Untergrunde ist also tektonisch zu erklären. Die breite Erdbrücke zwischen den Wallenden ist natürlich und an dieser Stelle das Tor zum Kernwerk anzunehmen.

Schnitt XI: Grabenkopf, südliches Kernwerk
(Beilagen 8 u. 15 unten; Taf. 23 unten)

Im auslaufenden Graben vor dem Kernwerkswall in der Nähe seiner Einmündung in den Hauptwall wurde ein 4,20 m langer und 1,20 m breiter Schnitt quer zum Graben angelegt, mit dem die Frage geklärt werden sollte, ob er hier aufhört oder in seinem letzten Stück bei der Anlage des heutigen Weges auf der Innenseite des Südwalles verfüllt wurde. Der kleine Schnitt wurde in ein längeres Nivellement über die Wälle eingebunden. Im Profil dieses Schnittes zur Lagerinnenseite hin wird sichtbar, daß der Graben vor dem Kernwerkswall als deutlicher Spitzgraben im Osningsandstein ausgebildet ist. Die ursprüngliche Tiefe des Grabens liegt an dieser Stelle bei 1,20 m unter der Oberfläche des eingeschwemmten Materials. Die obere Weite des Grabens ist hier mit ca. 5 m anzunehmen, die Gesamttiefe mit 2 m. Soweit das Profil an der Nordseite. Innerhalb des Schnittes steigt das anstehende Material des geologischen Untergrundes, Osningsandstein, zum Hauptwall hin kräftig an, so daß auf der Südseite dieses Schnittes ein Grabenprofil nicht mehr erkennbar ist. In einer Mächtigkeit von 80 cm nach W und 110 cm nach O in Richtung Kernwerkswall ist der anstehende Fels mit kreuz und quer liegendem lockerem Gesteinsschutt überdeckt. Die übliche Waldhumusdecke ist in einer Mächtigkeit von 30 cm mit Gesteinsbrocken durchsetzt ausgebildet. Die darunterliegende Schicht zeigt lediglich nach W in Richtung auf den Hauptwall zu ein etwas dichter lagerndes Material, bräunlich gefärbt, das eventuell noch zu Resten des sonst hinter dem Hauptwall üblichen Wohnhorizontes gehören könnte. Im übrigen ist aber anzunehmen, daß in diesem Zwickel zwischen südlichem Hauptwall und Kernwerkswall beim Bau des letzteren dieser Siedlungshorizont abgetragen wurde. Die Grenze zwischen geologisch ungestörtem anstehendem Material, Arbeitsschutt und Versturz ist deutlich zu erkennen, da das anstehende Material bei der Gebirgsbildung in diesem Bereich sehr steil aufgestellt worden ist und eine völlig einheitliche Streichrichtung, die der Richtung des Tönsbergrückens entspricht, aufweist. An der Grenze zwischen Anstehendem und den umgelagerten Deckschichten sind Spuren eines alten Anreicherungshorizontes mit starker Rotfärbung erkennbar. In diesem Bereich sind auch die für den Osningsandstein typischen Eisenadern kräftig herausgewittert noch in ungestörter Lagerung zu finden. Darüber liegt wahrscheinlich nach O die Oberfläche der ehemaligen Berme zwischen Graben und Kernwerkswall, durch waagerecht orientiertes plattiges Material markiert. Über diesem Material befindet sich völlig locker und ohne Zwischenfüllung ein mittlerer bis grober Gesteinsschutt, der allmählich in die zuvor beschriebene obere Waldhumus- und Verwitterungsdecke übergeht. Es wurde festgestellt, daß der mit dem Bau des Kernwerkswalles zusammenhängende Graben nur bis auf etwa 3 m an den latènezeitlichen Hauptwall heranführt. Der Südwall wird bereits ca. 25 m vor der Einmündung des Kernwerks sichtbar stärker, so daß man auf dieser Strecke evtl. mit einer Höhenangleichung rechnen muß. Die im Schnitt VII gemachten Beobachtungen legen auch diesen Schluß nahe.

Schnitt XII: Terrasse am westlichen Südhang
(Beilagen 1 u. 18)

Der Schnitt wurde in zwei Abschnitten von je 1 m² durchgeführt, um die Entstehung der terrassenähnlichen Bildung zwischen Aussteilungen am Hang zu klären und über die Bodenprofile Hinweise auf die Nutzung der Terrasse zu gewinnen. Der Einschlag XIIa wurde an der unteren Terrassenkante angelegt, der Einschlag XIIb 3 m hangaufwärts am Fuße des Steilhanges.

Die Schichtenabfolge der beiden Profile ist in Beilage 18 dargestellt und beschrieben. Sie wird unter archäologischen Gesichtspunkten wie folgt gedeutet: Im Profil XIIa liegt ein doppelter Bodenhorizont vor, der dadurch zu erklären ist, daß über ein in der Umbildung begriffenes Braunerdeprofil Material gelagert wurde, in dem sich ein kräftigerer Podsol entwickelte. Beide Ausbildungen erfolgen in einer Flugsanddecke mit humoser Anreicherung nach oben, die hier in 1,35 m Mächtigkeit bis zur Osningsandsteingrenze vorhanden ist. Die Umlagerung des Materials im oberen Profilbereich über dem Braunerderest kann in diesem Fall kaum natürlich entstanden sein. Sie muß als antropogen angesprochen werden, worauf allein schon das terrassenförmige Relief hinweist, denn wenn es sich um Überlagerung infolge Hangerosion handelte, müßte diese Schicht auf der gesamten Terrassenbreite vorhanden sein. Das Profil XIIb zeigt die Umlagerung aber nicht, obwohl unter Berücksichtigung physikalischer Gesetzmäßigkeiten und des Reliefs die Überlagerung hier direkt unterhalb des Steilhanges noch mächtiger sein müßte.
Im Schnitt XIIa tauchen im oberen Podsol, in der Bleichzone (Ae-Horizont) und im Auflagehumus zahlreiche brandgerötete Gesteinsbrocken auf. Sie stammen von der zerstörten Befestigungslinie am Hang darüber. Eine weitere Möglichkeit der Entstehung an Feuerstellen an Ort und Stelle auf der Terrasse wird nicht angenommen, da das sonst übliche Begleitmaterial, wie Holzkohle und kleine Scherbenreste, in diesen Einschlägen nicht festgestellt wurde.
Im Profil XIIb ist die Zone des Auflagehumus nur sehr schwach ausgebildet. Der Ae-Horizont im Flugsand, weißgrau mit einigen dunkleren Streifen, wird damit erklärt, daß nach dem die Vegetationsdecke zerstörenden Eingriff in diesem stumpfen Winkel zwischen Terrassenfläche und Steilhang verwehtes, abgeschwemmtes und hangabwärts rutschendes Material sich ansammelte. Dem 1 m mächtigen, gebleichten hellen Paket entspricht in keiner Weise das nur schwache und wenig feste Ortsteinband in 15 cm Stärke darunter, das sich an der Schichtgrenze zum Sandsteinhangschutt gebildet hat. Nur bei dieser Entstehung erklärt sich auch der nur sehr schwache Auflagehumus und humose Sand der oberen 10 cm dieses Profiles. Das Profil muß in den oberen Schichten recht jung sein und kann nur durch den ständigen Nachschub von leicht beweglichem Material vom oberen Hang erklärt werden.
Im ganz anderen Profil XIIa dagegen ist der obere Bereich in einem einmaligen Vorgang entstanden, in dem sich dann ein kräftiges Profil im ruhenden Material entwickeln konnte, während das ebenso ungestörte Material des unteren Bereiches die Überformung eines Braunerdeprofiles über dem Sandsteinhangschutt erkennen läßt.
Die Entstehungszeit der Terrasse wird dadurch eingeengt. Sie kann hier erst angelegt sein, nachdem bereits Brandschutt von der oberen Wehrlinie existierte. Ob dieses noch in einer jüngeren latènezeitlichen Ausbauphase oder erst in einer mittelalterlichen Ausbauphase geschah, ist ohne einen großen Geländeschnitt, der vom südlichen Hauptwall in diesem Bereich über sämtliche Terrassen bis zum unteren Vorwall führen müßte, nicht zu entscheiden. Ein gravierender Unterschied zu den Befunden am Südhang bei Schnitt XIV besteht allerdings darin, daß eine erhebliche Mächtigkeit eines lockeren, sandigen Bodens vorhanden ist; ein Wechsel von Aussteilung, Terrasse und Graben bis auf die unterste Linie fehlt weitgehend. Auffällig ist die Erscheinung im heutigen Vegetationsbild. In diesem Bereich stehen bis zum südwestlichen Quellgebiet ausschließlich anspruchsvolle Holzarten, vorwiegend Laubwald, und ein sehr starker Unterwuchs mit Sträuchern und Gräsern.
(Weitere speziell bodenkundliche Fragen zu diesen Profilen werden zusammenfassend im Kap. 4.2.1.5.1. behandelt.)

Schnitt XIII: Westlicher Südhang, Vorwall
(Beilagen 1 u. 16; Taf. 30 unten)

Unter allen Terrassierungen und Wällen am Südhang des Tönsberges bildet der untere Wall am westlichen Südhang, der vom Hauptwanderweg bis in das Quellgebiet verläuft, die auffälligste Erscheinung. Er ist sehr viel kräftiger ausgebildet als der sogenannte unterste Vorwall am

Südosthang. Seinen Aufbau und seine Zeitstellung zu klären, war das Ziel des letzten im Rahmen dieser Untersuchung im Spätherbst 1974 und im Februar 1975 angelegten Schnittes XIII.
Auf der gesamten Strecke weist der Hang auch hier eine 40–50 cm mächtige Flugsanddecke auf. Das Grabenprofil setzt an einer starken Aussteilung des Hanges bei O an. Dort liegt junges humossandiges Material, braungrau gefärbt, in einer Stärke von 20 cm. Darunter folgt eine dünne Schicht hellen bewegten Sandsteinschuttes. Darunter 40 cm tief der ungestörte Hangschutt des Osningsandsteines. Der Graben ist muldenförmig eingetieft und erreicht bei 2 m seine größte Tiefe. Die durch Versturz verwaschene weitere Profillinie des Grabens ist aus den gekappten bzw. abgeschnittenen Horizonten im südlichen Profil zu erschließen. Bei ca. 4 m endet der muldenförmige Graben am Rest einer alten humosen Oberfläche, die über einem mächtigen Bleichsandpaket liegt. Darüber lagert eine Wallschüttung, die im untersten Bereich noch die Reste des oberhalb abgegrabenen älteren Bodenprofils erkennen läßt, nach oben hin aber zunehmend im wesentlichen aus umgelagertem Sandsteinhangschutt besteht. Auf der Wallkrone ist nur eine ganz schwache Bräunung erkennbar. Ein Oberbodenprofil kann sich hier infolge des fortlaufenden Abtrages nicht entwickeln. Die Stärke der Wallschüttung über dem erkennbaren humosen Bodenhorizont beträgt durchschnittlich 80 cm. Der zum Inneren hin liegende muldenförmige Graben ist vor allem als Materialgraben für die Wallschüttung zu deuten. Er wurde in der Folgezeit durch Versturz und Material von der Hangerosion verfüllt. Seine Grenzen sind deutlich markiert durch einorientierte, zum größten Teil plattige Sandsteinbrocken im unteren Bereich; im Wechsel folgen dann nach oben, in der Mitte mächtiger und zu den Seiten auskeilend, Flugsand, zum Teil gelblichgrau, im unteren Bereich ausgebleicht, darüber unterschiedlich stark humose Bänder mit erkennbarer organischer Substanz und Ansätzen zur Torfbildung. Aber auch dazwischen lagern wieder dünne Grausandpakete. Von der äußeren Wallschüttung ist Material des Osningsandsteinhangschuttes in den Graben zurückgerutscht. Das ganze Profil ist durchsetzt von zahlreichen Sandsteinbrocken. An der Basis des Grabens hat sich zur Mitte hin zunehmend ein bis zu 20 cm starker sehr harter Ortsteinhorizont ausgebildet, in dem alle diese Füllmaterialien verbacken sind. Der darüberliegende Bleichhorizont ist sehr gut erkennbar. Im ungestörten Hangschutt darunter gibt es einen allmählichen Übergang von Anreicherung zu normaler heller Färbung.
Unter der Wallschüttung, die hangabwärts ausstreicht und etwa zwischen 4 und 9 m angenommen werden kann, weil bis hierhin noch Reste des schmalen schwarzhumosen alten Oberbodens erkennbar sind, liegt ein auffällig mächtiges Paket aus fast weiß gebleichtem, grobem Quarzsand mit feinen Eisen- und Manganbändern (Taf. 30 unten). Unter diesem Paket findet man wiederum im Hangschutt eine sehr kräftig rötlich gefärbte Anreicherungszone mit einer beginnenden, aber sehr lockeren Ortsteinbildung. Da sich bei 5–7 m eine flache Reliefmulde im Sandsteinhangschutt zeigt, wird der Befund ähnlich zu erklären sein wie beim Profil im Schnitt XIIb, daß nämlich hier in einer Auffangmulde hangabwärts bewegtes sandiges Material über längere Zeit hin zur Ablagerung kam, bis sich nach einem Profilausgleich an der Oberfläche der Humushorizont entwickeln konnte. Diese Entwicklung wurde endgültig dadurch abgeschlossen, daß das Material aus dem bis in den Hangschutt eingetieften Graben als Wallschüttung diese Bodenbildung überdeckte und konservierte. Weiter hangabwärts nimmt die Sanddecke über der schwachen Orterdebildung ab, ist immer stärker humos gefärbt und weist noch bis etwa 14 m nach S verstürzte Reste der Wallschüttung auf. Das Bodenprofil wurde durch zwei weitere Einschläge hangabwärts noch weiter verfolgt. Bei 15,70–16,70 m ist das normale Bodenprofil über dem Sandsteinhangschutt noch 50 cm mächtig ausgebildet, zeigt unter dem Auflagehumus eine schwächer humose Zone, dann helleren Flugsand und an der Basis eine schwache Orterdebildung. Zu einer extremen Podsolierung ist es hier aufgrund des Laubwaldbestandes nicht gekommen. Ein weiterer Einschlag wurde noch bei 24,70–25,70 m vorgenommen. Die Flugsanddecke keilt hier aus. Auf der Osningsandsteinverwitterung hat sich ein 20–40 cm mächtiges normales Bodenprofil ausgebildet, das nur an Einsackungsstellen unter einem Bleichhorizont schwache Orterdezapfen zeigt.
In der Wallschüttung konnten an mehreren Stellen wiederum stark frittierte Gesteinsbrocken

festgestellt werden, die mit gebotener Vorsicht als Hinweis dafür benutzt werden können, daß auch dieser Wallaufbau zu einer Zeit erfolgte, als am Südhang Brandschutttrümmer einer Befestigungslinie lagen. Andererseits ist in diesem Fall die sehr kräftige Ausbildung eines Podsolprofiles im Graben und die Konservierung eines Bodenrestes unter dem Wall, der kaum unter extremen Bedingungen, die zu starken Podsolierungen in der benachbarten Senne führten, entstanden sein kann, als Hinweis darauf zu werten, daß diese Baumaßnahme kaum der mittelalterlichen Ausbauphase zuzurechnen ist.
(Die auch hier auftretenden interessanten bodenkundlichen Fragestellungen werden im Zusammenhang mit den Befunden der Schnitte XII und IV und bodenkundlichen Beobachtungen in allen anderen Schnitten im Kap. 4.2.1.5.1. behandelt.)

Schnitt XIV: Östlicher Südhang, Terrassen und Gräben
(Beilagen 1 u. 17 oben; Taf. 20 Mitte u. unten)

Dieser Schnitt wurde bereits bei der ersten Grabung 1968 angelegt. Er mußte wegen des Fichtenhochwaldbestandes schmal und häufiger versetzt und unterbrochen angelegt werden. In diesem Bereich sind alle Profile ausschließlich im anstehenden Osningsandsteinhangschutt ausgebildet. Im oberen Bereich liegen dem Relief entsprechend in unterschiedlicher Mächtigkeit jüngere Hangschuttmassen, tief und dunkel mit Humus durchsetzt, vor. Bei den als ein System von flachen Wällen und Gräben erkennbaren Linien handelt es sich insgesamt nicht um Wallaufschüttungen, zumindest sind solche nicht mehr erhalten, obwohl durchaus anzunehmen ist, daß jeweils außerhalb bzw. unterhalb eines Grabens das Aushubmaterial hangabwärts aufgeworfen wurde. Die inzwischen weitgehend verebneten Profile hätten sich damit nur noch deutlicher gezeigt. Die fortwirkende Hangerosion hat jedoch diesen Ausbau weitgehend verebnet.
Der Schnitt, am Fußweg am unteren Hang beginnend, führt hinauf bis zur Krone des südlichen Hauptwalles. Geschnitten wurde jeweils die auffällige Reliefveränderung am Hang. Die Beobachtungen am Profil des Hauptwalles bei Schnitt I bzw. Schnitt VI sind ergänzend heranzuziehen. Die unterste Walllinie erklärt sich dadurch, daß anstehendes Material des natürlichen Hanges hier hochragt, während dahinter ein flacher muldenförmiger Graben angelegt ist (Beilage 17, P 2–3). Die Grenzen sind deutlich erkennbar zwischen ungestörtem Hangschutt und in der Grabenmulde aufgefangenem, jüngerem, steinig-humosem Versturz. Die Profillinie von P 2 bis P 4 stimmt im wesentlichen mit der ursprünglichen Oberfläche überein. Sie mag im unteren Bereich zum muldenförmigen Graben hin ein wenig künstlich ausgesteilt sein. Von P 4 bis P 5 ist zum Hang hin eine flache Terrasse eingegraben, auf der sich in verstärktem Maße wiederum der junge humose Versturz gefangen hat. Es ergibt sich etwa eine Breite von 4 m. P 5 bis P 7 entspricht wiederum etwa dem natürlichen Hanggefälle. Zwischen P 7 und P 8 liegt wiederum ein Graben (Taf. 20 unten). Er hat etwa eine Breite von 4 m und eine Tiefe von 1,50 m, von der ursprünglichen Oberfläche aus gerechnet. Dieser Graben ist nach unten mit einem deutlicheren, mehr spitzen Profil in den Osningsandstein eingearbeitet. Seine hangwärts gerichtete Wandung setzt sich als Aussteilung bis P 9 nur eine kurze Strecke fort bis zur Vorderkante einer weiteren Terrasse. Diese ist an der Basis etwas unregelmäßig und zeigt zwei tiefergreifende dunkle Verfärbungen, die an Spurrinnen von Fahrzeugen erinnern (Taf. 20 Mitte). Das dieser Terrasse aufliegende Material ist wiederum vorwiegend steinig-humos. Ein steinarmer Bodenhorizont ist nicht erkennbar. Die Breite der Terrasse ist mit ca. 3,50–4 m anzunehmen. In dem zwischen P 9 und P 10 ausgezeichneten Profil gehören Teilstrecken noch zum unteren bzw. oberen ansetzenden Hang. In der Fortsetzung hangaufwärts konnten an dieser Stelle keine Untersuchungen vorgenommen werden, da der weitere Verlauf in zunehmender Mächtigkeit von den Versturzmassen des südlichen Hauptwalles überdeckt sind. Die Beschreibung der Profile I und VI zeigen den weiteren Verlauf dieser Terrassierungen. Auf der gesamten Linie fehlen sandige und tiefgründige Bodenpakete. Brandschuttreste wurden bei der Untersuchung 1968 nicht festgestellt. Es ist dabei jedoch zu bedenken, daß der gesamte Grabungsaushub sehr

dunkel grauschwarz war und solche Beobachtungen damit auch erschwert wurden. Auch fehlen jegliche Scherbenfunde. Im Vergleich mit den Befunden aus Schnitte XII und XIII drängt sich jedoch der Schluß auf, daß dieser Hangausbau funktional anders zu erklären ist.

Schnitt XV: Südosthang, Graben unterhalb Hauptwall
(Beilagen 1 u. 17 unten)

Die Situation ist hier insgesamt eine völlig andere. Die meisten der am Südhang erkennbaren Linien sind bereits ausgelaufen. Die im Schnitt XIV beschriebene obere Terrasse zwischen P 9 und P 10 hat sich dem Hauptwall stark genähert und zeigt streckenweise eine zusätzliche auflagernde Stufe, in der direkt unterhalb des Hauptwalles der Graben erkennbar ist. Er entspricht zwischen P 2 und P 3 im Profil und in der Verfüllung durchaus dem bei Schnitt XIV beschriebenen Graben bei P 7 bis P 8. Die Breite des Grabens beträgt ca. 4,50 m. Er ist von außen zunächst in flacher Neigung auf einer Länge von 2 m und dann auf einer weiteren Strecke von 1 m in steilerem Profil ausgebildet, während er von der Spitze hangaufwärts regelmäßig etwa dem Hanggefälle folgend ansteigt. Von der normalen Hanglinie aus gerechnet ist er etwa 1,70 m eingetieft. Ob er in seinem südöstlichen Profil in einem umgelagerten hellen Hangschuttpaket, das auf der Terrasse lagert, ausgebildet ist oder ob es sich dabei um Hangschutt in natürlicher Lagerung handelt, wurde bei Beginn der Grabung 1968 noch nicht beobachtet. Die zwischenzeitlich gesammelte Geländeerfahrung und intensive Beobachtung legt jedoch den Schluß nahe: Dieses Grabenstück zieht sich im SO auf einer Strecke von ca. 90 m deutlich vor dem umbiegenden Hauptwall hin. Weitere Unebenheiten in der Umgebung und hangabwärts haben beim Verfasser den Gedanken an eine hier stark veränderte ältere Situation aufkommen lassen. Es ist möglich, daß in diesem Bereich für die ältesten Anlagen einmal ein zusätzliches Tor vorhanden war, das durch die Anlage des Kernwerkswalles und die mittelalterliche Überbauung verschwunden ist. Aus diesem Grunde müßte hier eine weitere Untersuchung ansetzen.
Auch an der unteren Bergnase zur Wistinghauser Schlucht hin gibt es im Bereich zwischen der äußersten Linie und dem Graben bei Schnitt XV verschiedene stark verschleifte Befunde, die auf eine alte Zuwegung hinweisen. In Verbindung damit könnte dieses sonst sehr unmotivierte Grabenstück eine Erklärung finden.

4.2.1.3.3. Konstruktionselemente

Bei den Vorbehalten, wie sie sich bei einer zusammenfassenden Darstellung und dem Versuch einer typologischen und chronologischen Auswertung formaler und technischer Kriterien, vor allem bei einer weiträumigen Bearbeitung, einstellen (v. Uslar, 1964, 2 u. 194 ff.), erscheint es besonders wichtig, die in einer Anlage in zeitlicher Abfolge gesicherten Konstruktionsmerkmale, für die darüber hinaus auch noch weitgehend gute Datierungsmöglichkeiten durch Heranziehung von Kleinfunden und C14-Daten bestehen, ausführlicher zu beschreiben. Die vergleichende Auswertung gleichartiger, ähnlicher, aber auch ganz andersartiger Elemente in benachbarten datierbaren Anlagen des Arbeitsgebietes erfolgt im Kap. 5.2.
Auf eine ins einzelne gehende vergleichende Betrachtung muß hier bei der Fülle des Materials verzichtet werden. Es ist gleichzeitig möglich, weil eine zusammenfassende Materialbearbeitung durch v. Uslar (1964, insbes. Kap. VII, 145, u. VIII, 194 ff.) vorliegt, in der die bisher bekannten wehrtechnischen Details der Anlagen des Arbeitsgebietes weitgehend Berücksichtigung fanden. Ihre zeitliche Zuordnung bedarf allerdings im Falle Tönsberg der Überprüfung, da v. Uslar nach Schuchhardt (1916, 78, Nr. 102 u. Blatt 56, s. Abb. 6) von einer einheitlichen Anlage ausging und die seit Hölzermann (1878, 106) vertretene Auffassung einer Mehrperiodigkeit nicht in die Beurteilung der Anlage einbezog, zumal der archäologische Nachweis dafür nicht erbracht wurde bzw. nicht ins wissenschaftliche Schrifttum einging (siehe Kap. 4.2.1.2. Forschungsgeschichte).

wurden als Bestandteile einer Wehrlinie festgestellt in den Schnitten I, VI u. VII (Beilagen 3–6, 12 u. 13; Taf. 19 unten, 21 unten, 28 unten) und waren nachweisbar durch Pfostengruben, verkohlte Holzreste, die durch ihre Jahrringstruktur eindeutig Einbau- und Versturzrichtung erkennen ließen. In den Pfostengruben P I bis P V im Schnitt I, die in einer Reihe auf der Innenseite der Wallschüttung unter deren auskeilendem Fuß oder davor auftraten (s. Kap. 4.2.1.3.2., Schnitt I), waren in allen Fällen die Standspuren der Pfosten, wenn auch unterschiedlich deutlich, erkennbar. Alle Spuren zeigten eine leichte Abweichung von der Senkrechten nach außen. Alle Pfosten waren danach scharf an die Innenseite der Grube gesetzt und von außen mit größeren Gesteinsbrocken oder auch plattigem Material festgestampft, wobei dieses Material vorwiegend waagerecht oder wahllos eingebracht war. Zusätzlich wiesen alle Gruben im oberen Bereich um die Pfostenspur plattige Verkeilsteine, von den verschiedenen Seiten an den Pfosten senkrecht eingetrieben, auf. Die Pfostenlöcher waren verfüllt mit dunkelsandigem, teils humosem Material, mit Holzkohlebröckchen und größeren, in der Längsstruktur senkrecht erkennbaren Resten der Pfosten. Ferner traten verbrannte Gesteinsbröckchen und einzelne Scherben auf. Einzelne Bodenpartien und stark gebleichte Quarzsande wirkten eingeschwemmt. Allgemein ist das Material sehr locker verfüllt. Die beim Setzen der Pfosten in die weitere Grube eingebrachte Füllung zeigte außer den schon beschriebenen Steinen etwas dunkler gefärbten Hangschutt mit größeren humosen und braunlehmigen Anteilen im Vergleich zum natürlich hellen, leicht lehmig-sandigen Steinschutt. Die erhaltenen Reste auf der Innenseite der Pfostengruben in der Richtung der Wehrlinie liegender Hölzer wurden nicht nur bei P IV und P V festgestellt, noch deutlicher trat der Befund an der Pfostengrube im Schnitt VII zutage.
Die Verbindung mit der unter die Wallschüttung hangabwärts eintauchenden Brandschuttschicht, die eine alte gekappte Oberfläche bedeckt, war überall auch bei den beiden in der Bodenfärbung schwächeren Pfostengruben im Schnitt VI gegeben. In der Brandschuttschicht lagen hangabwärts weitere verkohlte Holzreste, oft ein wenig wahllos, aber häufig wiederum in Längsrichtung der Wehrlinie. Besonders auffällig trat aber eine Häufung von Holzresten jeweils hangabwärts in einer Fallrichtung quer zur Wallrichtung sowohl bei den Pfosten P IV und P V in den Profilen des Schnittes I als auch bei dem Pfosten im Schnitt VII auf. An verschiedenen Stellen waren noch Materialstärken von 15–20 cm feststellbar. Ein solcher hangabwärts gestürzter, verkohlter Pfostenrest konnte nur im Wallschnitt I südlich P I hangabwärts in voller Länge von 3,50 m, von der Mitte der Pfostengrube gemessen, freigelegt werden (Beilage 4, bei 100/97,5). Der Befund wird vom Verfasser wie folgt gedeutet:
Die Pfostenreihe gehört zu einer selbständigen Holzbauphase. Die vorhandenen verkohlten Reste, sowohl in der Pfostenflucht liegende als auch rechtwinklig hangabwärts dazu gelagerte Hölzer, sind Brandtrümmer einer Holzwand. Sie bestand aus senkrechten ca. 30 cm starken Pfosten in Abständen von 1,50–2 m, von Mitte zu Mitte gemessen, und enger stehenden Pfosten mit nur 70 cm Abstand an Stoßstellen dahinter gestapelter waagerechter Stämme, Äste oder auch Spaltbohlen, wobei die Pfostenabstände dem jeweils verbauten Material angepaßt wurden. Da die Pfostenspuren in der Regel eine leichte Schrägneigung nach außen aufweisen, in den Gruben aber von außen mit Steinen verkeilt sind, darf angenommen werden, daß hinter der Holzwand eine Erdrampe bestand, die den Druck nach außen ausübte. Aufgrund der hangabwärts gefallenen Versturzreste einerseits und der Eintiefung der Pfostengruben von etwa 80 cm andererseits kann unter Berücksichtigung der durch Verkeilsteine und Verfärbung erkennbaren Stärke von etwa 30 cm eine Bauhöhe dieser Holzwehrlinie von ca. 3 m über der Erde angenommen werden. Der weitergehende Rekonstruktionsvorschlag (s. Taf. 29 oben) mag noch sehr hypothetisch erscheinen. Der Ausgräber hält es aufgrund seiner Beobachtungen jedoch für gerechtfertigt, einige weitere Gedanken zur Diskussion zu stellen, damit sie bei der Interpretation ähnlicher oder zukünftiger Grabungsbefunde zu überprüfen sind. Die Spuren der außen vor den Pfostenlöchern liegenden Reste lassen es kaum zu, mehr als fünf bis sechs Hölzer in Längsrichtung anzunehmen, dazu ein

bis zwei in primärer Lage hinter dem Pfosten. Aufspaltung war bei einigen Stücken anzunehmen. Erkennbare Spuren von Verzimmerung ist nicht zu beobachten, auch gibt es keine eisernen Nägel oder Klammern. Daher wird angenommen, daß nur im unteren Bereich etwa in einer Höhe von 1 m Längshölzer zur Abstützung einer kleineren Erdrampe hinter den Pfosten eingebaut waren. Diese waren erforderlich, um das Gefälle des Innenraumes zur Wehrlinie hin auszugleichen und einen entsprechend breiten „Wehrgang" für die Verteidiger zu schaffen und zugleich diesen Standort der Verteidiger noch zu erhöhen. Für den oberen Teil der Brustwehr denkt der Verfasser an Faschinen, einen Flechtzaun, im früheren Sprachgebrauch als „Frechtung" bezeichnete Ast- und Reisigverbauung, oder einen dichten schmalen Verbau jeweils zwischen den Pfosten, die dabei nicht in so regelmäßigen Abständen zu stehen brauchen. In zahlreichen frühesten Bildquellen, wie der hochmittelalterlichen Tafelmalerei, sind solche Zäune nicht als Feld- oder Grenzzäune, sondern als ausgesprochene Schutzzäune herrschaftlicher Höfe und Dörfer dargestellt. Diese archaische Technik hat sicher ihre Wurzel in ur- und frühgeschichtlicher Zeit.
Als Hinweis auf solche einfache Technik wird die Beobachtung zahlreicher nur finger- bis armstarker verkohlter Reisigreste gewertet, die zwischen den Brandresten der starken Hölzer regelmäßig beobachtet wurden. Eine Holzartenbestimmung von den zahlreichen Proben steht leider noch aus. Sie könnte in dieser Frage weiterhelfen. Andererseits legen auch das Fehlen jeglicher Spur von Verzimmerung und die einfache Pfostenreihe solche Überlegungen nahe. Daß von solcher Reisig- oder Astholzwand nicht mehr Material vorhanden ist, erklärt sich zwanglos daraus, daß bei einer Zerstörung durch Feuer das feinere Ast- und Reisigholz bis auf wenige Rückstände schnell verbrennt, während vom Pfosten- und Balkenholz, zumal wenn es zu Boden stürzt und im Bereich direkt vor der Rampe noch mit verstürzendem Erdreich teils überdeckt wird, wesentlich mehr übrigbleibt. Am meisten bleibt aber vom unteren Schwellholz in primärer Lage und vielleicht von dem darüberliegenden Holz; die nicht verbrannten, nur angekohlten Teile verfaulten auch zum Teil und hinterließen gerade in dieser Linie auffällig starke humose Reste.
Nach der Zerstörung dieser Holz-Erde-Befestigung wurden die noch nicht umgestürzten Reste und das Material der Erdrampe hangabwärts einplaniert. Dabei gerieten auch Materialien aus dem Wohnhorizont des Innenraumes in diese Planierung hinein. So nur erklärt sich die Beschaffenheit dieser steinarmen humosen Schicht über dem starken Brandhorizont (s. a. Profilbeschreibung Kap. 4.2.1.3.2., Schnitt I, u. Beilage 6). Gleichzeitig wurde mit dieser Aufräumungsarbeit der außen vorgelagerte Schräghang ausgeglichen und ein Teil der in diesem Schräghang zuunterst ausgebildeten älteren Terrassierung, die durch die Reste ihrer Bodenbildung bei 7–9 m noch erkennbar war, überlagert. Das bedeutet also, daß vor dem Holzzaun mit Erdrampe außen eine natürliche Hangzone vorhanden war, die bei 6,70–7 m scharf ausgesteilt in eine kleine Terrasse überging, der bei 9,10–9,50 m ein flacher muldenförmiger Graben folgte. Im Bereich dieser Aufplanierung bei 8–9 m wurden Scherben der frühesten Besiedlung gefunden. Es ist aber auch möglich, daß diese Partie schon vor der Einplanierung des Brandschuttes hier eingebracht wurde, um die hangwärts liegende Flanke des muldenförmigen Grabens auszusteilen und mit der mit Plaggen oder Soden gestützten kleinen Aufschüttung hangaufwärts eine Terrassierung über dem Graben zu schaffen. Der klarere Befund im Schnitt VI legt einen Hangausbau dieser Art vor der Holzwand nahe. Das wesentlich kompliziertere Profil im Schnitt I ist wahrscheinlich darauf zurückzuführen, daß bei den späteren Bauperioden hier einige Abstützungen als Reparaturmaßnahmen erfolgten. Im Schnitt VI (Beilage 12) läßt das Profil deutlicher erkennen, daß der muldenförmige Graben am Hang der Holzkonstruktion zuzurechnen ist, wenn er nicht sogar schon zuvor existierte, weil das untere Bodenprofil von Pfosten hangabwärts bis in den Graben hinein ohne jede Störung verläuft. Darüber ist dann später die hangabwärts etwas verzogene, von Soden und verkohlten Hölzern durchsetzte „Frontpackung" einer Erdrampe entstanden, die erst den Aufbau des Stein-Erde-Walles der zweiten Bauperiode ermöglichte.
Eine weitere Holzkonstruktion ist auf der Krone des ersten Stein-Erde-Walles anzunehmen. Schon im Schnitt I zeigte sich auf der Wallkrone und hangabwärts nach außen eine starke

Häufung frittierter Steine und einzelner Holzkohlefragmente. Eindeutig war der Befund im Schnitt VI (Beilage 12), weil hier die Überdeckung des Brandschuttes durch den jüngeren Wall bei 5,50–7 m diesen gegen die Hangerosion geschützt hatte.
In einer über 1 m breiten, flachen Mulde liegen große Mengen Holzkohle von stärkeren verbrannten Hölzern. Auffällig ist auch an der Basis das großplattige Gesteinsmaterial. Darüber liegt im Schnitt bis zu 30 cm dick das Brandpaket aus Holzkohle und total ausgeglühten Gesteinsbrocken, von denen weitere noch nach außen abwärts gerollt sind und ebenso nach innen auf der rampenförmigen Walloberfläche liegen. Da unter diesem Befund die Wallschüttung allgemein etwas stärker gebräunt ist und der Schutt wegen des dichten Bestandes an alten Buchen leider nicht in der Längsrichtung des Walles über eine längere Strecke zu untersuchen war, konnten Pfostenlöcher, die in der unregelmäßig gefärbten und lockeren Wallschüttung ohnehin schwerer festzustellen sind, nicht mit Sicherheit beobachtet werden, obwohl sie sich als Zapfen in den Profilen andeuten. Es kann nur gesagt werden, daß auf der Wallschüttung eine hölzerne „Brustwehr“ gestanden haben muß.
Ein weiteres Konstruktionselement aus Holz war im Schnitt I (Beilage 6, bei 10,20–10,80 m) außen unterhalb des Walles in der Terrassenstützmauer festzustellen. Große Mengen Holzkohle liegen in der Vorderfront an der Basis der Trockenmauer immer zusammen mit stark brandgeröteten Steinen. Bei der Erweiterung des Schnittes nach O entlang der Stützmauerfront (Beilage 2; Taf. 22 unten) traten im Inneren der bis zu 1 m breiten und 1 m hohen Mauerpackung in Abständen von 1,30 m von brandgerötetem Gesteinsmaterial und vereinzelten Holzkohlestückchen umgebene hohle Gänge auf. Sie zogen von außen oben leicht schräg hangwärts nach unten. Es muß daraus geschlossen werden, daß hier ein verdecktes Stützsystem verbrannte, das aus waagerechten Schwellhölzern und senkrechten inneren Stützpfosten und Ankerhölzern bestand.

Stein-Erde-Wälle

konnten in allen Wallschüttungen festgestellt werden (Beilagen 3, 6, 10, 11, 12 u. 16; Taf. 19, 20 u. 21 oben, 25, 27, 28 u. 30). Der Stein-Erde-Wall der zweiten Befestigungsperiode besteht am Südhang im wesentlichen aus Material des oberen Osningsandstein-Hangschuttes. In einer vom Arbeitsgang bestimmten Profilumkehr liegt an der Basis zunächst der einplanierte Schutt des ältesten Wehrbaues, der Reste der vorangegangenen Besiedlung enthält. Darüber liegt eine mehr sandige braunhumose Schüttung mit weniger Steinen, der Boden der alten Wohnfläche des Innenraumes mit entsprechenden Siedlungsresten. Im oberen Bereich besteht die Schüttung vorwiegend aus groberem Gesteinsmaterial, das nach Abtrag des Oberbodens mit Siedlungsresten im Innenraum hangwärts abgebaut wurde. Die Wallschüttung ist verhältnismäßig dicht gelagert, zeigte aber im Schnitt I auch vereinzelte Hohlräume zwischen größeren Steinen und Verdichtungs- und Entmischungszonen, wie sie beim Aufwerfen von Material unterschiedlicher Korngröße entstehen. Dieser Stein-Erde-Wall weist einen einwandfrei erkennbaren oberen Laufhorizont auf, der sich durch starke Humusanreicherung, Holzkohlereste und stellenweise sogar durch den Beginn einer neuen Bodenbildung mit Bleichhorizont und Anreicherung im oberen Bereich der Wallschüttung abzeichnet.
Am Südhang ist der Stein-Erde-Wall kaum mehr als eine kräftig überhöhte Terrasse, die allerdings eine steile Außenfront hatte und auf der Außenkante der Wallkrone die zuvor besprochene aus Holz errichtete Brustwehr. Die Lauffläche geht fast eben oder mit weichem Schwung in die innere Hangfläche über. Im Schnitt IV konnte direkt am Wallfuß eine plattierte Feuerstelle festgestellt werden (Beilage 12, bei 8–9 m). Hinweise auf Stützpfosten oder Ankerhölzer waren nicht festzustellen, einzig die der Wallschüttung wohl zuzuordnende Plaggen- oder Sodenfront der unteren Rampe, auf der die Wallschüttung angesetzt wurde (Beilage 6, bei 7 m, u. Beilage 12, bei 4–5 m). Die im Schnitt I (Beilage 6, bei 8 u. 9–10 m) festgestellten Steinfronten, bzw. regelrechten Stützmauern, werden als lokale Verstärkung oder Reparaturmaßnahme zu deuten sein. Bei der Voruntersuchung im Jahre 1968 konnte an der Außenfront der Wallschüttung eine ein-

wandfreie plattige Frontpackung beobachtet werden (Beilage 3, bei 3 m). Außerhalb lag ein lockeres Material mit wesentlich weniger feinem sandig-lehmigem Material dazwischen. 2 m weiter nach O war dieser Befund nicht so deutlich. Im Schnitt VI war mit Sicherheit bei einem höheren Sand- und Lehmanteil der Schüttung eine solche äußere Stützfront nicht vorhanden. Es ist möglich, daß es sich um eine lokale und erhalten gebliebene Hilfskonstruktion handelte, die beim Bau des Walles das vom Innenhang abwärts geworfene Material auffangen sollte, damit es sich nicht flach über den ganzen Hang verteilte. Ebenso steckte im Profil (Beilage 6, bei 2,80 m) eine ähnliche kleine plattige Anhäufung. Am Grunde lagen auffällige Holzreste, sogar um einen Hohlraum, so daß zunächst an einen Pfostenschlitz gedacht wurde. Es gab aber im Unterboden keine Pfostengrube und keine Reste von eingebauten Hölzern in der Wallschüttung. Möglich ist, daß diese Steine um ein unten waagerecht liegendes Holz gepackt wurden, das auch als Materialbremse beim Aufwerfen des Walles diente. Wesentlich einfacher ist am Nordhang (Beilage 11) die Wallschüttung mit nur einer erkennbaren Bauperiode. Der Wall zeigt ebenfalls keine Spuren von Holzeinbauten, die allerdings in der Außenfront in einer Braunerdebildung an der Basis auch sehr schwer zu beobachten wären. Hier läge es nahe, bei dem vorwiegend sandigen Material im Bereich der Flugsanddecke in Lee nach einer äußeren Frontverbauung in der Längsrichtung des Walles zu suchen. Das war jedoch z.Z. im starken Fichtenbestand nicht möglich. Der Wall ist sehr stark verebnet, stellenweise durch Fuchs- und Dachsbaue zerwühlt. Wiederum liegt das in der Mulde am Innenhang gewonnene Material im umgekehrten Profil, Sand unten, Sandsteinschutt oben. Aus dem unterschiedlich durchgebildeten Profil des überdickten Bodens läßt sich eine Breite der Schüttung von etwa 4,50–5 m ermitteln.
Ähnlich ist der durch eine Profilumkehr entstandene Aufbau des Vorwalles am Südhang Schnitt XIII (Beilage 16; Taf. 30 unten), nur daß sein Material aus einem ausgeprägten muldenförmigen Innengraben stammt.
Der Wall des Kernwerkes (Beilage 10; Taf. 25) fordert eine getrennte Beschreibung, da er in seinen einzelnen Schüttungen den Vorgang des Aufbaues deutlich erkennen läßt und einige besondere Merkmale aufweist.
Zuunterst liegt wiederum umgelagerter Oberboden mit Siedlungsresten. Das Material ist mit einer Abdachung zum Graben, also zur Herkunftsstelle, aufgeschüttet worden. Alle Schichtungen zeigen diese Abdachung. Das Material im unteren Bereich entspricht dem feineren Material der latènezeitlichen Wallschüttung. Im oberen Bereich wird das aus der Tiefe des Spitzgrabens gebrochene Material immer grober. Während zum Innenraum hin die Schichten der Wallschüttung eine steile Böschung mit Gefälle von 1 : 1,5 haben, dachen sie nach außen zum Graben hin flach mit einem Gefälle von 1 : 3,5 ab. Das erscheint zunächst aus fortifikatorischen Gründen unverständlich. Auf einer Breite von 4 m auf dem Rücken bleibt der Wall fast eben. Bei 6 m bricht er steiler ab. Darunter steckt auf der unteren regelmäßig von 8 m nach 1 m ansteigenden Rampe des feineren Materials eine 50–60 cm breite Stützfront aus plattigem Material, etwa 80 cm hoch (Taf. 25 unten). Diese Front ist nach Rückführung des noch vorhandenen Versturzes vor dem Wall und im Graben etwa 1,80–2 m hoch aufzufüllen. Der Wall hatte dann eine Rückenbreite von ca. 5 m. Davor liegt über der flach schrägen Rampung des unteren Materials noch eine kleine Stufe, 50 cm hoch, durch ein kleineres Trockenmäuerchen gehalten und 2,80 m breit. Es folgt dann noch einmal die gleiche Stufenbreite von 2,80 m bis zur Geländekante zur abfallenden Grabenwange. Das Grabenprofil ist ein wenig geknickt. Es hat im oberen Bereich ein Gefälle von 1 : 1,5, nach unten zur Spitze hin von 1 : 1. Die Breite des Grabens beträgt im Durchschnitt 11 m, die Tiefe 4,50 m. Auf der ansteigenden Berme, die man infolge der flach abgedachten unteren Materialrampe noch als zumindest teilweise erhöhte Berme bezeichnen kann, liegt noch die flache 2,80 m breite Stufe. Die Gesamtbreite beträgt in diesem Bereich ca. 5,60 m. Holzeinbauten in der Front wurden in der Schnittbreite nicht festgestellt.

Eine doppelschalige, gemörtelte Mauer

wurde in den Schnitten I, VI und VII des Südwalles festgestellt (Beilagen 4, 6, 12 u. 13; Taf. 19, 20, 21 u. 27 oben). Die gemörtelte Mauer wurde nicht direkt auf den verstürzten Wall gesetzt. Da sie von der Krone des Walles zur Innenseite hin aufgebaut wurde, hat man zuvor plattiges Material ohne Mörtel zum Ausgleich auf die Innenflanke des Walles in lehmigem Sand verlegt. Dieses Trockenfundament ist durchaus verständlich, da für die umfangreichen Baumaßnahmen das Material für den Kalkmörtel auf den Berg transportiert werden mußte. Es wurde wahrscheinlich in der einige hundert Meter westlich vorgelagerten Plänerkalkkette gebrochen. Spuren für eine Herstellung des Brandkalkes im Lager oder direkt an der Baustelle wurden bisher nicht festgestellt. Es bleibt also noch offen, ob der bereits gebrannte Kalk hierher transportiert wurde oder Brennöfen vielleicht in der Nähe der Quelle, die das Wasser für den Mörtel liefern mußte, zu suchen wären. Es besteht kein Zweifel, daß diese in Trockenmauertechnik ausgeführte Unterlage der Mörtelmauer zu ihr gehört. Beim Abbau dieser Schicht und der Mauer konnte beobachtet werden, daß Mörtelreste auf der Humusfläche der alten Wallkrone lagen und vereinzelt auch in der Fundamentierung vorkommen. Die Doppelschalenmauer weist sinnvollerweise eine verstärkte Außenfront auf. Langes plattiges Material bis zu 70 cm ist im Wechsel längs und quer zur Mauer eingebaut worden, so daß sich eine ca. 60–70 cm starke äußere Schale ergibt (Beilage 4; Taf. 21 oben). Auf der Innenseite dagegen begnügte man sich mit einer einfachen Schale in einer Stärke von ca. 30–40 cm, der Zwischenraum ist etwa 60 cm breit und mit Steinbruchabfall mit Mörtel vermengt ausgefüllt. Der Mörtel ist grau und weist sowohl nicht voll abgelöschte Brandkalkbröckchen wie vereinzelt nicht durchgebrannte Plänerkalkstückchen auf.
Eine ähnliche Mauertechnik im aufgehenden Mauerwerk weist auch die Mauer des Gebäudes am Westtor auf. In einem Fundamentgraben, nicht breiter als das aufgehende Mauerwerk, waren mittelgroße Steinbrocken trocken und hohl gelagert. Damit wurde ein Aufsteigen der Bodenfeuchtigkeit ins Mauerwerk verhindert. Die Werksteine sind hier zugeschlagen und teils beim Einbau nachgespitzt. Alle Mauern bestehen aus langem schmalplattigem Sandstein. Auch hier bestehen zwei Schalen, die allerdings sehr eng zusammengeschoben wurden und nur gelegentlich in der Mitte noch verfüllt wurden. Der Mörtel ist fetter und glatter als in der Mauer auf dem Wall. Die Mauerstärke beträgt ca. 75 cm. Nach Schuchhardts Darstellung waren die gemörtelten Mauern in den Kammertoren von gleicher Art.

4.2.1.3.4. Besiedlungsspuren

Die Ergebnisse der Tönsberguntersuchung zur Frage der Besiedlung der Burgen lassen die Schwierigkeiten deutlich werden, die einer Lösung dieses Problems bei den meisten Befestigungen des Arbeitsgebietes entgegentreten. Zwar zeigte sich eine erstaunliche Vielfalt und Häufigkeit von Funden, doch bestanden diese meist aus so unscheinbaren Objekten wie frittierten Steinresten, Holzkohle und fast bis zur Unkenntlichkeit verwitterten Keramikresten, die sich auch nur an bestimmten Stellen erhalten oder gar angesammelt hatten, daß sie bei früheren Grabungen leicht übersehen worden sein können. So konnte die in der Literatur immer wieder festzustellende Auffassung entstehen, es handele sich hier im Randgebiet der La-Tène-Kultur um Anlagen, die zwar unter deren Einfluß in der Befestigungsanlage und Technik manche Ähnlichkeit erkennen lassen, aber sonst vor allem in der Funktion keinerlei Gemeinsamkeit hätten. Der Schluß aus der bisherigen Fundleere, daß es sich um nur ganz kurzfristig genutzte Fluchtburgen handele, muß im Einzelfall überprüft werden. Eine genaue Beobachtung des Reliefs und Suche nach von Hangerosionen, Forstkulturmaßnahmen, Windwurftellern und extremer Überformung des Bodenprofiles verschonten Stellen engen die Flächen, auf denen Besiedlungsspuren überhaupt noch faßbar oder gar gut erkennbar sind, sehr ein. Dazu kommen der in der Gegenwart sichtbare Störfaktor der starken tiefgreifenden Durchwurzelung der Befunde und die durch Forstbestände sehr beschränkte Untersuchungsmöglichkeit.

Hangausbau durch leichte Terrassierung

Nach der Untersuchung des Hangausbaues im Schnitt XIV am östlichen Südhang und der Beobachtung, daß ähnliche Erscheinungen auch unter dem südlichen Hauptwall im Schnitt I auftauchten, begann die systematische Suche nach solchen Erscheinungen im Innenraum.
Im Bereich der weiten Materialentnahmemulde innerhalb des Hauptwalles wurden solche Erscheinungen bei der Gewinnung des Materials für den Wall zerstört. So konnten sie erst wieder oberhalb erkannt werden. Sie zeigen sich nur in sehr verwaschenen Linien, weil sich nach dem Wüstwerden vor der Wiederbewaldung ein sehr starker Reliefausgleich vollzogen hat. Die Beobachtungen in den Schnitten II, III und V lassen den Vorgang deutlich werden und zugleich die fortschreitende Verwitterung und Überformung der Befunde, wenn man die Ergebnisse der Schnitte II u. IV vergleicht.
Die Terrassierung erfolgte jeweils in einer Breite von ca. 4,50 m, wobei kleinere Abweichungen nach oben und unten bis zu 1 m möglich sind. Die einzelnen Stufen und Aussteilungen sind der natürlichen Hangneigung entsprechend sehr unterschiedlich. Im Innenraum scheinen jeweils zwei nur um ca. 50–60 cm in der Höhe abgesetzt zu sein. Zu den folgenden kann dann eine natürliche Hangschräge oder Aussteilung über eine Strecke von 3–4 m mit einem Höhenunterschied bis zu 1 m und mehr bestehen (Schnitt III, Erweiterung, und Schnitt V, südliche Grabungsgrenze). Die Abstufung ist dadurch entstanden, daß hangaufwärts Boden abgegraben und hangabwärts aufgetragen wurde (Schnitt XII, Beilage 18). Eine Befestigung der Kante war unter dem südlichen Hauptwall in Schnitt I und Schnitt VI durch Plaggen oder Grassoden nachweisbar, im Schnitt I außen auch durch kleine Trockenmäuerchen in 30–50 cm Höhe erhalten. Die Trockenmauer vor einer sehr hohen Aufschüttung in 1 m Höhe im Schnitt I außen scheint mit der Befestigungslinie in Zusammenhang zu stehen. Am kalten Nordhang mit Flugsanddecke fehlen jegliche Anhaltspunkte für Terrassierungen. Siedlungsreste wurden nur vom Südhang bis unter die Wehrlinie bzw. im Schnitt I bis auf die erste Terrasse unterhalb feststellbar.
Die Terrassen am östlichen Südhang (Schnitt XIV, Beilage 17) wechseln mit sehr langen, hohen Aussteilungen, natürlichen Hangstrecken und muldenförmigen Gräben ab, brachten bisher keine Funde und sind zum Teil sehr steinig. Die erste Linie, sehr regelmäßig vom unteren Hang im kurzen Bogen vom heutigen und auch ursprünglichen Weg aufwärts ziehend, gewinnt allmählich die Höhe. Nach O zieht sie immer näher an den südlichen Hauptwall. Im Bereich des verstärkten Kernwerksaußenwalles zeigt sie eine etwa 80 cm starke Materialauflage, in die auf der letzten Strecke ein Graben (Schnitt XV) eingetieft ist. Es hat den Anschein, als ob die Terrasse in diesem Bereich unter jüngerer Überbauung verschwindet und ursprünglich die Funktion eines ausgebauten Weges innerhalb der Gesamtanlage hatte.

Siedlungsreste

Hier sollen die Befunde aus den Schnitten I, III und V zusammenfassend besprochen werden, die auf eine längere Benutzung der Anlage hinweisen. Neben den verhältnismäßig häufig auftretenden Kleinfunden, die im nächsten Kapitel besprochen werden, sind es die Feuerstellen auf dauerhaft hergerichteten Wohnflächen mit Resten von Arbeitsgeräten, wie Spinnwirtel und Mahlsteinfragmenten, die als Nachweis für eine längere Benutzung aufgefaßt werden. Eine provisorische Feuerstelle mit einigen Scherben kann sicher nicht als Beweis für eine längere Besiedlung gewertet werden, so z.B. die Feuerstelle über dem latènezeitlichen Wallfuß im Schnitt VI.
Die Feuerstellen F 1 und F 2 im Schnitt I (Beilage 4) erscheinen dagegen schon eher geeignet für den Nachweis einer längeren Besiedlung. Sie liegen über der alten Ausbruchfläche für das Material des Walles. Der Arbeitsschutt ist sorgfältig verebnet, mit gelbem Dünensand überdeckt, der hier sonst nicht vorkommt, sondern vom Nordhang am ehesten zu beschaffen war. Dort wurde er z.B. bei der Anlage des nördlichen Hauptwalles freigelegt, als die Braunerdebildung für die Wallschüttung teilweise abgegraben wurde. Der Transport dieses Materials, in dem dann vor-

wiegend plattiges Material sorgfältig einreguliert, wenn nicht gar verlegt wurde, und die Beobachtung, daß die meisten dieser Steine oberflächlich geglättet bzw. abgelaufen wirken, kann wohl nur mit einer längeren Nutzung erklärt werden. Ob diese Feuerstellen im Freien lagen oder aber eine aufgrund des schwierigen grobzerklüfteten Untergrundes nicht faßbare Bebauung vorhanden war, kann hier nicht entschieden werden.

Anders sind die Verhältnisse im Schnitt III (Beilage 9). Die Befunde gehören zu zwei verschiedenen Komplexen. In nordsüdlicher Richtung ist ein zum Teil freigelegter Hausbefund mit den Pfosten P I und P III und den zugehörigen „Schrägpfosten“ orientiert. Die Lauffläche zeigte wiederum plattiges Material, festgetreten und im Bereich südlich P III deutlich „abgelaufen“. Auch hier liegen die Steine in Flugsand, der aber nicht gelb, sondern grauhumos und wiederum gebleicht, einfach verschmutzt war. Darüber hatte sich infolge Anhäufung von Auflagehumus ein deutlicher junger Podsol entwickelt, in dessen Ortsteinbildung alle Befunde sehr stark verbacken und undeutlich waren. Darum wurde das Planum insgesamt um 10–15 cm unter die obere Grenze der Siedlungsfläche abgesenkt. Zwischen dem plattierten sandigen Hausboden und dem westlich benachbarten Befund eines zweiten Hauses lag in 1 m Breite ein höherer, bräunlichgelber, nach unten heller werdender Rücken aus ungestörtem Sandsteinhangschutt völlig fundleer, während die stärkste Fundkonzentration um P III und im Verfüllmaterial von P I und P III festgestellt wurde. So wurde die Abgrenzung der tieferliegenden Wohnfläche sehr deutlich. Der Ausgräber deutet, ohne mit den Teilbefunden in die Diskussion über Haustypen eintreten zu wollen, den Befund als Reste eines „Dachhauses“, dessen Sparren auf dem Boden schräg eingesetzt waren. Der Boden war gegenüber dem Außengelände um 35–40 cm eingetieft, die senkrechten Pfosten im Innenraum nur 30–35 cm tief eingesetzt, die „Schrägpfosten“, ob Stützpfosten oder Dachsparren, waren in die höher gelegenen Randpartien des Sandsteinschuttes ebenfalls ca. 35 cm tief eingegraben.

Diesen Befund als Dachhaus zu deuten wird auch damit begründet, daß auf keiner Fläche mit Siedlungsresten trotz intensiver Suche auch nur ein Bröckchen Hüttenlehm gefunden wurde. Bei der Vielzahl keramischer Reste drängt sich der Schluß auf, daß die Behausungen keine Wände aus Flechtwerk mit Lehm hatten, von denen bei dem sonst so häufigen Brandschutt etwas verziegelter Rotlehm zu finden sein müßte.

Für den westlich benachbarten Fundkomplex mit großer plattierter, rechteckiger „Feuergrube“ (Beilage 9, F 2) trifft das in besonderer Weise zu. Trotz zahlreicher Scherbenreste, eines deutlichen Wandgräbchens zwischen P VI und P VII gibt es auch hier keinen Hinweis auf verziegelten Hüttenlehm. Wie die mit senkrechten Platten abgesetzte Feuerstelle und die zum Teil großen zersprungenen, brandgeröteten und in das Wandgräbchen abgekippten Platten zu deuten sind, muß offenbleiben (Taf. 26 unten). Die Lage direkt an den Pfosten ist noch schwer zu erklären. Der Verfasser dachte immer an einen mit Steinplatten eingefaßten und großen Platten überdeckten „technischen Ofen“. Er war gegenüber dem normalen Wohnniveau deutlich um 15–25 cm eingetieft, wobei der Boden, mit braunhumosem Material verfüllt, sich zum Wandgräbchen hin deutlich absenkte, ohne nach unten Feuereinwirkung zu zeigen. Außerhalb der Steinplatten lag im Gräbchen die Nauheimer Fibel. Die Kleinfunde auf der Plattierung, Keramik, Mahlstein, Spinnwirtel (Taf. 5, B) entsprechen einer normalen Haushaltsnutzung. Die im Planum dargestellte Grenze der dunklen Fläche im Feuerungsbereich (Beilage 9) zeigte auch 10 cm höher schon diese scharfen Grenzen. Darüber bestand in der gesamten braunen Kulturschicht keine deutliche Abgrenzung des Befundes. Der Komplex lehnte sich nach N mit P IV direkt an die kleine Aussteilung zur nächsten Terrasse an. Ein Zusammenhang mit der kleinen Dreiergruppe P VIIIa und b konnte nicht festgestellt werden, ebensowenig mit der weiter westlich liegenden, normal plattierten Feuerstelle F 1, zu der Pfosten nicht gefunden wurden. An eine Zugehörigkeit einzelner Pfosten zu Stützkonstruktionen des darüberliegenden Walles war nie zu denken, da die scharfe Abgrenzung der Kulturschicht ohne sichtbare Pfostengruben im oberen Planum das von Anfang an ausschloß. Ein auffälliger Unterschied besteht darin, daß außer P VI und P VII an den Enden des Gräbchens, die auch 70 cm unter Siedlungsniveau eingetieft sind, keiner der

Pfosten tiefer als 40–45 cm eingesetzt ist. Wenn die umstehenden Hochwaldreste, die nach dem Orkan 1972 verblieben, eingeschlagen sind, erscheint eine vollständige Freilegung beider Baukomplexe wünschenswert.
Die Siedlungsreste im Schnitt V (Beilage 7 unten) auf einer sehr deutlich erhaltenen Terrasse am südwestlichen Hang oberhalb des Quellgebietes sollen nur als Hinweis auf die Ausdehnung der Siedlungsflächen angeführt werden. Trotz der geringen Ausdehnung des Schnittes in einem geschlossenen Fichtenbestand traten drei Pfostengruben, flache Gruben mit Holzkohle, verbrannten Steinen und Keramikresten der latènezeitlichen Besiedlung, auch hier auf. Im Schnitt IX unter dem mittelalterlichen Gebäude scheint der latènezeitliche Siedlungshorizont, durch den Trümmerschutt überdeckt, besonders gut konserviert zu sein. In den wenigen kleinen Flächen, wo bei der Untersuchung das Mauerwerk angeschnitten wurde, kamen sehr zahlreiche Funde zutage (Taf. 6 B u. C). Insbesondere sind hier offensichtlich bessere Erhaltungsbedingungen für Eisenfunde gegeben, weil durch die Kalkmörtelkonzentration die Bodenreaktion von sauer auf neutral oder gar basisch umgestellt ist. Zugleich wurden an einzelnen Stellen starke Brandrötungen als Hinweise auf Feuerstellen angeschnitten! Diese Beobachtung läßt den Schluß zu, daß auch auf dem Bergrücken eine starke Besiedlung vorhanden war.

4.2.1.4. Funde (Taf. 1–6)

Nach dem bisherigen Forschungsstand gelten die großen Höhenbefestigungen des Arbeitsgebietes weitgehend als fundarm oder gar fundleer. Die Bedeutung der Kleinfunde aus den Schnitten vom Tönsberg liegt daher vor allem darin, daß sie auf eine längere Besiedlung hinweisen. Geht man nach der Geländebeobachtung davon aus, daß nur der Südhang innerhalb des Hauptwalles bis zum Bergrücken solche Siedlungsreste aufweist, dann wurden bei der Grabung etwa 0,05 % der Siedlungsfläche untersucht. Das Material eignet sich schon aus diesem Grunde nicht für typologische Untersuchungen oder die Erstellung einer Chronologie. Es wird daher nur als Vergleichsmaterial für die Datierung und den Nachweis der Besiedlung ausgewertet (Kap. 5.3.2.1.1.). Alle Funde werden im Lippischen Landesmuseum Detmold verwahrt und sind nach den einzelnen Schnitten der Grabung inventarisiert. Nähere Fundumstände und Lage in den Schnitten sind aus den Fundlisten der Grabung zu ersehen.

4.2.1.4.1. Keramik

Die Masse des keramischen Materials ist stark fragmentiert und, soweit nicht stärker überdeckt, so stark verwittert, daß die zumeist nur noch 1–2 cm großen Bruchstücke kaum zu beobachten waren. Besser erhaltene Reste lagen unter und in den Wallschüttungen. Von den stärker überdeckten Feuerstellen konnten in wenigen Fällen Scherben zusammengefügt und Gefäßformen ergänzt werden.
Da die meisten Scherben sekundär gebrannt, teils ausgeglüht sind, wechselt die Farbe sehr stark oft an einzelnen Scherben. Graubraune bis schwarzbraune Farbe im Bruch herrscht vor. Vereinzelt sind besonders dickwandige Scherben auch durchgehend rotbraun. Die Oberflächenfarbe ist in der Regel heller rötlich bis gelblichbraun. Einheitlich schwarzgrau sind alle Reste von steilwandigen hohen eingliedrigen Schalen und Schüsseln, die eine regelmäßig aufgetragene feine rauhe Beschlickung und eine schmale glatte Zone am Rand und Boden aufweisen (Taf. 1, 2 u. 5; 2, 13 u. 15). Sorgfältiger und dünnwandiger gearbeitete eingliedrige Formen mit einziehendem Rand der gleichen Tonbeschaffenheit mit feiner Magerung zeigen eine gleichmäßige Glättung unter dem Rand im oberen Drittel der Gefäßwandung (Taf. 2, 4,5,9). Nach innen abgestrichene Kumpfränder (Taf. 3, 1; 4, 15) haben eine braune lederne Oberfläche und weisen Kalkmagerung auf. Ebenso hat die Schale mit eingewinkelter Schulter und ausladendem Rand Kalkmagerung;

die Oberfläche ist lederartig, sehr sorgfältig geglättet (Taf. 2, 1). Die feinen spitzausladenden, teils s-förmigen Ränder sind von gleicher Farbe, aber sehr dünnwandig und feingemagert (Taf. 2, 2 u. 3; 3, 6 u. 9; 5, 8 u. 9). Nur einzelne Scherben der feinen Ware sind schwarztonig (Taf. 2, 6). Einen sehr hohen Anteil stellen Ränder eingliedriger Schalen, vorwiegend glattwandig, feiner gemagert. Die Ränder haben zum Teil einen leichteren oder kräftigeren Wulst nach innen, sind sowohl rund wie leicht waagerecht oder nach innen abgestrichen (Taf. 3, 2,11,12,25; 4, 1–5 u. 7; 5, 1–5; 6, 22–25). Einige Schalenränder sehr grober rauhwandiger Ware zeigen Fingertupfen (Taf. 1, 21; 6, 16 u. 32). Auffällig ist ein verdickter, waagerecht ausladender Rand mit runder Außenlippe und Fingertupfen (Taf. 4, 17). Ebenso sind Fingertupfenränder von steilwandigen, eingliedrigen, gerauhten Gefäßen vorhanden (Taf. 4, 18; 5, 7; 6, 28). Zweimal treten Schnurhenkel am Umbruch dünnwandiger, grautoniger Gefäße mit feiner Magerung auf (Taf. 3, 21; 5, 12). Bemerkenswert sind drei Scherben von kleinen Siebgefäßen mittlerer Wandstärke (Taf. 2, 11 u. 12; 4, 8). Die Gefäßböden sind in der Regel flach mit stumpfwinkligem Wandansatz, der nur bei der groben Ware verdickt ist. Mehrfach ist die Bodenplatte sowohl bei steilwandigen und bauchigen Gefäßen wie bei Schalenböden deutlich durch Einschwingen der Gefäßwand oder einen flachen Sockel abgesetzt (Taf. 1, 18; 2, 17 u. 19; 3, 18; 4, 23–25; 5, 11; 6, 33, 37 u. 39).
Eine Ausnahme bildet ein Gefäßboden mit stark einschwingender Wandung und einem eben angedeuteten Standring (Taf. 5, 21). Mit größter Wahrscheinlichkeit gehört er zum Rand- und Wandungsstück einer steilwandigen, bauchigen kleinen Schale (Taf. 5, 19) mit flach abgestrichenem Rand und feiner runder Außenlippe. Das Stück ist sehr sorgfältig aus feingemagertem Ton gearbeitet und geglättet und wurde zusammen mit dem Fragment einer Nauheimer Fibel, zwei Spinnwirteln und einem Mahlsteinfragment an der Feuerstelle 2 des Schnittes III gefunden (Taf. 5 B). Zwei weitere Spinnwirtel lagen im Pfostenloch I des Schnittes und an der Feuerstelle 2, Schnitt I (Taf. 4, 9; 2, 14).
Außer sehr grob beschlickten Scherben dickwandiger Gefäße, die Fingertupfen auf dem Rand haben, und einigen sehr sorgfältig beschlickten hohen Schalen und Kümpfen mit schmalen oder breiteren Glättzonen am Rand und Boden wurden nur im Schnitt I vier mit gebündeltem senkrechtem Kammstrich verzierte Scherben gefunden (Taf. 1 B, 7, 8, 10 u. 11).
Die keramischen Funde verteilen sich auf die einzelnen Schnitte wie folgt:

Schnitt	Scherben ges.*	Ränder	Böden	Sonstiges	Inv. Nr.
I	245	27	11	1 Spinnwirtel	U. 1326
II	54	5	2		U. 1327
III	277	37	8	3 Spinnwirtel 1 Siebgefäß	U. 1328
IV	18	2			U. 1329
V	75	6	1		U. 1330
VI	87	8	2	1 Schnuröse	U. 1331
VII	13	1	1	1 Schnuröse	U. 1332
VIII	22	3			U. 1333
IX	195	39	4**		U. 1334
Insges.	986	89	29		

* Zusammenpassende Scherben eines Gefäßes wurden nur einmal gezählt.
** Im Mittel liegt das Verhältnis von Scherben insgesamt zu Rändern und Böden in den größeren Komplexen, ausgenommen Schnitt IX, etwa bei 100 : 10 : 3. Das Mißverhältnis im Schnitt IX mit 100 : 20 : 2 erklärt sich daraus, daß in diesem Komplex die Ränder früher Kugeltöpfe aus der Zeit des hallenartigen Steinbaues enthalten sind.

Für das gesamte Scherbenmaterial des Schnittes I wurde der Anteil an verschiedenen Wandstärken und Magerungen ermittelt. Es wurden drei Gruppen gebildet:

Gruppe I — Grobe Ware, Wandstärke über 8 mm, schlecht geglättet oder grob beschlickt und immer grobe bis sehr grobe Granitgrusmagerung.
Anteil: 40 Prozent.

Gruppe II — Mittlere Ware, Wandstärke 5–8 mm. In der Regel glattwandig, oft lederartig in der Oberfläche, häufig auch feinere Schlickung, sehr regelmäßig, mit Glättzonen. Auch die vier Kammstrichscherben gehören hierher. Die Magerung ist hier sehr unterschiedlich.
Anteil: 40 Prozent. Davon haben ca. 30 Prozent eine feinere Granitgrusmagerung, ca. 7 Prozent Kalkmagerung, die zum Teil ausgelaugt ist, ca. 3 Prozent zeigen feine Quarzmagerung.

Gruppe III — Feine, sorgfältig geglättete Ware, Wandstärke unter 5 mm.
Anteil: 20 Prozent. Davon haben 10 Prozent noch feine Granitgrusmagerung, 2 Prozent Kalkmagerung und 8 Prozent Quarzsandmagerung.

4.2.1.4.2. Sonstiges

Neben dem verhältnismäßig häufigen Vorkommen von keramischen Resten in den verschiedenen Schnitten im weiträumigen Innenbereich der Wallanlage sind die übrigen Fundgruppen nur in Einzelstücken vertreten. Im Vergleich zur Gesamtgröße der Anlage sind die ausgegrabenen Flächen der Wallschnitte und insbesondere der Siedlungsfläche so gering, daß man die sonstigen geborgenen Objekte fast als Zufallsfunde bezeichnen muß. Ihr Aussagewert für die weiteren Fragestellungen zur Funktion und Zeitstellung wird dadurch nicht gemindert.
Bei den wenigen Metallobjekten, besonders Eisen, ist zu berücksichtigen, daß die Erhaltungsbedingungen aufgrund der örtlichen geologischen Verhältnisse im Vergleich zu den Befestigungen im Rheinischen Schiefergebirge und im Hessischen Bergland denkbar schlecht sind. Im sauren Sandsteinverwitterungsboden und in den eiszeitlichen Quarzsanden mit starker Durchlüftung trotz hoher Niederschläge haben Eisenobjekte nur eine sehr kurze Lebensdauer, im Vergleich z.B. mit den ganz anderen Erhaltungsbedingungen auf der Altenburg bei Niedenstein. Auch ist zu bedenken, daß Gerätschaften aus Eisen, selbst wenn sie stark abgenutzt oder zerbrochen waren, immer noch einen hohen Rohstoffwert besaßen. In der näheren Umgebung des Tönsberges gab es, anders als im Siegerland, im östlichen Niedersachsen oder in den nordwestdeutschen Gebieten mit Raseneisenerz, keine wesentlichen abbauwürdigen Erzvorkommen. Es ist jedoch möglich, daß in der Senne unterhalb des Quellhorizontes früher kleinere Raseneisensteinvorkommen abgebaut wurden. Eisenerzlager an der Basis des Osningsandsteines wurden früher einmal nordwestlich der Grenze des Arbeitsgebietes bei Grävinghagen und ganz im Süden bei Altenbeken im Eggegebirge abgebaut (Weerth, 1929, 128). Die Nutzung feiner Brauneisenadern, die in bestimmten Lagen des Osningsandsteines häufig sind, wäre überaus mühsam gewesen. Bisher gibt es keine sicheren Hinweise auf Eisenverhüttung am Ort, obwohl unter Hitzeeinwirkung oder durch Verwitterung freigelegte Brauneisenschwarten von kleinsten Bruchstücken bis Handtellergröße und 0,5–1,5 cm Stärke mit brandgeröteten „frittierten“ kleinen Gesteinsbrocken in großen Mengen überall auf den Siedlungsflächen des Tönsberges auftreten. Luppe und Schlacke wurden bisher nicht festgestellt!
So ist zunächst davon auszugehen, daß der sicher große Bedarf an Eisengeräten für die umfangreichen Schanzarbeiten auf steinigem Untergrund, das Holzfällen und die Holzverarbeitung und die Waffen neben den alltäglichen Gerätschaften im wesentlichen eingeführt werden mußte. Es ist daher verständlich, daß in der Siedlung nur selten ein verlorenes Stück nicht wieder aufgehoben wurde.
Unter der latènezeitlichen Wallschüttung auf der unteren Brandschuttschicht wurde im Schnitt I

das Bruchstück eines Eisenringes mit 6 cm Durchmesser aus 6 mm starkem Rundeisen gefunden (Taf. 1, 12).
Aus der latènezeitlichen Kulturschicht unter dem Gebäude am Westtor (Schnitt IX) stammt ein 11,6 cm langes Messer mit 8 cm langer Klinge. Die kurze flache Griffangel ist bogenförmig vom geraden Messerrücken und der stark abgenutzten Schneide abgesetzt (Taf. 6 C, 36).
In der gleichen Schicht lag ein 7,9 cm langes, an der bogenförmigen, teils abgebrochenen Schneide ursprünglich etwa 5 cm breites Gerät mit Vierkantgriffangel (Querschnitt 4x6 cm). Der Schneidenteil ist wie eine kleine Beilklinge ausgebildet (Taf. 6 C, 27). Vergleichsstücke sind sowohl aus latènezeitlichem wie kaiserzeitlichem Fundzusammengang in größerer Zahl vor allem vom Niederrhein bekannt (v. Uslar, 1938, 118 u. Anm. 7–12; Wilhelmi, 1967, 57; 1973, 92). Der Verfasser hat aber Bedenken, die doch ganz andersartigen Stücke bei v. Uslar (1938, Taf. 23, 11; Taf. 25, 4 u. 6) zum Vergleich heranzuziehen. Diese Stücke sind wirklich beilförmig, asymmetrisch, gebogen, mit kurzem massivem Dorn, im Gegensatz zu den völlig symmetrischen Stücken mit langem geradem Dorn. Diese Merkmale lassen auf eine andere Schäftung und technische Verwendung schließen. Das Gerät wird als Sattlermesser gedeutet. Solche „Wiegemesser“ sind für Lederarbeiten üblich. Es ist aber auch eine Verwendung als Zieh- oder Schabeklinge für Herstellung von Hohlformen in Holz denkbar. Ein flacher nach oben gerundeter Nagelkopf, Durchmesser 1,2 cm, mit 1 cm langem Stift, wahrscheinlich ein Beschlagnagel, wurde in der umplanierten Schicht im Inneren der Halle gefunden (Taf. 6, B 17). Er könnte wegen der Fundvermengung in dieser Schicht auch mittelalterlich sein, jedoch sind ähnliche Stücke für die späte La-Tène-Zeit nachgewiesen (Wilhelmi, 1967, 53 f.).
An der Feuerstelle F 2 im Schnitt III lagen ein vom Rost zerfressenes Eisenplättchen, 0,8 cm dick, fast quadratisch bei 3 cm Kantenlänge, und zwei verbogene Eisendrahtreste, 1,5 cm lang und 0,15 cm dick. Bei den Drahtstückchen kann es sich um Reste einer Fibel handeln.
Als wichtigstes Fundstück kam an dieser Stelle (Schnitt III, F 2; Beilage 9) ein unscheinbares, nur 1,7 cm langes Bronzefragment in einer braunlehmigen Füllung eines Gräbchens zutage. Nach der Reinigung zeigte sich das Bruchstück einer Nauheimer Fibel (Werner, 1955, 170 ff.). Erhalten sind die vier Spiralwindungen mit unterer Lehne und der spitzdreieckige, flache Bügelteil mit einer in Längsrichtung verlaufenden mittleren Zierrille (Taf. 5, 17). Das Bruchstück ist glänzend patiniert, die Gesamtlänge der Fibel hat nach dem Fragment etwa 4–5 cm betragen. (Zur Fundsituation s. Kap. 4.2.1.3.2., Schnitt III; Auswertung Kap. 4.2.1.5.3. und 5.3.2.2.)
Eine Bleiperle mit weißer Verwitterungskruste wurde im Schnitt V am Rande einer flachen Mulde mit Siedlungsresten gefunden (Beilage 7 unten, bei P III; Taf. 3, B 13). Der Durchmesser beträgt 2,4 cm bei einer Dicke von 0,9 cm. Die nicht genau zentrierte zylindrische Bohrung hat einen Durchmesser von 0,4 cm. Ob sie wirklich als Schmuck oder aber einem technischen Zweck diente, kann nicht gesagt werden. (Ein Bleiobjekt von der Steinsburg bei Römhild, von dem eine Abbildung nicht vorlag, wird in Eberts Reallexikon [1925/2, 28] als Wirtel aufgeführt.) Die Fundsituation ist ähnlich wie bei den zahlreichen Tonwirteln in der Nähe einer Feuerstelle.
Das Bruchstück einer sehr kleinen grünlich-hellblauen Glasperle wurde im Schnitt IV, Nordwall außen vor, im gebleichten Boden der alten Oberfläche gefunden. Ihr äußerer Durchmesser beträgt 0,7 cm, der lichte innere 0,45 cm, bei einer Breite von 0,25 cm. Das ergibt eine nur sehr geringe Materialstärke bei D-förmigem Querschnitt. Ähnliche Stücke liegen aus einer Kegelstumpfgrube aus Paderborn, Gierstraße 4, vor; sie waren auf einem Bronzedraht aufgereiht (Wilhelmi, 1967, 135, u. Taf. 1, 20).
Hier sei die Anmerkung erlaubt, daß bei den allgemeinen schweren Arbeitsbedingungen und der notwendigen Bewegung großer, oft steiniger Bodenmassen die Auffindung der kleinsten hier aufgeführten Fundstücke nur möglich war, weil die eingearbeiteten Schüler und jungen Studenten mit größter Konzentration und stärkstem Interesse beobachteten und ihre Arbeitsweise immer sofort veränderten Schicht- und Bodenverhältnissen anzupassen wußten. Ein Sieben oder Ausschlemmen, das die Chance, solche Objekte zu finden, an anderen Plätzen und entsprechendem Boden und technischen Voraussetzungen erhöhen würde, war hier gar nicht durchführbar!

Zu den verschiedenen Geräten aus Stein, die auf eine lange Besiedlungsdauer hinweisen, rechnen auch die Bruchstücke zahlreicher stark abgenutzter Glättsteine, Wetz- und Schleifsteine, denn wer würde solche Hilfsmittel, die man überall auflesen konnte, mitschleppen, wenn er sich vorübergehend an einen solchen Platz zurückzieht. In allen Schnitten mit Siedlungsresten wurden solche Steine aber gefunden, zumeist in der Nähe von Feuerstellen und zum größten Teil mit sehr starken Abnutzungsspuren als Zeichen für eine sehr lange Benutzung. Sie bestehen sowohl aus Osningsandstein wie aus Tonschiefer und anderem Geschiebematerial, das im Bereich der saaleeiszeitlichen Moräne und Geschiebelehmdecke nördlich des Tönsberges aufzulesen ist. Sie wurden nur in einer Auswahl abgebildet. Es sind solche darunter, die man als Glätt- oder Modelliersteine wahrscheinlich bei der Keramikherstellung benutzte, da sie wegen ihrer Form als Wetz- oder Schleifstein gar nicht benutzbar waren (Taf. 2, 18; 4 A, 20,21, B, 27; 5 B, 13,14).
Als interessantes Einzelstück ist eine ausgeglühte halbkreisförmige Platte aus Posidonienschiefer (Taf. 2, 10) zu nennen, die im Schnitt I direkt an der Feuerstelle F 2 gefunden wurde. Sie hat eine gerade Kante mit Schnittspuren, 1,4 cm dick. An der Schnittseite ist sie 7 cm lang und 5 cm breit und wurde offensichtlich erhitzt. Posidonienschiefer des Oberen Lias treten am Nordhang des Tönsberges zutage. Sie haben einen allerdings stark schwankenden Bitumengehalt. In früh- und vorindustrieller Zeit wurde mehrfach versucht, ihn zu nutzen, in jüngster Vergangenheit als Brennmaterial beim Kalkbrennen und zur Zementherstellung. Vorher hat man einige Zeit ein Leuchtöl daraus gewonnen. Es wäre interessant, zu erfahren, mit welchem Ziel an der latènezeitlichen Feuerstelle auf dem Tönsberg damit experimentiert wurde. Sicher nicht zum Heizen oder zur Leuchtölgewinnung. Vielleicht aber versuchte man, das Bitumen für technische Zwecke schon damals zu gewinnen (Weerth, 1929, 135).
Mahlsteine kommen in größerer Zahl vor. Es mag sein, daß einige aus dem anstehenden Sandstein hergestellt wurden. Sie wären aber als Bruchstücke mit einer Reibfläche sehr leicht in den Gesteinsmassen zu übersehen. Aber die Eigenschaften des Osningsandsteines entsprachen für diesen Zweck wohl nicht den Anforderungen. Die gefundenen Stücke sind alle aus ortsfremdem Material gefertigt. – Zahlreiche Gesteinsbrocken von Mayener Basaltlava, soweit sie im Gesteinsschutt auffielen, besonders wenn sie glatte Reibflächen hatten, zeigen an, daß man Material von weither bezog. Fragmente wurden unter und aus der Wallschüttung im Schnitt I geborgen. Sie traten ebenfalls in den Schnitten III, VI und IX auf. Das abgebildete Bruchstück (Taf. 5 B, 22) lag mit der Nauheimer Fibel und dem übrigen Material des Komplexes B an der Feuerstelle F 2 im Schnitt III (Beilage 9; Taf. 26 oben). Es ist das Fragment eines Läufersteines, 11 cm lang, und läßt ein 4,5 cm weites Einlaufloch erkennen. Zur Mitte hin beträgt die Dicke 3,6 cm. 6 cm von der Mitte gerechnet nimmt die Materialstärke zu. Die ursprüngliche Stärke im peripheren Bereich ist nicht mehr zu ermitteln, auch nicht der Durchmesser. Ein zentrales Einfülloch mit steilem Außenrand hatte einen Durchmesser von 12 cm. Obwohl andere Zapflöcher für die Bewegung des Läufersteines nicht erhalten sind, stellt er schon durch die Art der Einarbeitung des Einfülloches einen anderen Typ dar als die bei Wilhelmi (1973, 93) aufgeführten Beispiele. Das Stück dürfte durch die Nauheimer Fibel gut datiert sein.
Ein weiteres Mahlsteinbruchstück aus Rätquarzit stammt ebenfalls von einem runden Läuferstein, der allerdings sehr viel schwerer war. Er hat eine größte Dicke von mindestens 9–10 cm gehabt. Er lag in der unteren Wallschüttung von Schnitt III (Taf. 4, 26).
Ein Mahlstein, das erste Fundstück aus einem Schnitt der Innenfläche, dem Schnitt II auf der Siedlungsterrasse, besteht aus einem sehr porösen Sandstein. Er wurde wohl ebenfalls als Läufer genutzt (Taf. 3, 26). Er hat eine Dicke von durchschnittlich 8 cm; ein Durchmesser von ca. 40 cm läßt sich ermitteln. Eine mineralogische Bestimmung, um die Herkunft zu klären, brachte folgendes Ergebnis: Fragment Taf. 4, 26: „Verkieselter (glitzernder) Sandstein. Quarz-Sandstein mit geringem Tonanteil. Farbe, Ausbildung und Korneigenschaften lassen Rhät-Sandstein (ko) des lippischen Keuperberglandes vermuten. Die Quarze sind durch Zufuhr von SiO_2 gewachsen und haben sich – bei genügend Raum – zu Quarz-Kriställchen regenerieren können.“ Fragment Taf. 3, 26: „Grobporöser Sandstein. Quarz-Feldspat-Korngemenge. Farbe, Ausbildung und

Pyrit-Einschlüsse lassen Herkunft aus Schilfsandstein (km 2) des lippischen Keuperberglandes vermuten. Die Pyrit-Kriställchen (unter 1 mm) sind zu Brauneisen oxydiert, das leicht herausfällt oder herausgeschwemmt worden ist und die groben Poren verursacht. Pyrit in Keupersandsteinen ist eine typische Erscheinung im lippischen Keuperbergland." Für die Bestimmung habe ich Herrn Dr. Büchner, Bielefeld, zu danken.
Es wäre interessant, durch mineralogische Untersuchungen am anstehenden Material den genauen Herkunftsort im lippischen Keuperbergland zu bestimmen. Das nächstgelegene Rätquarzitvorkommen wird in Richtung Leopoldshöhe–Bad Salzuflen aufgeschlossen gewesen sein, der Schilfsandstein bei Lage an der Werre. Damit zeichnet sich eine Rohstoffgewinnung in dem Raum ab, der als alte Siedlungskammer der Tönsbergbefestigung zuzurechnen ist.

4.2.1.5. Auswertung und Zusammenfassung

4.2.1.5.1. Bodenkundliche Beobachtungen

Die in den verschiedenen Teilen der Befestigung trotz des einheitlichen geologischen Untergrundes sehr unterschiedlich ausgebildeten Bodenprofile sind das Ergebnis wechselnder Wirksamkeit all der Faktoren, die an der Bodenentwicklung beteiligt sind. Ein Vergleich der Bodenprofile unter dem südlichen Hauptwall (Beilagen 6 u. 12) mit dem unter dem Kernwerkswall (Beilage 10), dem Befund im Nordwall mit den vorgelagerten Einschlägen und den Schnitten auf der Terrasse am westlichen Südhang (Beilagen 11 u. 18) und schließlich des Profiles durch den untersten Vorwall mit Innengraben (Beilage 16) am westlichen Südhang läßt Variationsbreite einzelner Bodentypen ebenso wie verschiedene Typen und Übergänge zwischen ihnen, hier oft nur wenige Meter voneinander entfernt, erkennen.
Besonders wurden diese Beobachtungen zur Interpretation archäologischer Befunde herangezogen, dienten zur räumlichen und zeitlichen Abgrenzung anthropogener Veränderungen, zur Klärung von stratigraphischen Verhältnissen und zur Rekonstruktion des Ablaufs von Arbeitsvorgängen beim Aufbau der Wehrlinien. Wo datierende Funde fehlen, lag es nahe, durch Vergleich der überdeckten Bodenreste einen Datierungsanhalt zu gewinnen. Schließlich soll noch versucht werden, Kenntnisse vom Landschaftsbild vor dem Eingriff der Burgenbauer und seiner Veränderung zu gewinnen!
Außerdem besteht die Möglichkeit, Zeitpunkt und Dauer bestimmter Prozesse der Bodenentwicklung unter verschiedenen Bedingungen zu bestimmen oder auch einen durch Eingriff des Menschen konservierten Zustand zu datieren. Bei dieser Verzahnung bodenkundlicher und archäologischer Fragestellungen erscheint eine zusammenfassende und vergleichende Betrachtung der Befunde, die im Kap. 4.2.1.3.2. bereits beschrieben wurden, nützlich.
Bei dem lokalen Vergleich kann die zonale Gliederung und der Faktor Klima außer acht gelassen werden. Das gemäßigt humide Laubwaldklima bewirkte hier vor allem eine Braunerdebildung, die sich primär sowohl in der am Tönsberg vorherrschenden Osningsandstein-Verwitterung mit einem schwach lehmigen Sand wie auch in der Flugsanddecke am Nordhang und in einem begrenzten Gebiet am westlichen Südhang vollzog. Diese Braunerdebildung entwickelte sich seit dem frühen Holozän und ging später – je nach Ausgangsgestein unter sich wandelnden klimatischen Verhältnissen – durch Veränderung der Vegetation und menschlichen Eingriff in den Naturhaushalt in die Podsolierung über oder, lokal begrenzt, bei stärkerer Durchfeuchtung in eine Parabraunerde. An verfestigten Horizonten kam es durch Wasserstau zu Pseudovergleyung mit scharf abgesetzten, schmalen rostroten Oxydationsbändern und dazwischenliegendem Reduktionsband.
Im Schnitt IV (Beilage 11) ist unter der Wallschüttung ein gekappter Braunerderest Ah-Bv-C erhalten, der noch keinerlei Veränderung zeigt. An der Außenfront kam es zu leichten Verände-

rungen des Profiles. Dort, wo der Boden nicht von der Wallschüttung geschützt war, bildete sich, hangabwärts stärker werdend, ein Ae-Horizont aus, in dessen Ausbleichung feine Bänderungen auftreten, die nach Tüxen (1939, 18) weniger auf den Einfluß der Vegetation zurückgeführt werden als auf Vorgänge der Tonverlagerung (Lessivierung) durch Niederschlagswasser aus den sich allmählich darüber ablagernden Schichten des verstürzenden Walles. Im Material der oberen Wallschüttung, das ja bereits der Sandsteinverwitterung entnommen ist, ist ein, wenn auch nur geringer, Lehm- und Tonanteil vorhanden, der gerade bei der allmählichen Ablagerung ausgewaschen wurde. Die Grenze eines Bodenhorizontes bekundet hier zugleich eine alte Schichtgrenze, wie auch die latènezeitlichen Scherben und Glasperlenreste in diesem Niveau beweisen. Diesem dreischichtigen Profil fehlt aber ein ausgeprägter Bh-Horizont, an seine Stelle tritt ein nur schwach ausgebildeter Bv- und Bhs-Horizont über dem C-Horizont. Diese sekundäre Podsolierung einer Braunerde führt zu einem Bodentyp, der als Podsolbraunerde zu bezeichnen ist. Bis zu welchem Grade diese Umformung erfolgt, hängt entscheidend von den Faktoren Klima (Niederschlag), Relief und Zeit ab. Im 8 m weiter hangwärts durchgeführten Einschlag (Schnitt IVa, Beilage 18) ist der gleiche Vorgang in ähnlicher Weise, aber deutlicher, sichtbar, weil dort die Überdeckung des Bodens später und auch nur schwächer als direkt vor der Wallfront erfolgte. Hier laufen die Versturzmassen der Wallschüttung aus. In Oberflächennähe ist über längere Zeit hin ein stärkeres bakterielles Leben, also eine biogene Komponente, an der Bildung beteiligt. Die Reste des Ah-Horizontes zeigen gebleichte Flecken und sind weitgehend zu einem jüngeren Bleichhorizont, wie er bei der extremen Podsolierung entsteht, zusätzlich umgebildet, vor allem in einer aufliegenden Schicht, die noch, wie durch Sandsteinschutt nachgewiesen, dem Wallversturz zugehört. Der Bv- und Bhs-Horizont darunter zeigt zahlreiche kleine Rostflecken. Ein fester Ortstein-Bh-Horizont bzw. Bf-Horizont bildete sich nicht aus.
Wieder 8 m weiter hangabwärts, bei Schnitt IVb (Beilage 18), bestand am Hang eine flache Auffangmulde, in der sandiges Material, in dem sich bereits ein extremer junger Podsol entwickeln konnte, über der Braunerdebildung liegenblieb. Das obere Profil zeigt die Abfolge O-Ah-Ae-Bhs. Der C-Horizont darunter wird vom Rest der alten Braunerde gebildet, die wiederum, da ein langer Zeitraum zur Verfügung stand, weitgehend verändert ist. Ihr Ah-Horizont steckt im Ortstein bzw. Bh-Horizont des oberen Profiles. Darunter folgt ein Horizont, der nur noch schwach die alte Braunfärbung erkennen läßt und wiederum durch biogene Einflüsse, Bakterien, Pilze, verändert wurde. Darunter ist die Bleichung einheitlicher, wenn auch nicht sehr kräftig. Feine Bänderung deutet wiederum auf Lessivierung hin. Mit einem dünnen graubraunen Sandhorizont endet die Flugsanddecke in einer Tiefe von 1,10 m über der Osningsandstein-Verwitterung. Diese zeigt eine etwas lehmig-schmierige Oberfläche, die auf eine schwache Lößeinwehung während des letzten Hochglazials zurückzuführen ist. Im Spätglazial begann dann die Bildung der Flugsanddecke.
Aus der Verzahnung dieser Bodenbildung mit dem Aufbau des nördlichen Hauptwalles und seinem späteren Verfall läßt sich folgende zeitlich fixierte Entwicklung erschließen:
Bis zur Errichtung des Walles, die im Laufe der La-Tène-Zeit erfolgt sein muß, da an der Basis latènezeitliche Funde liegen, bestand in dem Gebiet ein unverändertes Braunerdeprofil, wie es sich unter Laubwaldbedeckung entwickelte. Klimawandel und stärkere Waldrodung in Verbindung mit der Errichtung der Höhensiedlung und ihrer Befestigung geben eine Erklärung für die dann beginnende Podsolierung des Braunerdeprofiles oder die verstärkt einsetzende Lessivierung. Dieser Vorgang ist durch umfangreiche paläobotanische Untersuchungen (Firbas, 1949, 51, u. 1952, 75f.) für das Arbeitsgebiet nachgewiesen. Er vollzieht sich seit etwa 700 v.Chr. (Ha.B.) bis in die frühe La-Tène-Zeit. Nach der Zerstörung des ursprünglichen Waldbildes kommt es unter der Sekundärbewaldung nur noch zur Podsolierung.
Einerseits bestätigen die bodenkundlichen Beobachtungen die auch archäologisch vollzogene Datierung, andererseits erfahren durch die archäologischen Befunde die bodenkundlichen Befunde eine zeitliche Begrenzung.
Da in diesem Bereich der Nordwallschnitte am Steilhang eine fortschreitende Erosion am oberen

Wall und Hang eine kräftige Podsolierung unterbindet, ist dieser jüngere Vorgang nur in der hangabwärts gelegenen leichten Delle bei IVb feststellbar. Darüber hinaus tritt das junge und kräftig ausgebildete Podsolprofil überall im Bereich des Nordhanges auf. Anzumerken bleibt hier noch, daß auch die Auswirkungen kleinklimatischer Unterschiede beim Vergleich der Profile am Nordhang mit denen am Südhang zu berücksichtigen sind. Zwischen dem stets kühlen, der Sonneneinstrahlung nur wenige Stunden am Tage und dann noch nicht einmal intensiv ausgesetzten Nordhang und dem über den ganzen Tag hin der Sonneneinstrahlung intensiv ausgesetzten Südhang bestehen insofern Unterschiede, als die Wasserbewegung durch Verdunstung im Boden am Südhang wesentlich stärker ist und zusätzlich durch die höheren Temperaturen chemische Umsetzungen sehr viel intensiver erfolgen. Das erklärt auch die extremen Befunde, wie sie im Schnitt XIII durch den unteren Vorwall mit Graben am Südwesthang (Beilage 16) und in den Schnitten XIIa und b (Beilage 18) auf der Terrasse am westlichen Südhang zu beobachten sind.
Im Schnitt XIII liegt unter der Wallschüttung, die in der Profilumkehr sowohl Material der älteren Bodenbildung am Südhang wie auch aus der Tiefe des Grabens stammenden Steinen des Sandsteinhangschuttes zeigt, eine sehr mächtige Podsolierung. Sie muß aber aus einer Überformung der ursprünglichen Braunerde, die auch hier bestanden hat, erklärt werden. Daß diese sich in einem schwachen Ah-, mächtigen Ae- und einem sehr grellfarbigen Bs-Horizont über dem Sandsteinhangschutt entwickelte, ist auch dadurch zu erklären, daß Relief und Wasser an der lokalen Ausbildung stark beteiligt sind. Trotz des mächtigen Ae-Horizontes im Flugsand erfolgte keine feste Ortsteinbildung. An der Basis liegt lediglich eine lockere Orterde. Dieser Befund ist wiederum beschränkt auf den Abschnitt unter der ursprünglichen Wallschüttung. Weiter hangabwärts unter dem ausstreichenden Versturz des Walles ist dieses Profil nicht mehr erkennbar. Es mag zum Teil erodiert sein, bevor der Wallversturz sich darüberlegte. In der Folgezeit wurde es in Oberflächennähe überformt. Die jüngere Podsolierung im auslaufenden Versturz und weiter hangabwärts ist nur schwach ausgebildet, da die günstige Vegetationsdecke (Laubwald mit Unterwuchs) einer extremen Podsolierung, wie sie auf den benachbarten Fichten- und Kiefernstandorten zur Senne hin zu beobachten ist, entgegenwirkt. Die deutliche Bänderung in dem bis zu 40–50 cm mächtigen Ae-Horizont dieses Restbodens erklärt sich aus der hier stärkeren Mitwirkung des Wassers (stärkere Verdunstung, wie zuvor besprochen). Es besteht aber auch die Möglichkeit, daß aus dem hangwärts anschließenden Graben zeitweise Niederschlagswasser in größeren Mengen in dieses Paket einsickerte und diesen Vorgang verstärkte. Schließlich ist noch zu berücksichtigen, daß hier am südlichen unteren Tönsberghang die nur sehr dünne Schicht des Grünsandes der Unterkreide vorhanden ist, der einen Quellhorizont bewirkt. So liegt auch hier gerade ein sehr gutes Beispiel für eine starke Differenzierung durch lokale, sehr eng begrenzte geologische Verhältnisse vor (Taf. 30 unten).
Der zuvor schon erwähnte, beim Aufbau des Walles entstandene und den oben beschriebenen Restboden abschneidende Graben zeigt in seiner Verfüllung ein junges, sehr kräftiges Podsolprofil. An der Basis, noch eben in den anstehenden Sandstein-Hangschutt eingreifend, im übrigen in den Versturzmassen und Einschwemmungen ausgebildet, existiert hier ein sehr kräftiger Bh- und Bfe-Horizont. Der Ae-Horizont darüber ist in Materialien der Hangerosion, insbesondere bei stärkeren Niederschlägen, sowohl vom ausgesteilten oberen Hang als auch von der inneren Wallflanke eingelagert, entstanden. Feine Flugsandbänder sind ebenso feststellbar wie dünne Humuslagen dazwischen. Zuoberst liegt ein die Grabenmulde weitgehend verfüllender Auflagehumus, der erste Ansätze zur Torfbildung zeigt, zumindest als anmoorig bezeichnet werden kann.
Auch hier haben wir wieder die Eingrenzung einer älteren, aus der Braunerde heraus entstandenen Bodenbildung vor der Wallaufschüttung und ein vollständiges Podsolprofil, das nach der Wallaufschüttung entstanden ist. Da datierende Funde bisher fehlen, kann unter Berücksichtigung der zuvor genannten besonderen Faktoren der Örtlichkeit nur gesagt werden, daß diese Wallschüttung frühestens gleichzeitig mit der des Nordwalles, wahrscheinlich aber etwas später,

entstanden ist. Die Bildung des starken Podsoles im Graben könnte nach der Aufgabe des Platzes seit dem späten La-Tène entstanden sein. Es besteht aber auch die Möglichkeit, daß der Ausbau am westlichen Südhang erst während der Zeit der mittelalterlichen Nutzung geschah, dann stände für die Entwicklung dieses Profiles ein Zeitraum von 1000 Jahren zur Verfügung. Es ist zu hoffen, daß bei weiteren Untersuchungen eine Datierung dieses vor allen Dingen bodenkundlich wie klimageschichtlich interessanten Befundes möglich wird. Das Auftreten schwacher Flugsandbänder hier im Schnitt XIII, aber auch im Einschlag IVb am Nordhang (Beilage 18) wie auch ähnliche Beobachtungen im Schnitt IX in den Trümmern des Gebäudes am Nordwesttor deuten an, daß es während der Nutzung oder auch nach dem Wüstwerden des Platzes zu den verschiedensten Zeiten infolge der Zerstörung der Vegetationsdecke zu Sandstürmen gekommen ist.
Die Beobachtungen in den zwei Schnitten XIIa und b auf der oberhalb des Walles liegenden Terrasse lassen sich aus den bisherigen Feststellungen der Auswirkung des menschlichen Eingriffs ebenso erklären. Im Schnitt XIIa liegt ein doppeltes Bodenprofil vor, das zuunterst eine überformte ehemalige Braunerde erkennen läßt, in der bereits eine schwache Podsolierung begonnen hatte, und zwar in der Art, wie sie im Restboden unter der Wallschüttung, Schnitt XIII, extrem ausgebildet war, am ehesten vergleichbar dem weiterentwickelten Braunerdeprofil direkt vor der Wallschüttung im Schnitt IV am Nordhang. Die Terrassierung ist dadurch entstanden, daß zum oberen Hang hin sandiger Boden abgegraben und hangabwärts aufgetragen wurde. In diesem umgelagerten Boden hat sich ein sehr kräftiger Podsol (O-Ah-Ae-Bs) entwickelt. Anstelle eines C-Horizontes befindet sich die fossile, schon überformte Braunerde. Der Bh- und Bfe-Horizont liegt an der Schichtgrenze zum aufgetragenen Boden. Der Zeitpunkt des Auftrages liegt nach der ersten Besiedlung, wahrscheinlich nach der Zerstörung der ersten Wehrlinie, weil brandgeröteter Trümmerschutt vom oberen Hang hierher gelangte (Beilage 18).
Der an der Terrassengrenze zum oberen Steilhang angelegte Schnitt XIIb zeigt eine andere Variante eines Podsolprofiles. Der O- und Ah-Horizont ist nur verhältnismäßig schwach. Ein 1 m mächtiges Bleichsandpaket des Ae-Horizontes zeigt keine extremen Ausbleichungen. Es ist fleckig-hell, weißgrau bis grau. Ein Rest der Braunerde, die hier ja abgegraben wurde, ist auch zuunterst nicht mehr erkennbar. Es scheint so, als ob hier im Winkel zwischen Terrasse und Böschung sich sowohl Flugsande gefangen haben als auch vom oberen Hang abgeschwemmtes Material. Während des allmählichen Reliefausgleiches lief hier zwar ein Podsolierungsprozeß, der aber immer wieder bis in jüngere Zeit hinein Unterbrechungen erfuhr. Humose Reste sind erkennbar über das ganze Paket verteilt. Es wird für möglich gehalten, daß diese Terrassen durchaus für kürzere Zeit acker- oder gartenbaulich genutzt wurden, die Spuren solcher Nutzung aber unter der Sekundärbewaldung oder vorübergehender Verheidung weitgehend verwischt wurden.
Abschließend sollen noch einige bodenkundliche Details, die im engsten Zusammenhang mit archäologischen Befunden stehen, Erwähnung finden. Die im Profil des Kernwerkswalles Schnitt III sehr scharfe Abgrenzung der latènezeitlichen Kulturschicht gegenüber der Wallschüttung wurde bei den Befunden bereits besprochen. Der rötlichbraune Bodenrest, der durch die sehr dünne, aber dichte dreifache Schicht mit doppelter Eisenbänderung und dazwischenliegendem grautonigem feinem Band nach oben hin geradezu versiegelt ist, könnte nach seiner kräftigen Rotbraunfärbung im oberen Bereich einer älteren Bildung unter klimatisch anderen Verhältnissen, wie den Braunlehmen des Eem-Interglazials, verglichen werden. Auch im Profil des Schnittes I (Beilage 6) taucht ein solcher auffälliger Rest auf. Es erscheint jedoch unwahrscheinlich, daß im Periglazialbereich ein solcher Bodenrest die Solifluktion der letzten Eiszeit überstanden haben könnte. Es ist daher eher daran zu denken, daß es sich auch hier um Reste der nacheiszeitlichen Braunerdebildung handelt, die nur unter den kleinklimatischen Verhältnissen am Südhang eine etwas andere Ausbildung als im übrigen Tönsbergbereich erfahren hat. Diese an der verfestigten Oberfläche unter dem Kernwerkswall entstandene Schicht mit doppeltem rostrotem Oxydationsband und hellem Reduktionsband ist Erscheinungen im Pseudogley an

einem verfestigten Horizont, der alten Lauffläche, ähnlich. Eine humose Oberfläche darüber braucht man nicht zu vermissen, denn es ist sehr wahrscheinlich, daß Soden- und Plaggenbildungen als wichtiges Material für Böschungsbefestigungen oder auch zur Aufdüngung von kleinen Ackerflächen für die Burgenbauer von ihnen vor der Aufschüttung des Walles abgenommen wurden. In dem Befund zeigt sich zumindest, daß zwischen dem Verlassen der latènezeitlichen Siedlung und dem Aufbau des Walles eine längere Wüstungszeit anzunehmen ist. An keiner Stelle in den übrigen Schnitten ist unter den latènezeitlichen Wallschüttungen eine so harte und verfestigte Grenze zu beobachten.

Eine andere interessante und immer wiederkehrende Beobachtung in allen Schnitten am Südwall (Beilagen 6 u. 12) ist die besonders kräftige Ausbildung eines Ae-Horizontes unter den Brandschuttmassen der ältesten Holzbauphase. In auffälliger Weise beginnt das bis zu 10 cm mächtige Bleichsandpaket jeweils unter der inneren Grenze der Brandschicht im Bereich der Pfostenlinie und wird schwächer bzw. verschwindet stellenweise ganz, wo die Versturzmassen der Holzkonstruktion aufhören. Dieser Befund wird so zu erklären sein, daß bei starken Regengüssen hinter der Wallinie sich anstauendes Wasser in der doch lockeren Wallschüttung versickerte und im Bereich der alten Schichtgrenze durch den Brandschutt hangabwärts lief. Die starke Humuskonzentration und das Wasser gemeinsam mögen lokal chemische Prozesse ausgelöst haben, die diese besonders deutliche Bildung bewirkten. Andererseits ist im Schnitt VI (Beilage 12) von der Pfostenlinie 9 m hangabwärts ein durchlaufendes ungestörtes Band des Ae-Horizontes erhalten, der Ah-Horizont mit eingelagerten bzw. aufliegenden Siedlungsresten und Brandschutt jedoch nur auf einer Strecke von 3 m hangabwärts. Dieser Bleichhorizont verläuft diskordant zu allen darüberliegenden humosen Auflagerungen, so daß damit nachzuweisen ist, daß eine echte Hangaussteilung vom muldenförmigen Graben unten hangaufwärts durch Auftrag von Boden und Terrassierung erfolgte, bevor die untersten Schichten der Wallschüttung aufgebracht wurden. Im Schnitt I (Beilage 6) dagegen fehlt im unteren Bereich dieser Bleichhorizont völlig bis zum muldenförmigen Graben, was wiederum die Annahme einer künstlichen Aussteilung zwischen Graben und Wehrlinie in Holzbauweise durch Abgrabung im unteren Bereich bestätigt. Die dort direkt auf dem C-Horizont bzw. dem Rest eines Bs-Horizontes auflagernden humosen Reste können junge Bildungen darstellen oder gar absichtlich zur Abdeckung des Hanges dort aufgebracht worden sein. Daß hier unterhalb der Wange des muldenförmigen Grabens noch über eine Strecke von 2 m ein bis zu 30 cm mächtiger Rest einer alten intensiven Braunerdebildung in primärer Lage bei 10,80–12,50 m vorhanden war, deutet darauf hin, daß eine solche Schicht sowohl weiter oberhalb am Hang als auch unterhalb, zumindest streifenweise, abgegraben wurde. Dies könnte auch als Hinweis darauf gewertet werden, daß zur Verstärkung des Grabenprofils ursprünglich außen vor noch ein kleiner, später verschleifter Wall bestanden hat. Dieser rekonstruierte Befund würde genau dem entsprechen, der im Schnitt XIII in stärkerer Ausführung erhalten geblieben ist.

Auf eine deutliche beginnende Bildung eines Podsolprofiles an der Obergrenze der latènezeitlichen Wallschüttung, insbesondere im Schnitt VI (Beilage 12) zwischen 5 und 10 m, ist bereits bei der Beschreibung der einzelnen Schnitte wiederholt hingewiesen worden. Diese Podsolbildung ist wiederum als Beweis für eine längere Wüstungsphase zwischen zwei Nutzungsperioden zu werten.

4.2.1.5.2. Zeitliche und räumliche Gliederung (Beilagen 1, 4, 6 u. 12)

Mit den Ergebnissen der bisher durchgeführten Grabungen läßt sich das Bild der zeitlichen und räumlichen Gliederung der verschiedenen Siedlungs- und Befestigungsperioden des Tönsberges sicher noch nicht vollständig und verbindlich zeichnen. Entscheidend für eine endgültige Beurteilung werden sehr umfangreiche und aufwendige Untersuchungen im Bereich des Nordwesttores und ein vollständiger Schnitt durch den mächtigen Hauptwall nach W mit seinen Vorwällen und

Bastionen sein. Auch erscheint es fragwürdig, ob die jetzige Torsituation im Bereich des südlichen Hauptwalles den latènezeitlichen Verhältnissen entspricht. Ein größerer Schnitt auf der südöstlichen Bergnase zur Wistinghauser Schlucht würde helfen, nicht nur die gesicherte Zuordnung der Terrassierungen und Wälle in diesem Gebiet zu erreichen, sondern wahrscheinlich auch eine ältere latènezeitliche Verkehrs- und Torsituation zu klären. Schließlich wäre zur Beurteilung der mittelalterlichen Nutzung und Bedeutung nicht nur die vollständige Ausgrabung des Gebäudes im Schnitt IX wichtig, sondern auch eine erneute Untersuchung der leider durch planlose Grabungen von Laien um die Jahrhundertwende zerstörten Quellfassung. Darüber hinaus sind gerade im Bereich des Gebäudes am Westtor bei Schnitt IX entscheidende Belege für die frühgeschichtliche Nutzung des Gesamtgeländes zu erwarten. Im Bereich des Kernwerkes können Kenntnisse über die noch nicht näher datierte Nutzungsperiode vor Errichtung der Mörtelmauer gewonnen werden.
Trotzdem soll versucht werden, ein Bild der zeitlichen und räumlichen Gliederung zu entwerfen.
Nach Streuung der ältesten Keramik ist zu erwarten, daß der gesamte Bereich vom Kamm des Bergrückens bis zum südlichen und westlichen Hauptwall in der La-Tène-Zeit besiedelt war, zumindest aber über längere Zeit hin schon benutzt wurde, bevor die Hauptwehrlinie entstand. Beobachtungen an der Gestaltung und dem künstlichen Ausbau des Südhanges legen die Vermutung nahe, daß auch wesentliche Teile der Südhangterrassierung, vor allem am östlichen Südhang, in dieser Zeit angelegt wurden und in ihnen bereits eine Sicherungs- und Verkehrsanlage der frühesten Besiedlung steckt. Wie weit sich diese Besiedlung in das sehr komplizierte Vorwall- und Befestigungssystem nach W zum Bergrücken hin erstreckte, kann nicht gesagt werden. Beobachtungen lassen jedoch den Schluß zu, daß in den äußeren Linien bereits stärkere Bestandteile des Wehrbaues zur frühesten Besiedlung gehören. Auch wird angenommen, daß dieses System bereits das Quellgebiet umfaßte und sicherte.
Ein Teil des keramischen Fundgutes und das C14-Datum für die älteste Befestigungslinie im Hauptwall machen es wahrscheinlich, daß diese älteste Besiedlung bereits in der frühen La-Tène-Zeit begonnen hat.
Zu Beginn der mittleren La-Tène-Zeit wurde, wie stratigraphische Befunde am Südwall im Schnitt I (Beilagen 4 u. 6) und im Schnitt VI (Beilage 12) wahrscheinlich machen, eine etwas zurückgenommene Linie mit einer aus Holz errichteten Wehrlinie und dahinterliegender Erdrampe ausgebaut. Da der Schnitt im Nordwall nur wenige latènezeitliche Scherbenreste brachte, mit denen eine scharfe Datierung nicht möglich ist, und Holzkonstruktionen dabei nicht gefunden wurden, kann nicht gesagt werden, ob diese Linie in Holzbauweise auch schon den Nordhang sicherte. Daß sie wiederum das Quellgebiet umfaßte und auch im westlichen System steckt, wird angenommen. Die Besiedlung in dieser Phase hat sich auf den inneren Südhang des Bergrückens beschränkt. Der kalte Nordhang ist wahrscheinlich nie intensiv besiedelt gewesen. In welcher Form in dieser Zeit das vorgelagerte südöstliche Terrassensystem genutzt wurde, kann nicht gesagt werden, da Funde aus diesem Gebiet fehlen.
Nach einer Zerstörung der Wehrlinie in Holzbauweise wird kurzfristig ein Wiederaufbau angenommen, da an keiner Stelle die Bodenbefunde eine stratigraphische Gliederung durch einen Wüstungshorizont erkennen lassen. Das keramische Material der Feuerstelle F 2 im Schnitt I (Beilage 4; Taf. 1A) ist nach der Entnahme des Materials für den Wallbau abgelagert worden und läßt eine Datierung dieser Bauphase in die ausgehende mittlere La-Tène-Zeit zu. Die Nutzungsflächen und die Ausdehnung der Wehranlage werden den Verhältnissen in der vorhergehenden Periode entsprechen. Nach dem Fundgut im Schnitt IV des Nordwalles und den bodenkundlichen Beobachtungen kann angenommen werden, daß spätestens in dieser Ausbauphase der älteste Wall rings um den Bergrücken angelegt wurde. Für die Terrassen am Südhang trifft zu, was schon für die vorhergehende Periode gesagt wurde. Mit einiger Wahrscheinlichkeit kann jetzt auch der Hangausbau am westlichen Südhang angesetzt werden, da Brandschuttreste von der ersten Zerstörung in den Auftragsschichten der Terrassen ebenso festzustellen waren

wie ähnliches Material im Schnitt XIII am südwestlichen Vorwall mit Innengraben. Es ist auch völlig unwahrscheinlich, daß zu dieser Zeit die Quelle nicht gesichert war. Dazu muß noch gesagt werden, daß in dem Quellhorizont das Wasser in den früheren Perioden möglicherweise unterhalb der heutigen Quellfassung austrat. Die Verlagerung der Quelle nach oben erfolgte wahrscheinlich erst im mittelalterlichen Ausbau durch eine sehr tiefe Eingrabung in den Quellhorizont hinein.
Der Befund im Schnitt I hatte bereits deutlich gemacht, daß nach dem Verfall dieses latènezeitlichen Walles vor der Errichtung der mittelalterlichen Mauer hier keine weiteren baulichen Veränderungen stattfanden. Um das Verhältnis des mächtigen Kernwerkswalles zu den drei sichtbaren Wehrbauphasen festzustellen, wurde an der Einmündung des Kernwerkswalles Schnitt VI angelegt. Dort wurde deutlich, daß dieser Wall einer zwischenzeitlichen Bauphase angehört. Von der latènezeitlichen Befestigung ist er durch eine längere Wüstungsphase abgesetzt, in der sich eine sehr kräftige Bodenbildung vollzog, und auch viel Material der älteren Kulturschichten verlagerte sich durch Hangerosion über die Rampe der latènezeitlichen Befestigung. Da zu der nachfolgenden Mörtelbauperiode eine solch eindeutige Abgrenzung des jüngeren Walles nicht besteht, andererseits gerade der starke frühmittelalterliche Ausbau und der hallenförmige Bau im NW an dieser später bald aufgegebenen Stelle einen Vorläufer wahrscheinlich macht, wird diese durch Fundgut noch nicht zu datierende Anlage vom Verfasser kurz vor der karolingischen Zeit angesetzt. Dieser Ansatz ist zunächst rein hypothetisch. Er scheint aber unter Berücksichtigung der historischen und politischen Entwicklung im späten 8. Jahrhundert in diesem Gebiet nahe Paderborn gerechtfertigt. In welchem Umfang die Gesamtanlage zu dieser Zeit ausgebaut und genutzt war, kann nicht mit absoluter Sicherheit gesagt werden. Der Raum des Kernwerks bildete jedenfalls einen wesentlichen Bestandteil dieser Anlage, denn die Ausgrabung hat erwiesen, daß dieser Kernwerkswall kein Abschnittswall ist, sondern als starker Steinwall in die alte Wehrlinie einmündet. Der zusätzliche Ausbau der gesamten südlichen Linie nach O bis um die Bergnase nach O herum ist deutlich erkennbar. Die Beschaffenheit des westlichen Südwalles, vom Südtor beginnend, und des westlichen Hauptwalles hangaufwärts läßt aber den Schluß zu, daß in den noch sehr steilen Böschungen und in der starken Aufhöhung des Walles nach W auch eine Baumaßnahme dieser vormittelalterlichen Zeit steckt. Damit wird wiederum eine Benutzung der Gesamtanlage einschließlich der westlichen Vorwälle und Bastionen am Nordtor wahrscheinlich.
Schuchhardt hat die zwei Kammertore ausgegraben und einen Vergleich mit Alt-Schieder angestellt, und es erscheint jetzt als gesichert, daß die Anlagen des Tönsberges bereits in die karolingische Zeit zu datieren sind, denn bei der Untersuchung der von Schuchhardt wenig beachteten Gebäudereste im Schnitt IX konnte datierendes Material für das ausgehende 8./9. Jahrhundert gewonnen werden. Diese Maßnahme stellt einen sehr starken Ausbau dar, und es ist rätselhaft, daß diese Anlage, wollte man sie überhaupt später datieren, in keiner Quelle oder historischen Nachricht einen Niederschlag gefunden hat. Anders als im Falle Alt-Schieder bleiben Geschichte und Bedeutung dieses Platzes in dunkel gehüllt, wenn nicht die archäologische Untersuchung Bedeutung und Funktion erkennen läßt. Der Schuchhardtsche Plan bringt allerdings den Umfang des mittelalterlichen Ausbaues nicht vollständig. Die gemörtelte Mauer auf der Wallkrone ist auf der gesamten Linie des Südwalles bis in den Bereich des Kernwerks hinein, wahrscheinlich bis um die Bergnase herum, vorhanden gewesen, wie bei der Begehung festgestellte Reste der Mauer, Mörtelspuren und letztlich der Bewuchs mit Buchen als Indikator für Kalkvorkommen beweisen. Auch eine Strecke des Nordwalles vom Westtor nach O hat noch eine Mörtelmauer gehabt. Nach den vorhandenen Trümmern sind im Winkel zwischen Nordwall und Nordwesttor Reste eines starken Wehrpodiums, wenn nicht eines ehemaligen Turmes oder Torhauses, anzunehmen. Auch auf der weiteren Linie scheint mit der Errichtung des hallenähnlichen Steinbaues eine Verstärkung des Walles, zumindest im Bereich der Halle, erfolgt zu sein. Am weiteren Wallverlauf ist eine Mehrperiodigkeit nicht feststellbar. Mit Sicherheit kann gesagt werden, daß anders als im S der Kernwerkswall nicht an den Nordwall anschließt. Er endet mit

seinem Graben oberhalb der latènezeitlichen Materialentnahmemulde. Ob und wie diese Lücke geschlossen war, kann nur durch Grabungen geklärt werden. Die Führung der sehr arbeitsaufwendigen Mörtelmauer, für die der gesamte Kalk aus größeren Entfernungen aus der Westkette des Teutoburger Waldes herangeschafft werden mußte, läßt aber wiederum den Schluß zu, daß auch für den mittelalterlichen Ausbau eine Nutzung der gesamten Innenfläche zumindest geplant war. Nach den Beobachtungen im Schnitt IX scheint diese Anlage keine lange Lebensdauer gehabt zu haben, und es ist daran zu denken, daß dieser befestigte Platz sehr bald in ein wirtschaftlich günstigeres Areal verlegt wurde. Oerlinghausen hat in seiner Umgebung mehrere sehr alte große Höfe und gehört selbst zu den frühesten Stammpfarreien (Hömberg, 1967, u. Kittel, 1957, 38).
Die Geschichte der spätmittelalterlichen Klause, über die es auch kaum historische Nachrichten gibt, die lediglich im 16. Jahrhundert einmal als Wallfahrtskapelle erwähnt wird, soll hier außer acht bleiben. Die Grabungen an der Kapelle haben ergeben, daß eine Verbindung zu den frühgeschichtlichen und mittelalterlichen Anlagen nicht besteht. Vielleicht hat eine zu jener Zeit noch lebendige historische Überlieferung einen Klausner veranlaßt, an diesem inzwischen vereinsamten und nach Verlegung des Gebirgsüberganges abseits liegenden Platz seine Klause zu errichten. Nach Kittel (1957, 99) berichtet Schaten in den Paderborner Annalen 1693, daß bis zum Jahre 1548 von Dortmund und den benachbarten Gebieten aus Wallfahrten zur Kapelle des hl. Antonius stattfanden. Eine weitere Quelle dazu ist nicht bekannt.

4.2.1.5.3. Zur absoluten Dauer

Bei dem Versuch, die verschiedenen Erscheinungen und Abschnitte der gesamten Befestigungsanlage den erkannten Bauperioden zuzuordnen, wurde über die Zeitstellung der einzelnen Maßnahmen bereits berichtet. Um das Bild nicht zu verwirren, wurde darauf verzichtet, Einzelbeobachtungen über zwischenzeitliche Reparatur- und Ausbaumaßnahmen, wie sie im komplizierten Aufbau des Profiles im Schnitt I Südwall (Beilage 6) sichtbar werden, in diese Überlegungen mit einzubeziehen. Sie sollen hier lediglich als Hinweis dafür gewertet werden, daß die Anlagen der einzelnen Bauperioden, die zweifellos von ihrer Bautechnik her nur verhältnismäßig kurzlebig sind, doch längere Zeit benutzt wurden. Die drei als gesichert anzusehenden latènezeitlichen Abschnitte können also durchaus einen längeren Zeitraum beansprucht haben. Die ältereisenzeitliche Keramik ist trotz der inzwischen vorliegenden Bearbeitung größerer Siedlungskomplexe (Wilhelmi, 1967 u. 1973) wegen ihrer zahlreichen langlebigen Formen und sehr wenig differenzierten Technik nur in großen zusammenhängenden Materialkomplexen für eine Feindatierung verwendbar. Das Fortleben eines hallstattzeitlichen Substrats zeigt sich jedoch in dem Material der stratigraphisch abzugrenzenden älteren Kulturschicht ebenso wie das Vorherrschen mittel- und spätlatènezeitlicher Formen, insbesondere in Verbindung mit dem Fund der Nauheimer Fibel, in anderen Komplexen. Nimmt man die im Kap. 5.3.3. im Vergleich mit anderen Anlagen ausgewerteten C14-Daten für verschiedene Ausbauphasen am Tönsberg hinzu, so ist der Beginn der älteren Besiedlung bereits um 300 v. Chr., noch in La-Tène B, anzunehmen. Ob eine Hangbesiedlung vor der ersten Befestigung im Bereich des südlichen Hauptwalles schon längere Zeit bestand und evtl. noch in die ausgehende Hallstattzeit zurückreicht, kann anhand der wenig aussagekräftigen Siedlungskeramik, zumal in den bisher vorliegenden geringen Stückzahlen, nicht gesagt werden. Sicherer erscheint die Festlegung der oberen Grenze. Nach der Auswertung des Fundkomplexes mit der Nauheimer Fibel (Kap. 4.2.1.4.2.) ist mit der Aufgabe des Platzes in der Zeit der römischen Operationen im freien Germanien zu rechnen. Im gesamten Fundgut fehlt das in benachbarten Siedlungen der älteren römischen Kaiserzeit auftretende, ganz andersartige keramische Material. So ergibt sich als spätestes Enddatum ein Zeitraum von vielleicht 20 Jahren um Christi Geburt.
Die Zeitdauer des vorkarolingischen Ausbaues und die Nutzung ist in ihrem Beginn noch nicht

festzulegen, da entsprechendes Fundgut fehlt. Für diese frühgeschichtlich-mittelalterliche Nutzungsperiode ist aber wiederum mit einer Kontinuität zu rechnen. Das Ende kann nach den bisherigen Beobachtungen bereits für das 10. Jahrhundert angenommen werden, wenn man davon ausgeht, daß die Datierung des Gebäudes am Westtor auch auf die Datierung der Kammertore und Ummauerung angewandt werden kann, wie es Schuchhardt durch seinen Vergleich der Mauertechniken wahrscheinlich macht. So ergibt sich für die urgeschichtliche Nutzungsperiode eine Zeitdauer von etwa drei Jahrhunderten, für die frühgeschichtlich-mittelalterliche Nutzung ein Zeitraum von höchstens 80 bis 100 Jahren.

4.2.1.5.4. Funktion

Die bisherige Auffassung, daß die ältereisenzeitlichen und auch frühgeschichtlichen Ringwälle unseres Raumes vorwiegend eine Funktion als Fluchtburgen gehabt hätten, ist zumindest für die urgeschichtlichen Ringwälle zu überprüfen. Beim Tönsberg lassen die Ergebnisse eine solche Deutung nicht mehr zu. Um die Funktion dieser Anlage wirklich zu erkennen, ist es allerdings auch erforderlich, die Umgebung und die eisenzeitliche Fundsituation des Arbeitsgebietes in die Betrachtung einzubeziehen, insbesondere den Versuch zu unternehmen, das alte Verkehrsnetz zu rekonstruieren (Beilage 24; Abb. 1, 3 u. 4–6; Taf. 17 u. 56 unten).
Die Wistinghauser Schlucht hat als Gebirgspaß seit der Bronzezeit eine größere Bedeutung gehabt, als ihr in allen älteren Arbeiten (Hölzermann, 1878; Copei, 1938, Karte; Abb. 74) zugebilligt wurde. Die Befestigung liegt im Knotenpunkt eines urgeschichtlichen Systems von Höhenwegen, die in der Streichrichtung des Teutoburger Waldes über den Kamm und streckenweise durch die Längstäler anzunehmen sind, und zweier ebenso verlaufender Wege, die an der Nordflanke wie der Südflanke des Gebirges im Bereich der Senne oberhalb des Quellhorizontes mit Sicherheit vorhanden waren. Eine Spange, die diese Wege miteinander verband und als Abzweigung vom Sennehellweg in Richtung auf den Weserbogen bei Vlotho führte und damit die alten Gebirgsdurchlässe am Weser- und Wiehengebirge ansteuerte, benutzte die Wistinghauser Schlucht. Damit ist eine strategische Funktion ebenso angedeutet wie die Möglichkeit eines Stützpunktes und einer Kontrollfunktion im Rahmen wirtschaftlicher Vorgänge.
Daß die Anlage nur kurzfristige Nutzung und Bedeutung als rein militärische Anlage im Zusammenhang mit kriegerischen Auseinandersetzungen hatte, ist bei der Zeitdauer der Höhensiedlung unwahrscheinlich. Ihre verkehrsgeographische Lage bedingt natürlich, daß sie im Rahmen kriegerischer Auseinandersetzungen eine solche militärische Bedeutung gewann. Vom Tönsbergrücken ist nach Entfernung des Hochwaldes, eine solche ist für die Besiedlungszeit anzunehmen, der Blick frei für eine Kontrolle der gesamten östlichen münsterländischen Bucht und eine Beobachtung aller Zugänge zu den Gebirgspässen vom Bielefelder Raum bis zur Paderborner Hochfläche. Über die wechselnde Bedeutung der einzelnen Gebirgsübergänge zu den verschiedenen Zeiten wird im Kap. 5.4.2. berichtet. Da der dem Gebirge nach W vorgelagerte Sennestreifen, zumindest bis zum Quellhorizont, als siedlungsfeindlich anzusehen ist, ist die Anlage deutlich dem alten Siedlungsraum nordöstlich des Gebirges bis zum Werretal zuzurechnen. Einzelfunde, wie Mahlsteine aus Schilfsandstein und Rätquarzit, deuten diese Beziehung schwach an. Die fruchtbaren Ackerböden dieser Siedlungskammer machen es unwahrscheinlich, daß bäuerliche Interessen und Lebensweise die Auswahl dieses Platzes beeinflußten. Es ist jedoch nicht auszuschließen, daß die Bewohner einiges zu ihrer Versorgung mit Nahrungsgütern im Bereich der Anlage und der nächsten Nachbarschaft unternahmen. Im Bereich der Terrassierungen am Südhang, im Quellgebiet und auf den Geschiebelehmen mit Lößdecke direkt am Nordhang des Berges und im Währentruper Talkessel waren dafür die Voraussetzungen durchaus vorhanden. So ist ein bescheidener Ackerbau und eine umfangreichere Viehhaltung, die die Eichelmast und die Waldhude allgemein nutzte, durchaus möglich gewesen. Es ist aber nicht zu verkennen, daß die Voraussetzungen dafür in der weiten nördlichen Siedlungskammer sehr viel

günstiger waren. Daraus ergibt sich, daß gewisse politische und zentralörtliche Funktionen die Entscheidung für die Auswahl dieses Platzes bestimmt haben.
Anders ist die Funktion für den frühgeschichtlich-mittelalterlichen Ausbau zu bewerten. Für diesen Zeitraum ist die verhältnismäßig dichte Besiedlung und gute Erschließung des Arbeitsgebietes durch zahlreiche Einzeluntersuchungen (Hunke, 1931; Wendiggensen, 1931; Schmidt, 1940, u. Pfaff, 1957) nachgewiesen. Die agrarische Entwicklung in dieser Zeit auf den in genügendem Umfang zur Verfügung stehenden Ackerböden, das Vorhandensein dörflicher Ansiedlungen in größerer Zahl lassen erkennen, daß für die Wiederbenutzung des Platzes in diesem Falle ausschließlich strategische und politische Gründe entscheidend waren. Die auffällige Fundarmut an Siedlungsresten, die sich für die vorkarolingische Bauperiode abzeichnet, deutet schon an, daß hier wahrscheinlich die Funktion als Fluchtburg oder als Sammelplatz für militärische Operationen im Vordergrund stand. Das schließt eine allerdings noch nachzuweisende Funktion als Sitz eines politischen Führers und Verwaltungszentrums nicht aus. Am ehesten erklärt sich daraus auch der umfangreiche frühmittelalterliche Ausbau, der dann allerdings nach Neuordnung und Konsolidierung der politischen Machtverhältnisse seine Bedeutung endgültig verlor und wegen der Ungunst der örtlichen Verhältnisse zu Gunsten besserer Plätze bald verlassen wurde.

4.2.2. Piepenkopf bei Hillentrup

TK 3919 Lemgo: r. 349780–349820,
h. 576740–576780

(Abb. 3,2; 13–15; Taf. 7, 32–37; Beilagen 19–22)

Höhenlage: 190–240 m ü. NN.

Flächengröße: ca. 7 ha.

Befestigungsart: Das westliche Ende eines Bergrückens und dessen Südhang ist, unter Ausnutzung eines Steilhanges im N und NW, durch einen Stein-Erde-Wall im O, der von N nach S verläuft, vom übrigen Berg abgetrennt. Nach Erreichung einer Quelle biegt der Wall nach W ab und läuft, im wesentlichen den Höhenlinien 190–200 m folgend, im NW am Steilhang aus. Nach O ist ein schwacher Erdwall vorgelagert. Am Südhang außerhalb Spuren von Terrassen. Gräben sind nicht erkennbar. Die Lage und Anzahl der Tore ist nicht mit Sicherheit feststellbar.

Heutiger Zustand: Der Stein-Erde-Wall ist bis auf Störungen durch Windwürfe und einige Holzabfuhrwege als breit verstürzter Wall, kräftige Geländestufe oder Terrasse am Hang gut erhalten. Ein kleinerer Teil der Innenfläche ist durch vorübergehenden Steinbruchbetrieb und Anlage eines Bremsberges (an einer Materialrutsche) zerstört.

Bodennutzung: Die Gesamtfläche ist mit Buchen- bzw. Fichtenhochwald und Fichtenschonung bestanden.

Besitzverhältnisse: Landesverband Lippe, Verwaltung Forstamt Brake.

Ausgrabungen: Nebelsiek, 1939; Hohenschwert, 1966.

Literatur: Nebelsiek, 1939; Nebelsiek, 1950a und 1950b; Hohenschwert, 1966.

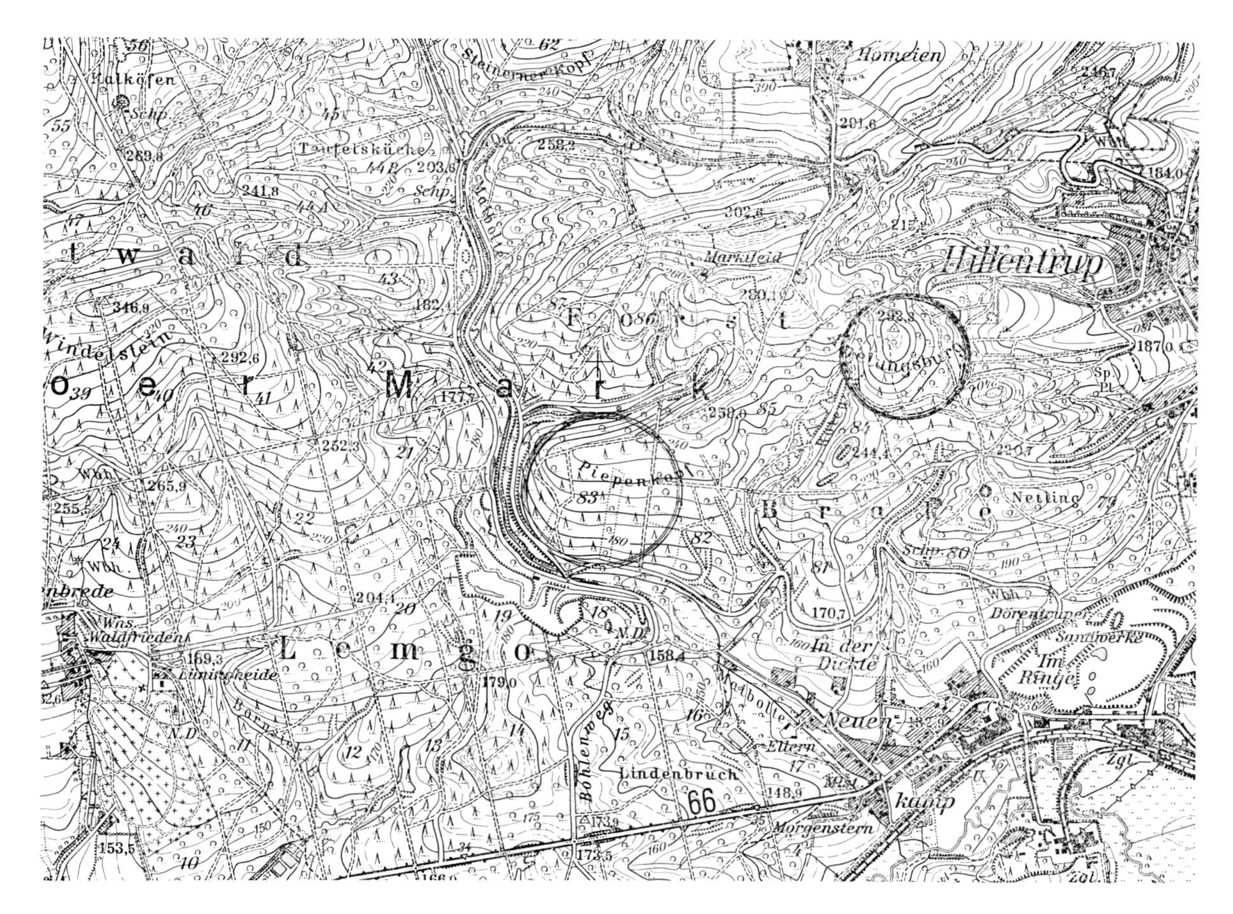

Abb. 13 Piepenkopf und Amelungsburg, Ausschnitt aus der TK 3919 Lemgo. Maßstab 1 : 25 000.

4.2.2.1. Lage und geologische Verhältnisse

Der Piepenkopf (Abb. 13 u. 15; Taf. 32, 1) ist auf einer wenig gegliederten, nach S geneigten Hangfläche eines von O nach W verlaufenden Keuperrückens angelegt. Die durch Rätquarzite, Sandsteinbänke und Tone des oberen Keuper gegen die Erosion widerstandsfähige Fläche ist fast dreieckig mit einer abgerundeten Spitze nach W ausgebildet. Im N, W und S wird sie durch das Tal der Maibolte und einen ihrer Zuflüsse begrenzt. Der Nord- und Westhang ist durch verstärkte Erosion in den grauen Steinmergelschichten des mittleren Keuper sehr steil ausgebildet und fällt 50–70 m tief zum Bachbett ab. Der Südhang ist, bedingt durch die Neigung der Keuperschichten, weniger steil. Mit dem höher gelegenen Bergland im N und O ist der Piepenkopf durch einen schmalen Bergrücken verbunden, der sich im Bereich des Schilfsandsteines, mürber Letten und Mergel des mittleren Keupers kräftig profiliert herausgebildet hat. Dieser Grat verbindet den Piepenkopf mit der ca. 900 m nördöstlich gelegenen Amelungsburg, einem 50 m höheren, auffälligen Bergkegel, der wieder eine harte Rätquarzitkappe trägt (Taf. 32, 2). Der Gedanke, daß sich auf diesem kleinen Kegel eine Warte befand, von der aus die Siedlungsgebiete, Täler und Höhen ringsum zu beobachten waren, liegt nahe. Vom Piepenkopf selbst ist nur das weiter entfernte Vorland nach S einzusehen. Die Befestigung paßt sich den geologischen und morphologischen Verhältnissen in besonderer Weise an. Während der Steinwall am sturmfreien Steilhang im N ansetzt und im NW ausläuft, weist die vom Bergrücken leichter zugängliche Ostseite zusätzlich einen aus Erde aufgeworfenen Vorwall auf. Dieser biegt am oberen Hang ab, den er in Richtung auf die Amelungsburg noch ein Stück begleitet. Auch am flacheren Südhang scheinen stellenweise Terrassen vor dem Wall auf zusätzlichen Schutz hinzuweisen.

4.2.2.2. Forschungsgeschichte

Über die Befestigungen auf dem Piepenkopf haben wir bis 1933 keine sicheren schriftlichen Berichte. Sie wurden bis dahin nicht erkannt oder beachtet. Weißbrodt (1934) beschäftigt sich mit den 1711 herausgegebenen Schriften des Lemgoer Pfarrers Hamelmann (1525–1595), der eine „Hameleburg“ (Amelungsburg?) nennt, bei „Hilventrop“ (Hillentrup), eine „treffliche Feste“, die auf der Höhe stand und auf die noch Reste auf dem Berg und viele Umstände hinweisen (Abb. 14). Mische (1879) gibt in einem mit volksethymologischen Spekulationen überladenen Bericht einen interessanten Hinweis: Nach ihm ist die Amelungsburg in der Lemgoer Mark zu suchen. Von einer Stelle dort, „Schloßplatz“ genannt, wurde viel Steinmaterial zum Bau der Hillentruper Kirche geholt. Hölzermann (1878) bezeichnet mit dem Namen „Amelungsburg“ auch ein 130 m langes Wallstück mit Graben am Fuße des 900 m nordöstlich vom Piepenkopf liegenden auffälligen Bergkegels, der diesen Namen trägt. Schuchhardt (1916, 81) bringt eine kurze Notiz, in der er den prähistorischen Charakter des Hölzermannschen Walles bezweifelt. Auch Nebelsiek (1939) glaubt nicht an ein hohes Alter des heute noch 2 m hohen Walles mit 1,50 m tiefem Graben und steilen Böschungen. Auf der Amelungsburg sind heute noch am Nordwesthang des Bergkegels schwache Terrassen, aber keine sicheren Spuren einer Burg erkennbar. Trotzdem wurden die in den spärlichen Nachrichten erwähnten Reste einer alten Befestigung immer hier gesucht. In Verbindung mit dem Hölzermannschen Wall ist mit einem zerstörten mittelalterlichen Ausbau der Bergkuppe zur Kontrolle des hier vorbeiführenden alten Weges zu rechnen und mit der Möglichkeit, daß mit ihrem Namen der Name der Anlage auf dem Piepenkopf überliefert wurde (Nebelsiek, 1950a, 99).
1933 meldete der Revierförster Köster vom Piepenkopf verschiedene Wälle mit Steinen, die den Waldarbeitern seit langem bekannt waren und auf denen die Pflanzungen nicht anwuchsen. Sie wurden von Nebelsiek als prähistorische Befestigung erkannt und 1938 vermessen (Abb. 15). 1939 begann er mit einer ersten Grabung, die nach Kriegsausbruch nicht weitergeführt werden konnte. 1941 wurde die Befestigung unter Denkmalschutz gestellt. 1942 mußte im Zuge kriegs-

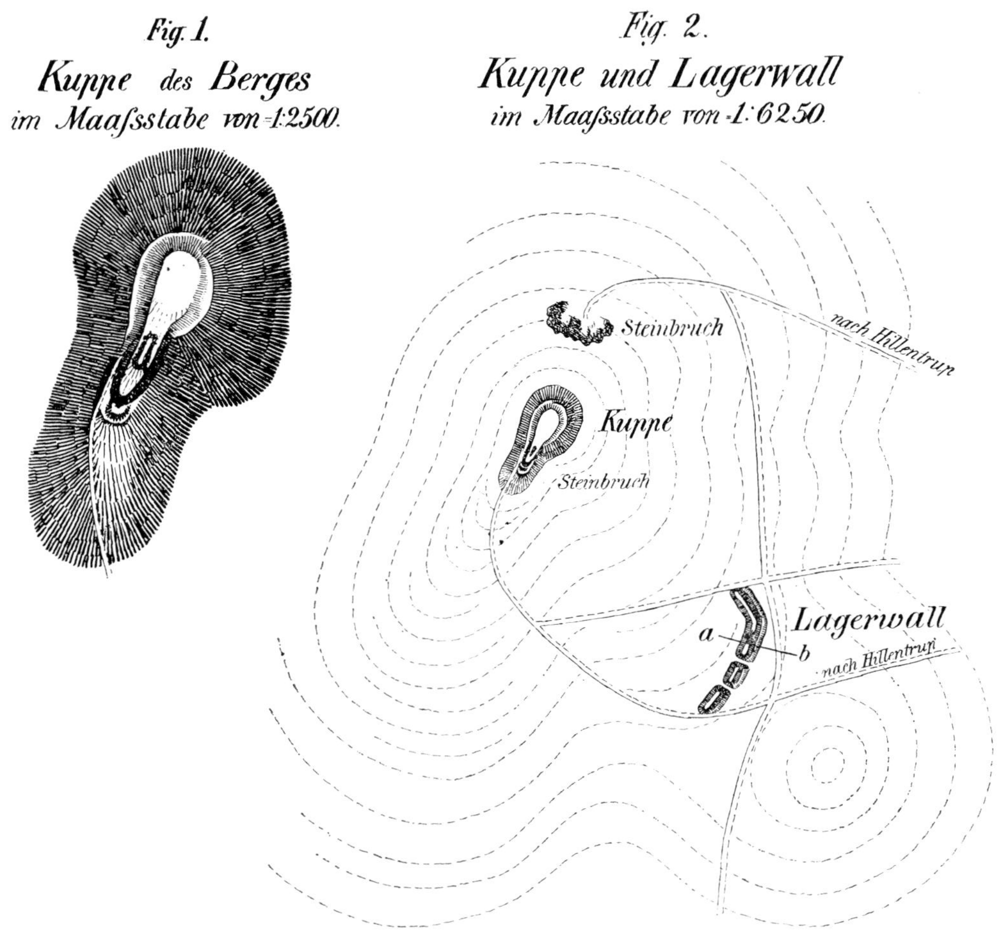

Abb. 14 Amelungsburg, Lageplan (nach Hölzermann, 1878, Taf. 26).

wirtschaftlicher Maßnahmen die Anlage eines Quarzitbruches im Inneren hingenommen werden. Durch Einflußnahme auf die Planung konnte dabei die Zerstörung auf ein Mindestmaß beschränkt werden.

4.2.2.3. Befund

4.2.2.3.1. Gesamtanlage

Die Befestigung (Abb. 15; Taf. 32 u. 33) besteht aus einem starken Stein-Erde-Wall, der im NO am Steilhang beginnt und etwa 200 m in fast gerader Linie nach S hangabwärts verläuft. So schneidet er das westliche Ende eines langen Bergrückens ab. Der Wall ist hier noch durchschnittlich 13 m breit erkennbar und bis 1,30 m hoch. Ihm vorgelagert nach O erscheint in durchschnittlich 20 m Entfernung noch ein schwacher Erdwall, der im SO beginnt, im N aber 100 m vor dem Steilhang nach O in Richtung des Bergrückens zur Amelungsburg abbiegt. Auf einer Strecke von 90 m ist er in dieser Richtung noch klar erkennbar und weitere 150 m in Spuren zu verfolgen.

Eine weitere Beobachtung ist zur Zeit in einer Dickung nicht möglich. Der starke Hauptwall biegt nach 200 m geradem Verlauf nach S einmal kurz westwärts nach innen, läßt dadurch eine sumpfige Stelle außen liegen, um die der Vorwall jedoch noch herumzieht. Dann verläuft der starke Wall noch ein kurzes Stück südwärts und biegt in weitem Bogen nach W. Dieser am tiefsten gelegene Teil im SO umfaßt ein Quellgebiet. Das reichlich austretende Wasser durchbricht den Wall nach S. Dieser verläuft nun 300 m in Nordwestrichtung etwa an der 210-m-Höhenlinie. Hier sieht man ihn am Hang als ausgeprägte Terrasse. Mit einem Haken scharf nach N schließt er im NW am Steilhang zur Maibolte ab. Auch auf dem Rande des Steilhanges (Taf. 32 unten) lassen sich stellenweise, besonders im NO, Spuren eines schwächeren Walles beobachten.
Ob ein scharfer Einschnitt in der Mitte der Südwestseite einer alten Torgasse entspricht, ist zweifelhaft. Die Ausbildung entspricht nicht dem sonst beobachteten wehrtechnischen Prinzip, bei einer Lage, wo der Ankommende dem Verteidiger die vom Schild ungeschützte Körperseite zeigt. Der Wall mit leicht terrassiertem Vorgelände ist hier von einer 50 m langen Gasse bis auf die Sohle durchschnitten. Man könnte an einen später eingetieften Forstweg denken. Aber die Beobachtung, daß dann Material aus diesem Weg sehr aufwendig nach der Ostseite zu einem Hügel aufgehöht wäre, statt es einfach rechts und links aufzuwerfen bzw. es bergab zu ziehen, widerspricht dem. Wie aber soll man sich sonst erklären, daß direkt neben diesem Durchlaß das östliche Wallende sehr viel kräftiger und hoch zu einem etwas zurückliegenden Hügel ausgebildet ist.
Eher als Tor zu deuten ist der Geländebefund in wehrtechnisch günstiger Situation im W am hakenförmigen Ende des Walles. Dieser Zugang ist sehr steil, aber die von hier hangabwärts ziehende, unterschiedlich stark ausgeprägte Linie einer Geländestufe (Abb. 15), die erst jetzt im Hochwald gut zu beobachten war, unterstützt diese Vermutung. Sie kann eine alte Wegetrasse darstellen, jedoch ebensogut eine Sicherungsanlage für das Vorgelände sein.
Ein weiteres Tor dürfte im NO auf dem Bergrücken zu suchen sein, wenn dort, wie man annehmen darf, ein alter Höhenweg weiterführte und in Anlehnung an das Beispiel der Altenburg bei Niedenstein (Abb. 65) eine Verbindung zur Amelungsburg als zugehöriger Hochwarte (siehe Taf. 32 Mitte) bestand. Der dort umbiegende Vorwall läßt einen solchen Schluß zu. Auch verschiedene alte Wegespuren und Terrassen am Hang in Richtung auf die Amelungsburg, die bei der Geländebegehung auffielen, könnten darauf hinweisen.

4.2.2.3.2. Grabungen 1939

Die von Nebelsiek durchgeführte erste Grabung im Mai und Juni 1939, über deren Ergebnisse ich im folgenden nach seinen Grabungsunterlagen zusammenfassend berichte, sollte zunächst über die Bauweise der Wälle Aufschluß geben und durch Funde weitere Anhaltspunkte für die Datierung liefern. Der erste Wallschnitt (Abb. 15; Taf. 33 u. 34) wurde 35 m westlich der Quelle in einem Streifen Buchenhochwald angelegt. Der übrige Teil der Fläche war zu jener Zeit weitgehend von dichter Fichtenschonung bedeckt. Ein 20 m oberhalb des Schnittes angelegter Bodeneinschlag klärte das normale Bodenprofil. Es zeigt sich wie folgt:
0– 5 cm schwarzbrauner Waldhumus
5–18 cm graubrauner sandiger Lehm
18–35 cm gebleichter, etwas heller sandiger Lehm
35–60 cm gebleichter Lehm mit starken rotbraunen Eisenanreicherungen
darunter Keupermergel und Letten
Es handelt sich um das Profil eines stark gebleichten Waldbodens, stellenweise mit Staunässe-Erscheinungen.

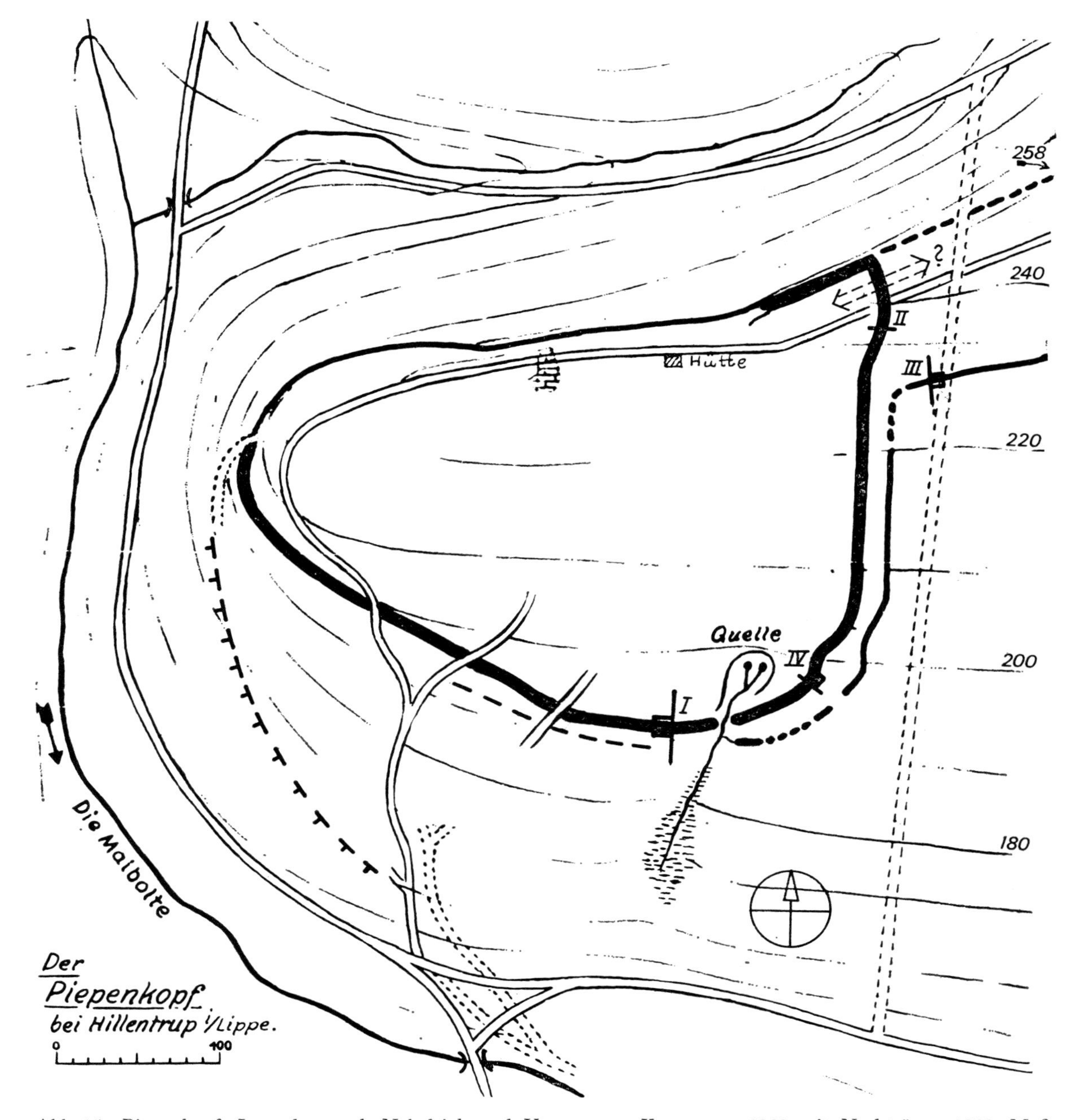

Abb. 15 Piepenkopf, Lageplan nach Nebelsiek und Vermessung Koppmann 1939 mit Nachträgen 1966. Maßstab 1 : 4 000.

Schnitt I

Der Schnitt (Beilage 19; Taf. 33 u. 34) wurde in 1,60 m Breite senkrecht zur Wallmauer angelegt, die in 1,20 m Stärke auf die ehemalige Oberfläche gesetzt erschien. Nebelsiek deutete den Befund damit, daß der obere Teil der Mauer nach außen hin umkippte, die abgerollten Trümmer zeigten sich locker im Lehm sitzend, 7–10 m weit hangabwärts gerollt und von den festgepackten Steinen der Mauer deutlich zu unterscheiden. Die auf der Innenseite der Mauer sichtbare, 3 m breite Lage kleiner Steine liegt auf der alten Oberfläche. In diesem Bereich wurden in einer Tiefe von 40–80 cm unter der Wallkrone zahlreiche Scherben gefunden. Nur ein Stück außerhalb der Mauer in den Versturzmassen. In einer Tiefe von 60–65 cm zeigten sich Holzkohlestückchen und vermoderte Holzreste. Um weiteres über die Mauerkonstruktion zu erfahren, wurde nach Aussparung einer Profilwand ein Planum innerhalb und außerhalb der Mauer angelegt und bis auf die alte Oberfläche heruntergebracht (Taf. 33 unten, 34 oben); die in Fläche Ia (Beilage 19) zunächst als Pfostenverkeilung gedeuteten Steingruppen wurden erkannt. Pfosten ließen sich jedoch beim späteren Schneiden an diesen Stellen nicht nachweisen (Nachuntersuchung 1966). Im Planum Ib stieß man nach Entfernung der lockeren und regellosen Versturzmassen auf eine Reihe sorgfältig gesetzter Steinblöcke, die wenig, aber deutlich erkennbar in die alte Oberfläche eingetieft waren (Taf. 34 oben). Etwa 1 m dahinter wurde nach Entfernung einiger Steine aus dieser Reihe die in Trockenmauertechnik aufgeführte Stirnwand gefunden. In ihr zeigten sich Pfostenschlitze (Taf. 34 unten) und im Boden darunter bald auch die dazugehörigen Gruben von Stützpfosten im Abstand von 1,30 m voneinander, die die Mauerfront leicht unterschneiden. Die Pfosten haben also, teils in die Mauer eingebaut, diese gehalten. Die Pfostenlöcher waren sowohl an ihrer Färbung wie an ihrer lockeren Füllung zu erkennen, da sie in sehr festem Lehm und Letten eingetieft sind. Sie reichen bei einer Stärke von ca. 25 cm 50–60 cm unter die alte Oberfläche. Vor dem freigelegten Teil der Mauer wurden insgesamt vier Pfosten festgestellt (Beilage 19, Fläche Ib und Schnitt I, Pfostenlöcher 1–4). In der Füllung des Pfostenloches 4 wurde eine Scherbe gefunden. Weitere zahlreiche Scherben kamen im Planum Ia und einige wenige in Ib zutage. Beim Säubern der Stirnwand wurden auch starke Reste von vermodertem und angekohltem Holz beobachtet, die ins Innere der Mauer verliefen. Eine genauere Untersuchung der Holzkonstruktion wurde auf später verschoben. Da sich im Planum Ic, Id und Ie schon nach dem Abheben des oberen Waldbodens zwischen den Steinen starke Brandreste zeigten, sollte ein längeres Mauerstück abgetragen werden.

Schnitt II
(Abb. 15; Taf. 35 unten)

Da die Verhältnisse am Hauptwall im NO, wo sich das Gelände von O gegen die Burg senkt, andere sind und sich außen vor dem Wall eine flache Mulde zeigte, die vermuten ließ, daß hier die Wehrlinie durch einen Graben verstärkt war, wurde hier 30 m südlich des Steilhanges der Schnitt II angelegt. Hier ergab sich die gleiche Mauerstärke von 1,20 m. Auch hier war der Mauerfuß der Außenseite durch vorgesetzte Steine besonders befestigt. Ein Graben konnte jedoch nicht festgestellt werden, aber an der Innenseite zeigten sich außerordentlich starke Brandspuren. Scherben wurden hier nicht geborgen. Da die Arbeiter nur noch kurze Zeit zur Verfügung standen, wurde die Untersuchung am Schnitt II abgebrochen.

Schnitt III
(Abb. 15; Beilage 21; Taf. 37 unten)

Um noch etwas über die Bauweise und Zeitstellung des vorgelagerten Erdwalles zu erfahren, wurde Schnitt III durch den nach O abbiegenden Teil des Vorwalles mit einer anschließenden Fläche von 4 x 4 m angelegt. Dieser Wall ist heute etwa 10 m breit verschleift, die Krone liegt nur 50–60 cm über der ehemaligen Oberfläche. Ein Mauerkern ist nicht vorhanden. Statt dessen zeigte sich in einem Planum von 60 cm Tiefe eine 30 cm breite dunkle Verfärbung (Beilage 21), die in Richtung der Wallinie verläuft. Tiefer abgetragen und geschnitten zeigte sich, daß hier zunächst ein Gräbchen ausgehoben war, in das man dicht nebeneinander Pfähle mit einem Durchmesser von 25–30 cm gesetzt hatte, wobei in die Grabensohle noch jeweils flache Löcher eingetieft wurden. Dahinter war eine flache Erdrampe aufgeschüttet. Diesen Schluß ließ die zu einem flachen Wall verfallene Bodenmenge zu. Der Grabungsbefund ließ sich hier leicht erarbeiten, da der Boden fast steinfrei ist. Einzelne Steine waren zum Verkeilen von Pfosten benutzt worden (Taf. 37 unten). Auch hier wurden zahlreiche Scherben gefunden. Sie lagen im Zuge des Wall-

körpers jedoch auch an der Außenseite der Palisade in einer Tiefe von 30–40 cm, die Mehrzahl jedoch in Höhe der alten Oberfläche.
Soweit die Ergebnisse der Nebelsiekschen Grabung.

4.2.2.3.3. Grabung 1966

Bei einer einwöchigen Untersuchung, die vom Verfasser im März 1966 durchgeführt wurde, sollte die durch den Krieg beendete Grabung Nebelsieks fortgesetzt werden, da er sie selbst, bedingt durch verschiedenste Schwierigkeiten der Nachkriegszeit, nicht weiterführen konnte. Erstes Ziel war, das Hauptprofil am Schnitt I noch einmal aufzuarbeiten, um weitere Einzelheiten der Mauerkonstruktion zu klären (Beilage 19). Durch einen neuen Schnitt IV (Abb. 15) sollte geprüft werden, ob sich hier ein Tor befindet, wie aus der Walleinbuchtung und kleineren Lücken sowie dem Verlauf alter Wegespuren im Vorgelände geschlossen wurde (Nebelsiek, 1950b). Darüber hinaus galt es, geeignetes Material für die C14-Datierung zu bergen.

Schnitt I: Erweiterung

Dazu wurde der alte Schnitt I (Taf. 35 oben u. Mitte) freigeräumt und vertieft. Statt der inzwischen stark verstürzten Profilbank wurde das Profil AB an der Ostwand des Schnittes um 15 cm zurückgelegt (Beilage 19). Das Restprofil EF der Bank an der Westseite wurde ebenfalls um 20 cm zurückgelegt, da es die Befunde an der Innenseite der Mauer weit besser zeigt als die Ostwand, die hier durch starke Baumwurzeln sehr gestört war (Beilage 20; Taf. 35 oben). Zur Klärung einer Pfostenstelle wurde ein kleines Querprofil CD vor dem Hauptprofil AB herausgearbeitet. Alle Profile wurden im Nebelsiekschen Lageplan (Beilage 19) nachgetragen.
Das Hauptprofil AB (Beilage 20; Taf. 35 oben u. 36 unten) bestätigt zunächst die Befunde der Grabung 1939. Die Stärke der Mauer ist hier noch klarer und leichter festzustellen. Die Trockenmauer ist zwar durch den Bodendruck im oberen Teil nach außen geschoben, aber der Verband war noch sehr klar und die unterste Lage auf der alten Oberfläche bei 4,10–4,60 m erkennbar. Der glückliche Zufall brachte aber die völlig eindeutige Spur eines Pfostens an der Mauerinnenseite (Taf. 35 oben u. Mitte), der nur leicht schräg gedrückt und in seinen verkohlten Außenringen erkennbar war. Man darf annehmen, daß solche Frechtungspfähle wegen der besseren Haltbarkeit leicht angekohlt in den Boden gesetzt wurden. Er reicht von der alten Oberfläche noch 40 cm tief bis in den Keupermergel hinein. Am Grunde des Pfostenloches zeigten sich Toneinschwemmungen und Bleichung durch angesammeltes Wasser (Beilage 20, Profil CD). So wie der Pfahl bis auf seine verkohlten Außenringe verging, war von oben lockerer Füllboden nachgerieselt. Dieser Pfosten bestätigt eine Mauerbreite von 1,20 m, die damit von 3,40–4,60 m im Profil AB zu erkennen ist. Besser als im Profil der Westwand ist hier zu beobachten, daß zwischen den Steinen an der Innenseite, die als plattiges Material fast senkrecht stehen, und der vorderen waagerecht gepackten Trockenmauer von 50–60 cm Stärke eine Erdfüllung vorhanden ist. Die mehr senkrecht orientierten rückwärtigen Steine hatten wohl den Sinn, eine Holzkonstruktion gegen die Erdfüllung zur besseren Haltbarkeit abzuschirmen und ein Durchrieseln zu verhindern. Die Pfostengrube 3 (Beilage 19 u. 20) wurde zur Veranschaulichung in das Profil AB hineinprojiziert. Ob helle senkrechte und unregelmäßige Färbungen an dieser Stelle im alten Oberboden andeuten, daß für die äußeren Stützpfosten ein Graben ausgeworfen worden war oder Ausbleichungen an Trockenrissen sind, die sich von den Pfostengruben ausbildeten, kann aus diesem einzelnen Befund nicht geschlossen werden. Sicher ist, daß die Außenpfosten in größere Gruben gesetzt wurden, die noch mindestens 20 cm oder mehr durch den Waldboden in den Mergel des C-Horizontes eingetieft sind. In diesem Fall stand der Außenpfosten ca. 40 cm tiefer als der innere. Bei Berücksichtigung des Geländeabfalles war er immer noch gut 20 cm tiefer in den Keupermergel gesetzt. Nach außen auf der alten Oberfläche vorgelagert, zeigt sich wieder ein

starker Block der oben beschriebenen Reihe vor dem Mauerfuß. Auf beiden Profilen (West- und Ostwand) kann man beobachten, daß solche mächtigen Blöcke auch noch hangabwärts im Versturz liegen. Im Profil AB ist ein solcher bei 6 m in die alte Oberfläche durch sein großes Gewicht eingedrückt. Daraus ist zu schließen, daß die Blockreihe am Fuße der Trockenmauer zwei Lagen hoch war.

Zur Überraschung kam zwischen 7 und 9 m im Profil ein nicht sehr sorgfältig ausgebildeter, unten gerundeter Graben zum Vorschein, den man aber wohl noch als Spitzgraben ansprechen kann (Beilage 20; Taf. 36 unten). Er war 1939 noch nicht beobachtet worden, da er in seinem unteren Drittel mit Bodenmassen angefüllt ist, die schon die Erscheinungen des B-Horizontes zeigen. Im oberen Bereich waren die lockeren Versturzmassen nur noch schwer vom benachbarten alten A-Horizont des Waldbodenprofiles zu trennen. Daher konnte er erst erkannt werden, als der Schnitt tiefer in den Keupermergel geschlagen wurde. Zuvor hatte nur die Orientierung der Versturzmassen an dieser Stelle ihn erahnen lassen.

In diesem Zusammenhang verdienen auch schwache Terrassen, die dem Hauptwall im S in seinem weiteren Verlauf vorgelagert erscheinen, als Hinweis für verfüllte Gräben erwähnt zu werden. Am schärfsten zeichnet sich die untere Grenze des Grabens im Keupermergel ab, der hart und bröckelig ist, während die Grabenfüllung zäh und weich ist. Dazu ist hier ein ca. 10 cm breites, ganz hellgraues Band eingeschwemmten tonigen Materials vorhanden. Der Graben hat, von der alten Oberfläche aus gerechnet, eine Tiefe von gut 1 m bei einer Breite von 2 m. Die Berme ist mit einem feinen Band von Gesteinsgrus bedeckt. Sie bricht, von der Stützpackung bei 5,50 m aus gerechnet, nach 90 cm bei 6,40 m schräg nach unten ab. Bei 7,10 m beginnt die klare Grabenwand. Der Befund ist so zu deuten, daß hier, schon längere Zeit bevor die Gesamtmauer stürzte, der alte Oberboden an der Grabenkante abrutschte und ihn im unteren Drittel füllte, die Berme zuvor also etwa 1,40 m breit war. In dieser Grabenfüllung begann dann durch Staunässe eine Umbildung. Darüber lagerten sich verschiedene Schwemmbänder ab, bevor die große Versturzmasse der Mauer alles abdeckte. Weiter hangabwärts zeigen einzelne kleine Steine im Profil gut die Grenze der alten Oberfläche, bis diese bei ca. 11 m mit der heutigen Oberfläche zusammenfällt.

Vom Mauerkern im Wall zum Innenraum hin im Profil AB und noch deutlicher, weil nicht von starker Durchwurzelung gestört, im Gegenprofil EF zeigt sich eine ganz andere regelmäßig ausgebildete Schichtenfolge:

80 cm	mächtig, umgelagerter, lockerer hellbrauner Lehm mit einer nur schwachen Abdeckung durch jungen Waldhumus
5–10 cm	wechselnd starke Brandschuttschicht mit größeren verkohlten Holzresten; darüber eine Steinlage
15–20 cm	eine unterschiedlich starke, ein- bis zweifach wellig-gebänderte Schicht mit dickeren, eingeschwemmten feintonigen Paketen, dazwischen dünne braunhumose Humusbänder; zum Innenraum hin, an diese Schicht anschließend, bei 0,60–1,20 m im Profil EF eine tiefer reichende Verfärbung mit feintonig verschwemmtem Material
10–15 cm	Anreicherungserscheinungen im anstehenden braunhumosen Lehm des alten Oberbodens
10–15 cm	anstehender braunhumoser Lehm des alten Oberbodens
5–10 cm	Ausbleichungszone in hellerem Lehm; darunter Übergang zum anstehenden Keupermergel

Dieser Befund wird so gedeutet: Im Inneren der Wehrlinie kam es bei stärkeren Niederschlägen zu einem vorübergehenden Wasserstau und Ablagerung von feinem Schlemmaterial. Darüber bildeten sich dann unter normalen Verhältnissen die feinen braunhumosen Streifen. Die alte Oberfläche der Benutzungszeit ist klar durch diese Schwemmschicht und die darüberlagernde Brandschicht zu erkennen. Unter der letzteren liegen auch die meisten Scherben. Diese Schichten und Scherbenfunde sind unter dem Maueraufbau nicht vorhanden. Darüber legten sich dann bei der Zerstörung der Mauer durch eine Brandkatastrophe die nach hinten abgestürzten Gesteinsmassen, die hinter der Holzwand verkeilt waren, und die erdigen Füllmassen des Mauerkerns. Es kann also auf der Innenseite der Mauer lagerndes Material nicht mit einer rampenförmigen Anschüttung in Zusammenhang gebracht werden. Die oben beschriebene, durch Einschwemmung entstandene Verfärbung bei 0,60–1,20 m im Profil EF könnte als Verfüllung eines kleinen Entwässerungsgrabens auf der Innenseite der Wehrlinie gedeutet werden. Es liegt nahe, daß man solche Gräben anlegen mußte, um die Innenfront der Wehrmauer vor vorzeitigem Verfall durch Wasserschäden zu schützen.

Schnitt IV
(Abb. 15; Beilage 22)

In diesem neuen Schnitt zeigten sich im Planum wie in dem kurzen Teilprofil die gleichen Verhältnisse. Die hier erhoffte Torlücke war jedoch nicht festzustellen. Die Einbuchtung des Walles erfolgte wohl, um eine sehr morastige Stelle auszusparen. Daß die Pfostenspuren schon im Planum I über der Brandschicht im Planum II erkennbar waren, kann dadurch erklärt werden, daß die abgebrochenen verkohlten Reste höher in den rückwärtigen Versturz hineinreichten. Im Planum II waren sie in der starken Brandschicht nicht so gut zu erkennen. Tiefer sind sie wieder deutlich zu fassen. Die Untersuchung konnte leider nicht fortgesetzt werden, da nach wenigen guten Tagen der Winter erneut einsetzte und nach einer Woche die Arbeit im Gelände nicht mehr möglich war. Die Fläche wurde mit Folie und Erde abgedeckt.
Die Abtragung einer Mauerstrecke zur Klärung der inneren Holzverbauung der Mauer, für die es schon 1939 Anhaltspunkte gab, mußte aus dem gleichen Grunde unterbleiben.

4.2.2.3.4. Konstruktionselemente

Versucht man nach den bisherigen Ergebnissen eine Rekonstruktion der Wehrlinie, so ergibt sich eine 1,20 m starke Mauer mit einer 1 m dicken vorgelagerten Stirnpackung zur Sicherung des Mauerfußes und der Stützpfosten, eine gestufte Mauer mit einer Basisbreite von ca. 2,20 m, dazu eine Bermenbreite von 1,50 m und 2 m Graben. Insgesamt eine Tiefe der Wehrlinie von 5,50–6 m (Beilage 20; Taf. 36). Auch ohne eine zusätzliche Wallanschüttung hinter der Mauer eine beachtliche Stärke der Wehrlinie. Das gilt besonders, wenn sich der Graben in den Keupermergel eingetieft auf der ganzen Südlinie nachweisen läßt und zwischen den beiden Wällen im O auch ein solcher vorhanden ist. Von der Grabensohle bis zum heute noch erhaltenen höchsten Teil der Mauer ergibt sich eine Gesamthöhe der Außenfront von 3,10 m. Die Mauerhöhe selbst beträgt noch rund 1 m. Nach der Berechnung und Rückführung der gesamten Versturzmassen steht für die Rekonstruktion der Mauerhöhe Material zur Verfügung. So wäre eine fast 4 m hohe Außenfront der Mauer und Brustwehr aus Holzkonstruktion zwischen den Frontpfosten anzunehmen, verstärkt durch eine leicht geneigte Berme und den 1 m tiefen Graben.

4.2.2.4. Funde (Taf. 7)

Bei den Wallschnitten wurden nur Keramikreste gefunden (Taf. 7). Das Material braucht hier nicht im einzelnen beschrieben zu werden. Die Auswertung und der Materialvergleich erfolgt im Kap. 5.3.2.1.1. In der Beschaffenheit entspricht das Material im vollen Umfang der Keramik vom Tönsberg (Kap. 4.2.1.4.1.). Die rauhbeschlickte grobe Ware überwiegt. Sie liegt in Kumpfrändern und Rändern eingliedriger Töpfe mit Fingertupfen auf dem Rand vor. Auch die mittlere und feinere Ware ist in kleinen Kumpf- und Schalenrändern vertreten. So eine helltonig feingemagerte Scherbe mit abgestrichenem Rand (Taf. 7, 13). Eine Scherbe mit Strichverzierung durch eine waagerechte Linie und senkrecht daran locker ansetzenden Einzelstrichen zeigt ein typisches frühlatènezeitliches Verzierungselement. Ein im Schulterbereich ansetzender Bandhenkel und einige sehr sorgfältig gearbeitete und geglättete Scherben (Taf. 7, 11,12,19) gehören zu einer Ware, wie sie am Tönsberg häufig Kalkmagerung aufweist. Hier am Piepenkopf ist sie jedoch nicht festzustellen. Dafür ist Quarzmagerung bei der feineren Ware häufiger. Die Bodenscherbe (Taf. 7, 18) zeigt Abdrücke von verschiedenen Unkräutern und Samen.

4.2.2.5. Zusammenfassung

Der Piepenkopf stellt als nur einperiodige Anlage, die nach den Befunden in den kleinen Schnitten ein reiches keramisches Material erwarten läßt, für zukünftige Untersuchungen ein wichtiges Objekt dar. Zu seiner Funktion kann beim derzeitigen Forschungsstand noch nichts gesagt werden. Die im gesamten Umbereich vorhandenen zahlreichen alten Wegespuren (s. Abb. 13–15; Beilage 24) und der Hinweis auf eine stärkere Besiedlung legen den Schluß nahe, daß die Befestigung eine ähnliche Rolle gespielt hat wie der Tönsberg.

4.2.3. Herlingsburg bei Schieder

TK 4021 Bad Pyrmont: r. 351290–351340,
h. 575690–575745

(Abb. 3, 3; 16–22; Taf. 8; 38 u. 39)

Höhenlage: 335–345 m ü. NN.

Flächengröße: ca. 7,2 ha.

Befestigungsart: Um ein Plateau laufender Wall mit innerem Materialentnahmegraben, der oberflächlich sichtbar ist. Der Wall hat unterschiedliche Stärke und Höhe. Zwischen dem östlichen und südlichen Steilhang ist er relativ flach, im W und N aber bis zu 4 m hoch. Ein gesichertes Tor mit Vorwällen und Schanzen liegt im N, ein fragliches Tor in der Südwestecke. Weitere Vorwälle schließen unmittelbar an den Hauptwall an bzw. verlaufen bis zu 300 m entfernt am flacheren Nord- und Westhang.

Heutiger Zustand: Die Wälle sind noch gut erhalten und wenig gestört. Die Quellfassung wurde bei Wassersuche in jüngster Vergangenheit vernichtet. Die Innenfläche ist durch zahlreiche Windwürfe, besonders 1966 im sumpfigen Quellgebiet, und durch die Orkane im November 1972 und Frühjahr 1973 in der östlichen Hälfte großflächig gestört.

Bodennutzung: Das Gelände wird ausschließlich forstwirtschaftlich genutzt. Es ist mit Buchenhochwald, im NO teilweise auch mit Fichten bestanden.

Besitzverhältnisse: Landesverband Lippe, Verwaltung Forstamt Schieder.

Ausgrabungen: Schuchhardt und Weerth 1902, Müller-Braull 1934 (mündliche Mitteilung von Nebelsiek), Hohenschwert 1967.

Literatur: Piderit, 1627; Schierenberg, 1836; Falkmann, 1856; Hölzermann, 1878; Schuchhardt, 1916; Schuchhardt, 1924; v. Uslar, 1964; Hohenschwert, 1966.

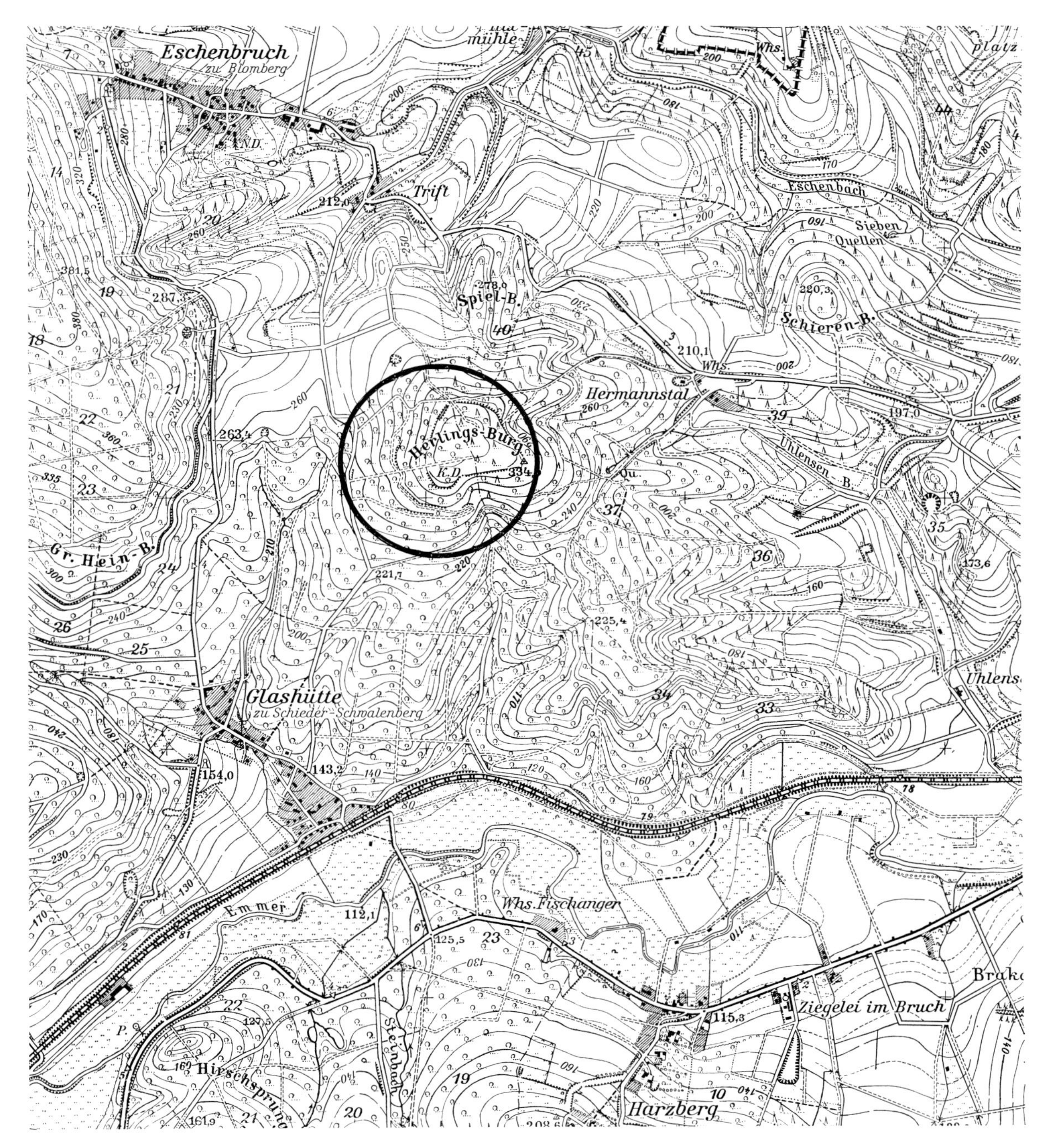

Abb. 16 Herlingsburg, Ausschnitt aus der TK 4021 Bad Pyrmont. Maßstab 1 : 25 000.

4.2.3.1. Lage und geologische Verhältnisse

Die Herlingsburg ist angelegt auf dem Plateau eines isolierten Berges, der einem geschlossenen gebirgigen Waldgebiet nach Osten vorgelagert ist. Sie schiebt sich leicht gegen das Emmertal vor (Abb. 16; Taf. 38 oben). Nachdem die Emmer zuvor einen schmaleren, feuchten Talabschnitt zwischen Blomberger und Schwalenberger Wald durchflossen hat, weitet sich hier das Tal nach NO zur Weser hin zu einem alten offenen Siedlungsgebiet um Lügde und Bad Pyrmont. Die Hauptwehrlinie umschließt ein Plateau, das vom oberen Keuper mit seinen Quarzit- und Sandsteinbänken gebildet wird, während die steilen Hänge des Berges sich im Mergel des mittleren Keuper ausbildeten. Auf der Kuppe und besonders im S, wo am unteren Hang Terrassen und Vorwälle vorhanden sind, treten mehrere Quellen aus (Abb. 17 u. 18).

4.2.3.2. Forschungsgeschichte

Die Herlingsburg hat als besonders eindrucksvolle und guterhaltene Höhenbefestigung die Chronisten schon früh beschäftigt. Piderit (1627, 79) vermutete hier einen Kult- und Versammlungsplatz und den Standort der Irminsul. Schierenberg (1836) setzt die Herlingsburg mit der Skidroburg gleich und nimmt hier eine neue unvollendete Burg eines Grafen Hermann von Schwalenberg 1187 an, die in dem zerstörten Skidroburggelände erbaut wurde. Dies soll die Hermannsburg der Corveyschen Chronik sein. Mit dieser Stelle der Corveyschen Chronik und jener mittelalterlichen Nachfolgerin der Skidroburg, die dann spurlos verschwunden wäre, beschäftigt sich Falkmann (1856). Preuß unterzieht 1881 erneut alle diese Berichte einer kritischen Betrachtung und lehnt Piderits Annahmen und die Hermannsburg ebenso ab wie eine Gleichsetzung der Herlingsburg mit der Skidroburg. Auf den reichen Sagenschatz, der aus dem Platz auch noch eine Arminiusburg macht (Wehrhan, 1931), sei verwiesen, weil dadurch auch Schatzgräber auf den Plan gerufen wurden, von deren Treiben der Archäologe wissen sollte. Diese Berichte, die leider an archäologischen Hinweisen sehr wenig Wichtiges enthalten, können nicht weiter verfolgt werden. Die Gleichsetzung der Herlingsburg mit der Sachsenfeste Skidroburg der fränkischen Annalen wird durch Hölzermann (1878, 98) und Schuchhardt (1916, 67) in der Burgenliteratur vollzogen (v. Uslar, 1964, 13). Über die Aussage und Auslegung der verschiedenen fränkischen Quellen (Hölzermann, 1878, 98) wurde noch keine Einigung erzielt, dabei wird wieder mit der Lage der Herlingsburg und ihrer Entfernung von Schieder argumentiert. Auch durch Ausgrabungen in Alt-Schieder (Nebelsiek, 1938) wurde von archäologischer Seite zu dieser Frage ein Beitrag geliefert. Nebelsiek (1950a und b, 1961b) nimmt an, daß in dem nachweislich älteren Ringwall der „Vorburg“ das castrum Saxonicum Skidroburg zu sehen ist. Die klärende Antwort in dieser Frage wird ohne weitere Untersuchungen an der Herlingsburg nicht möglich sein. Die erste systematische Aufnahme (Hölzermann, 1878) bringt zwar die Form der Umwallung im wesentlichen richtig (Abb. 17), aber in einer sehr schematischen Darstellung völlig falsch orientiert in dem ebenso stark schematisierten topographischen Geländeplan. Der gleiche Fehler unterläuft ihm bei dem Übersichtsplan des Emmertals bei Schieder (Abb. 22), wo wiederum die umwallte Hochfläche falsch eingebaut ist. Wenn man dazu seinen sehr kurzen Text, der nur die fränkischen Schriftquellen aufzählt und damit kurz die Verknüpfung mit dem historischen Geschehen aufzeigt, mit der Ausführlichkeit und Sorgfalt vergleicht, mit der die meisten anderen Objekte behandelt werden, so fragt man sich, warum er bei dieser überaus eindrucksvollen Befestigung darauf verzichtete. Die Vermutung liegt nahe, daß er hier in großer Eile handelte und sich bei der Erstellung dieses Planes auf einen Gewährsmann verließ, ohne die Herlingsburg selbst gründlich begangen zu haben. Dem im Gelände erfahrenen Soldaten Hölzermann wären solche Fehler bei eigener Kenntnis der Örtlichkeit kaum unterlaufen. Trotzdem kann uns der Plan beim Vergleich mit dem Schuchhardtschen einige

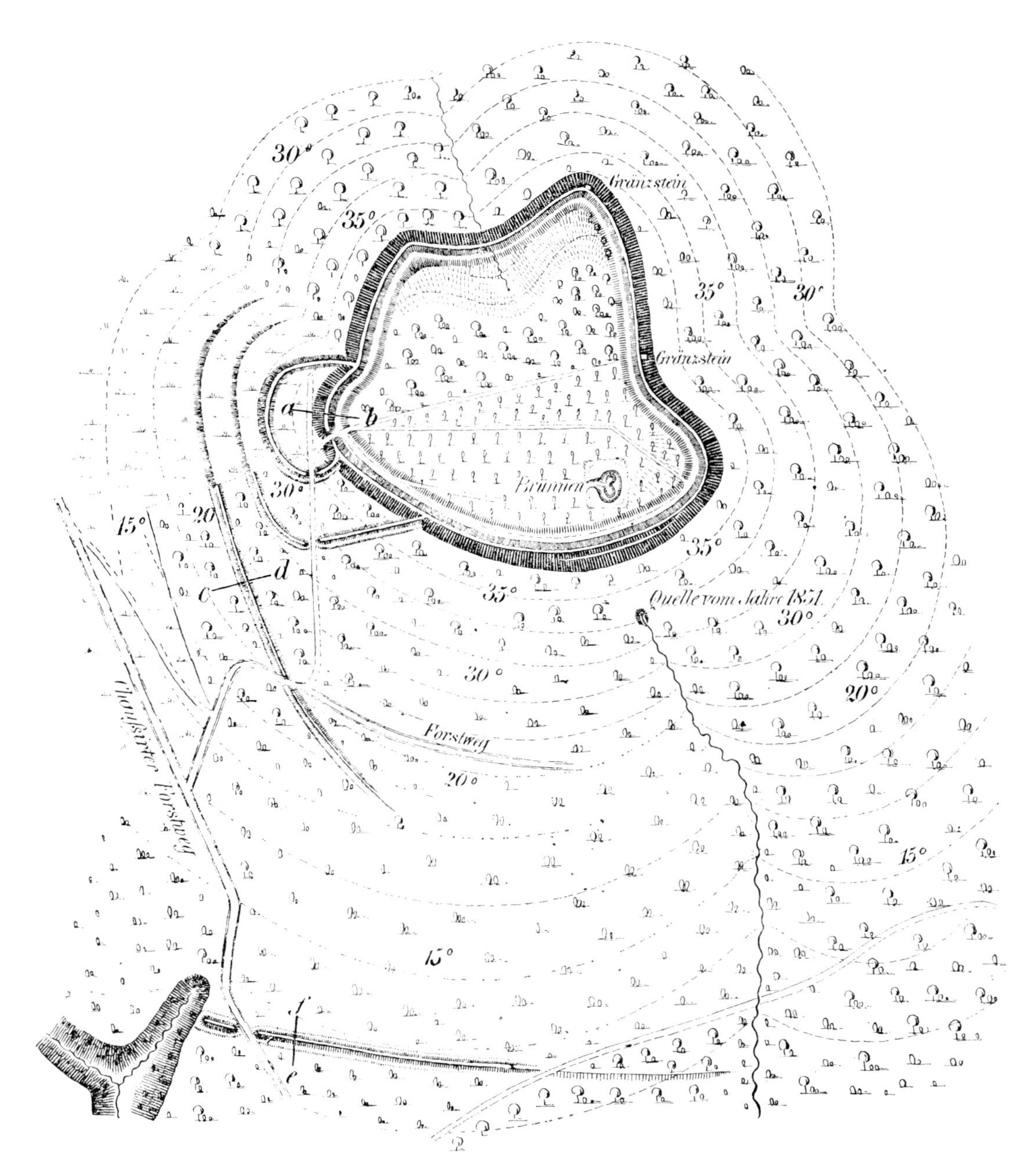

Abb. 17 Herlingsburg, Lageplan (nach Hölzermann, 1878, Taf. 35). Maßstab 1 : 6250.

Hinweise geben, wenn man berücksichtigt, daß er nicht, wie Schuchhardt meint, das Blatt falsch orientierte, sondern nur die Burg selbst mit den nächstgelegenen Wällen am Tor um 90° nach W verdreht in den Gesamtplan einzeichnete.

4.2.3.3. Befund

Die einzigen systematischen Grabungen an der Herlingsburg führte Schuchhardt zusammen mit O. Weerth im Juli 1902 durch, nachdem zuvor der Plan erstellt war. Zunächst beschreibt Schuchhardt (1916, 67) den Befestigungsring als steinigen Wall ohne Außengraben (Abb. 18), der im S

nur schwach ausgebildet ist und stellenweise ganz verschwindet (Taf. 38 unten u. 39). Im W ist er wesentlich stärker und zusätzlich mit Terrassen und Vorwall versehen (Abb. 18). Die größte Mächtigkeit erreicht er im N zu beiden Seiten des Tores mit einer Höhe von 3–4 m vom Wallfuß gerechnet (Taf. 38 Mitte). Im O ist er schwächer, besteht aber ganz aus Steinen. Am Haupttor im NW ist die Wallinie verdoppelt, die äußere zu einer Spitze vorgezogen, die innere im Bogen abgerundet. Dort ist die eigentliche Torlücke. Dieser Befund geht aus dem Schuchhardtschen Gesamtplan noch nicht deutlich hervor (Abb. 18). Er ist erst im Nachtrag, der die Grabungsbefunde behandelt, angegeben (Abb. 21). Das Tor ist zangenförmig ausgebildet. Dem Tor nach außen vorgelagert sind westlich zwei hintereinander gestaffelte Wälle (Taf. 39 oben), die zunächst zwei Schanzen bilden und weiter südlich dicht an den Hauptwall heranziehen. Schuchhardt läßt sie streckenweise aussetzen und nach 300 m an der Westseite enden. An diesen Schanzen und Wällen setzt westlich vom Tor ein weiterer Vorwall an, der mit einigen Einbuchtungen nach O ziehend einen ca. 0,3 ha großen „Vorhof" nach N bildet. Er läuft im O, wo der Wall sehr steil wird, am Hauptwall aus (Abb. 18).
In der Südwestecke zeigt sich noch eine Lücke im Hauptwall, die Schuchhardt für ein mögliches kleines Nebentor hält. Im westlichen Vorgelände am flacheren Nord-, West- und Südhang sind noch einzelne Wall- und Terrassenlinien vorgelagert.
Bei der Grabung 1902 wurde zunächst ein Wallschnitt in der Südostecke angelegt (Schuchhardt, 1916, 136, § 515), der entgegen den Erwartungen selbst hier am Steilhang einen flachen muldenförmigen Graben ergab. Aus der Profilskizze (Abb. 19) ist zu entnehmen, daß er ca. 3 m breit und 0,70–0,80 m tiefer als die abfallende Hanglinie war. Eine Berme von etwa 2 m Breite ist vorhanden. Dann folgten schwach eingetiefte Standspuren einer Holzverkleidung, nach der Skizze im Abstand von 0,45 bzw. 0,65 m an der Außen- und Innenseite des Walles. Schuchhardt schließt aus dem Befund zunächst auf eine vordere und rückwärtige Holzverkleidung, jeweils zum Inneren der 3,30 m starken Holz-Erde-Mauer hin verankert. Den gleichen Befund stellt er am Vorwall westlich neben dem Tor mit einer Gesamtstärke von 3,90 m fest (Abb. 20). Ebenso fand er die vier Holzbettungen bei der Untersuchung des westlichen Wallkopfes am Tor. Hier entdeckte er einen bogenförmigen Abschluß von sechs runden Pfostenlöchern mit fast 0,50 m Durchmesser und 1,10–1,20 m Tiefe (Abb. 21). „Sie beginnen in der Front der Wallmauer, greifen hinten aber über ihre Rückfront hinaus" (Schuchhardt, 1916, 137, § 516). Die gegenüberliegende Torwange wurde nicht freigelegt, da dort ein paar große Buchen standen. Später erklärt Schuchhardt (1924, 45) den Befund der Wallschnitte etwas anders. Danach haben die Wälle „vorn und hinten nicht eine einfache Holzwand, sondern eine Holzmauer, d.h. eine Konstruktion von 0,70 m Dicke, die aus zwei Holzwänden mit Erdfüllung dazwischen besteht. Diese vordere und hintere Mauer verkleidet den Wall, der zwischen ihnen noch eine Erdschüttung von 2,50 m Dicke enthält." Der Abstand der Pfostenlöcher an der Torwange wird hier mit durchschnittlich 1,25 m angegeben, ihre Tiefe abweichend von den früheren Angaben Schuchhardts (1916, 137) jedoch nur mit 0,50–0,70 m statt 1,10–1,20 m. Der Lagerraum der Anlage wird mit „nur 5,5 Hektar" angegeben (Schuchhardt, 1924, 44).
Macht man sich aber die Mühe, die Maße und Form des Schuchhardtschen Planes, der nach achtmaliger Meßtischblattvergrößerung hergestellt ist, auszuwerten, so kommt man zu einer Größe von ca. 7,5 ha. Die Feststellung: „Mit der dritten großen Sachsenburg aus Karls d. Gr. Zeit, der Herlingsburg (Skidroburg) bei Lügde, kommen wir in die Regionen des altsächsischen Holzbaues. Keine Mauer ist hier im Wall" (Schuchhardt, 1924, 44) erweckt den Eindruck, als ob die obenbesprochenen Befunde die einzig möglichen typischen seien und Klarheit über die Herlingsburg bestehe. Er widerspricht sich hier selbst, denn nach seiner eigenen Beschreibung (Schuchhardt, 1916, 67) hat er ja, wie oben besprochen, auch Steinwälle gesehen und Trockenmauern angenommen. Diese Beispiele für oft widersprechende Angaben mußten hier einmal angeführt werden, weil solche Angaben, unkontrolliert in die jüngere Literatur übernommen, zu falschen Schlüssen führen können.
Über die Anlagen am Südosthang unterhalb der Burg (Abb. 18) (Schuchhardt, 1916, 137, § 518),

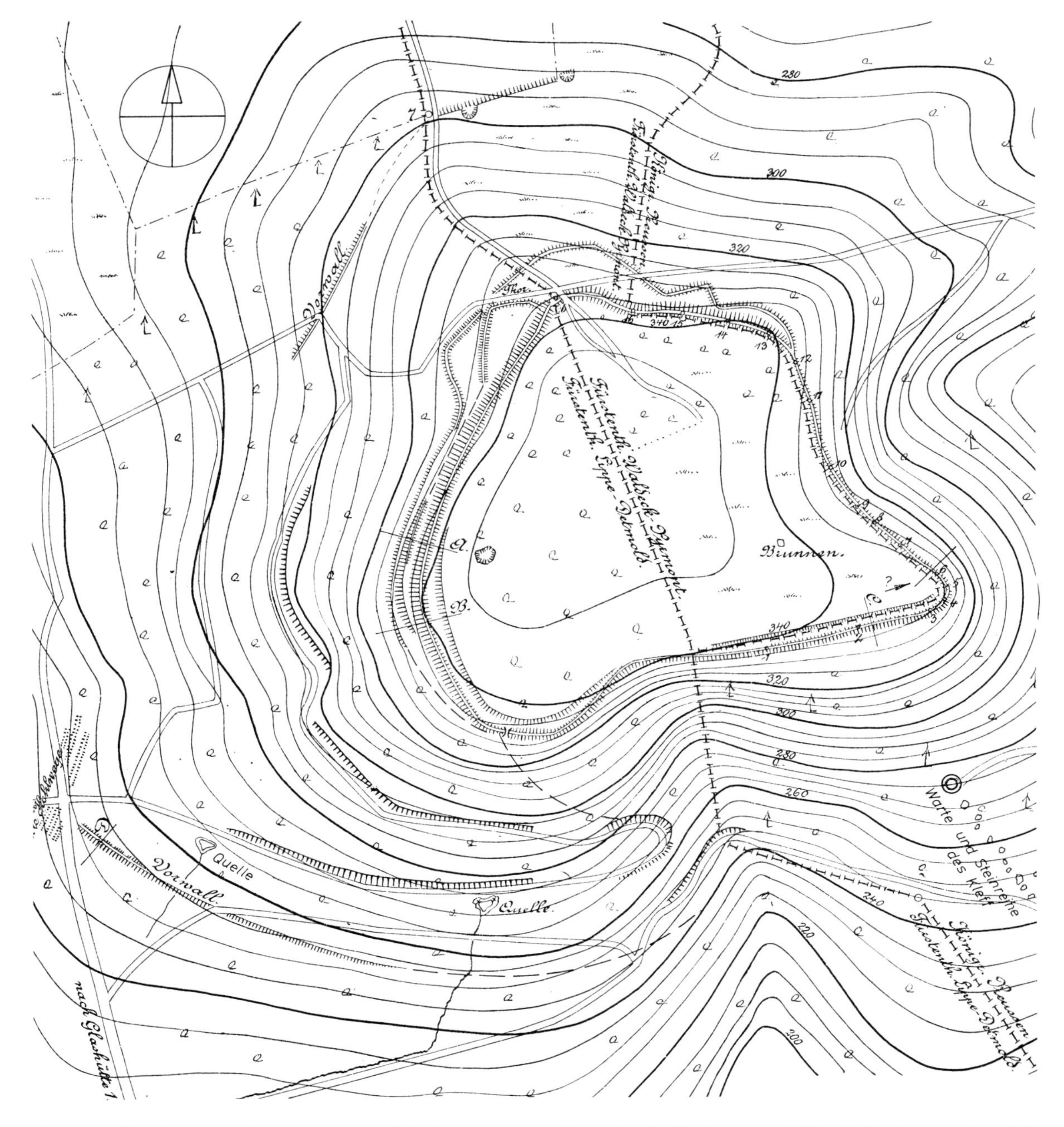

Abb. 18 Herlingsburg, Lageplan (nach Schuchhardt, 1916, Blatt 53 mit Nachträgen 1966). Maßstab etwa 1 : 4 000.

die Spuren eines kleinen runden Wartturmes von nur 12 m Durchmesser und einer von zahlreichen Steinen gebildeten Linie , „Kleff" genannt, die Schuchhardt im Zusammenhang mit der Herlingsburg beschreibt, wird später berichtet. Sie stehen in keinem gesicherten Zusammenhang mit dem Ringwall. Nach leider nicht genau lokalisierbaren Lesescherben sind diese Anlagen aber mittelalterlich und als Straßensicherung, durch Verhau geschützter Siedlungsplatz des Mittelalters zu deuten. Sie sind kaum als Befestigungen im Sinne von Wehranlagen zu bezeichnen.

Da das Gelände der Herlingsburg selbst sowie das Vorgelände am Nord-, West- und Südwesthang z. Z. bei Begehungen und Bestandsaufnahmen (Hohenschwert, 1966) verhältnismäßig gute Beobachtungsmöglichkeiten bot, ist folgendes nachzutragen: Im Vergleich zu den anderen Höhenbefestigungen sind die Wälle sehr viel besser erhalten und weniger stark verebnet, auch nicht wesentlich durch Steinentnahme abgebaut. Steinblöcke sind fast überall sichtbar, nicht weniger als an den anderen Anlagen. An einigen Stellen hatte ich auf der abgetretenen Wallkrone den Eindruck, daß viele Blöcke in der Längsrichtung des Walles orientiert sind und nach der Außenseite meist flach liegen, während plattiges Material an der Innenseite oft hochkant stehend zu beobachten ist. Besonders im W und in der Südwestecke ist die von Schuchhardt beschriebene flache Mulde, ein Materialentnahmegraben, sehr stark ausgeprägt. Die hinter der Lücke in der Südwestecke dadurch entstehende erhöhte Plattform, das Hochziehen der Mulde von der Wallücke nach NW und O lassen durchaus den Schluß zu, daß hier ein zweites Tor liegt. Dafür kann auch eine schwache Geländeabstufung sprechen, die, die Höhenlinie schneidend, von der Lücke aus nach SO hangabwärts zieht (s. Nachträge im Lageplan Abb. 18). Diese Erscheinung kann aber auch von einem alten Holzschleppweg herrühren. Der von Schuchhardt festgestellte, flach ausgehobene Außengraben, den Nebelsiek (1950a, 97) auch mit der Materialentnahme für den Wall erklärt, ist nicht ohne weiteres zu erkennen. Dagegen sind die schwachen Vorwälle und Terrassen direkt unterhalb des Hauptwalles weiter bis an die Südwestecke zu sehen. Die Linien der Wälle und Terrassen im weiteren Vorgelände sind oft dadurch verwischt, daß genau auf ihnen entlang alte Waldwege verlaufen. Das im N in 150 m Entfernung vorgelagerte gerade Wallende ist nach O hin als schwache Terrasse und durch Steine weiter zu verfolgen. Die alten Hölzermannschen Pläne (Abb. 17 u. 19) weisen diese Linie auch noch als sehr lang aus und deuten im Profil vor und hinter dem Wall einen Graben an. Der 250 m im SW vorgelagerte Wall konnte in einer Terrasse wesentlich weiter nach O bis an die tiefe Schlucht verfolgt werden, die hier in den Südhang schneidet. Hier ist inzwischen oberhalb des Walles auch ein weiterer Quellsumpf vorhanden, der von der Forstverwaltung durch einen Graben, der den Vorwall schneidet, nach SW entwässert wurde. An diesem Schnitt wurde festgestellt, daß es sich um eine starke Aufhöhung mit Material des oberen Horizontes handelt, hier im Bereich Mergel des mittleren Keuper. Ob dieser Wall bzw. die Terrasse mit der Befestigung auf der Kuppe gleichzeitig ist und einen zusätzlich schwächer gesicherten Teil der Burg darstellt, ob hier am günstigen Südhang unterhalb der Burg gleichzeitig Äcker bestanden oder im Mittelalter ein später aufgelassener Hangacker vorhanden war, kann ohne Ausgrabung nicht geklärt werden. Wichtig erscheint, daß dieser Wall wohl direkt an einer tiefen Schlucht weiter im SW beginnt und an der zweiten Schlucht im S endet. Die erste Schlucht ist auf dem Schuchhardtschen Plan nicht in der gebotenen Deutlichkeit zu erkennen; bei Hölzermann (Abb. 17) ist sie kräftig eingezeichnet, und er läßt auch hier den Wall beginnen. Schuchhardt dagegen zeichnet ihn weiter östlich ein. Er läßt ihn östlich vom Waldweg beginnen, der hier den Wall schneidet. Westlich und den Waldweg kreuzend hat Schuchhardt die Spuren alter Hohlwege eingetragen, den Wall läßt er jedoch aus. Man kann im Gelände aber deutlich erkennen, daß mehrere Züge des Hohlweges nebeneinander gerade hier tief in den zuvor vorhandenen Wall eingeschnitten sind. Bei Hölzermann sind diese alten Wegespuren nicht eingezeichnet, vielleicht hat er den Resten des Walles die größere Bedeutung zugemessen. Keinesfalls ist daraus zu schließen, daß sie zu seiner Zeit noch nicht vorhanden waren. Sie sind älter als sein Plan und so breitgefächert ausgebildet, daß man einen langen Benutzungszeitraum für diese Trasse annehmen kann.

Im Jahre 1967 wurde in einer dreitägigen Einmannaktion direkt neben dem Schuchhardtschen Schnitt der Südostecke (Abb. 18) ein Probeloch am Wall innen geöffnet, um stratigraphisch gesichertes Material für eine C14-Datierung zu gewinnen. Dabei war es nicht möglich, Befunde zum Wallaufbau neu zu erarbeiten. Es wurde aber mit Sicherheit festgestellt, daß an dieser Stelle die Wallschüttung vor allem im oberen Bereich sehr stark mit umgelagerten Kulturschichtresten, sehr stark verwitterten Holzkohlestückchen und Scherbenresten, durchsetzt ist, ein deutlicher Hinweis, daß ein späterer Wiederaufbau mit Material von einer alten Siedlungsfläche erfolgte.

Da mit einer Vermengung der Holzkohle unterschiedlicher Nutzungsperioden zu rechnen war,

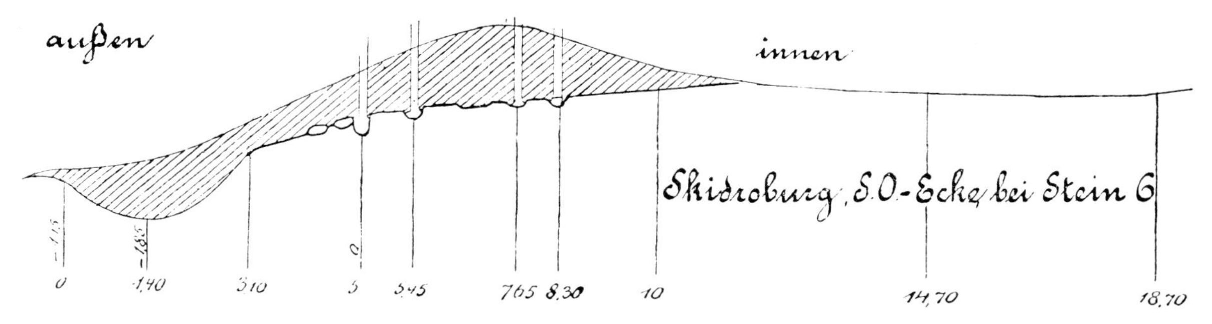

Abb. 19 Herlingsburg, Profil des Walles (nach Schuchhardt, 1916, Abb. 178). Maßstab 1 : 125.

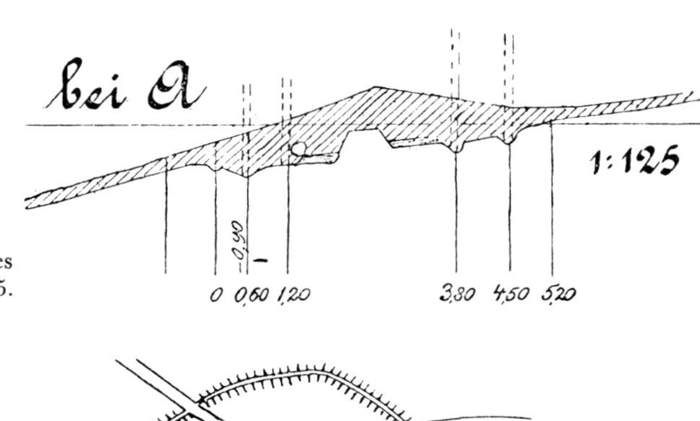

Abb. 20 Herlingsburg, Profil des ersten Vorwalles (nach Schuchhardt, 1916, Abb. 179). Maßstab 1 : 125.

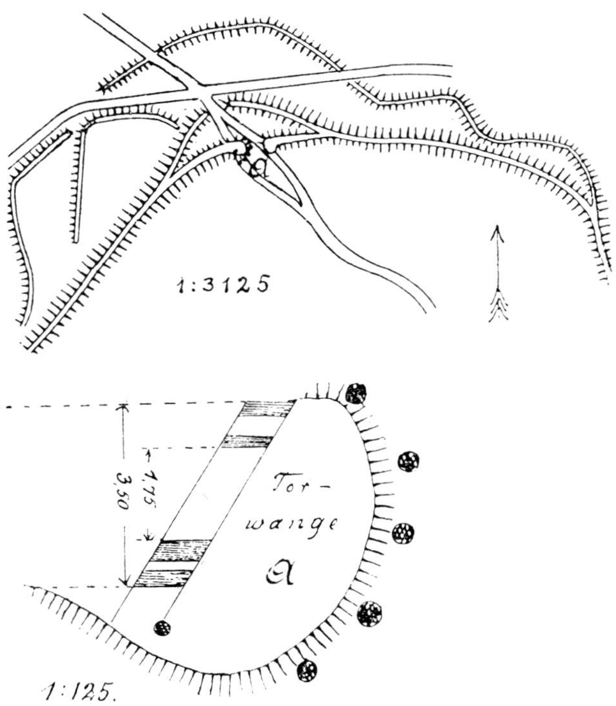

Abb. 21 Herlingsburg, Übersichtsplan der Toranlage mit dem Detail einer Torwange (nach Schuchhardt, 1916, Abb. 180).

wurde zwischen Haupt- und Vorwall im N von Strecke 12–13 (Abb. 18) ein zweites tiefes Probeloch angelegt. Es zeigte sich in 2 m Tiefe unter Versturzmassen eine Brandschicht mit Holzkohle, der Probenmaterial entnommen wurde.
Es sei noch erwähnt, daß im Burginneren im sumpfigen Gelände um den mehrfach gestörten Brunnen eine große Fläche durch zahllose Windwurfteller, besonders durch den Orkan am 13. 11. 1972, freigelegt und verwüstet wurde. Daher waren an verschiedenen Stellen Ansamm-

lungen teils ausgeglühter verbrannter Steine sichtbar. Für die Beobachtung von Keramik- und Siedlungsspuren sind die Wurzelteller zu tief ausgerissen. Auch bestehen für das ältere Material auf den offenen Lagerflächen die gleichen ungünstigen Erhaltungsbedingungen wie am Tönsberg.

4.2.3.4. Funde

Bei den Wallschnitten Schuchhardts wurde ausschließlich keramisches Material geborgen. Auffällig groß ist die Zahl der Spinnwirtel, die bei der Untersuchung der Torwange zutage traten (Taf. 8, 16,18,22,27,30). Vergleiche mit der Keramik vom Tönsberg und Piepenkopf können mit Rücksicht auf die nur kleinen Untersuchungsflächen in den Wällen und das Fehlen des Materials von der Innenfläche nur mit Vorbehalt angestellt werden. Die verschiedenen Gruppen der groben, mittleren und feinen Ware vom Tönsberg treten auch hier auf, jedoch ist der prozentuale Anteil ganz anders (Taf. 8). Grobe Ware tritt völlig zurück. Sie ist nur in einem Schalenrand mit Fingertupfen vertreten. Die mittlere, sorgfältig beschlickte Ware vom Tönsberg tritt im Material überhaupt nicht auf.

Die Masse der Scherben besteht aus einem sehr fein gemagerten Ton, ist dabei aber verhältnismäßig dickwandig, an der Oberfläche sehr sorgfältig geschlemmt und geglättet (Taf 8, 19,20,23,31). Die Oberfläche hat einen lederartigen Charakter.

Auch ausgesprochen feine Ware, sehr dünnwandig, schwarztonig, an der Oberfläche geschmaucht und poliert, tritt sehr häufig an kräftig gegliederten Profilen mit scharfem Umbruch, hoher Schulter und spitz ausladendem Rand auf (Taf. 8, 4). Auch bei feinen S-förmigen Profilen von Schälchen (Taf. 8, 2) und Schalenböden (Taf. 8, 36,39) ist sie vertreten.

Zwei Fragmente einer weniger sorgfältig gearbeiteten Ware weisen Verzierung auf (Taf. 8, 24, 28). Die erste Scherbe zeigt sehr feine, wahllos verteilte Strichgruppen, die zweite ein Flächendekor aus kleinen, gerstenkornähnlichen Eindrücken.

Eine Scherbe tritt auffällig aus dem übrigen Material heraus. Sie wurde leider ohne Beobachtung der Fundverhältnisse beim Auswerfen des Brunnens durch „Wassersucher" zutage gefördert. Sie besteht ebenfalls aus einem schwarzgrauen Ton mit einer mittelfeinen Magerung (Taf. 8, 10) und ist in sehr auffälliger Weise verziert. Die umlaufenden schmalen, eingeschnittenen Linien weisen in der Mitte einen haarfeinen Steg auf, oder das Material ist in der Rille durch einen sehr scharfen Gegenstand ein wenig unterschnitten. Überzeugendes Vergleichsmaterial konnte weder bei latènezeitlicher noch bei frühgeschichtlicher Keramik gefunden werden. Die Scherbe stammt von einem Gefäß mit runder Schulter. Die Verzierung beginnt über dem Umbruch und zieht sich bis in die runde Kehle unter dem ausladenden Rand. Von außen erweckt sie durchaus den Eindruck von grober Drehscheibenware. Es könnte sich aber auch um nachgedrehte handgetöpferte Ware handeln. Die Beschaffenheit der Innenfläche spricht für letzteres.

Insgesamt erweckt das Material von der Herlingsburg den Eindruck, daß es sorgfältiger gearbeitet ist und auch zum Teil später anzusetzen ist. Flächendekor wie auf der Scherbe (Taf. 8, 28) tritt ja bereits in latènezeitlichen Fundkomplexen auf, ist aber im Arbeitsgebiet bisher nur in eindeutig kaiserzeitlichem Zusammenhang gefunden worden.

Auch die sehr kräftig und sorgfältig profilierten Spinnwirtel (Taf. 8, 18,22,23) unterscheiden sich deutlich von denen des Tönsberges.

(Der Materialvergleich mit anderen Anlagen erfolgt im Kap. 5.3.2.1.1. Zur zeitlichen Einordnung s. a. Abb. 73.)

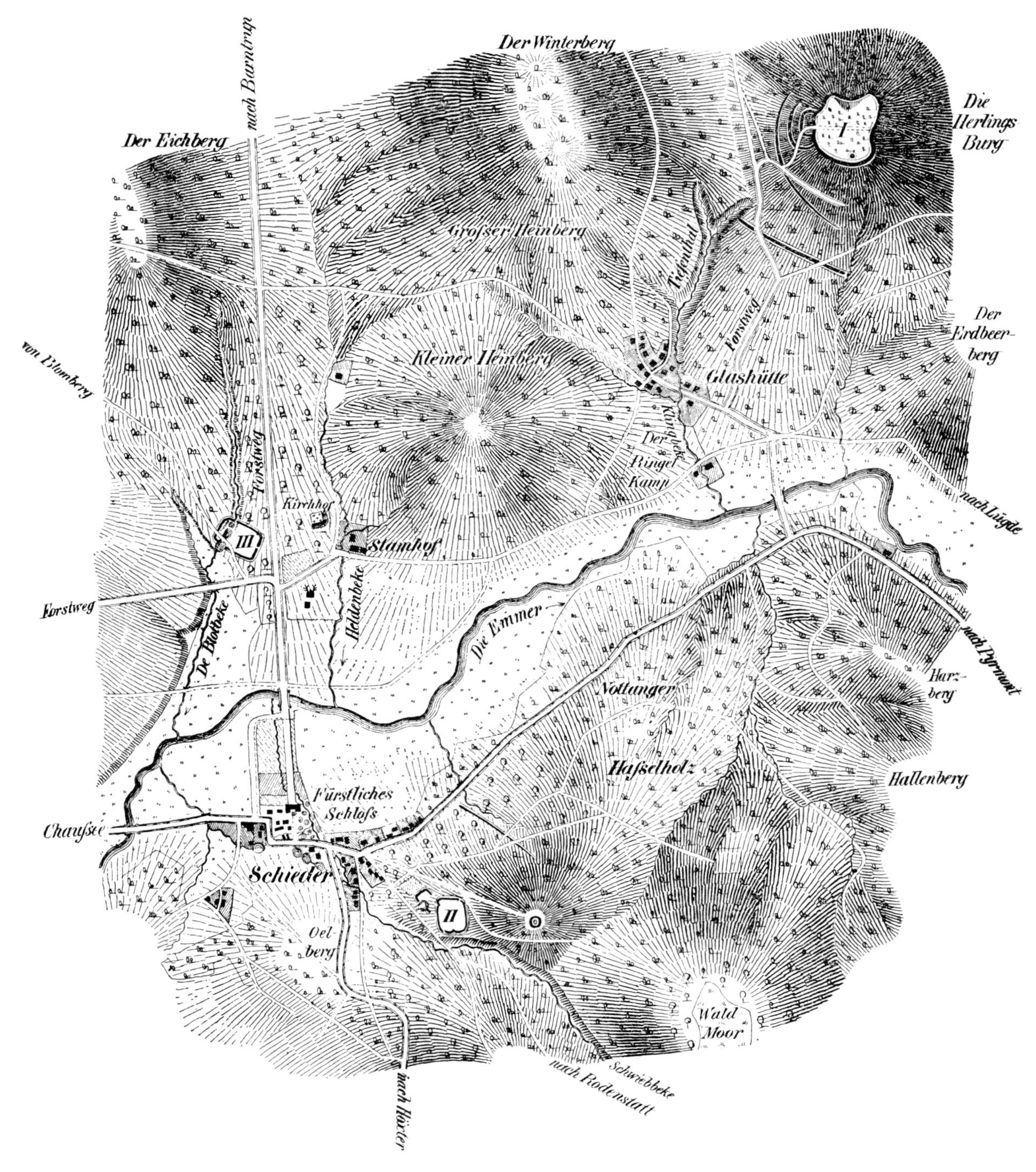

Abb. 22 Das Emmertal mit I Herlingsburg, II Alt-Schieder und III Schanze im Siekholz (nach Hölzermann, 1878, Taf. 50). Maßstab etwa 1 : 27 500.

4.2.3.5. Zusammenfassung

Nebelsiek (1950a, 97) hält die Herlingsburg für eine Anlage, die aufgrund der Keramik schon in der Zeit um Christi Geburt angelegt wurde und später von Sachsen wieder benutzt wurde. Die bisherigen, jetzt 65 Jahre zurückliegenden Untersuchungen können bei der Größe und dem guten Erhaltungszustand dieser Befestigung nur als kleine Sondierungen gewertet werden. Die

Beobachtung der Aufschüttung einzelner Wallabschnitte mit stark verwittertem Material einer latènezeitlichen Kulturschicht, die Höhe und Steilheit des Hauptwalles, besonders am Nordtor, lassen einen Wiederaufbau in sächsischer Zeit wahrscheinlich werden. Mit Sicherheit muß aber eine latènezeitliche Höhensiedlung angenommen werden. Die von Schuchhardt untersuchte Torwange der stark abgetragenen inneren Befestigungslinie am Nordtor wird einer latènezeitlichen Befestigung mit Sicherheit zuzurechnen sein. Das guterhaltene latènezeitliche keramische Material, Schalenränder, Fingertupfen, dickwandige gerauhte Scherben von Vorratsgefäßen, und guterhaltene Spinnwirtel (Taf. 8) lassen auf einen mehrphasigen Aufbau schon während der La-Tène-Zeit schließen, wie er am Tönsberg nachgewiesen wurde. Für den äußeren Hauptwall am Tor ist aufgrund der wesentlich steileren Böschungen mit einem weit jüngeren erneuten Aufbau oder einer Überbauung zu rechnen. In den flachen Terrassen und stärker verstürzten Außenwällen können Reste der älteren Anlage angenommen werden. Keinesfalls kann man für die verschiedenen Teile der Wehranlage Zeitgleichheit annehmen, darauf weist auch der sehr schlechte Erhaltungszustand der latènezeitlichen Keramikreste in dem wiederaufgebauten Wall in der Südostecke hin. Von der jüngeren Ausbauperiode liegt allerdings im bisher geborgenen Fundgut kein entsprechendes sicheres Material vor. Einzelne kleine hartgebrannte Wandscherben von Kugeltöpfen der blaugrauen Ware, als Lesefunde aus dem Aushub des Brunnenschachtes der Quellmulde können für die Datierung nicht herangezogen werden.
Für hochmittelalterliche Bauwerke in Mörtelbauweise gibt es bisher keinerlei Hinweise. Dagegen sind Reste anderer Anlagen in Steinanhäufungen, -reihungen, kleinen Geländestufen und einer auffälligen Erhebung neben einer alten Wegerinne vom Tor zum Lagerinneren hin nach der Freiräumung infolge des Orkans sichtbar geworden. Besonders deutlich ist jetzt das wehrtechnische Prinzip der zwingerartigen Toranlage erkennbar (s. dazu Taf. 38 Mitte; Abb. 21).

4.2.4. Grotenburg bei Detmold

TK 4019 Detmold: r. 348890–348930,
h. 575280–575325

(Abb. 3, 4 u. 23–29; Taf. 40 u. 41)

Höhenlage: 360–380 m ü. NN.

Flächengröße: Befestigte Hochfläche ca. 11 ha.

Befestigungsart: Steinmauer ca. 4 m Breite am Rande einer Hochfläche, nicht geschlossen, am Steilhang ansetzend.

Heutiger Zustand: Weitgehend zerstört durch Einbau des Hermannsdenkmals, der Denkmalsgaststätten, gärtnerischer Anlagen, von Wegen und Parkplätzen, einen Steinbruch und zusätzliche Materialentnahme aus den verstürzten Mauern (L. Hölzermann, 1878, 113).

Bodennutzung: Auf den verbliebenen Restflächen Forstkulturen, vorwiegend Buchen- und Fichtenhochwald sowie junge Schonungen auch auf den Resten des Wallkörpers.

Besitzverhältnisse: Landesverband Lippe, Verwaltung Forstamt Horn.

Ausgrabungen: Schuchhardt und Weerth 1900 und 1905, Weerth 1907, Nebelsiek 1950.

Literatur: Küstersche Chronik 1736–1738; Clostermeier, 1822; Falkmann, 1856; Preuß/Falkmann, 1866; Hölzermann, 1878; Thorbecke, 1892; Wilbrand, 1892; Wormstall (ältere Literatur), 1899; Schuchhardt, 1905 und 1906; Weerth, 1911; Schuchhardt, 1916 und 1924; v. Petrikovitz, 1951; Nebelsiek, 1953, 1961a und 1961b.

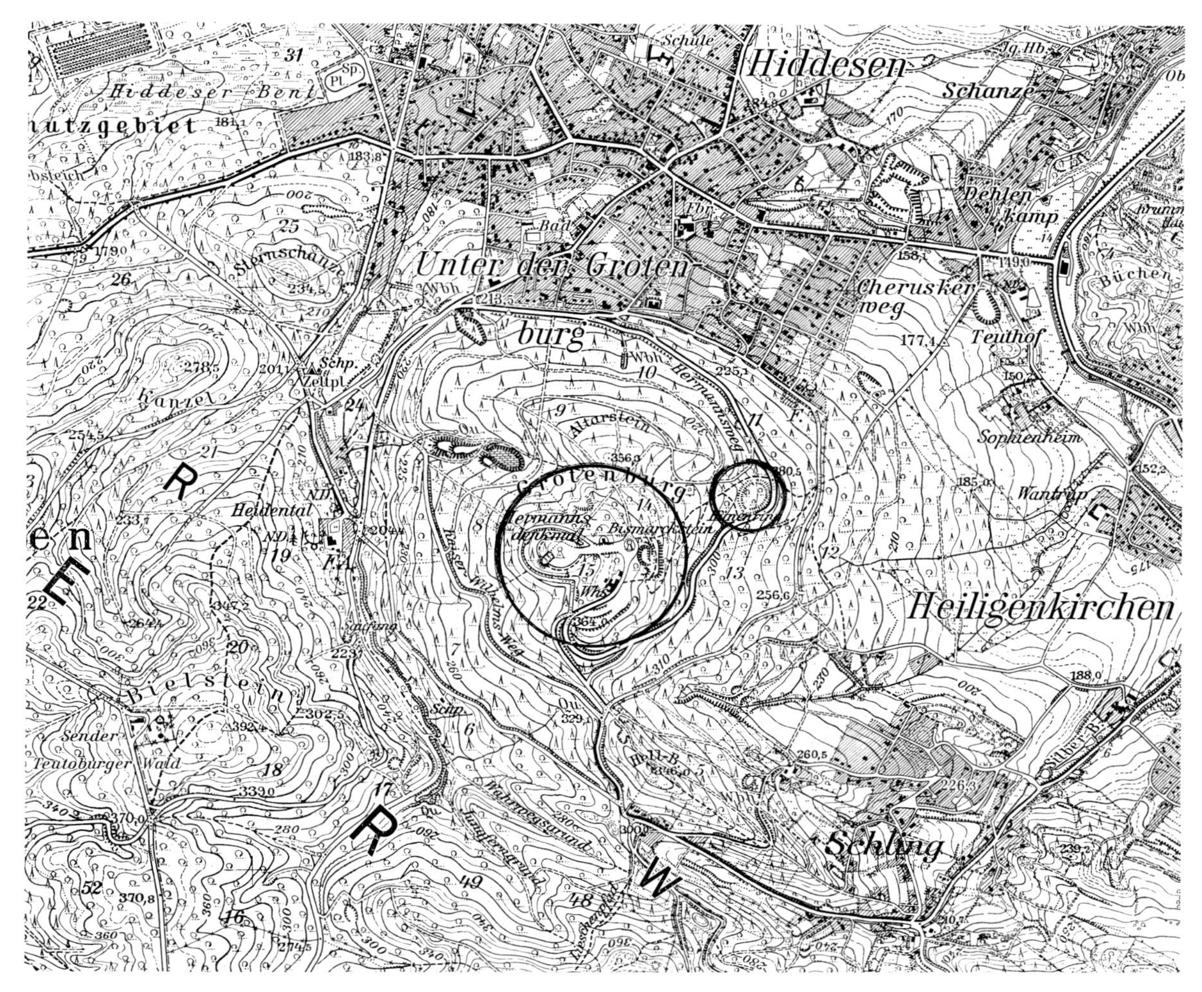

Abb. 23 Grotenburg, Großer und Kleiner Hünenring, Ausschnitt aus den TK 4018 Lage und TK 4019 Detmold. Maßstab 1 : 25 000.

4.2.4.1. Lage und geologische Verhältnisse

Die Grotenburg, in der Literatur in der Regel „Großer Hünenring“ genannt, ist auf einem der Gebirgskette nach NO vorgelagerten, beherrschenden Bergmassiv angelegt, nach ihr wurde der Berg benannt (Taf. 40; Abb. 23). Die Höhe ist nach O leicht geneigt. Das Plateau und der westliche Steilhang werden von Flammenmergel der Unterkreide gebildet. Am Westhang tritt in schmaler Linie weiter talwärts der Grünsand mit einem Quellhorizont und dann der Osningsandstein zutage. An diese Linie hält sich im wesentlichen, soweit noch erkennbar, der Große Hünenring (Schuchhardt, 1916, 73; Abb. 26). Nur im nordöstlichen Abschnitt verläßt er die 360 m Höhenlinie und zieht nach Ausgrabungsbefunden (Nebelsiek, 1950; Abb. 28) hangaufwärts in das Flammenmergelgebiet des Plateaus. Der weitere Verlauf der Wehrlinie bis zum nördlichen Steilhang war bisher nicht festzustellen.
350 m hangabwärts in NO Richtung liegt der Kleine Hünenring im Bereich des mittleren Keupers, der hier von Hangschutt, vorwiegend des Osningsandsteines, überdeckt ist. Diese wesentlich jüngere Anlage wird in der zweiten Gruppe besprochen. Talwärts folgt, bedingt durch eine der zahlreichen Verwerfungen dieses Gebietes, eine Zone dunkler Liastone und im Anschluß daran erneut ein Keupergebiet. In diesem Gebiet hat bis in die ersten Jahrzehnte des 19. Jahrhunderts eine mächtige Felsenmauer als äußerste Wehrlinie bestanden, die den flachen Osthang von Hiddesen bis zu einer steilen Schlucht im S umspannte. Sie war aus großen Blöcken des Osningsandsteines gebildet (Clostermeier, 1822; Hölzermann, 1878, 115; Abb. 24).

4.2.4.2. Forschungsgeschichte (Abb. 24–29)

Heute sind an der Grotenburg, die in den meisten Beschreibungen des 19. Jahrhunderts als eindrucksvolle prähistorische Anlage geschildert wird, nur noch schwache Reste des einst gewaltigen Bodendenkmals erhalten. Schon vor Errichtung des Hermannsdenkmals, durch das der Berg weithin bekannt wurde, begann die starke Zerstörung. Clostermeier (1822, 118–129) berichtet von der inzwischen völlig verschwundenen Felsenmauer (Abb. 24). Er beschreibt ausführlich ihren Verlauf und ihre Bauweise aus längs- und querverlegten, bis mannshohen Steinblöcken, erwähnt einen Graben hinter dieser Mauer, „welcher sich jedoch in der Länge der Zeit mit herabfließender Erde von vermodertem Laub fast völlig gefüllt hat“. Die Länge gibt er noch mit 500 Schritt an, aber er spricht schon von ihrer Verkürzung, wo die „Häuser der Bauerschaft Hiddesen anfangen“ (im N). Außerdem sollen schon „seit Jahrhunderten bis in die neueste Zeit“ für den benachbarten Teuthof Steine entnommen worden sein. Die Mauer sei durch gewaltsame Durchbrechung an zwei Stellen durch jüngere Holzabfuhrwege zerstört. Seine Befürchtung, „sie wird gänzlich verschwinden, wenn nicht ihrer ferneren Zerstörung von kräftiger Hand Einhalt geschieht“, wurde bald Wirklichkeit. Der Große Hünenring wurde von ihm (Clostermeier, 1822, 127) als „Steinwall“ beschrieben, der den „breiten Gipfel des Teuts so weit begrenzt, bis derselbe in einer steilen Wand herabfällt“. Hölzermann (1878, 111–117) bestätigt dann in seiner genauen Bestandsaufnahme und Beschreibung die Clostermeierschen Aussagen wie auch seine Befürchtungen. Die Felsenmauer ist fast verschwunden. In seinem Plan (Abb. 24) ist ihre Linie nur noch als „muthmaßliche Richtung“ angegeben, obwohl er noch einige sichere Spuren haben mußte, die es ihm ermöglichten, ihre Breite mit 3 m anzugeben und ein Profil zu zeichnen, an dem im Gegensatz zu Clostermeier, der nur von einem Innengraben berichtet, auch ein Außengraben zu erkennen ist. Der Große Hünenring war inzwischen durch den Denkmalsbau und andere Folgemaßnahmen auf weiten Strecken total zerstört oder bis auf einen unscheinbaren Rest abgetragen. Hölzermann (1878, 113) beklagt bitter diese inzwischen erfolgte unsinnige Zerstörung, über die auch die Grotenburg-Akten des Lippischen Landesarchivs (1838) einiges aussagen. So beschwert sich der Landbaumeister Brune, daß die großen Steine auf dem Gipfel der Grotenburg für den Denkmalsbau verwandt wurden, daß später bei der Anlage eines Steinbruchs

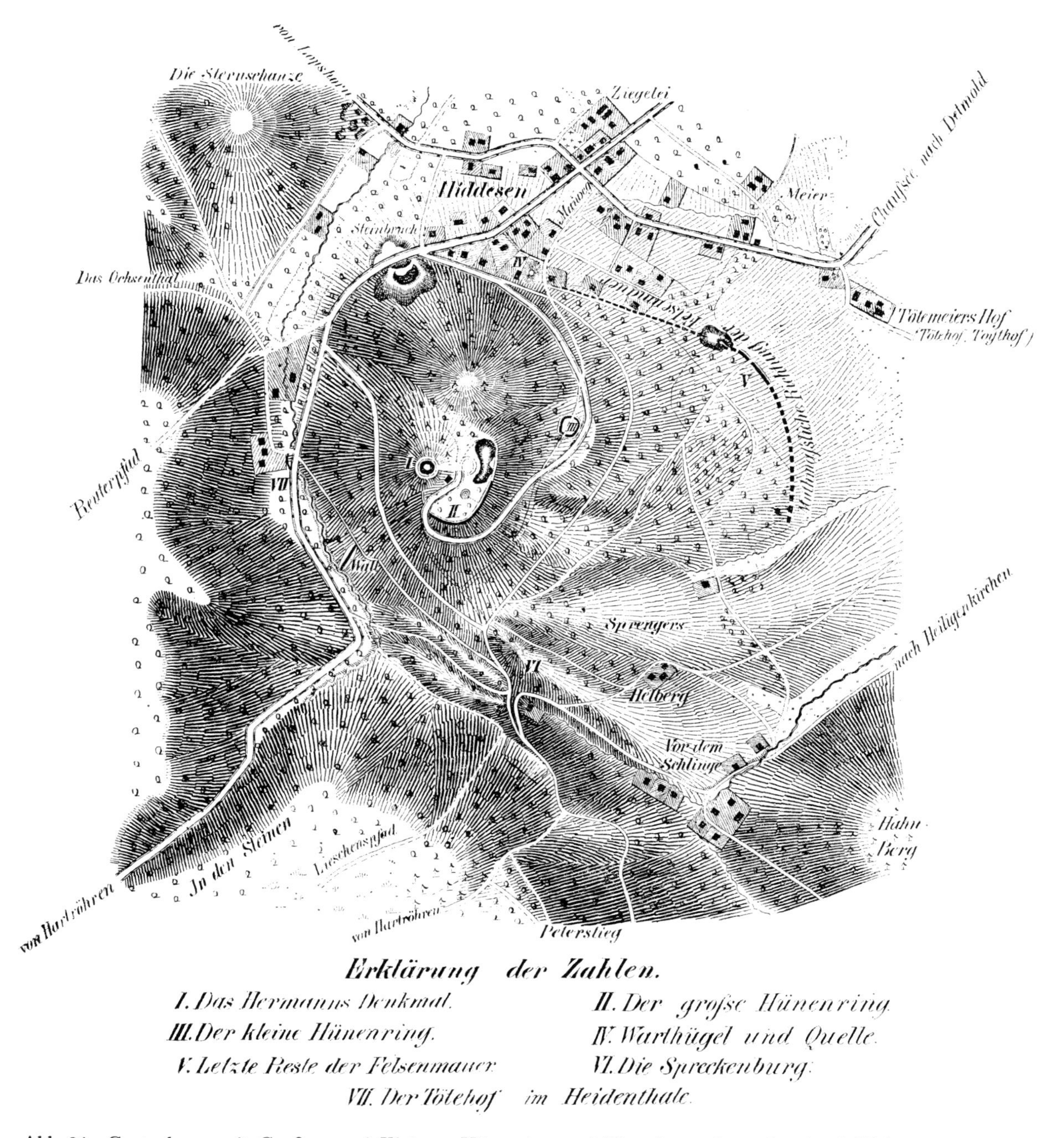

Abb. 24 Grotenburg, mit Großem und Kleinem Hünenring und Umgebung, Lageplan (nach Hölzermann, 1878, Taf. 49). Maßstab etwa 1 : 26 500.

der Große Hünenring durchschnitten wurde und der von Clostermeier (1827, 127) beschriebene große Steinhaufen mit trichterförmiger Vertiefung bereits völlig zerstört sei. Mit großer Wahrscheinlichkeit lag diese Stelle im nördlichen Wallabschnitt (Abb. 25). Die Gegenseite behauptet unter anderem, daß man Steine, die aus dem Hünenring herausgefallen seien, hätte nehmen können, da sie ja jetzt wieder zu gewöhnlichen Feldsteinen geworden seien.
Trotz dieser weitgehenden Zerstörung spricht Hölzermann (1878, 114) den Großen Hünenring als niedrige Felsenmauer an und glaubt, daß der Hang unter der Mauer gegen S und O noch künstlich durch Abstechen steil gemacht wurde, wodurch dann besonders im O die Mauer später

„von dem scharfen Rande her abgestützt" sei. Hölzermann sah auch noch einen „Wachthügel" in der Linie der unteren Felsenmauer an einem alten Wege zum Gipfel und beschäftigt sich mit der Clostermeierschen Meinung, daß Sprengers Hellberg, im Mittelalter Spreckenburg genannt, ein der Grotenburg nach S vorgelagerter Höhenrücken mit einer markanten Kuppe, eine Vorburg gewesen sein könne. Er glaubt mit ziemlicher Sicherheit zu erkennen, daß eine künstliche Befestigung nicht vorliegt, schließt aber nicht aus, daß dieser Berg, der wegen seiner günstigen Lage auch einen weiten Ausblick in die rückwärtigen Schluchten ermöglicht, als Hochwarte diente, und führt als ähnliches Beispiel die Amelungsburg bei Hillentrup an (Abb. 13 u. 14).
Zur Namensgeschichte und Gleichsetzung Grotenburg gleich Teutoburg sei auf Clostermeier (1822, 133) verwiesen. Die Quellen dazu zitieren ausführlich Hölzermann (1878, 112) und Schuchhardt (1916, 73). Eine Besprechung dieser historischen Quellen und eine kritische Auseinandersetzung mit dieser ausgeweiteten Diskussion auf die Themenkreise Arminius und Varusschlacht kann kein Anliegen dieser Arbeit sein (s. dazu a. Preuß/Falkmann, 1864–1866).
Die ersten Ausgrabungen am Großen Hünenring erfolgten 1900 und 1905 durch Schuchhardt und Weerth (Schuchhardt, 1902, 1905, 1906). 1907 unternahm Otto Weerth auf Schuchhardts Wunsch noch eine genauere Untersuchung. Weerth waren Zweifel gekommen, ob der „Große Hünenring" in seinen spärlichen Resten überhaupt zu einer Burg gehöre oder geologischen Ursprungs sei (Weerth, 1911; Schuchhardt, 1916, 139). Man hatte keine klare Mauerfront gefunden, und die Wallreste lagen nach Schuchhardts und Weerths Meinung überall in der Zone des Osningsandsteins. Schuchhardt blieb bei seiner Meinung, „daß wir in der prachtvollen Hochfläche, die eine geborene Burg ist, das Hauptoppidum der ganzen Gegend vor uns haben". Bestärkt wurde er in dieser Meinung durch eine Rechnung aus dem Jahre 1475, nach der an das Haus Detmold für Steine, die an der „Groten Borgh" gebrochen wurden, eine Entschädigung gezahlt wurde (Schuchhardt, 1916, 139).

4.2.4.3. Befund

Die Untersuchungen einer Fläche im Burginneren durch Schuchhardt (Abb. 27) brachte zwar einige flache Pfostenlöcher, die in Reihen angeordnet waren und Holzkohlespuren enthielten, aber sie erschienen als Hauspfosten zu schwach. Die Fläche erbrachte keinerlei sonstige Funde, wie es von der Grotenburg bis heute keine Keramikfunde gibt. Im Atlas (Schuchhardt, 1916, 73) werden ein Steinhammer und ein Bruchstück eines solchen abgebildet. Es handelt sich dabei um bandkeramische Hacken (Nebelsiek, o. J.). Fortgesetzt wurden die Ausgrabungen an der Grotenburg erst 1950 durch L. Nebelsiek auf Anregung und in Verbindung mit Professor Dr. Stieren, Münster, mit dem Ziel, den weiteren Verlauf des Großen Hünenrings festzustellen, Einzelheiten der Konstruktion zu erfahren und datierende Funde zu erhalten. Bei diesen Arbeiten (Taf. 41; Abb. 28) konnte die Wehrlinie des Großen Hünenrings „gegen früher um wesentliche Strecken weiter verfolgt werden" (Nebelsiek, o. J.; vgl. hierzu die Lagepläne von Hölzermann [Abb. 25], Schuchhardt [Abb. 26] und Koppmann/Nebelsiek, 1955 [Abb. 28]). Nach Hölzermann und Schuchhardt begann der Große Hünenring im Südwesten der Hochfläche rechts der Auffahrt zum Denkmal. Auf Hölzermanns Plan ist zwar noch eine Terrassenstrecke 100 m weiter nach N eingezeichnet, aber ohne die kräftige Linie für die Steinmauer. Nebelsiek stellte 1950 fest, daß hier die Reste der alten Mauern in der Böschung des heutigen Rundweges um die Denkmalskuppe stecken. Wie auch an anderen Anlagen zu beobachten ist, wurde hier die Stufe, die durch den Wallrest am Hang entstand, als Wegetrasse genutzt. 50 m nördlich der Zufahrtsstraße zweigt ein aus Osningsandstein bestehender Wall ab. Seine Bettung bei Stelle 10 (Abb. 28), hier im Bereich des Flammenmergels, wurde untersucht. In dem Winkel zwischen auslaufendem Hauptwall und dem um die Denkmalskuppe ziehenden Rundweg nimmt Nebelsiek nach der Gesamtsituation das Tor an, zusätzlich gesichert durch den eine Schanze bildenden kleinen Vorwall. Denn an dieser Stelle zieht ein alter Weg von der tiefen Schlucht des Heidentales im W in einer

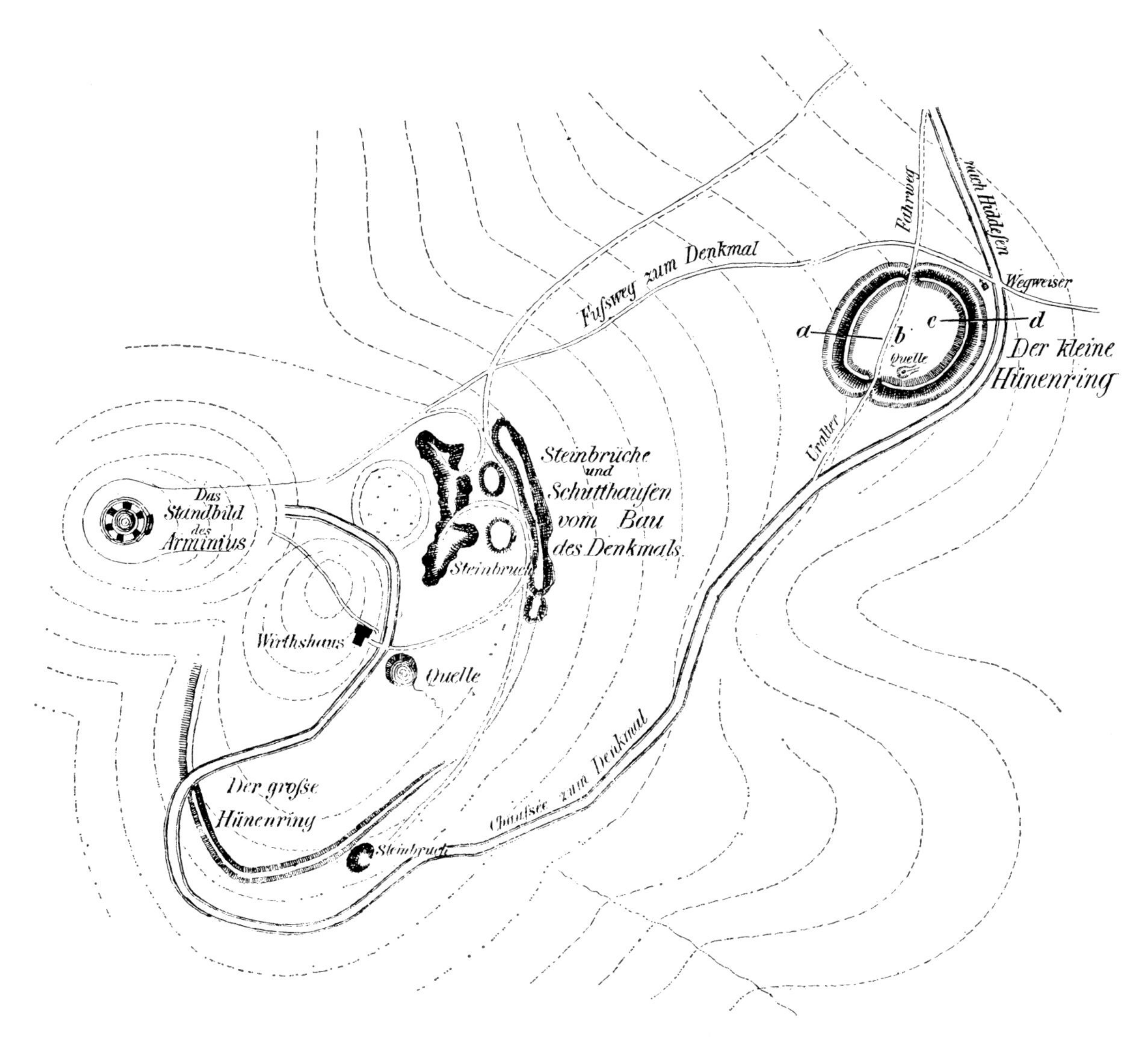

Abb. 25 Grotenburg, Großer und Kleiner Hünenring, Lageplan (nach Hölzermann, 1878, Taf. 45). Maßstab 1 : 6 250.

Mulde den sonst sehr steilen Hang zwischen Denkmalskuppe und anschließendem Plateau hinauf. Schuchhardt (1924, 13, Abb. 2) nahm das „Tor?" dort an, wo die Fahrstraße 100 m weiter südlich den Hünenring schneidet, weil nach dort von dem eben beschriebenen Weg in der Mulde zum Heidental noch ein abzweigender Pfad im Gelände angedeutet war. Weitere Schnitte galten dem Wallverlauf nach N. Trotz seines Abbaus durch Steinentnahme südlich von Stelle 3 (Abb. 28) und zwischen den Stellen 5 und 7 konnte der Wallverlauf durch Schnitte an diesen Stellen mit Sicherheit nachgewiesen werden (vgl. auch Abb. 26).

Bei den Stellen 3 und 4 hatte Schuchhardt den Wall an der 355-m-Höhenlinie vermutet. Er lag dort aber schon um ca. 5–30 m weiter nach W bergaufwärts. Die Befestigungslinie verläuft also, nachdem sie zunächst, um das Quellgebiet voll einzubeziehen, leicht hangabwärts zieht, nicht in der gleichen Höhenlinie weiter, sondern steigt nach N zu bis auf die 365-m-Höhenlinie hinauf und biegt dann stark nach W ab. In der neuen Richtung läuft sie auf eine von NW gegen das Plateau vorstoßende Schlucht zu, die stärker ausgeprägt ist, als es nach der Karte anzunehmen ist. Diese nordwestliche Schlucht bewirkt mit der aus SW kommenden, oben im Zusammenhang mit der Zuwegung erwähnten Mulde eine Einschnürung des Plateaus. Über Stelle 7 an der Wildsuhle hinaus ist der Wall nicht weiter festgestellt worden.

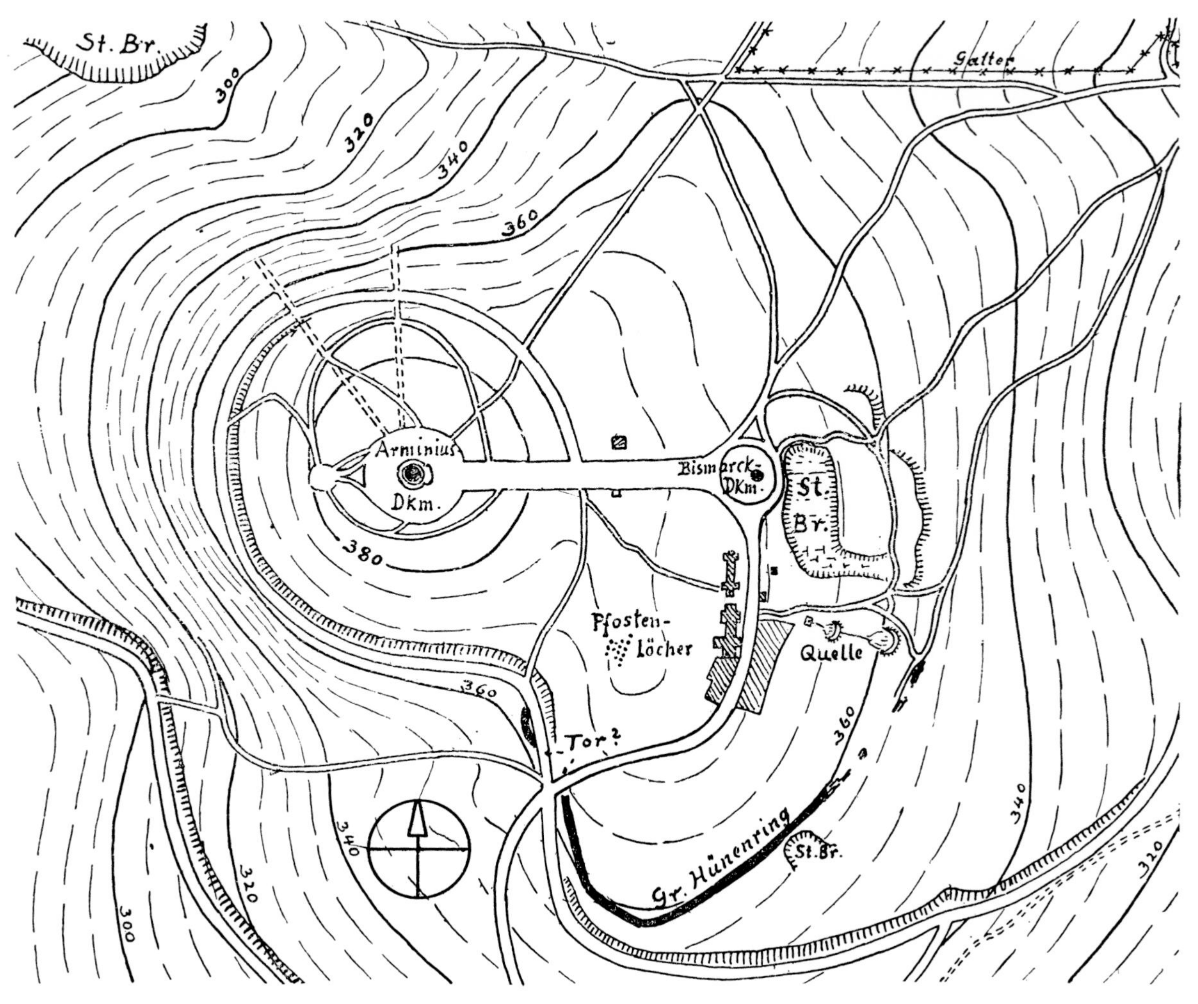

Abb. 26 Grotenburg, Großer Hünenring, Lageplan (nach Schuchhardt, 1924, Abb. 2). Maßstab etwa 1 : 5 000.

Damit hat die befestigte Innenfläche eine gedrungen nierenförmige Gestalt. Sie ist ca. 300 m breit und 400 m lang bei einer Größe von ca. 11 ha. Die gesamten Maßangaben der früheren Literatur zum Großen Hünenring auf der Grotenburg beruhen auf falscher Annahme des Wallverlaufs, ungenauen Schätzungen oder Druckfehlern, wie „400 : 900 m" (Schuchhardt, 1924, 14). In der Regel wird die Fläche mit 400 zu 500 m und etwa 20 ha angegeben (Schuchhardt, 1905 und 1916, 74). Hier schließt sich Schuchhardt auch der Hölzermannschen Auffassung an, daß die Denkmalskuppe selbst und die fehlende Strecke im N wohl durch einen Verhau gesichert gewesen sei. Zuvor vertrat er (Schuchhardt, 1905) die Auffassung, daß eine Steinmauer ringsum lief, die nur teils abgestürzt, teils abgetragen sei, da bei solchen alten Steinwällen ein Aussetzen und Ersetzen durch leichtere Wehr seines Wissens nicht vorkomme.
Der Grabungsbefund Nebelsieks aus dem Jahre 1950 scheint jedoch die leichtere Wehr in diesem Abschnitt zu bestätigen. Bei den Stellen 6 und 7 (Abb. 28) zeigt sich: „Die Linie hat hier bereits das Gebiet des Flammenmergels erreicht" (Nebelsiek, o. J.). Man stellte „einen gut vier Meter breiten sehr flachen Erdwall mit einzelnen Steinen, der oben noch eine ziemlich geschlossene Lage von Sandsteinen trägt", fest. An den Außen- und Innenseiten fand man einen flachen Materialentnahmegraben. Die Sandsteine mußten aus der Zone des Osningsandsteins herantransportiert werden. Daß dadurch hier vergleichsweise mehr Holz verbaut wurde, schließt

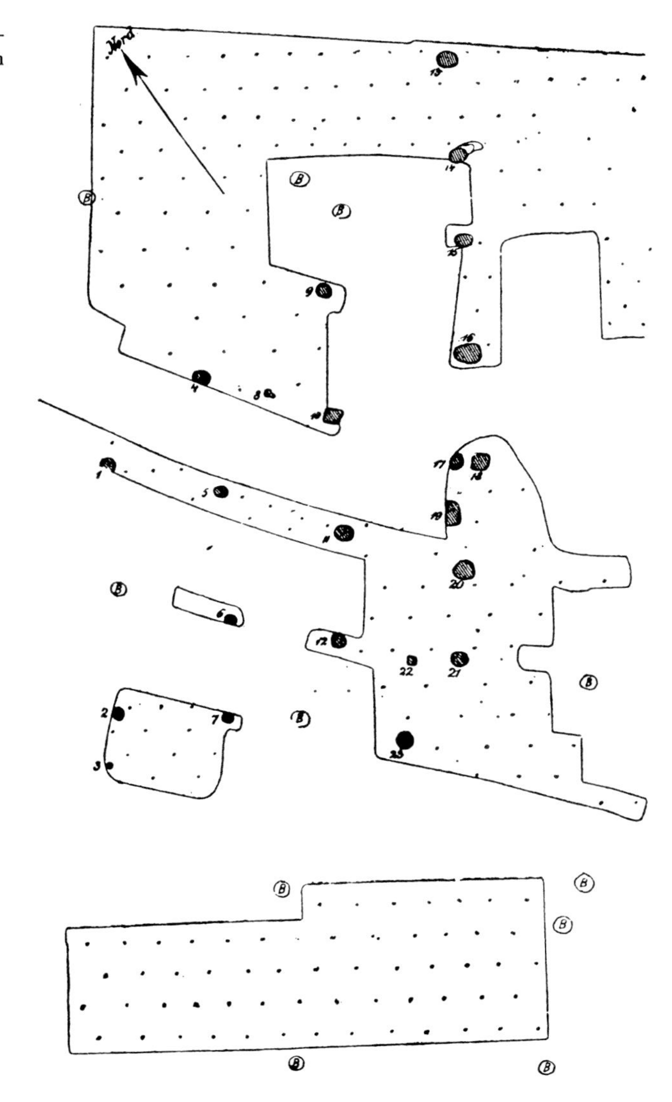

Abb. 27 Großer Hünenring, Grabungsfläche östlich der Gaststätte mit Pfostenlöchern (nach Schuchhardt, 1916, Abb. 187). Maßstab 1 : 200.

Nebelsiek aus der Beobachtung, daß „im Zuge einer 20 bis 30 cm breiten Längsrinne, die zumeist steinfrei war“, bei Stelle 7 im Längsschnitt und bei 5 im Querschnitt pfostenlochartige Eintiefungen mit sehr dunkler Füllung vorhanden waren. Im Gegensatz dazu hat die Linie im SW nach Schuchhardt und Weerth bei ca. 4 m Breite und 0,65 m Höhe ganz aus Steinblöcken bestanden, ohne daß ein Graben erkennbar gewesen wäre. Holzeinbauten konnte man damals ebensowenig nachweisen. Bei Stelle 1 (Abb. 28; Taf. 41 oben) gelang es 1950, kräftige Spuren längs und quer eingelagerter Hölzer zu finden. Es zeigte sich durch starke Brandwirkung rötlich verfärbter Lehm über einer Schicht mit morschem Holz und Holzkohle 45 cm unter der Wallkrone. Außerdem wurden völlig mürbe gebrannte Steine beobachtet. Auch eine Erweiterung des Schnittes erbrachte den gleichen Befund. „Der Versuch, eine regelrecht aufgeführte Stirnwand zu finden“, blieb ergebnislos. „Auch Gruben von Stützpfosten oder dergleichen waren nicht festzustellen.“ Der Ausgräber schließt aus diesem Befund: „Die Wehrlinie hat an dieser Stelle also aus lose aufgepackten Steinen bestanden, denen man durch Einlegen von Holz eine größere Festigkeit zu verschaffen suchte. Als diese Hölzer durch Feuer vernichtet wurden, stürzte die ‚Mauer‘ auseinander.“ Der Wall hat keinen eigentlichen Wehrgraben gehabt. Unregelmäßige Vertiefungen außen und eine flache, den Wallkörper begleitende Mulde innen hält Nebelsiek für Materialentnahmegräben. Eine von Stieren beobachtete Rinne rechts und links des Aufgangs zum Denkmalsplatz an der obenerwähnten Einschnürung wurde bei den Stellen 8 und 9 geschnitten und ergab einen 5–6 m breit und 1,40–1,50 m tief in den Flammenmergel eingehauenen, flach ausgebildeten „Spitzgraben“ (Taf. 41 unten). Dieser Graben und der Verlauf der Wallinie von Stelle 4 bis 7 wurde später durch eine v. Bandelsche Handskizze bestätigt, die aus den Akten des Denkmalbaues von 1838 im Landesarchiv „ausgegraben“ wurde. Die Hoffnung auf datierende Funde erfüllte sich leider auch dieses Mal nicht. Eine Pilumspitze (Abb. 29), nach Entfernung des Humus zwischen den Steinen des Walles (Abb. 28, Stelle 5) gefunden (Petrikovits, 1951), kann für eine Datierung nicht ohne weiteres herangezogen werden.

4.2.4.4. Zusammenfassung

Im Großen Hünenring auf der Grotenburg hat man immer eine der ältesten oder die älteste Befestigung des lippischen Landes gesehen. Zunächst geschah das unter dem Einfluß der „schriftlichen Quellenforschung, da man in ihr die für den ‚saltus Teutoburgensis‘ (Tacitus, Ann. I, 60) namengebende Teutoburg sah“ (Schuchhardt, 1916, 77), der man im Kampf zwischen Germanen und Römern eine große Rolle zuschrieb. Aber bald schon ergaben sich andere archäologische Gesichtspunkte für eine latènezeitliche Datierung der Anlage. Schuchhardt (1906) stellte fest, daß sie wegen ihrer besonderen Bauweise von den anderen Anlagen abweiche und sich mit den Ringwällen der späten La-Tène-Zeit Mitteldeutschlands vergleichen lasse. Diese Auffassung wird bis heute allgemein vertreten.
Die Ergebnisse der Untersuchung Nebelsieks in Verbindung mit Stieren im Jahre 1950 zeigen, daß auch hier noch neue Erkenntnisse zu gewinnen sind. Voraussetzung ist, daß an den leider nur noch spärlichen Resten jede weitere Zerstörung vermieden und mit großer Vorsicht und zeitgemäßer Grabungstechnik sowie modernen Methoden versucht wird, die Fragen zu klären, auf die wir gerade im Falle Grotenburg durch archäologische Hinweise in archivalischen Quellen und die besprochenen älteren Beobachtungen in Verbindung mit einem sorgfältigen Geländestudium gestoßen sind.
Die Art der Befestigungslinie an der Abschnürung der Denkmalskuppe, die mit dem Grabenprofil erfaßt ist (Abb. 28), muß zwischen den Stellen 9 und 10 weiterverfolgt und ihre Bauweise dort geklärt werden, wo der Graben sonst sinnlos ausläuft.
Nordwestlich der Wildsuhle bei Stelle 7 ist zu klären, ob die Anlage hier wirklich nicht fertiggestellt wurde oder ob Spuren einer Wehrlinie am Steilhang zur dort auslaufenden Schlucht zu fassen sind.
Von großem Gewicht für die Beurteilung der Bedeutung und Funktion der Grotenburg wäre der Nachweis, ob es wirklich eine untere Befestigungslinie im Vorgelände am östlichen Bergfuß gegeben hat, die man der Befestigung auf der Höhe des Berges zurechnen kann. Der sicher nachgewiesene Befestigungscharakter für die Grotenburg einerseits, die dann anzunehmende Gesamtfläche des Geländes von ca. 100 ha und die Fundleere andererseits würden dieser Anlage im Vergleich mit anderen Befestigungen dieses Gebietes eine Sonderstellung zuweisen.

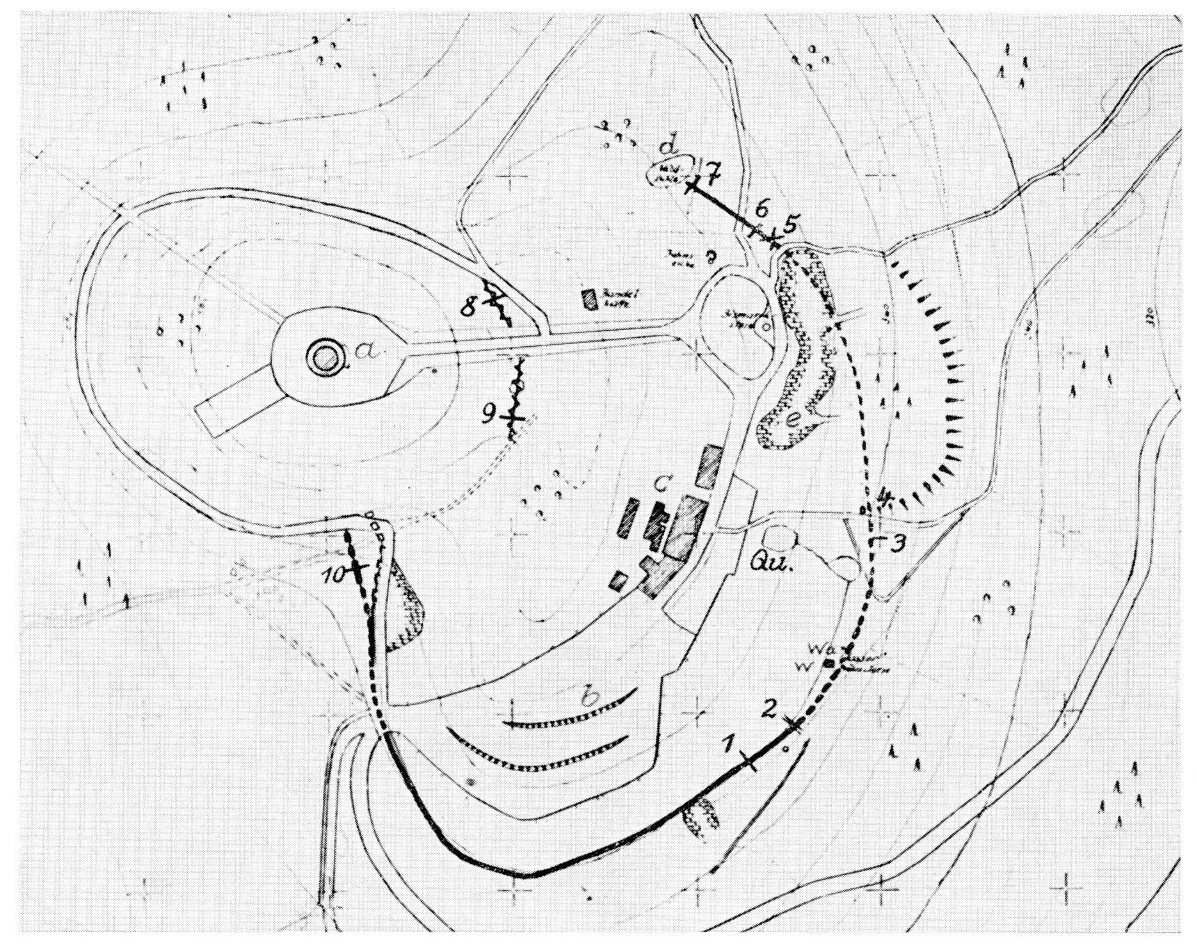

Abb. 28 Grotenburg, Großer Hünenring, Lageplan (Neuvermessung Koppmann und Nebelsiek 1955). Maßstab 1 : 4 000.

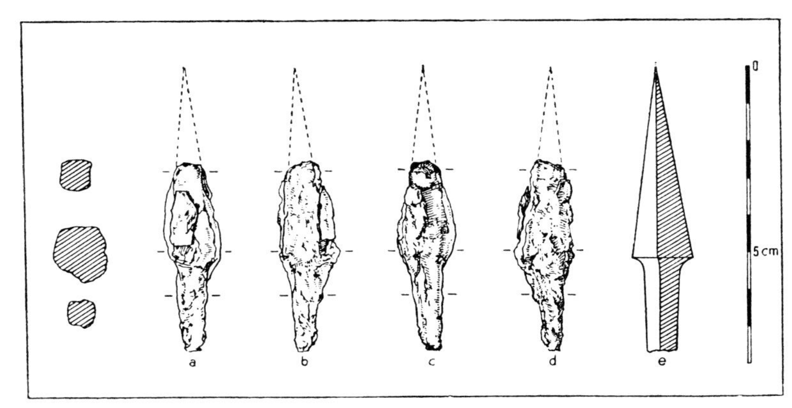

Abb. 29 Großer Hünenring, Pilumspitze (nach v. Petrikovitz, 1951, Abb. 1). a–d Seitenansichten, e Rekonstruktion. Maßstab 1 : 2.

4.2.5. Rodenstatt bei Brakelsiek

TK 4121 Schwalenberg: r. 351315–351340,
h. 575120–575160

(Abb. 3, 5; 30 u. 31; Taf. 42 u. 43)

Höhenlage: 390–410 m ü. NN.

Flächengröße: ca. 12 ha.

Befestigungsart: Die Anlage wird durch Wälle befestigt, die in Stein-Erde-Konstruktion aufgeführt sind und Spuren von Holzeinbauten zeigen. Die Wälle sind als ein dem Gelände angepaßtes verschobenes Viereck angelegt. Vermutlich hatte die Anlage zwei Tore.

Heutiger Zustand: Die Umwallung wurde leider seit Jahrhunderten als „handlicher" Steinbruch von den Bewohnern der umliegenden Dörfer für den Haus- und Wegebau genutzt, nach Auskünften und Belegen bis in jüngste Vergangenheit. So ist die Wallinie heute auf weiten Strecken nur noch schwer zu erkennen (Taf. 42 Mitte). An einigen günstigen Stellen ist sie jedoch noch als 40–50 cm hoher und 6–8 m breiter Wall mit mehr Steinen zu verfolgen (Taf. 43). In der Nordwestecke ist die Anlage durch eine Ziegelei und Töpferei, die hier in der Zeit von 1781–1826 arbeitete, stark zerstört (Akten des Lippischen Landesarchivs). Die ebenfalls an dieser Stelle gelegene Quelle ist durch eine vor einigen Jahren durchgeführte Sprengung restlos zerstört. Seit 1950 steht die Anlage unter Denkmalschutz.

Bodennutzung: Die Anlage wird ausschließlich forstwirtschaftlich genutzt und ist augenblicklich mit Buchenhochwald bestanden.

Besitzverhältnisse: Landesverband Lippe, Verwaltung Forstamt Schieder.

Ausgrabungen: Leo Nebelsiek 1950, Hohenschwert 1966.

Literatur: J. Piderit, 1627; Küstersche Chronik, 1736; v. Donop, 1790; Böger, 1905; Weerth, 1911 (Tagebuchnotizen); Schwanold, 1930; Müller, 1949; Nebelsiek, 1950a.

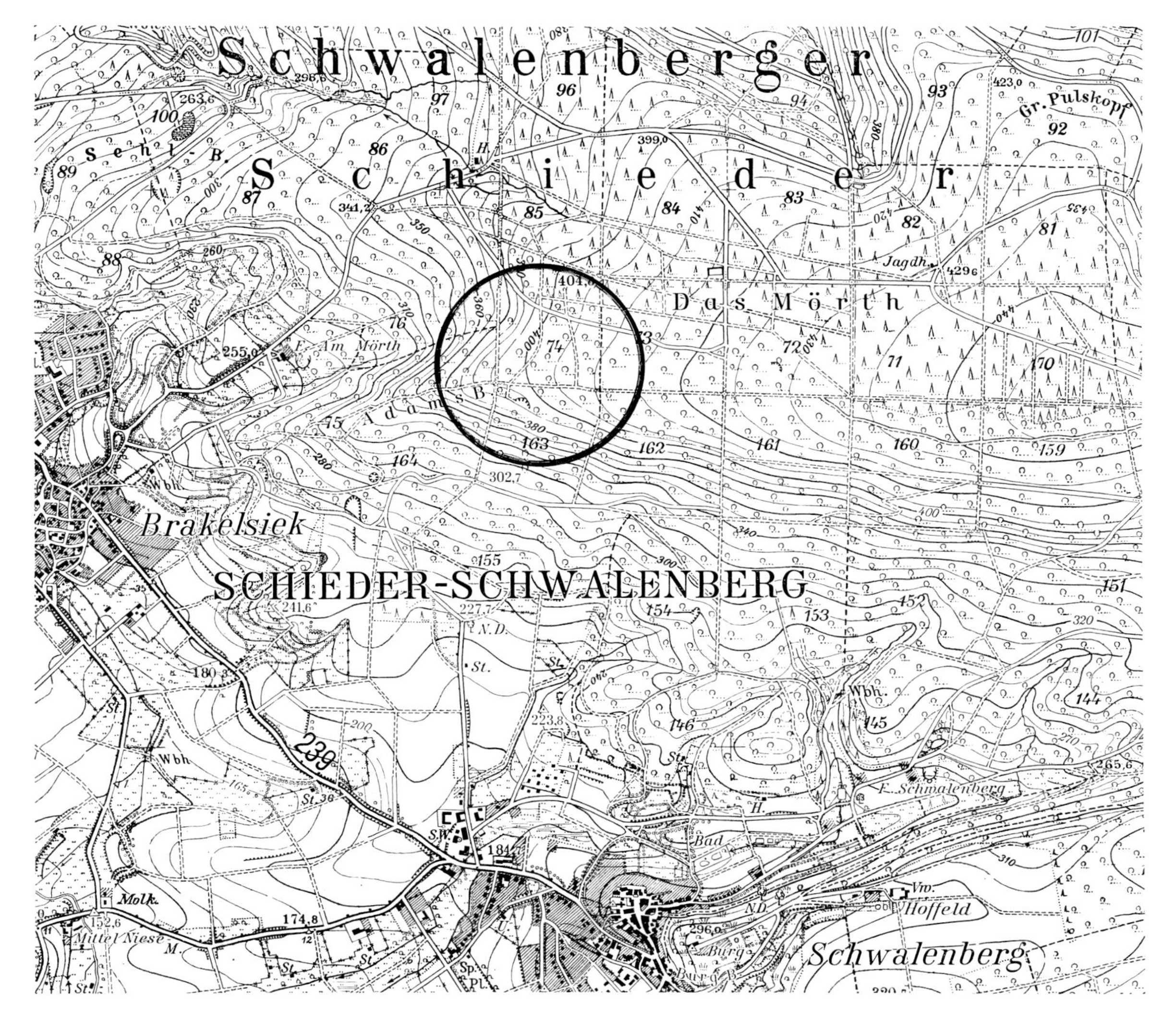

Abb. 30 Rodenstatt, Ausschnitt aus den TK 4021 Bad Pyrmont und TK 4121 Schwalenberg. Maßstab 1 : 25 000.

4.2.5.1. Lage und geologische Verhältnisse

Die Rodenstatt ist auf der äußersten Hochfläche eines Bergrückens angelegt, der aus dem Schwalenberger Wald nach SW keilförmig gegen das Steinheimer Becken vorspringt (Abb. 30; Taf. 42 oben). Die Umwallung nutzt in hervorragender Weise die besonderen Geländeverhältnisse aus. Die fast tafelförmige Innenfläche ist leicht nach SW geneigt und wird vom oberen Keuper gebildet, der auch die gewaltige Menge zum Teil sehr großer Rätquarzitblöcke lieferte, die als Baumaterial dienten. Der Wall (Abb. 31; Taf. 42 Mitte) verläuft genau am Abbruch des Plateaus zum südlichen und westlichen Steilhang, der in der Zone der grauen und roten Mergel des mittleren Keupers ausgebildet ist. Im N und NO ist die Befestigung geschützt durch ein für das Arbeitsgebiet einzigartiges Hochmoor, das Schwalenberger Mörth, das erst zu Beginn des 20. Jahrhunderts trockengelegt und mit Fichten aufgeforstet worden ist. Die besonderen Wasserverhältnisse der sehr eben gelagerten Keuperschichten dieser weiten Hochfläche haben diese Moorbildung begünstigt. So liegt diese große Anlage mit dem natürlichen Schutz durch das Moor im Rücken dem Steinheimer Becken im S zugewandt, das ein großes und bedeutendes frühgeschichtliches Siedlungsgebiet war. Nach dieser Seite ist sie durch 200 m abfallende, teils sehr steile Hänge gesichert.

4.2.5.2. Forschungsgeschichte

Piderit berichtet schon im Jahre 1627 über eine „sehr alte, verfallene Bawstatt mit Graben verwahret, die wirdt genannt die Rodestadt". Der Amtmann Küster (1736) bei der Beschreibung der „Rodenstatt": „ . . . eine Mauer, welche im Umkreis über eine Stunde gehabt. An der Ringmauer der Rodenstatt ist noch ein schöner ausgemauerter Brunnen zu sehen. Dieses alles habe selbst am 2. Juni 1727 in Augenschein genommen." v. Donop (1790) lehnt die Piderltschen Beschreibungen ab mit der Bemerkung, daß es keine Anzeichen von Häusern gibt. Auch der Brunnen ist keineswegs ausgemauert. Er hält den Platz für einen bloßen „Feld- und Wiesenzuschlag", eingehegt durch lose aufeinander gelegte Steine. Trotz dieser verschiedenen Hinweise beschäftigten sich Prähistoriker nicht mit diesem Platz. Der Historiker Böger (1905) brachte mit einem Bericht über die Rodenstatt diese Anlage wieder in Erinnerung. Er beschreibt den Wall als doppelt so groß wie den von der Herlingsburg und beobachtete im NW eine Quelle. Böger glaubt an prähistorischen Ursprung dieser Anlage und möchte in ihr die Skidroburg sehen. Im Juli 1911 besuchte auch Otto Weerth die Rodenstatt. Er stellte gewisse Fluchtlinien an den schon stark zerstörten Wällen fest und glaubt, daß von hier bis heute Steine als Baumaterial in großer Menge nach Brakelsiek geholt werden. Durch Schwanold (1930) erfolgt erneut eine ausführliche Beschreibung dieser Anlage. Er hält sie für eine „Befestigung, und zwar eine sehr alte, wie die Grotenburg" (Schwanold, 1930, 63). Nebelsiek klärte 1940 durch Grabung die durch den Ziegelei- und Töpfereibetrieb entstandenen Störungen in der Nordwestecke.

4.2.5.3. Befund

Um den Antrag auf Denkmalschutz zu begründen, wurde von Nebelsiek 1950 ein Wallschnitt angelegt (Abb. 31, Schnitt I). Dabei wurde trotz der starken Zerstörung der Wälle noch das deutlich erkennbare Fundament einer Trockenmauer in der Flucht der Wallinie gefunden (Taf. 43). Die Mauerbreite konnte mit ca. 1,30 m ermittelt werden. An der Innenseite wurden verbrannte Holzreste gefunden. Um für eine C14-Datierung Holzkohle zu gewinnen, wurde vom Verfasser im Oktober 1966 der Schnitt erneut geöffnet. Dabei wurde festgestellt, daß unter Versturzmassen an der Innenseite der Trockenmauer noch die verbrannten Reste einer Holzkonstruktion zu finden sind. Es wurde eine C14-Probe entnommen, über deren Ergebnis im Abschnitt

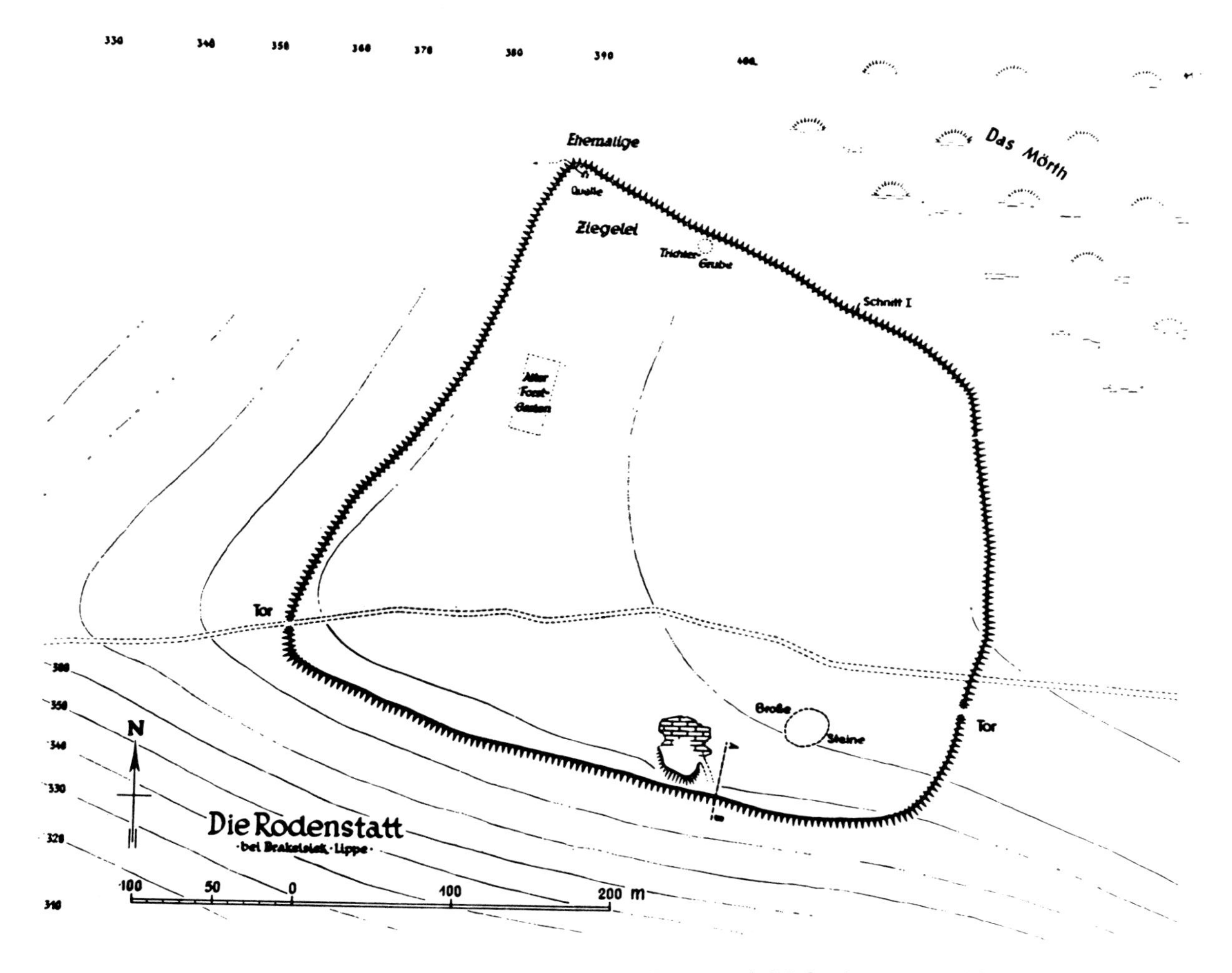

Abb. 31 Rodenstatt, Lageplan (nach Nebelsiek, Vermessung Koppmann). Maßstab etwa 1 : 4650.

5.3.3. berichtet wird. Scherbenfunde wurden bei den bisherigen kleinen Sondierungen nicht gemacht.

Trotz der starken Abtragung der Wälle scheint es nach den Befunden möglich, auch die Wallkonstruktion noch weitgehend zu klären. Die deutlichen Blockpackungen der Außenfront und die Brandreste einer Holzverbauung auf der Innenseite lassen eine ähnliche Konstruktion wie am Piepenkopf vermuten. Bei einem im SW der Anlage erkennbaren Tor scheinen noch Terrassen vorgelagert zu sein (Abb. 31). Geht man davon aus, daß der am Adamsberg hinaufkommende Weg als alter Höhenweg an der Geländekante des Schwalenberger Waldes am Rande des Moores weiterführte, so kann man in einem sehr undeutlichen, durch Steinentnahme arg gestörten Befund im SO ein zweites Tor annehmen. In der Nähe dieses Tores liegen zum Südhang hin auffällige Gruppen großer Steinblöcke, von denen man ohne Untersuchungen nicht wird sagen können, ob sie als Reste eines Blockmeeres bei der Gewinnung des Materials liegenblieben oder einmal zu Anlagen im Innenraum gehörten.

4.2.6. Bunten Berg bei Göstrup

TK 2820 Rinteln u. TK 3920 Bösingfeld:
r. 350200–350270, h. 577375–577420

(Abb. 3, 6; 32 u. 33; Taf. 44 oben)

Höhenlage: 240–320 m ü. NN.

Flächengröße: Höherer Westteil auf der Kuppe ca. 7 ha, zum Teil umwallter Nordostrücken 9 ha, Gesamtfläche mit vorgelagerten Terrassen nach SW und SO ca. 24 ha.

Befestigungsart: Die Kuppe ist von N über W nach S bogenförmig von einem breiten Quarzitsteinwall umzogen (Abb. 33). Bei weitgehend regelmäßiger Lagerung der Steine in Streichrichtung des Rätquarzits handelt es sich wohl um anstehenden Fels. Trockenmauerlinien sind an den teils noch mächtigen Wallresten nicht erkennbar. Im S liegen mehrere Stein- und Erdwälle hintereinander. Sie sind schmaler und noch gut erhalten. Auf langen Strecken verlaufen sie an der Grenze zwischen Acker und Wald. An einem inneren, schmalen Wall im S scheint ein Graben nach außen vorgelagert. Auf einigen Strecken findet man statt der Wälle nur Geländestufen, zwei sind im Innenraum unterhalb der Kuppe nach O aus mächtigen Steinansammlungen aufgebaut. Eine solche Stufe ist jeweils nach SW und SO den Wällen noch zusätzlich vorgelagert.

Heutiger Zustand: Trotz starker Störungen durch Steinbrüche und Steinentnahme für Haus- und Wegebau seit langer Zeit sind die „Wallinien" noch sehr eindrucksvoll.

Bodennutzung: Bis auf Beackerung und Grünlandnutzung des Südosthanges und einer Teilfläche im O ist die Gesamtfläche forstwirtschaftlich genutzt, teils Buchen-, teils Fichtenhochwald. Auf der Bergkuppe macht eine starke Dickung die Begehung und Beobachtung z. Z. fast unmöglich.

Besitzverhältnisse: Bäuerlicher Privatbesitz, zu Göstrup und Laßbruch gehörig.

Ausgrabungen: Ausgrabungen sind bisher nicht erfolgt. Eine Vermessung der Anlage haben Bröker und Meier-Böke 1938 durchgeführt.

Literatur: Schwanold, 1922; Meier-Böke, 1933; Nebelsiek, 1950a u. 1950 b, 154.

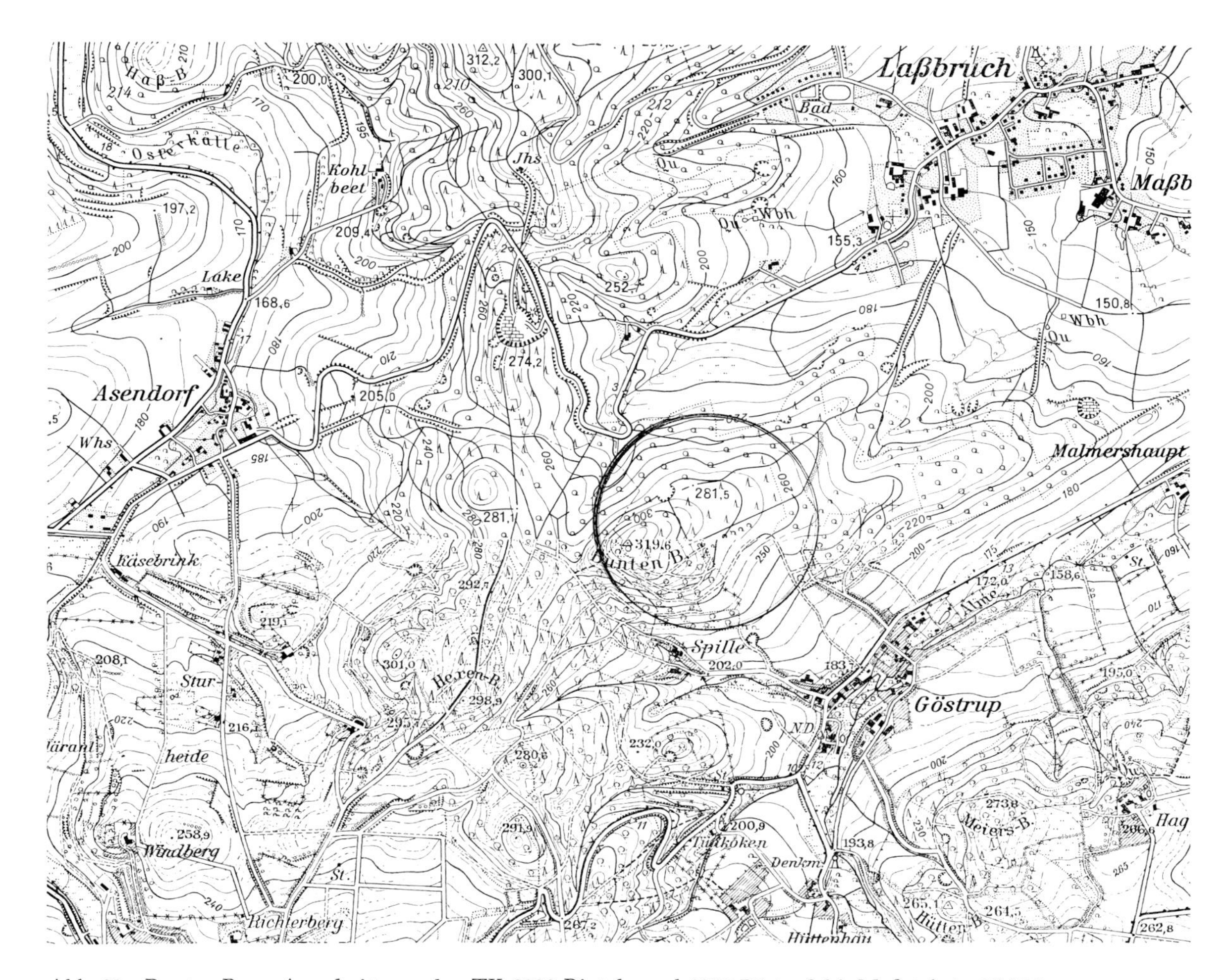

Abb. 32 Bunten Berg, Ausschnitt aus den TK 3820 Rinteln und 3920 Bösingfeld. Maßstab 1 : 25 000.

4.2.6.1. Lage und geologische Verhältnisse

Der in seiner Länge von SW nach NO gestreckte abfallende Hang (Abb. 32; Taf. 44 oben) ist leicht nach N geneigt. Die Kuppe im W und die nordwestliche Abbruchkante der Hochfläche werden von Quarzitbänken des oberen Keupers gebildet. Die Steilhänge nach N, W und S sind in leichter verwitternden Mergeln des mittleren Keupers ausgebildet.

4.2.6.2. Befund

Der Bunten Berg wurde erstmals 1922 von Schwanold beschrieben, nachdem Weber ihn auf die Steinwälle aufmerksam gemacht hatte. Meier-Böke (1933) glaubte in diesen Wällen eine urgeschichtliche „Wallburg" zu erkennen, nachdem man zuvor einige Steinanhäufungen der Walllinien als Grabhügel angesehen hatte. Es erfolgte eine Besichtigung durch Langewiesche und Nebelsiek, der 1939 die Vermessung veranlaßt hatte (Abb. 33).
Nach dem Baumbestand und Ausweis älterer Karten sind weite Flächen nach vorangegangener ackerbaulicher Nutzung wieder aufgeforstet worden. Weite Innenflächen zeigen einen erstaunlich ebenen, tiefgründig lockeren und weitgehend steinfreien Boden, so daß der Verfasser die meisten sicher durch Menschenhand entstandenen Linien als Feldraine mit Lesesteinen und Wallheckenreste und Ackerterrassenränder, alles Zeugnisse intensiver Kulturmaßnahmen früherer Jahrhunderte, deutet. Mehrere kleine Spatenproben an den Terrassenrändern zeigten eine verstärkte Auflage schwarzhumosen Bodens, wie sie durch Aufpflügen an alten Feldrändern in Hanglagen entsteht, ohne B-Horizont mit allmählichem Übergang zum Verwitterungsmaterial des mittleren Keupers. Verschiedene Terrassenstrecken, die offensichtlich durch Aufwerfen von Lesesteinen

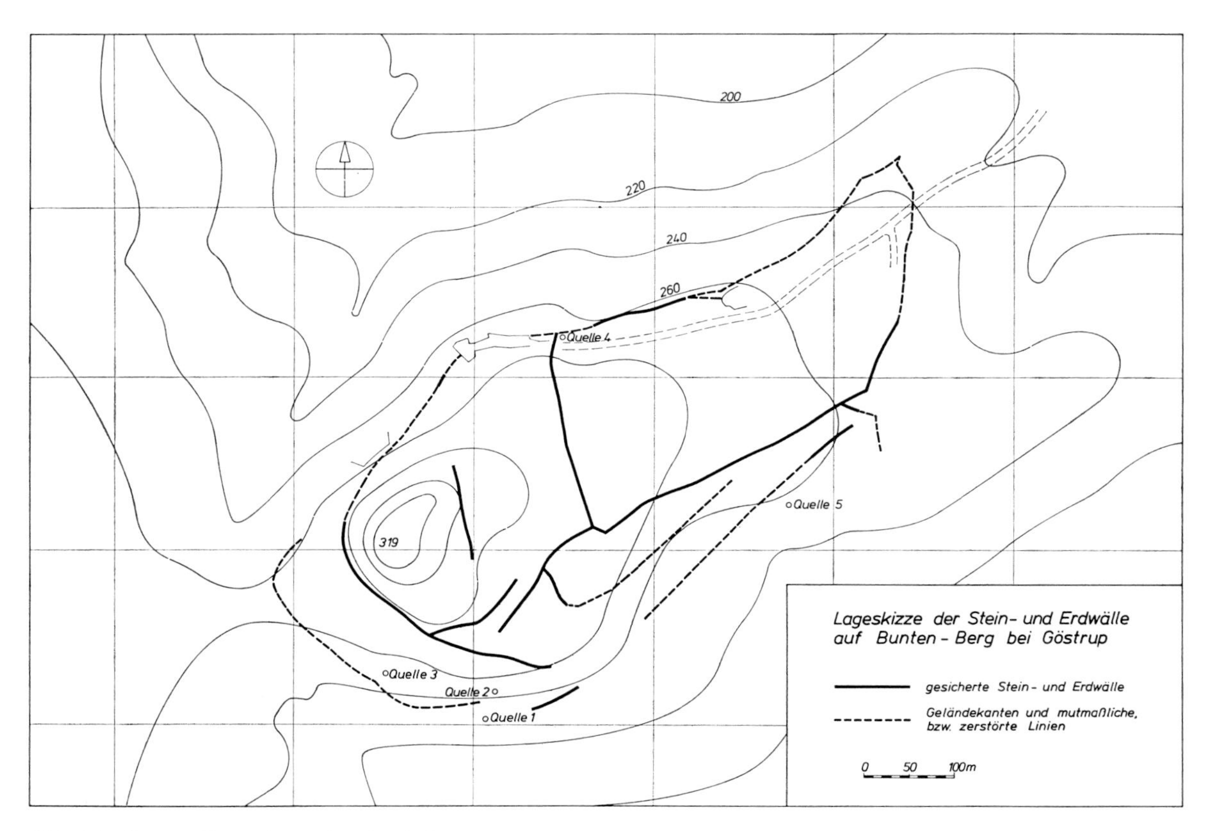

Abb. 33 Bunten Berg, Lageplan (nach Bröker und Meier-Böke, 1938). Maßstab etwa 1 : 8 333.

entstanden sind, liegen zusammenhanglos im Gelände und lassen keinen verteidigungstechnischen Sinn erkennen. Gegen die Zugehörigkeit der verschiedenen Linien zu einer Befestigungsanlage spricht auch die Feststellung, daß ausgerechnet auf dem flachen Hang nach O die Linien am schwächsten und an steileren Hängen und Geländekanten am deutlichsten ausgebildet sind.
Ohne Ausgrabungen kann allerdings nicht mit Sicherheit entschieden werden, ob Teile der Anlagen nicht doch zu einer durch spätere Terrassenäcker überformten urgeschichtlichen Befestigung gehören. Wenn ein solcher Nachweis zu erbringen wäre, würde Bunten Berg als beherrschende Kuppe zwischen Exter- und Kalletal in einem Gebiet mit zahlreichen älterbronzezeitlichen Steinhügelgräbern am ehesten auch in einen früheren Zeitabschnitt einzuordnen sein, weil er kaum denen der übrigen großen Höhenbefestigungen vergleichbare Merkmale aufweist.

4.3. KLEINE BEFESTIGUNGEN UND BEFESTIGTE HÖFE

4.3.1. Allgemeines

In der Materialvorlage zur Gruppe der zumeist mittelalterlichen, aber nach der Quellenlage im Arbeitsgebiet noch als frühgeschichtlich anzusehenden kleinen Befestigungen werden Funde nur im Zusammenhang mit den Befunden aufgeführt. Die Besprechung und Auswertung der Funde für die Datierung erfolgt im Kap. 5.3.2. Diese Materialvorlage dient im wesentlichen dem Vergleich, insbesondere der Befestigungstechniken, der Gesamtgestaltung und der geographischen Lage.

Da viele urgeschichtliche Techniken bis ins hohe Mittelalter und darüber hinaus in unveränderter Form angewandt werden, andere abgewandelt oder verbessert fortleben und schließlich unvermittelt auch völlig neue in der Landschaft auftreten, ist es nur über den Vergleich möglich, Abgrenzungen nach Merkmalskombinationen vorzunehmen, kontinuierliche Entwicklungen und Einflüsse von außen zu erkennen und Schlüsse zu politischen und gesellschaftlichen Veränderungen zu ziehen. Auch die Frage nach der Funktion oder eines Funktionswandels der Anlagen innerhalb der „Burgenlandschaft" der urgeschichtlichen und karolingisch-mittelalterlichen Perioden war nur anzusprechen, wenn man die Objekte des überschaubaren Arbeitsgebietes möglichst vollständig heranzog. In dem jeweiligen Auswertungsabschnitt stehen daher neben den wehrtechnischen Fragen die Beobachtungen zur Lage im Siedlungsraum und zum Verkehrsnetz im Vordergrund.

Funktionen im Rahmen des historisch-politischen Geschehens sind im Einzelfall, wenn auch noch sehr hypothetisch, angedeutet. Eine generelle Beantwortung historischer Fragen kann jedoch nicht erfolgen, da archäologische Ergebnisse allein dafür nicht ausreichen, zumal auch die archäologischen Untersuchungen an den meisten Anlagen noch völlig unzureichend sind. So mag diese Materialvorlage die lokale und regionale historische Forschung ermutigen, in Zusammenarbeit mit speziellen Forschungsbereichen, wie Verkehrs- und Siedlungsgeographie, Orts- und Flurnamenforschung, trotz spärlicher Quellen nach neuen Erkenntnismöglichkeiten zu suchen und den zum Teil überholten Stand der Lokalforschung zu überprüfen. Die wenigen Quellen können durch kritische Neubearbeitung Ansätze für die Fragen moderner Burgenforschung liefern, wie die jüngsten Ergebnisse in anderen Landschaften zeigen (Jankuhn, 1971; Peters, 1970 u. 1971; Last, 1968, 49). H. R. Wehlt hat damit in jüngster Zeit (1972) für Alt-Schieder begonnen.

Die Nachrichten über die großen weltlichen Grundherrschaften unseres Arbeitsgebietes sind überaus spärlich. Dieser Teil des Weserberglandes gehörte zum sächsischen Stammesherzogtum der Liudolfinger, die mit Heinrich I. 919 den Königsthron bestiegen (Kittel, 1957, 41 f.). Für die Zeit vom 9.–13. Jahrhundert sind die Nachrichten über die Besitzverhältnisse der geistlichen Grundherrschaft zahlreicher. Das Gebiet gehört zum Paderborner und Mindener Diözesanbereich. Bezüge zu den Burgen können jedoch ohne weitere intensive Untersuchungen der historischen Landesforschung kaum hergestellt werden. Nur über Alt-Schieder, das sich zeitweise im Besitz des Klosters Corvey befand, gibt es gesicherte Nachrichten (Wehlt, 1972). Aber auch hier bleiben die Verhältnisse der Anfangszeit ungewiß.

Erst mit der Gründung der drei hochmittelalterlichen Burgen Falkenburg, Schwalenberg und Sternberg wird die Entwicklung der Territorialherrschaft im Arbeitsgebiet sichtbar. Die Stammburg der lippischen Edelherren lag bei Lippstadt. Von ihrer Neugründung, der Falkenburg, aus verwalteten und bauten sie ihr neues Territorium östlich des Teutoburger Waldes aus. Sie entstand um 1192. Südlich des Arbeitsgebietes lag der später nur noch „Oldenburg" genannte Stammsitz der Schwalenberger Grafen, der schon 1128 genannt ist. Sie verloren jedoch bald ihre Macht, und ihr Besitz fiel im 14. Jahrhundert zum Teil an die lippischen Grafen. Noch in der Mitte des 13. Jahrhunderts gründeten sie ihren Neusitz auf dem Burgberg im heutigen Schwalenberg. Um 1240 wurde aus ihrem Besitz im lippischen Norden die Grafschaft Sternberg abgetrennt und eine weitere Burg der Territorialherrschaft errichtet. Wie die „Oldenburg“ als Vorläufer der hochmittelalterlichen Burg Schwalenberg bekannt ist, so wird angenommen, daß Alt-Sternberg, ein eindrucksvolles Beispiel einer frühen Dynastenburg, der Vorläufer der Territorialburg Sternberg ist, die um 1240 gegründet wurde, ohne daß es dafür eine schriftliche Nachricht gibt.

4.3.2. Alt-Schieder

TK 4020 Blomberg u. TK 4021 Bad Pyrmont:
r. 351110–351150, h. 575280–575320

(Abb. 3, 7; 34–40; Taf. 9–13; 44 unten u. 45)

Höhenlage: 180–200 m ü. NN.

Flächengröße: „Hauptburg“ 4,2 ha, „Vorburg“ 1,7 ha, insgesamt 5,9 ha. Größe des älteren Ringwalles ursprünglich ca. 1,9 ha.

Befestigungsart: Der ältere, starke Ringwall war in reiner Holz-Erde-Bauweise mit Spitzgraben ausgeführt. Die größere Rechteckanlage hat eine 1,70 m starke Bruchsteinmauer mit viel Kalk, die streckenweise an eine Geländekante gesetzt ist. Am besonders gefährdeten Abschnitt ist ein Spitzgraben in einer Tiefe von 1,70–2,60 m in den Felsen gehauen. Die Berme war 1,50–2 m breit. Die Anlage hat zwei Kammertore. Die große Rechteckanlage überschneidet den Ringwall aus Erde, der im Überschneidungsbereich geschleift ist. So ist hier eine ältere Ringwallanlage einer durch Mauer und Graben befestigten angeschlossen.

Heutiger Zustand: Der mächtige Erdwall der „Vorburg“ und deren Graben sind an zwei Stellen durch alte Mergelgruben zerstört, im übrigen aber gut erhalten. Der überschnittene Teil im Innenraum der jüngeren Anlage ist eingeebnet. Die große, ummauerte Anlage war um 1900 noch auf größeren Strecken erhalten. Die Mauer ist jedoch im W und am Südwesttor bis in jüngere Zeit hinein durch Abbruch fast völlig zerstört.

Bodennutzung: Die ummauerte Rechteckanlage wurde beackert, jetzt Grasland, Reit- und Zeltplatz. Das Gelände der „Vorburg“ ist mit Hochwald bestanden.

Besitzverhältnisse: Landesverband Lippe, Verwaltung Forstamt Schieder.

Ausgrabungen: Schuchhardt und Weerth 1899, Nebelsiek 1938.

Literatur: Hölzermann, 1878; Wormstall, 1899; Böger, 1903; O. Weerth, 1911; Schuchhardt, 1916; Maertens, 1919; Weißbrodt, 1925; Schuchhardt, 1924; Nebelsiek, 1950a und 1950 b; v. Uslar, 1964; Wehlt, 1972.

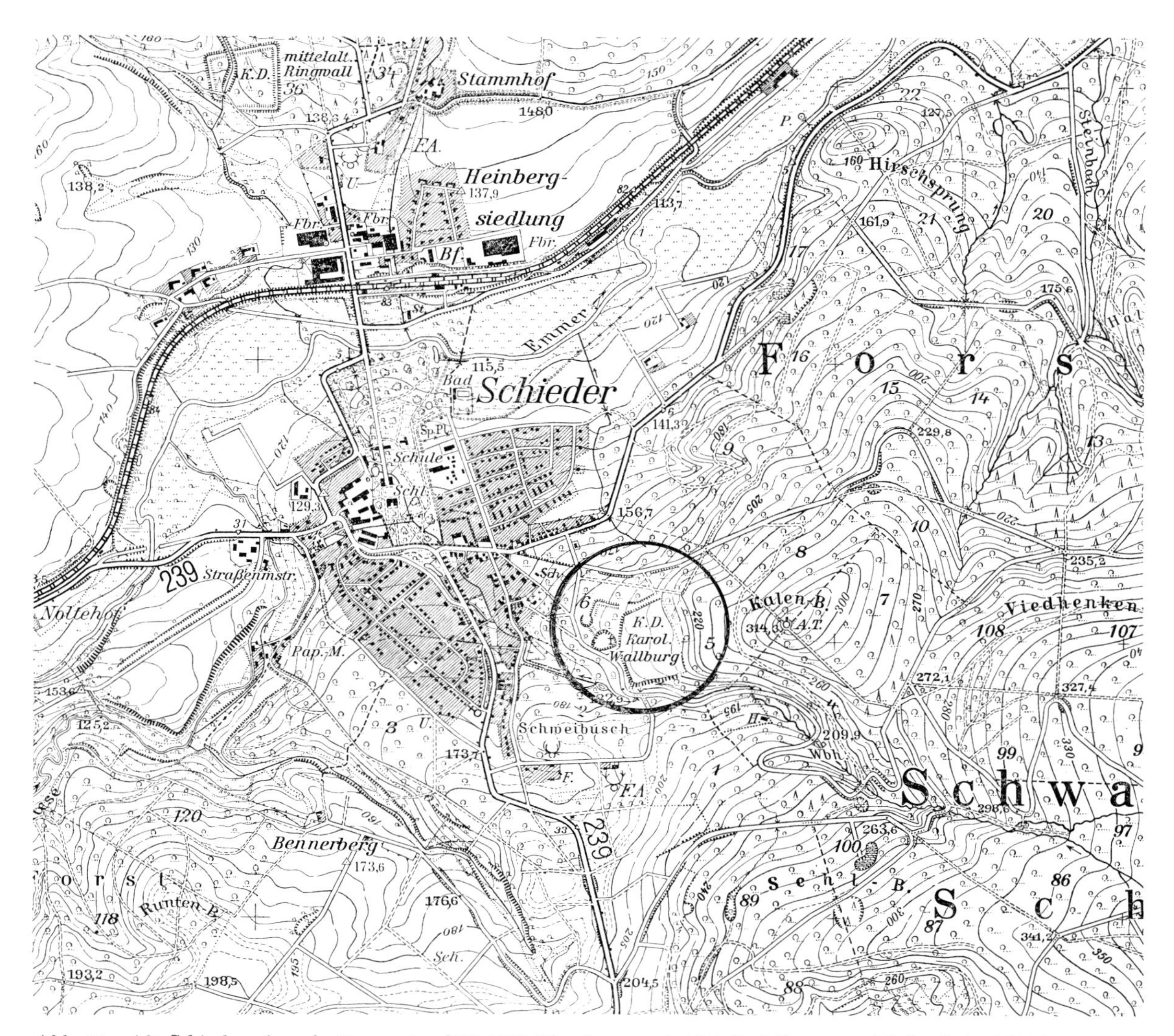

Abb. 34 Alt-Schieder, Ausschnitt aus den TK 4020 Blomberg und 4021 Bad Pyrmont. Maßstab 1 : 25 000.

4.3.2.1. Lage und geologische Verhältnisse

Alt-Schieder liegt auf einer Geländestufe am Westhang des Kalenberges, die durch bunte, festere Mergel und den Schilfsandstein des mittleren Keupers gebildet wird (Abb. 34). Die Anlage, vom Kalenberg in ihrem Rücken um 120 m überragt, liegt am Beginn des Emmerdurchbruches zur Weser, noch ca. 75 m über der sehr feuchten nördlichen Talaue. Im S reicht sie bis an das tief eingeschnittene Schweibachtal, aus dem heraus ein Weg zum Südwesttor (Taf. 45 unten) führt. Nördlich zieht eine alte Fernstraße vorbei, die vom Eggegebirge und südlichsten Teutoburger Wald und in diesem Abschnitt über die das Emmertal säumenden Terrassen und Vorberge zu einem sehr alten Weserübergang bei Hameln führt. Sie wurde sehr lange benutzt und passiert nördlich Alt-Schieder eine mittelalterliche Landwehr.

4.3.2.2. Forschungsgeschichte

Von Hölzermann (1878, 118f.) liegt eine genaue Beschreibung und Aufnahme Alt-Schieders vor (Abb. 35). Sie ist besonders wertvoll, da er in Oberförster Mertens, dessen Vater das Gelände zur Ackernutzung zugewiesen bekam, einen verständnisvollen und interessierten Gewährsmann hatte. Dieser kannte aus seiner Jugend noch Anlagen und Wälle, die sein Vater abtragen ließ. Diese Strecken sind im Hölzermannschen Plan nach seinen Angaben schwächer schraffiert eingetragen. Auch die Trümmer der alten Kirche in dem Gelände, das seit dem 14. Jahrhundert wüst wurde, sind erst bei der Kultivierung entfernt worden. Hölzermann bespricht auch die mittelalterlichen Nachrichten über den Ort. Eine ausführliche Schriftquellenstudie erfolgte durch

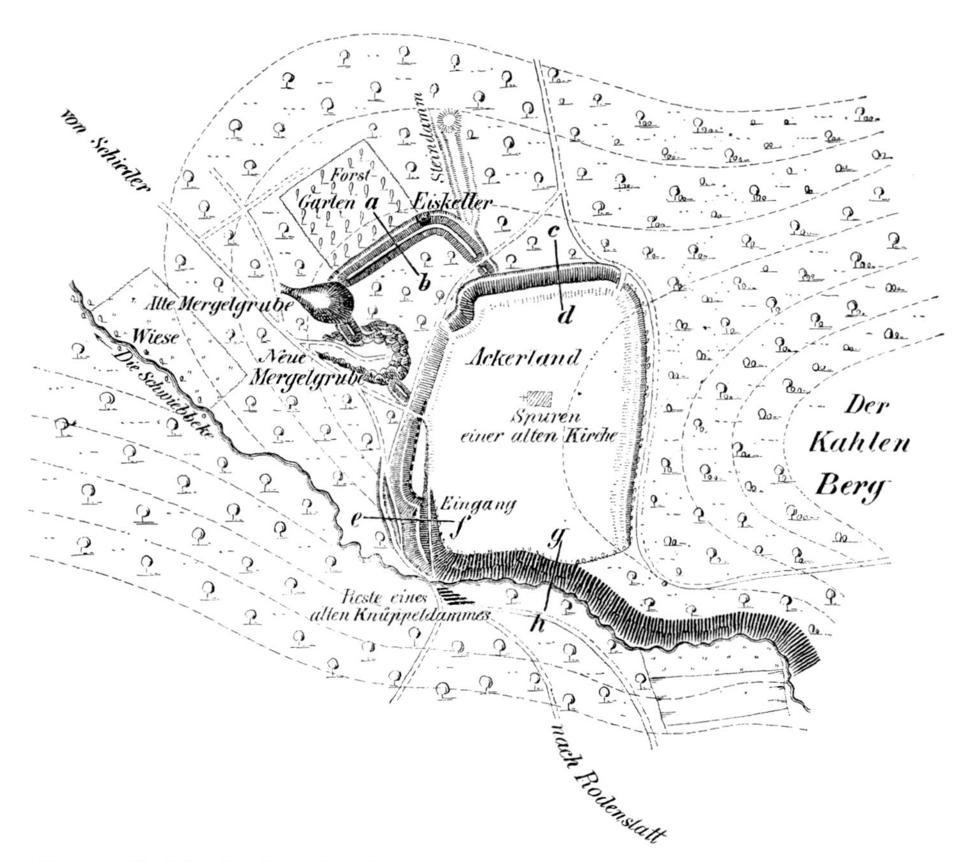

Abb. 35 Alt-Schieder, Lageplan (nach Hölzermann, 1878, Taf. 48). Maßstab 1 : 6250.

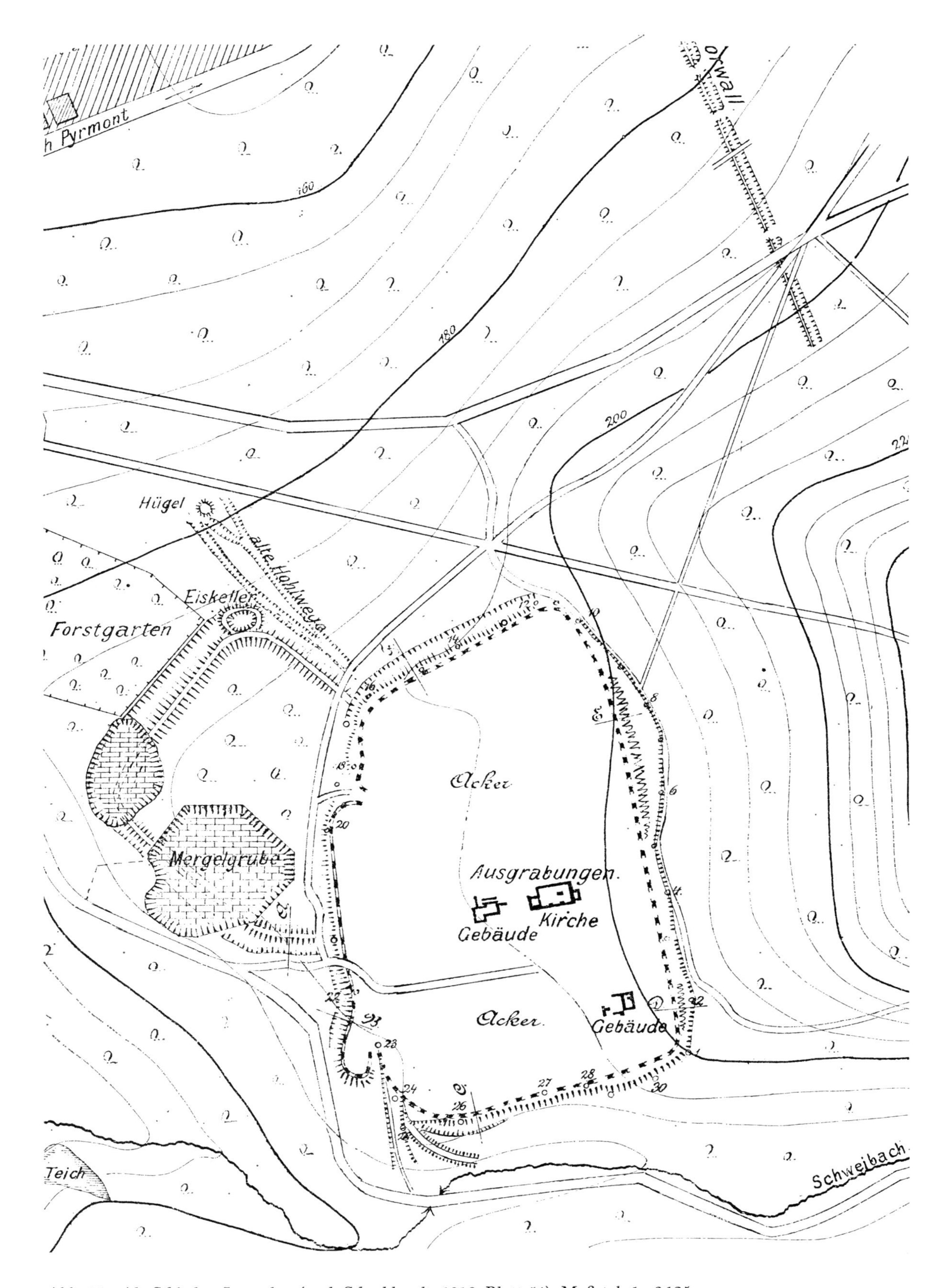

Abb. 36 Alt-Schieder, Lageplan (nach Schuchhardt, 1916, Blatt 54). Maßstab 1 : 3 125.

Böger (1903). Eine sehr sorgfältige historische Untersuchung und Aufarbeitung der Quellen und Urkunden erfolgte durch H. P. Wehlt (1972). Auf sie sei hier verwiesen. Es würde Rahmen und Zielsetzung dieser Arbeit sprengen, hier darauf einzugehen. Wie bei allen anderen Anlagen soll die Vorlage und Auswertung des archäologischen Materials im Vordergrund stehen.

4.3.2.3. Befund

Hölzermann (1878, 118) hält die große, zu seiner Zeit noch klar erkennbare Rechteckanlage (Abb. 35; Taf. 45 oben) für einen älteren germanischen Teil, der in sächsischer Zeit im S und am Südwesttor durch Mauerwerk verstärkt wurde. Die „Vorburg" deutet er als Lager einer römischen Besatzung. Schuchhardt hat 1899 drei Wochen zusammen mit O. Weerth hier gegraben. Insgesamt konnte die Wehrlinie durch Böschungen, verfüllte Spitzgräben (Taf. 44 unten u. 45 oben) und Standspuren der Mauer nachgewiesen werden (Schuchhardt, 1916, 68–71; Abb. 36). Einen besonders klaren Befund brachte das Südwesttor (Abb. 37; Taf. 45 unten). Es ist ein Kammertor mit Bruchsteinmörtelmauer, 1,30 m stark. Die Vorsprünge an den Ecken sind 88 x 26 cm, die Breite des gepflasterten Torweges beträgt 3,90 m. Im Inneren ergrub Schuchhardt die Grundmauern verschiedener mittelalterlicher Gebäude und einen Kirchengrundriß (Abb. 38). Die Mauerreste wurden am Schluß der Grabung wieder zugedeckt. Nach den reichen Funden glaubt er, daß die Anlage in karolingischer Zeit einheitlich angelegt und bis ins hohe Mittelalter bewohnt wurde. Die „Vorburg" scheint er nicht näher untersucht zu haben. Er erwähnt sie nur als starken Erdwall mit ausgeprägtem Spitzgraben (Schuchhardt, 1916, 68–71).
Im Jahre 1938 hatte Nebelsiek hier erneut gegraben und kam zu dem Ergebnis (Nebelsiek, 1950a und b, 150), „daß die von Schuchhardt als curticula bezeichnete Vorburg eine ältere selbständige Anlage darstellt, die von der curtis teilweise überschnitten wird". Der Verlauf konnte durch den Spitzgraben in den Schnitten (Abb. 39 u. 40) festgestellt werden. Auf eine Schleifung des mächtigen Erdwalles wies auch die hier 70–80 cm starke Mutterbodenschicht über dem anstehenden Mergel hin. Die Pfostengruben in der Linie des ehemaligen Walles geben Hinweise auf die Konstruktion der Holzeinbauten.

4.3.2.4. Zusammenfassung

Es wurde eine Anzahl vorkarolingischer Scherben gefunden, die leider im Krieg im Museum Duisburg vernichtet wurden, wohin sie zur Bearbeitung gegeben worden waren. Nebelsiek hält es für möglich, daß wir in diesem älteren Ringwall, 1 km entfernt von der Ortsmitte Schieders, die sächsische Skidroburg vor uns haben. Diese Anlage wäre dann später der fränkischen curtis angegliedert worden. Für Alt-Schieder kann somit eine Kontinuität über viele Jahrhunderte angenommen werden.
Die zahlreichen Funde sind, soweit es sich um Keramik handelt, in einer Auswahl aus dem Material des 9.–13. Jahrhunderts abgebildet und vollständig, soweit es sich um Eisenfunde handelt (Taf. 9–13). Dies erschien sinnvoll, um zumindest einen Überblick zu vermitteln. Die Beschreibung und Auswertung erfolgt in Kap. 5.3.2.1.2. und 5.3.2.2.2.
Die Grabungsbefunde L. Nebelsieks 1938 (Abb. 39 u. 40), die durch Pfostengruben im Bereich der ehemaligen Wallinie auf Holzkonstruktionen hinweisen, werden im vergleichenden Kap. 5.2.3. näher beschrieben und ausgewertet.
Obwohl die Zerstörung der Befestigungslinien der Rechteckanlage sehr weit fortgeschritten ist, könnte der Platz zukünftiger Forschung mit verfeinerten Grabungsmethoden noch weitere Erkenntnisse über den Holz-Erde-Bau sächsischer Zeit, die Funktion und Anlage fränkischer Königshöfe und die mittelalterliche Baugeschichte bringen.

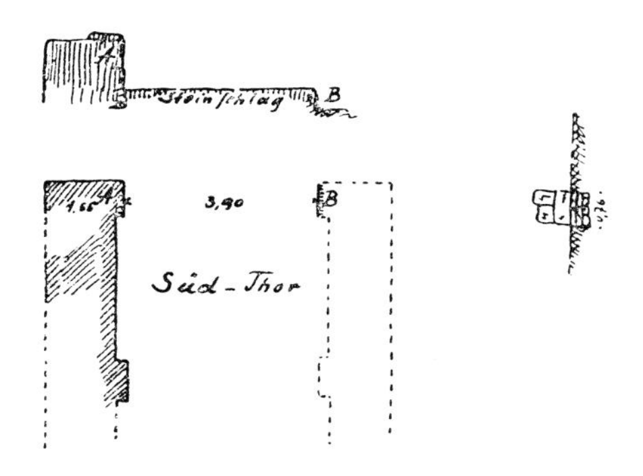

Abb. 37 Alt-Schieder, Südtor. Querschnitt, Grundriß und Blick auf Pfeiler A vom Inneren des Tores aus (nach Schuchhardt, 1916, Abb. 49). Maßstab 1 : 200.

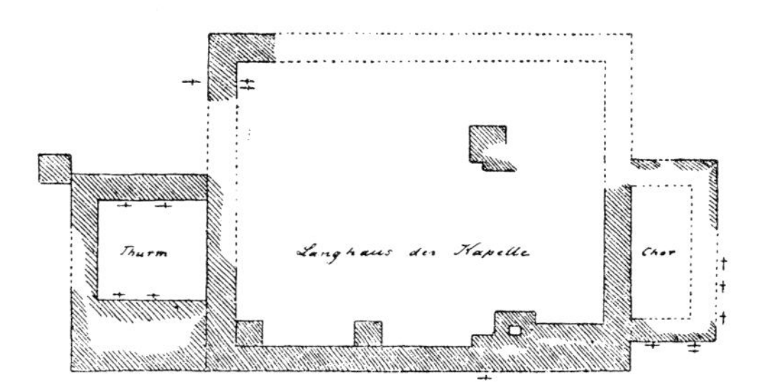

Abb. 38 Alt-Schieder, Kapelle (nach Schuchhardt, 1916, Abb. 50). Maßstab 1 : 400.

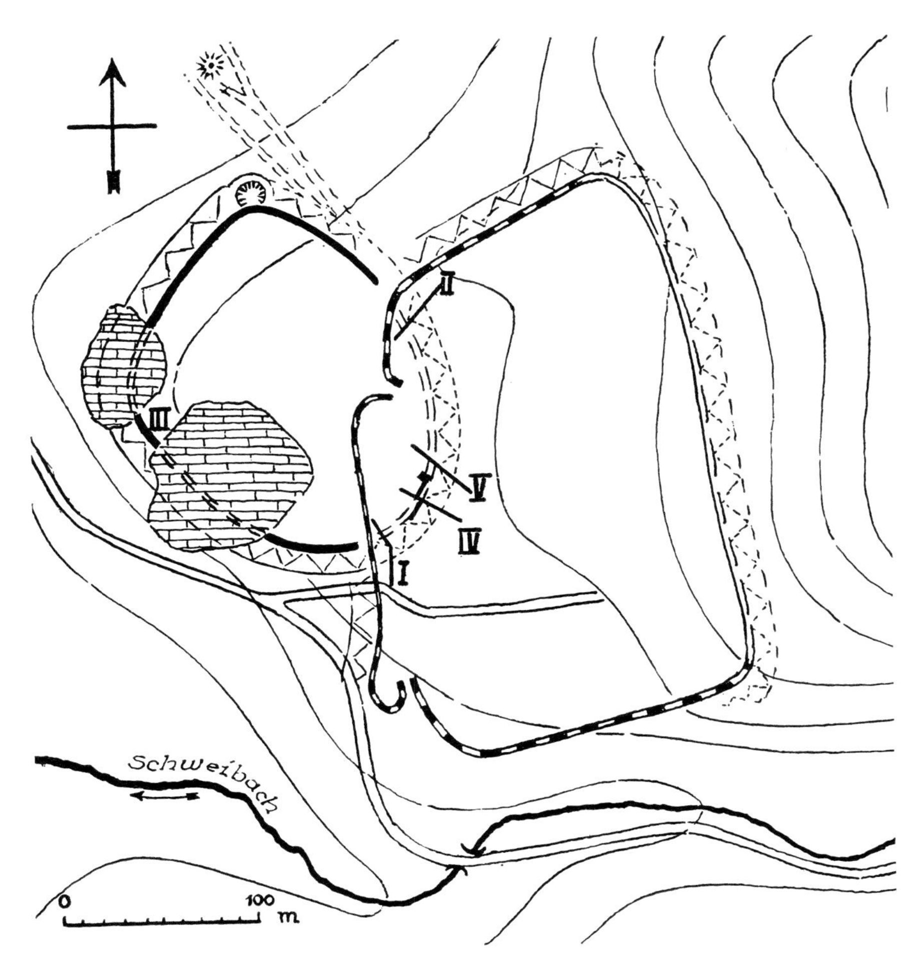

Abb. 39 Alt-Schieder, Lageplan (nach Nebelsiek, 1938). Maßstab 1 : 4 000.

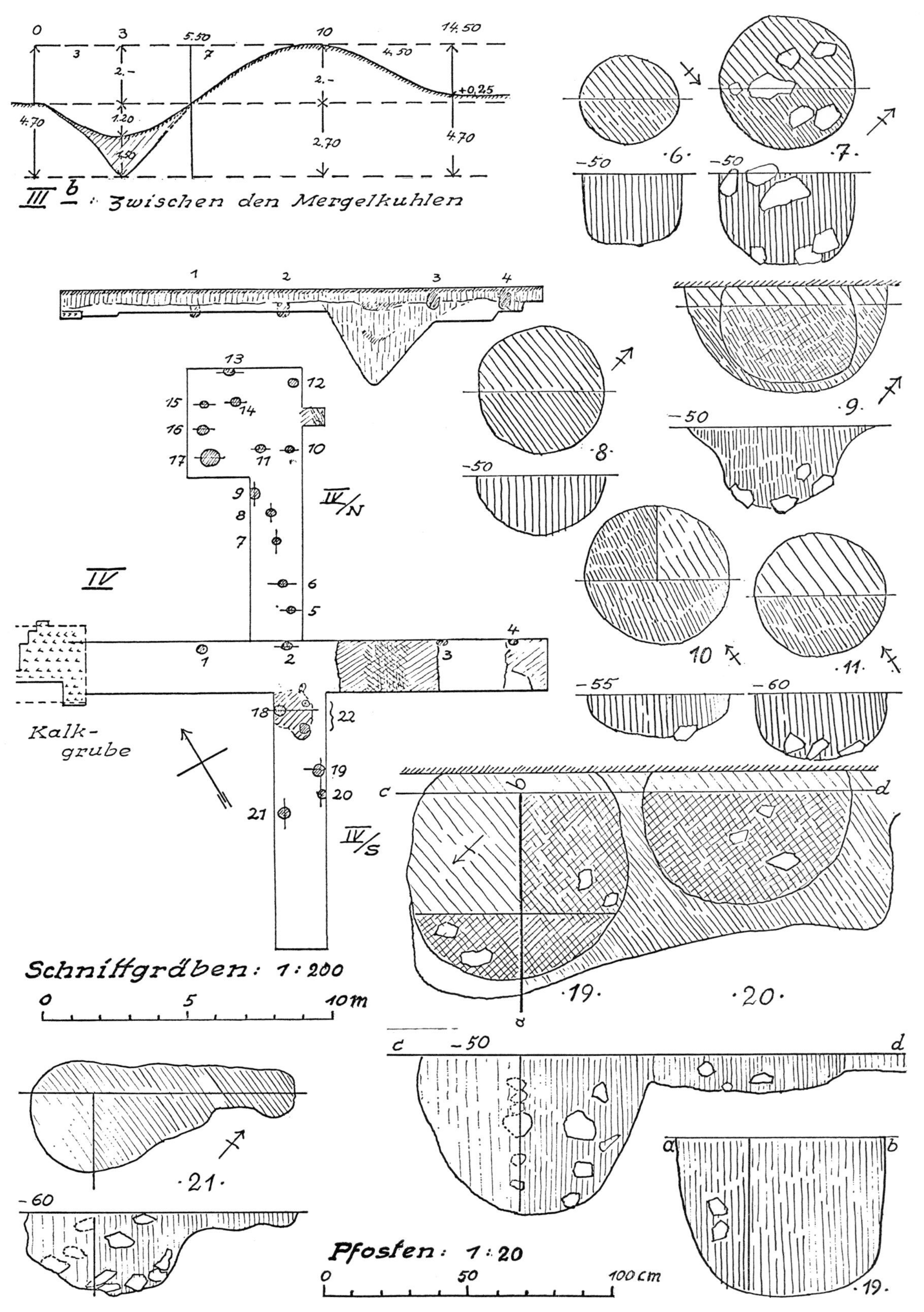

Abb. 40 Alt-Schieder, Schnitte Wall und Graben der „Vorburg“, geschleifter Wall und Pfostengruben im Innenraum siehe Abb. 39 (nach Nebelsiek, 1938).

4.3.3. Uffoburg auf dem Rintelnschen Hagen bei Bremke

TK 3820 Rinteln: r. 350845–350870,
h. 577580–577610

(Abb. 3, 8; 41–43; Taf. 14; 15 A u. 46)

Höhenlage: 200–215 m ü. NN.

Flächengröße: Hauptburg 1 ha, „Vorburg“ 1,4 ha, insgesamt 2,4 ha.

Befestigungsart: Hauptburg und „Vorburg“ starker Wall mit Graben nach O, dessen Konstruktion noch nicht geklärt ist. Holzeinbauten in ihnen werden vermutet. Vor dem Wall verläuft ein Spitzgraben. Die Anlage ist von der Bergseite her durch je ein Tor in „Vorburg“ und Hauptwall zu betreten. Am Steilhang nach SW und NW ist das Gelände terrassiert.

Heutiger Zustand: Die Hauptburg ist mit Buchenhochwald bestanden. Die „Vorburg“ wird teilweise durch Hochwald genutzt und ist zum anderen Teil einplaniert zur Acker- und Weidenutzung.

Bodennutzung: Im Bereich der Hauptburg und einem Teil der „Vorburg“ Bauernwald und Hutung. Ein Teil des Vorburggeländes wird ackerbaulich genutzt.

Besitzverhältnisse: Bäuerlicher Privatbesitz.

Ausgrabungen: Otto und Karl Weerth 1900.

Literatur: Hölzermann, 1878; O. Weerth, 1901 u. 1903; Schuchhardt, 1924; Nebelsiek, 1950a; v. Uslar, 1964.

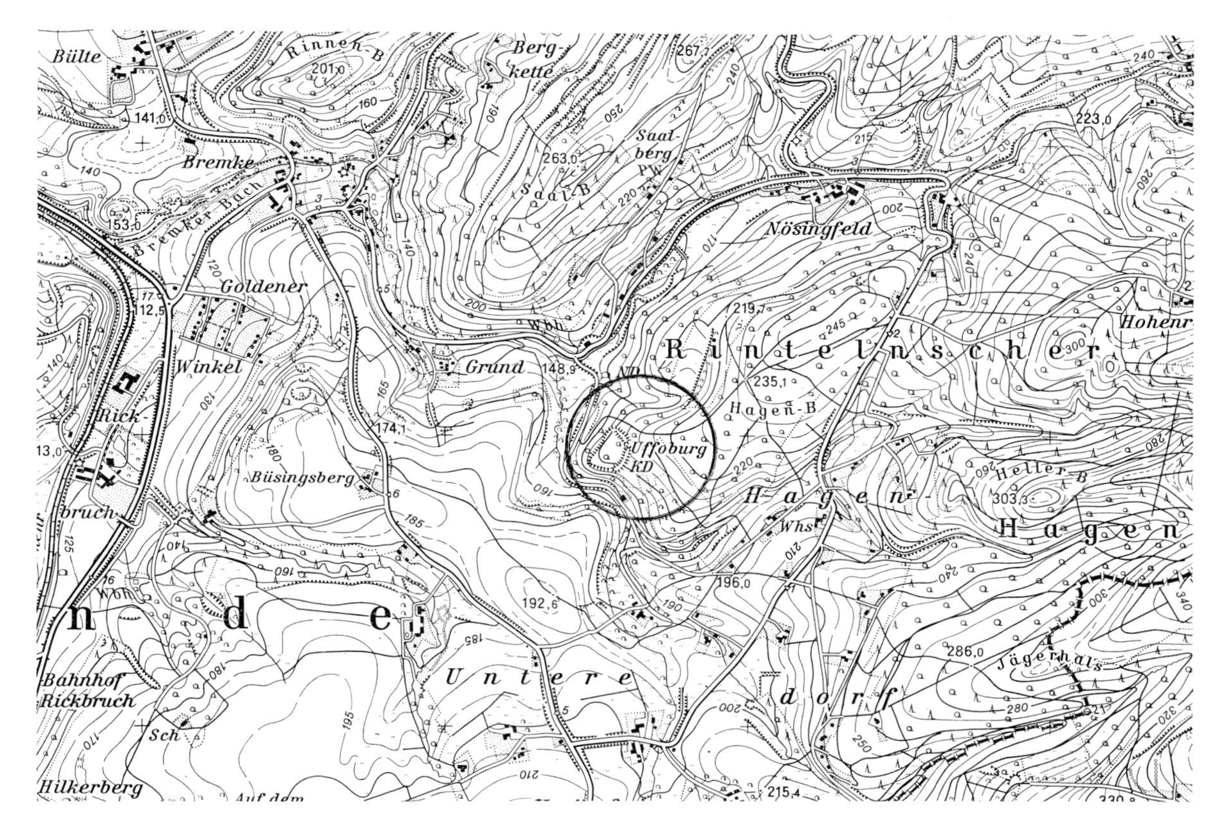

Abb. 41 Uffoburg auf dem Rintelnschen Hagen, Ausschnitt aus der TK 3820 Rinteln. Maßstab 1 : 25 000.

4.3.3.1. Lage und geologische Verhältnisse

Die Burg ist auf einer westlich gegen das Extertal vorgeschobenen Nase, einer durch Rätquarzitbänke des oberen Keupers gebildeten Geländestufe angelegt (Abb. 41; Taf. 46 oben). Der Bergvorsprung wird von zwei kleinen Bächen flankiert. Im NW und S verlaufen Terrassen und Wälle am Steilhang genau entlang der 200-m-Höhenlinie (Abb. 42 u. 43). Auf der Hochfläche ringsum kommen bis auf einen schmalen Streifen nach N kaum ackerwürdige Böden vor. Nach W vorgelagert liegt jedoch eine größere Insel der saaleeiszeitlichen Grundmoräne, in deren Geschiebemergel sich fruchtbarere Ackerböden ausgebildet haben. Sie zieht von Bremke nach S in Richtung Meierberg.

Die Anlage liegt ca. 90–100 m niedriger als die Kuppen des nach O anschließenden Berglandes, aber noch ca. 40–50 m höher als die westlich vorgelagerten Nebentäler des Extertales (Abb. 41). Am Rande des Extertales verläuft von S nach N zur Weser bei Rinteln ein Fernverbindungsweg, der sicher erst im Mittelalter an Bedeutung gewann, als die Territorialherren im Extertal mit Alverdissen und Bösingfeld Stadtgründungen versuchten, die nicht voll zur Entfaltung kamen. Wie urgeschichtliche Fundplätze und Grabhügel ausweisen, ist die Befestigung eher auf einen wesentlich älteren Höhenweg hin orientiert, der bei Bremke das Extertal kreuzend im Gelände nördlich der Uffoburg weiter über die Höhen nach Niedersachsen durch den Rimbecker Forst zur Weser bei Hess.-Oldendorf führte.

4.3.3.2. Forschungsgeschichte

Die Burg auf dem Rintelnschen Hagen – Uffoburg – wurde auch von Hölzermann aufgenommen, der sie für ein sächsisches Militärlager hielt (Abb. 42). Die von Paulus in „Geschichte des Möllenbecker Klosters“ (O. Weerth, 1903) vertretene Ansicht, daß wir in ihr die „Uffenburg“ bei der „Villa Bredenbeck“ vor uns haben, die Herm. de Lerbecke in der Chron. episc. Mind. II, p. 162, einer Chronik des 14. Jahrhunderts, erwähnt, teilt er also nicht. Von Nebelsiek (1950a) und anderen wird die Anlage in Anlehnung an diese Mindener Chronik nach einem Grafen Uffo, der das von seiner Gemahlin Hiltborch im Jahre 896 gegründete Kloster Möllenbeck mit vielen Gütern ausstattete, kurz Uffoburg genannt. Von ihm wird berichtet, daß er zwei vortreffliche Burgen besaß, die eine nahe dem Dorfe Bredenbeke (=Bremke) (L. Nebelsiek, 1950a). Schuchhardt (1916, 77) berichtet über die Ergebnisse einer mehrtägigen Grabung, die O. Weerth und dessen Sohn Karl im Oktober 1900 durchführten.

4.3.3.3. Befund

Die nach W hin leicht abfallende Bergnase ist im O durch einen sehr starken Abschnittswall mit Graben gesichert (Taf. 46 Mitte), der in der Mitte ein Tor besitzt. Im übrigen sind die ausgesprochenen Steilhänge, die sich in Keupermergel ausgebildet haben, durch Aussteilung und Terrassierung zu Befestigungslinien umgebaut worden (Taf. 46 unten). Vom Haupttor (Taf. 46 Mitte) führt der Weg in ein Vorgelände, das nach O hin durch einen weniger stark ausgebildeten Wall und Graben als „Vorburg“ gesichert ist. Dieser Wall schließt im N nicht an den Hauptwall an (Abb. 42 u. 43).

Es wurden verschiedene von Hölzermann als Brunnen bezeichnete Gruben untersucht, die sich nach Auffassung der Ausgräber (Schuchhardt u. Weerth) als jung erwiesen. Im Tor der Hauptburg wurden hölzerne Wangen festgestellt. Über die Konstruktion des mächtigen Walles ist noch nichts auszusagen, außer daß er kein Mauerwerk enthält, wie überhaupt in der Gesamtanlage keine Mörtelreste gefunden wurden. Der direkt vor dem Wall liegende Graben wurde geschnitten und ein Spitzgrabenprofil festgestellt.

Abb. 42 Uffoburg – Burg auf dem Rintelnschen Hagen –, Lageplan (nach Hölzermann, 1878, Taf. 39). Maßstab 1 : 6 250.

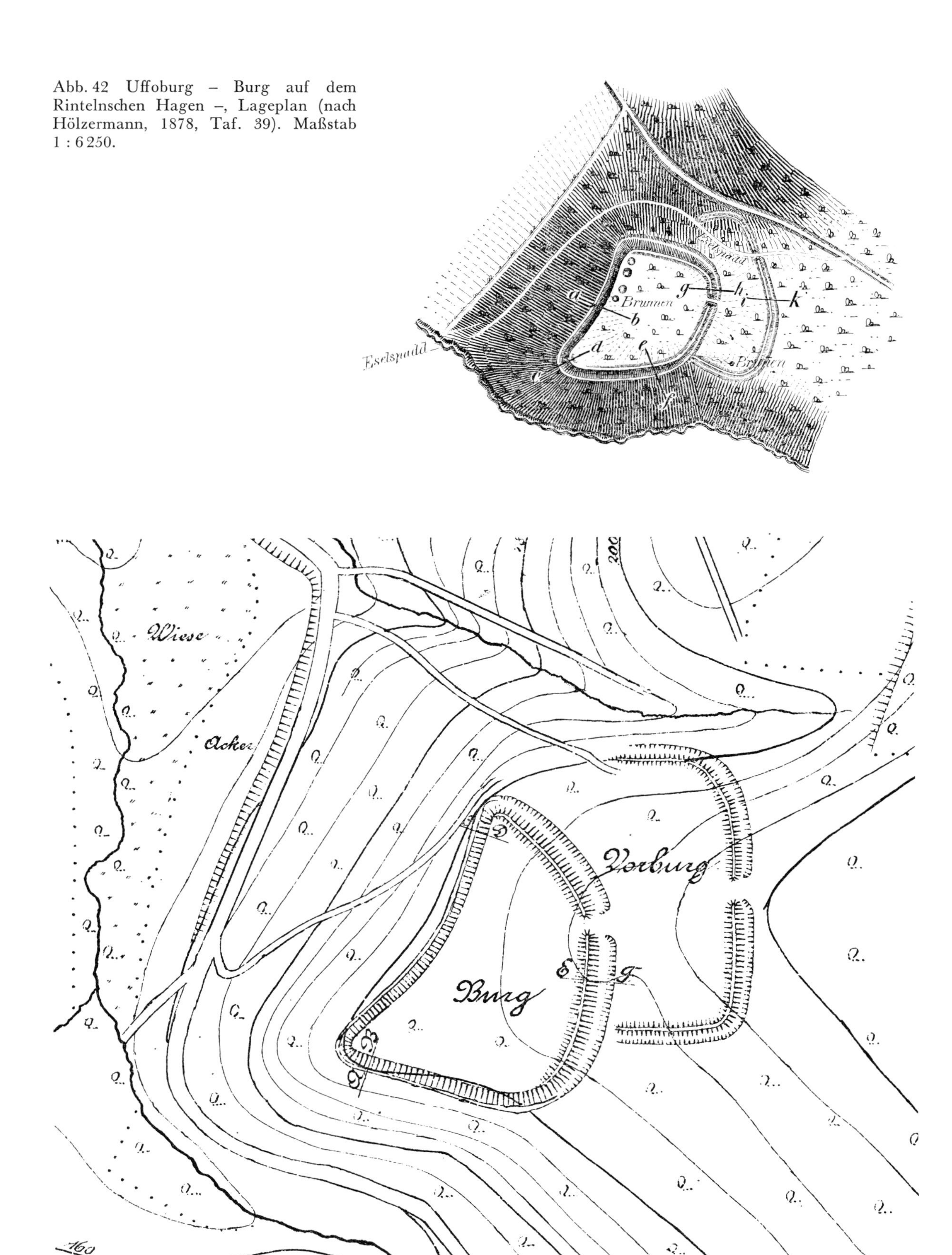

Abb. 43 Uffoburg – Burg auf dem Rintelnschen Hagen –, Lageplan (nach Schuchhardt, 1916, Blatt 57,2). Maßstab 1 : 3 125.

4.3.3.4. Zusammenfassung

Zahlreiche Keramik aus dem Innenraum weist auf eine Benutzung der Anlage in der zweiten Hälfte des 9. Jahrhunderts hin (Taf. 14 u. 15 A). Scherben aus späterer Zeit fehlen. Die Anlage scheint zu Beginn des 10. Jahrhunderts aufgegeben worden zu sein. Sie ist nicht durch jüngere Einbauten gestört. Lediglich „Schatzgräber" haben ihre Spuren hinterlassen. Grundrisse von Gebäuden sind bisher nicht ergraben. Schuchhardt vergleicht die Anlage typologisch mit Alt-Schieder. Im Gegensatz zur Ummauerung der Hauptburg dort haben wir hier aber ein reines Erdwerk vor uns. Ob vielleicht in dem wesentlich schwächeren Wall der Vorburg, der im S zerstört ist und im N nicht an den Hauptwall anschließt, Reste einer älteren Anlage zu suchen sind, die vielleicht gar nicht als Vorburg genutzt wurde, bleibt noch offen. Auch die Konstruktion der Erdwälle und die Nutzung des Innenraumes ließen sich nur durch eine Untersuchung klären.
Eine Anlage als stark gesicherter Wirtschaftshof ist kaum denkbar, da in der nächsten Umgebung keine ackerbauwürdigen Böden vorhanden sind. Die steile Auffahrt zur Burg ist darüber hinaus sehr beschwerlich. So mag daraus zu schließen sein, daß die Befestigung eher eine Bedeutung im Rahmen der Herausbildung früher Territorialherrschaft als Sitz eines Edelings gehabt hat, wie er in der Gründungslegende des Klosters Möllenbeck in der Gestalt des Grafen Uffo überliefert ist.

4.3.4. Kleiner Hünenring an der Grotenburg bei Detmold

TK 4019 Detmold: r. 348960–348972,
h. 575320–575335

(Abb. 3, 9; 44–46; Taf. 15 B u. 47)

Höhenlage: 290–300 m ü. NN.

Flächengröße: ca. 0,8 ha.

Befestigungsart: Ovaler Ringwall mit starker Stein-, Holz- und Erde-Mauer mit Holzrahmenbau (nur liegende Hölzer) umgrenzt die Anlage. Die Mauer ist als Stufenmauer mit mehreren hintereinanderliegenden Schalen aufgebaut. Der vor der Mauer liegende Graben hat eine schmale muldenförmige Sohle.

Heutiger Zustand: Der Innenraum ist durch Einbau einer Freilichtbühne stark gestört, ebenso die im Innenraum liegende Quelle. Wall und Graben sind sonst noch gut und steil geböscht erhalten, der Graben bis 2 m tief, der Wall als mächtiger Erdwall mit Steinen.

Bodennutzung: Der Kleine Hünenring wird forstwirtschaftlich genutzt (Hochwald in gemischtem Bestand).

Besitzverhältnisse: Landesverband Lippe, Verwaltung Forstamt Horn.

Ausgrabungen: Schuchhardt 1901, Nebelsiek 1950, Hohenschwert 1975.

Literatur: Siehe Grotenburg.

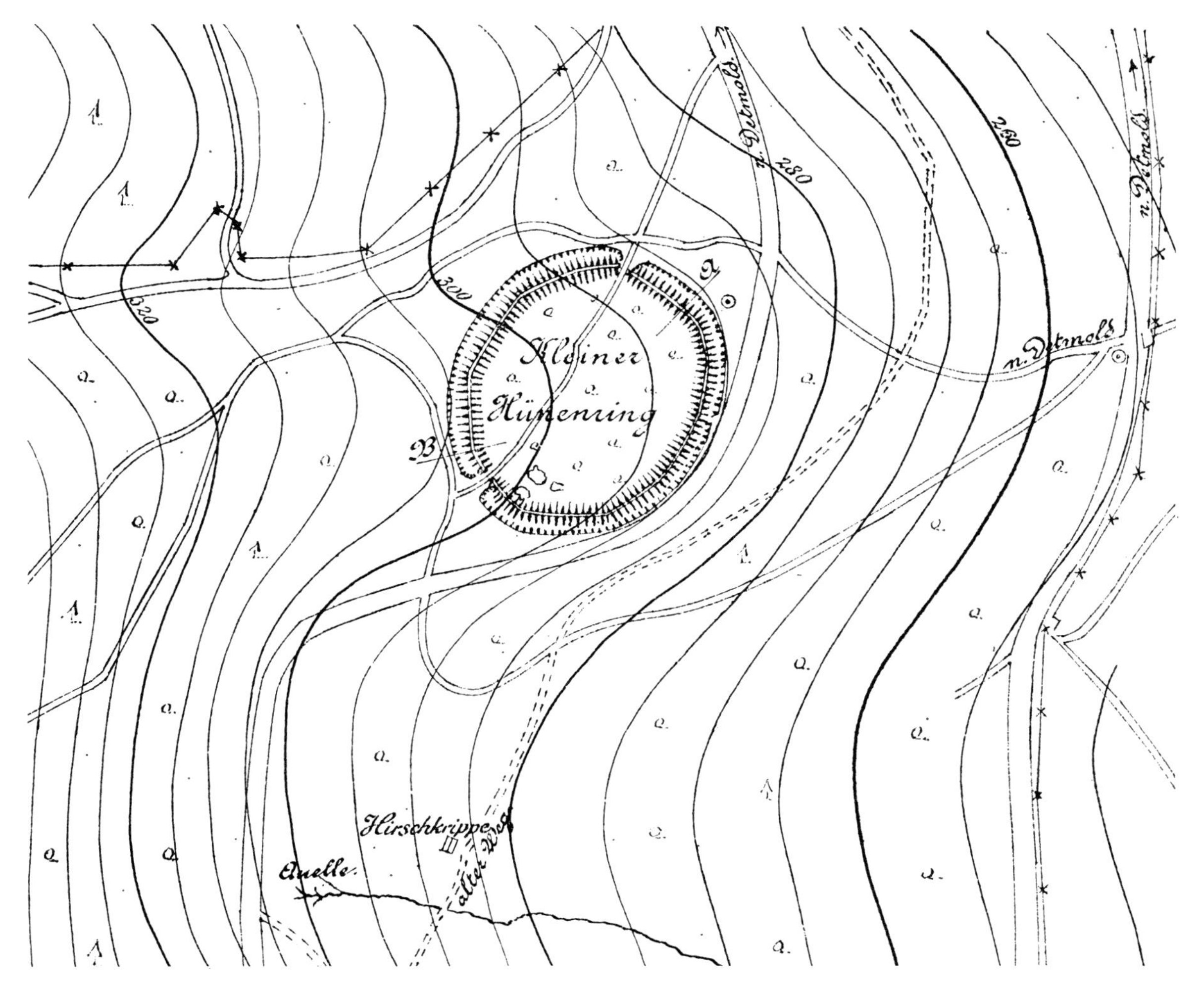

Abb. 44 Kleiner Hünenring an der Grotenburg bei Detmold, Lageplan (nach Schuchhardt, 1916, Blatt 55). Maßstab 1 : 3125.

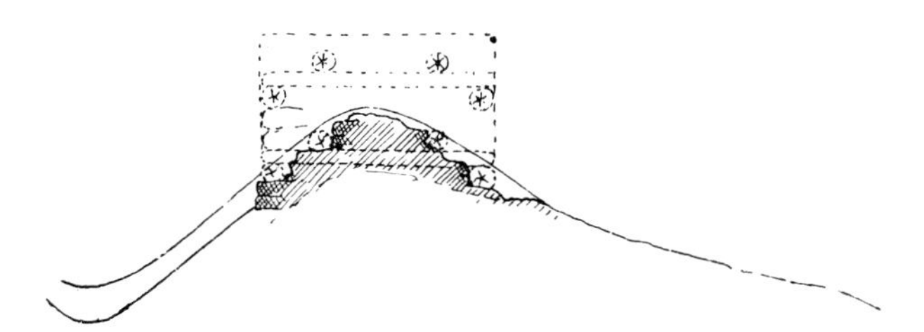

Abb. 45 Kleiner Hünenring, Schnitt durch die Mauer in der Mitte der Westseite (nach Schuchhardt, 1916, Abb. 70). Maßstab 1 : 200.

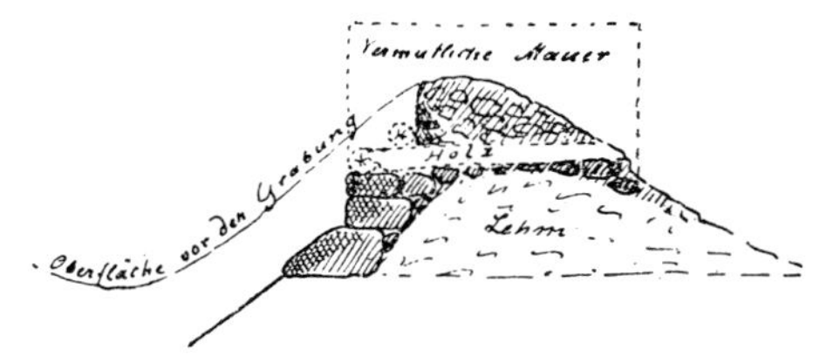

Abb. 46 Kleiner Hünenring, Schnitt durch die Mauer bei B (nach Schuchhardt, 1916, Abb. 71). Maßstab 1 : 200.

4.3.4.1. Lage und geologische Verhältnisse

Der Kleine Hünenring liegt auf einer aus dem Osthang der Grotenburg hervortretenden kleinen Geländestufe im Bereich des mittleren Keupers (s. a. Abb. 23), der hier von Hangschutt, insbesondere mächtigen Trümmerblöcken des Osningsandsteins, bedeckt ist. Im Bereich der Anlage wurden sie weitgehend zum Bau des Walles verwandt.
Die zahlreichen Bruchlinien der tertiären Tektonik zwischen herausgehobenen, abgesunkenen Schollen und Überschiebungen einerseits, Periglacialerscheinungen der Saaleeiszeit, wie Bodenfliesen, Schotterflächen, kleine Lößinseln und Flugsanddecken der letzten Vereisung bzw. der Nacheiszeit andererseits haben im gesamten engeren Raum um die Grotenburg bzw. den Kleinen Hünenring überaus starke und auf kürzeste Entfernung wechselnde Relief- und Bodenverhältnisse bewirkt.
Die schwache Terrasse 80 m unter der Kuppe der Grotenburg (Abb. 44) liegt noch 140 m über dem Tal der Berlebecke.
(Dazu und zu den folgenden Abschnitten s. a. Kap. 4.2.4. Grotenburg, im älteren Schrifttum allgemein als Großer Hünenring bezeichnet [Abb. 24 u. 25; Taf. 40]. Beide Anlagen wurden bisher immer im Zusammenhang behandelt.)

4.3.4.2. Forschungsgeschichte

Die erste, genaue Beschreibung des Kleinen Hünenrings liegt uns wiederum von Clostermeier (1822, 118–129) vor. Er schildert ihn als hoch aufgetürmte Mauer aus rohen Steinmassen, von Moos und Heidekraut überzogen, auf der einzelne Bäume hochkommen. Hölzermann (1878, 115) hält den Kleinen Hünenring für ein Lager „eines zur Bewachung der äußeren Mauer und des nordöstlichen Zuganges zur Grotenburg aufgestellten Wachtpostens". Er beschreibt, wie der Weg zum Großen Hünenring durch den Kleinen Hünenring hindurchführt (s. a. Abb. 25). An der Quelle, die im südlichen Teil der Umwallung vorhanden war, sah er „Spuren einer künstlichen, zum Gebrauch für Menschen eingerichteten Fassung". Schuchhardt (1916, 74–77) untersuchte den Kleinen Hünenring 1901 durch mehrere Wall- und Grabenschnitte genauer. Er stellte eine in Stufen aufgebaute Mauer aus großen Blöcken fest, die Schalen um einen Erdkern bilden und durch Längsbalken und Ankerhölzer quer durch die Wallmauer verspannt waren (Abb. 45 u. 46).
Schuchhardt zog zunächst zur Deutung seines Befundes Cäsars Berichte über den Mauerbau der Gallier heran. Bei der Toruntersuchung deutet er den Befund als gemauerte Torwangen bei einer Torbreite von 2,55 m. Der vorgelagerte Graben ist an den Toren durch Erdbrücken unterbrochen. Schuchhardt sah im Kleinen Hünenring seinem Befund nach zunächst den befestigten Hof, der zur Volksburg, dem Großen Hünenring, gehörte, und setzte beide Anlagen zeitlich gleich. Er nahm ein Alter um Christi Geburt an, schloß aber aus drei Scherben außen am Wall auf eine Benutzung bis in „sächsische Zeit". Später läßt er diese Datierung nach den Konstruktionsmerkmalen des Walles fallen. Da Untersuchungen im Innenraum keine Keramik oder andere datierende Funde brachten, zieht er zwei außen am Wall gefundene „fränkische Gefäßstücke" und die Form der Anlage heran, um sie in sehr viel spätere Zeit als den „Großen Hünenring" zu datieren. Er hält den Kleinen Hünenring für den befestigten frühmittelalterlichen Vorläufer des heute noch bestehenden „Tötehofes" (Schuchhardt, 1924, 14).
Nebelsiek versuchte 1950 durch eine Flächenuntersuchung (Nebelsiek, o. J.) im Inneren Spuren einer Dauerbesiedlung festzustellen. Diese Grabung brachte keine neuen Ergebnisse. Er stellte auch keine Besiedlungsspuren fest. Er hält daher den Ringwall nicht für eine bewohnte Burg, sondern für einen befestigten Zufluchtsort des Mittelalters.
v. Uslar (1964, 76) ordnet die Anlage in die Reihe der „sächsischen Rundwälle" ein.

4.3.4.3. Befund

Heute ist der von Clostermeier noch in den Anfängen beobachtete Vorgang der Zerstörung des starken Ringwalles durch Vegetation und Erosion leider schon wesentlich fortgeschritten. Der Steinwall ist stellenweise an den Flanken von einer dicken Boden- und Waldhumusschicht überdeckt. Auch durch die Sprengwirkung der Wurzeln zahlreicher Bäume auf der Wallkrone und das Belaufen sind weitere Blöcke gelockert und abgestürzt. Die Gräben sind durch Fallholz und Waldhumus stärker verfüllt. Aber immer noch ist der im ganzen Verlauf erhaltene Ringwall mit Graben und seinen beiden Torlücken im SW und NO ein eindrucksvolles Bodendenkmal (Taf. 47). Die regelmäßig ovale Innenfläche von 110 : 90 m ist nach O mit 10 m Gefälle geneigt. Sie war ursprünglich sehr eben. Leider zeigt sie östlich des Südtores eine Störung durch Steinbruchgruben, aus denen wohl einige der Osningsandsteinblöcke ausgegraben wurden. Im tiefer liegenden östlichen Teil ist etwa ein Achtel der Gesamtfläche durch Herstellung von Podium und Terrassen für eine Freilichtbühne um 1900 stark gestört. Wenn eine Quelle mit Fassung oder gar ein Brunnen im Innenraum vorhanden war, so muß danach am ehesten im nordöstlichen Innenraum gesucht werden. Noch heute ist dort direkt außerhalb des Walles und Grabens ein Quellsumpf vorhanden. Bei Hölzermann und Schuchhardt scheint sich hier eine falsche Lageangabe oder ein Beobachtungsfehler eingeschlichen zu haben. Die geologischen Verhältnisse lassen den Schluß zu, daß der Ringwall eine Wasserstelle hatte, denn er liegt direkt am bzw. hart oberhalb eines Quellhorizontes.
Bei der Vorarbeit für eine denkmalspflegerische Ordnungsmaßnahme wurde im Februar 1975 das Grabenende südöstlich der Erdbrücke zum Südtor freigeräumt und ebenso die Verfüllung des Schuchhardtschen Schnittes im Südtor. Dabei konnte beobachtet werden, daß der Graben ca. 3,50 m breit und ca. 1,80 m tief in eine lehmig-mergelige Schicht eingetieft wurde. Unter dieser liegt wieder eine zweite Schicht mächtiger Sandsteinblöcke. Diese hinderten daran, das eindeutige Spitzgrabenprofil bis in die unterste Spitze sauber auszubauen. Auch scheint zwischen Mauer und Graben, anders als auf Abb. 45 und 46 schematisch dargestellt, eine wenn auch nur ca. 1 m breite, schräge Berme vorhanden gewesen zu sein. Die Torlücke zeigte an der Basis eine tief ausgeschnittene Fahrspur in einer Breite von 1,40 m. Die von Schuchhardt festgestellten Blöcke an den Torwangen zeigen zum Teil sehr starke Wetzspuren, eine flache Steinplatte, eine ausgesprochene Radspurrille. Nur durch lange und häufige Benutzung konnten die Steine so stark abgefahren sein. So muß der durch die Anlage laufende Weg in früheren Jahrhunderten, oder solange die Anlage in Funktion war, sehr lange und regelmäßig benutzt worden sein. Die Steine an der rechten Torwange können die Funktion von Bordsteinen, der äußere die eines Prell- oder Abweisblockes gehabt haben. Man kann dann von der Lage dieser Steine nicht auf die lichte Weite des Tores schließen, es sei denn, alle diese Spuren sind erst nach der Zerstörung des Tores entstanden. Andernfalls muß für das aufgehende Torbauwerk über den Abweisersteinen eine zumindest 1 m größere Weite angenommen werden. Schuchhardts Formulierung „gemauerte Wangen“ (1916, 75, § 308) bezieht sich auf, wie er meint, „Lehm mit Wasser angemacht“. An keiner Stelle der Anlage konnten Mörtelreste festgestellt werden.

4.3.4.4. Zusammenfassung

Es gibt bisher keine frühe historische Quelle, die man auf den Kleinen Hünenring beziehen könnte.
Nach Form und Erhaltungszustand der Wälle bei Berücksichtigung einer Scherbe eines abgeknickten Kugeltopfrandes (Taf. 15 B, 2) ist die Anlage mit der Uffoburg (Kap. 4.3.3.) und dem kleinen Ringwall Bomhof (Kap. 4.3.5.), die mit reicherem Material besser zu datieren sind, ins 9.–10. Jahrhundert zu stellen.
Im benachbarten Heiligenkirchener Tal sind einige sehr alte Höfe nachzuweisen. Für Heiligen-

kirchen selbst ist bis in karolingische Zeit zurückreichendes Königsgut anzunehmen (Kittel, 1966). Im Jahre 1015 erfolgt eine Schenkung von Grundbesitz in „Halogokircan" an das Bistum Paderborn bzw. den Bischof Meinwerk. Dieser Grund stammt sicher aus dem von den Stiftern verwalteten älteren Besitz. Aus diesem Besitz stammt auch der Platz, auf dem die Kirche gegründet wurde. Bei einer Grabung in der Kirche 1969 durch U. Lobbedey wurden mehrere vorromanische Bauperioden festgestellt. Als früheste Anlage eine kleine Saalkirche mit Apsis, die ins 9. Jahrhundert datiert werden kann (Lobbedey, 1971, 14). Es erscheint daher gerechtfertigt, den „Kleinen Hünenring" im funktionalen Zusammenhang mit dem für Heiligenkirchen aus Hofes- und Flurnamen erschlossenen Königshof und der inzwischen auch archäologisch nachgewiesenen Pfarrkirche im königlichen Besitz zu sehen. Damit ist für das Arbeitsgebiet eine Gruppierung nachgewiesen, wie sie A. K. Hömberg (1967, 31) für das Sauerland bei Einbeziehung der Ergebnisse archäologischer Burgenforschung durch Prof. Stieren herausstellt.
Die Bedeutung der Lage zur Siedlungskammer und zum Verkehrsnetz, wie sie auch beim Kleinen Hünenring mit seinem alten, durch zwei Tore ziehenden Weg gegeben ist, und die Frage nach der eventuell zu erschließenden Funktion wurde vom Verfasser für die verschiedenen frühgeschichtlichen Befestigungen des Arbeitsgebietes schon früher (Hohenschwert, 1966) bei den einzelnen Objekten und in der Auswertung angesprochen. Beim Kleinen Hünenring kann diese Frage nicht abschließend ohne weitere Untersuchungen im Innenraum beantwortet werden.

4.3.5. Bomhof bei Lügde

TK 4021 Bad Pyrmont: r. 351420–351425,
h. 575670–575675

(Abb. 3, 10; 47–51; Taf. 15 C; 48 oben u. Mitte)

Höhenlage: 200–205 m ü. NN.

Flächengröße: ca. 0,04 ha.

Befestigungsart: 3–4 m breite Holz-Erde-Mauer mit flachem Außengraben und einem Tor. Sie umschließt eine rundovale Innenfläche.

Heutiger Zustand: Der Wall, 1,20–1,50 m hoch, ist breit verfallen. Der Graben stark verfüllt. Durch große Windwurfteller stellenweise gestört.

Bodennutzung: Forstwirtschaftliche Nutzung, z. Z. Fichtenhochwald, eingeschlagen und Neuanpflanzung.

Besitzverhältnisse: Bäuerlicher Privatbesitz.

Ausgrabungen: Schuchhardt/O. Weerth 1902.

Literatur: Schuchhardt, 1916.

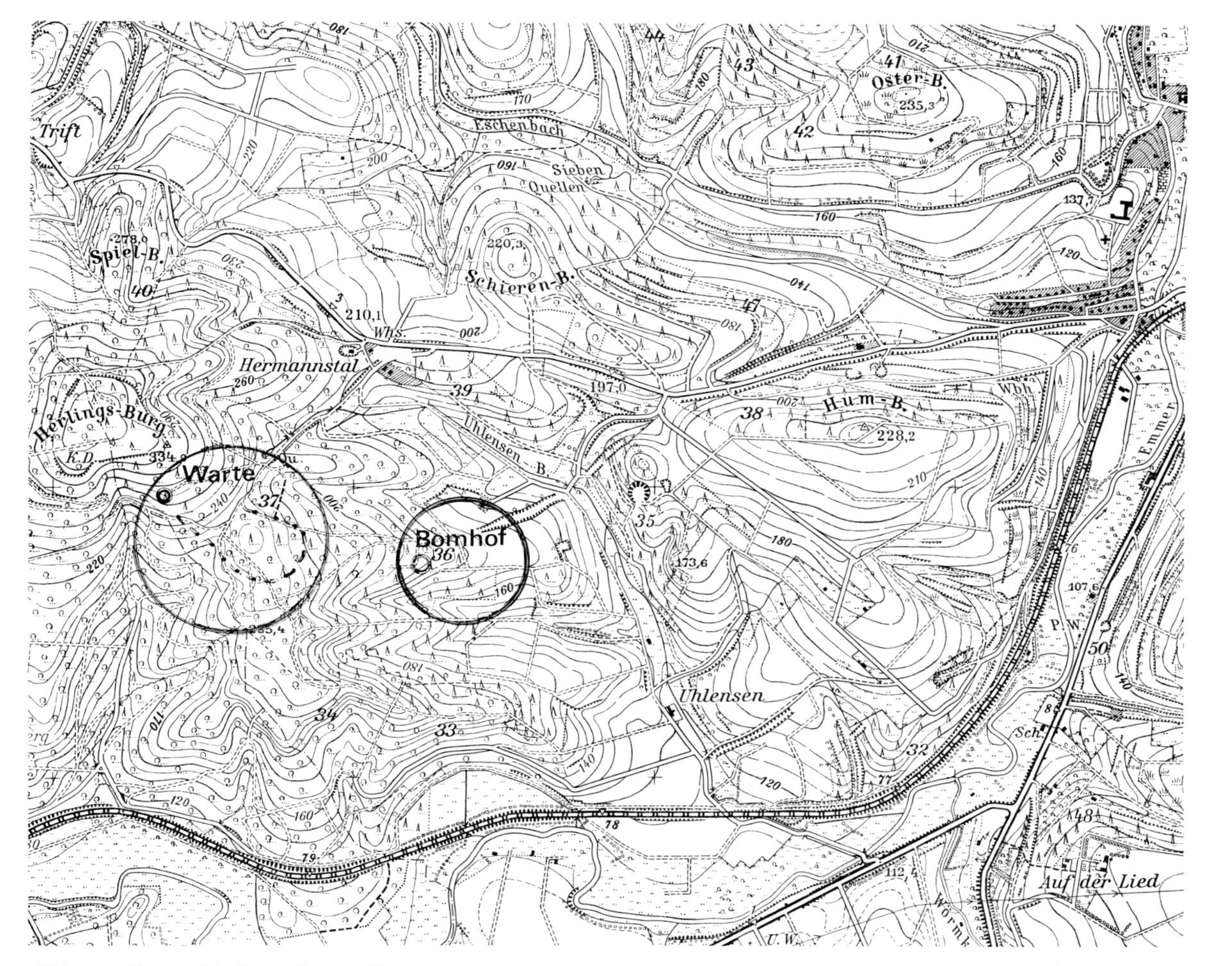

Abb. 47 Bomhof bei Lügde und Warte mit „Kleff", Ausschnitt aus der TK 4021 Bad Pyrmont, mit Nachtrag der Objekte. Maßstab 1 : 25 000.

4.3.5.1. Lage und geologische Verhältnisse

Der Bomhof liegt etwa 900 m südöstlich von der Herlingsburg auf einer Geländestufe, die durch starke Erosionsrinnen in verschiedene Vorberge der Herlingsburg zur Emmer hin aufgegliedert ist (Abb. 47). Diese Ausleger, Rücken und flache Kuppen, sind in Schilfsandstein, Tonen und Mergeln des mittleren oder Gipskeuper ausgebildet. Auf einem solchen Mergelrücken, leicht zum südlichen Hang hin, liegt der kleine Ringwall (Taf. 48 oben). Nach O vorgelagert ist ein kleines Bachtal, das sich zur Emmer nach S hin stark erweitert und eine kleine Siedlungskammer mit fruchtbarem Ackerboden auf verlehmtem Löß bildet. In der Umgebung weisen zahlreiche sehr tief angeschnittene Hohlwegreste darauf hin, daß hier am Fuße der Herlingsburg die Verkehrswege nördlich des Emmertales von W nach O vorbeiführten. Ein solcher Hohlweg (Taf. 48 Mitte) führt direkt auf den Bergrücken am Bomhof vorbei und ist auf der Lehne zum Uhlensenbach hin und in den gegenüberliegenden Hang nach O hin bis zu 8 m breit und tief eingeschnitten. Er ist über eine Strecke von 2 km weiter durch das Gelände deutlich zu verfolgen. An den Hängen eines Bachtales führt er über eine Furt der Emmer direkt auf die älteste Kirche der Gegend, die südlich der Stadt außerhalb Lügde gelegene Kilianskirche, zu.

4.3.5.2. Forschungsgeschichte

Der Bomhof wurde von Schuchhardt und Weerth im Zuge der Grabungen an der Herlingsburg im Sommer 1902 mit untersucht und immer weitgehend im Zusammenhang mit der Herlingsburg gesehen. Schuchhardt vergleicht ihn in seiner Lage zur Herlingsburg mit dem Kleinen Hünenring am Fuße der Grotenburg, wobei zunächst der Gedanke an Volksburg und zugehörigem Herrensitz als befestigtem Hof anklingt (Schuchhardt, 1916, 59). Nach einer anderen Erklärung wurde gesucht, als hier damals nur sehr schwer zu datierendes keramisches Material von sehr unterschiedlicher Beschaffenheit gefunden wurde. Die „sächsische Keramik“ in „alter Latènetradition“ von der Herlingsburg stand im scharfen Gegensatz zu den Scherben vom Bomhof, „am Rande breit und scharf umgebogen mit fränkischem Charakter“. So sah Schuchhardt in diesem kleinen

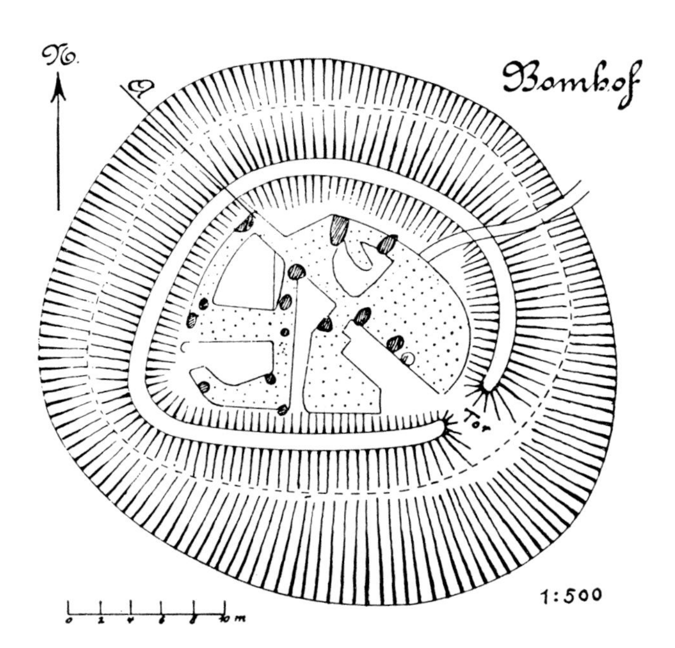

Abb. 48 Bomhof, Lageplan mit Grabungsflächen (nach Schuchhardt, 1916, Abb. 185). Maßstab 1 : 500.

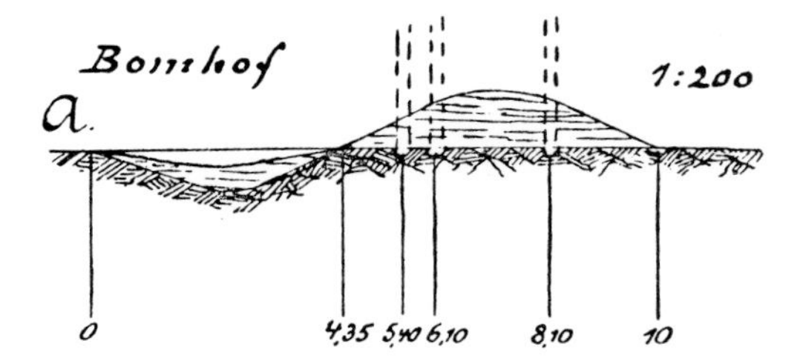

Abb. 49 Bomhof, Profilschnitt bei A (nach Schuchhardt, 1916, Abb. 186). Maßstab 1 : 200.

Ringwall einen kleinen „Fränkischen Wachtposten“ (Schuchhardt, 1924, 46). Vom Gedanken des funktionalen Zusammenhanges bei Zeitgleichheit konnte man sich nicht lösen. Die Möglichkeit, daß es sich um eine selbständige kleine Herrenburg handeln kann, wurde auch angesprochen (Schuchhardt, 1916, 139).

4.3.5.3. Befund

Bei der mehrtägigen Grabung 1902 wurden ein Schnitt durch Wall und Graben angelegt (Abb. 48) und weite Teile der kleinen Innenfläche freigelegt (Schuchhardt, 1916, 138). Die Befunde wurden in gleicher Weise interpretiert wie bei den Wallschnitten an der Herlingsburg. Es wurden Standspuren einer doppelreihigen Holzfront nach außen und einer einfachen zum Innenraum hin beobachtet. Bei einer Gesamtbreite von 3 m nach außen eine Berme von 2 m Breite, davor ein flacher Graben von 4,35 m (Abb. 48 u. 49). Im Innenraum wurden außerdem zahlreiche Pfostenlöcher festgestellt, die man aber nicht Gebäudegrundrissen zuordnen konnte. Die westliche

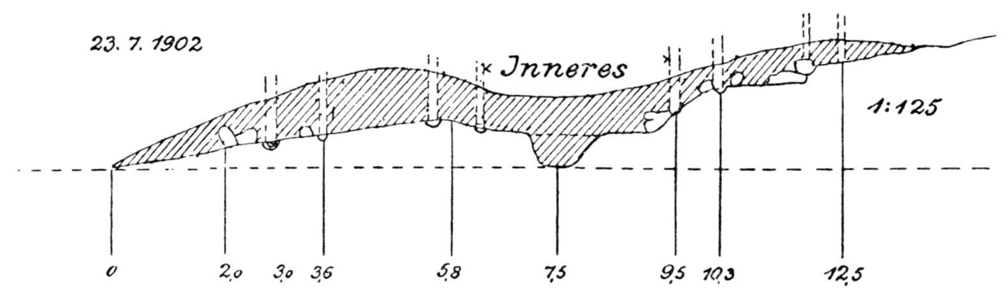

Abb. 50 Kleff, Kleiner Wartturm, Querschnitt (nach Schuchhardt, 1916, Abb. 182). Maßstab 1 : 125.

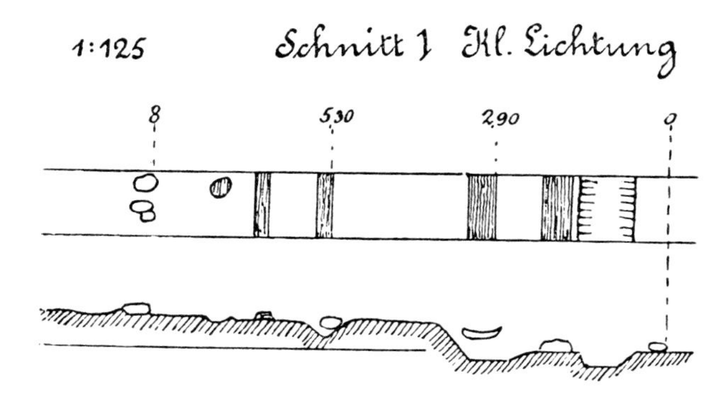

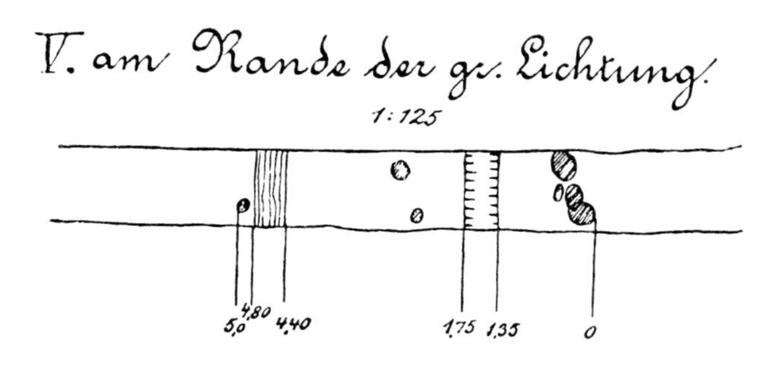

Abb. 51 Kleff, Schnitte durch die Umhegung (nach Schuchhardt, 1916, Abb. 184). Maßstab 1 : 125.

Fläche gegenüber dem Tor war nach Meinung der Ausgräber ganz von Bauten besetzt. Der Raum vor der Torlücke dagegen weitgehend frei.
Bei der Grabung wurden zahlreiche Scherben einer sehr einheitlichen Keramik gefunden (Taf. 15 C). Sie ist gleichmäßig, mittelfein gemagert mit Keupermergelgrus oder feinstem Bachkies des gleichen Materials mit gleichmäßiger Korngröße und mäßig gebrannt. Die Oberfläche ist innen und außen mit feingeschlämmtem Ton überzogen. Die Farbe des Überzugs ist hellbraun bis hellgrau, der Bruch schwarzgrau. Die zahlreichen Randscherben, von denen eine kleine Auswahl abgebildet wurde, zeigen abgeknickte Ränder, zum Teil verdickt. Sie werden im Zusammenhang mit der übrigen mittelalterlichen Keramik im vergleichenden Kapitel 5.3.2.1.2. beschrieben und ausgewertet.

4.3.5.4. Zusammenfassung

Der kleine Ringwall Bomhof gehört zeitlich zur jüngeren Phase der Uffoburg und zum Kleinen Hünenring und liegt vor den frühen, typischen Dynastenburgen. Ob er mit seinen dichten Siedlungsspuren und zahlreichen Funden die Funktion eines militärischen Postens an der alten Verkehrsstraße nördlich des Emmertales hatte, ob er im Zusammenhang zu sehen ist mit jenen weiter westlich gelegenen Befunden am Fuße der Herlingsburg, dem sogenannten Kleff und einem dort von Schuchhardt geschnittenen kleinen Wartturm (Abb. 47; 50 u. 51), kann nicht mit Sicherheit gesagt werden. Diese merkwürdige, großräumig umhegte Fläche im Bereich des alten Verkehrsweges könnte sowohl eine vorübergehend in Notzeiten genutzte Anlage als auch eine geschützte, wüstgewordene alte Siedlungsfläche darstellen. Einzelne zufällig gefundene Scherben aus Windwürfen der jüngsten Zeit gehören der blaugrauen Ware an und wären damit wesentlich jünger als das Material vom Bomhof.
Ob der kleine Ringwall historisch anzuknüpfen ist an den Ort Lügde, wo in der Kilianskirche eine sehr frühe Kirchengründung vorliegt und später auf dem Schildberg die kleine hochmittelalterliche Dynastenburg steht, wird ohne schriftliche Zeugnisse kaum zu entscheiden sein.

4.3.6. Schanze im Siekholz bei Schieder

TK 4020 Blomberg: r. 350980–351010,
h. 575485–575515

(Abb. 3, 11; 52–54; Taf. 10 B u. 48 unten)

Höhenlage: 135–155 m ü. NN.

Flächengröße: ca. 5 ha.

Befestigungsart: Ein schwacher Erdwall mit vorgelagertem Graben bildet ein verschobenes Rechteck zu beiden Seiten eines Bachbettes und umschließt eine ausgeprägte Quellmulde. Zahl und Lage der Tore ist nicht geklärt. Ein schwacher Wall im NO der Anlage zieht in Richtung einer mittelalterlichen Landwehr.

Heutiger Zustand: Die Lage der Wälle ist deutlich erkennbar. Sowohl der Wall als auch der außen vorgelagerte Graben sind gut ausgeprägt erhalten. Der Wall ist allerdings an zahlreichen Stellen durch Holzabfuhrwege gestört. Weitere Störungen möglicherweise durch Bodenentnahme. Der Innenraum der Anlage ist teilweise durch Fischteiche gestört. Im Wall frische Einschläge an mehreren Stellen, die entweder durch spielende Kinder oder durch Raubgrabungen entstanden.

Bodennutzung: Teils Mischwald mit starkem Unterwuchs, teils Buchenwald und Fischteiche.

Besitzverhältnisse: Fürstlich Bückeburgische Hofkammer.

Ausgrabungen: Schuchhardt 1899.

Literatur: Hölzermann, 1878; Wormstall, 1899 (ältere Literatur); Schuchhardt, 1916; Weißbrodt, 1921.

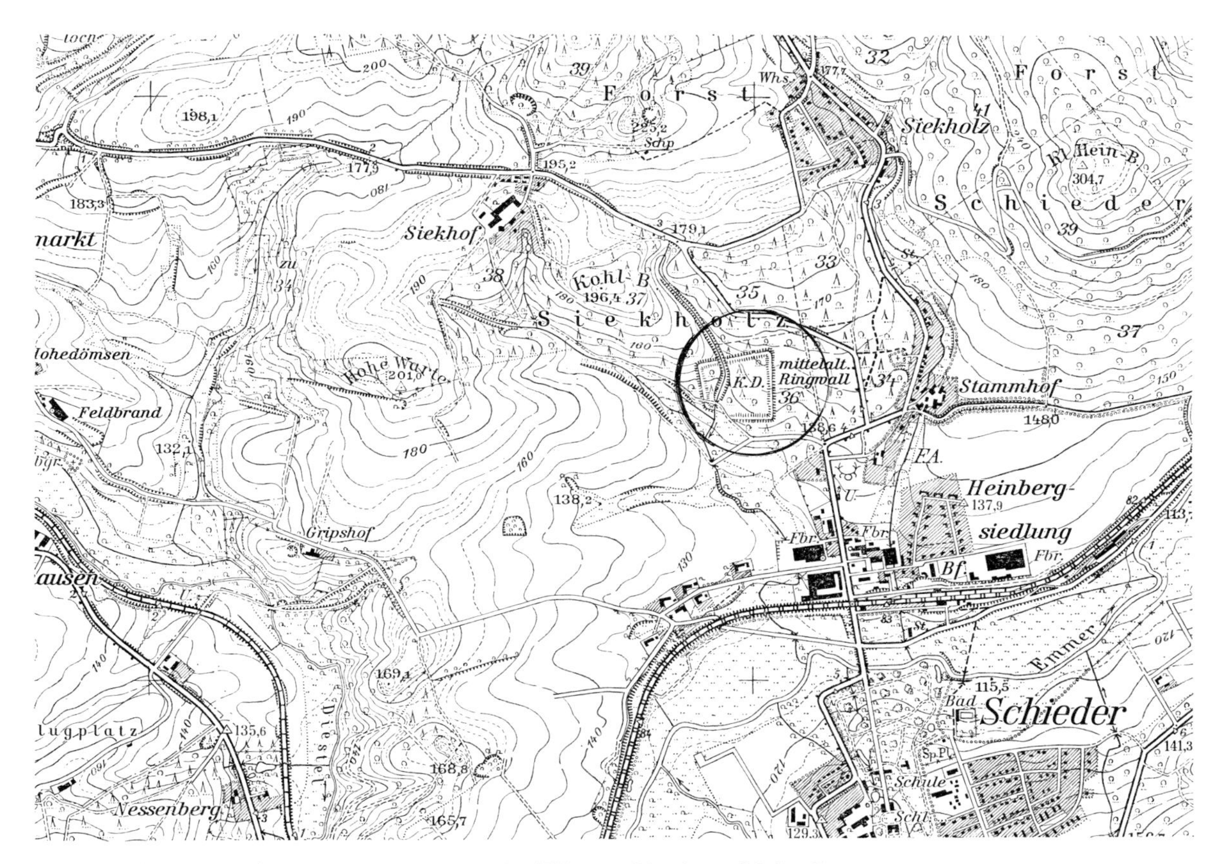

Abb. 52 Schanze im Siekholz, Ausschnitt aus der TK 4020 Blomberg. Maßstab 1 : 25 000.

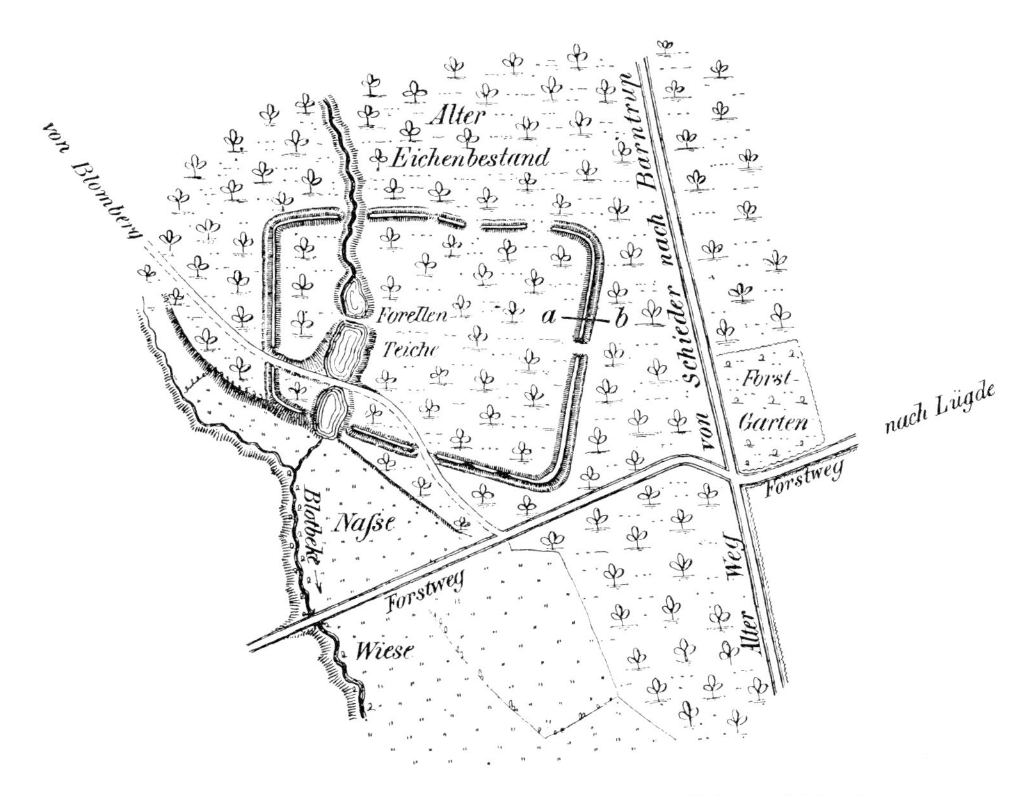

Abb. 53 Schanze im Siekholz, Lageplan (nach Hölzermann, 1878, Taf. 36). Maßstab 1 : 6 250.

4.3.6.1. Lage und geologische Verhältnisse

Die Schanze im Siekholz liegt auf der nördlichen Terrasse des Emmertales, nur wenige Meter über der heutigen Talaue. Das Gelände steigt hier sanft nach N zu einem 60 m höheren Berg an (Abb. 52). Eine deutliche Erosionsrinne eines kleinen Baches teilt das Gelände in eine kleinere westliche und eine größere östliche Fläche. Eine schon tief verwitterte Lößdecke der letzten Eiszeit über Mergelschichten des mittleren Keupers bildet hier einen etwas feuchten, aber verhältnismäßig tiefgründigen, schweren Boden. Die Nachbarschaft des alten Stammhofes und weiterer mittelalterlicher Anlagen am nördlichen Rande des Emmerdurchbruches in Richtung Lügde–Bad Pyrmont weist darauf hin, daß die Schanze im Siekholz an einem alten Verkehrswege von W nach O liegt. Durch die aufgrund verschiedener kleiner Zuflüsse bei Schieder entstandene Furt durch die Emmer kann man hier einen Kreuzungspunkt mit einem von N nach S verlaufenden Weg annehmen, der im Mittelalter größere Bedeutung hatte. Darauf weisen auch die nördlich der Siekholzschanze vorhandenen mittelalterlichen Landwehren hin.

4.3.6.2. Forschungsgeschichte

Die viereckige Schanze wurde von Hölzermann (1878) aufgenommen (Abb. 53). Er hielt sie für ein römisches Nachtlager, das in Eile aufgeworfen und bald wieder verlassen wurde. Schuchhardt führte im Jahre 1899 eine Untersuchung durch und nahm eine Neuvermessung vor (Schuchhardt, 1916, 71; Abb. 54).

4.3.6.3. Befund

Die ringsum erhaltenen Wälle und Gräben sind sehr flach geböscht, da sie aus dem hier vorherrschenden Lößlehm aufgeworfen wurden (Taf. 48 unten). Quer durch die Anlage geht eine tiefe Erosionsrinne (Abb. 53 u. 54). Im Bereich der Quelle und des Wasserzulaufes sind Fischteiche angelegt, wobei der eine Teich im S von Anfang an über die Umwallung hinauszureichen schien und noch zusätzlich durch einen kleinen Vorwall geschützt war. Die Torsituation ist ungeklärt. Aus einzelnen Holzkohlespuren in der Außenfront schließt Schuchhardt auf eine äußere Holzverkleidung. An der Südost- und Nordwestecke wurden ca. 50–60 cm unter der Wallkrone mehrere Scherben gefunden, die er als altsächsisch-karolingisch bezeichnet und mit der rohesten der drei in Alt-Schieder vertretenen „Gattungen“ vergleicht (Taf. 10 B). Ein so früher Ansatz dieser Scherben ist kaum haltbar. Die Randstücke sind am ehesten mit dem Material zu vergleichen, wie es in der Burg in Kohlstädt als frühestes Material und auch in Alt-Sternberg gefunden wurde. Die Beschreibung und vergleichende Auswertung erfolgt im Kap. 5.3.2.1.2.

4.3.6.4. Zusammenfassung

Schuchhardt hält die Anlage für eine in karolingischer Zeit entstandene curtis und sieht in ihr eine Vorläuferin des benachbarten Stammhofes. Es ist aufgrund der Lage und Beschaffenheit der Wälle und der Tatsache, daß im Innenraum wahrscheinlich schon seit frühester Zeit das Wasser zu einem Teich aufgestaut wurde, mit größter Wahrscheinlichkeit damit zu rechnen, daß es sich um einen eingefriedigten Gutshof handelt. Ob er als Vorläufer des Stammhofes oder aber als gleichzeitig ausgelaufener alter Hof anzusprechen ist, kann ohne weitere Untersuchungen an beiden Plätzen nicht gesagt werden. Die historische Quellenlage läßt eine Klärung dieser Frage allein nicht zu. Aufgrund der aus der Wallschüttung geborgenen Scherben des 11.–12. Jahrhunderts kann eine so frühe Datierung aber auf keinen Fall aufrechterhalten werden. Als aus-

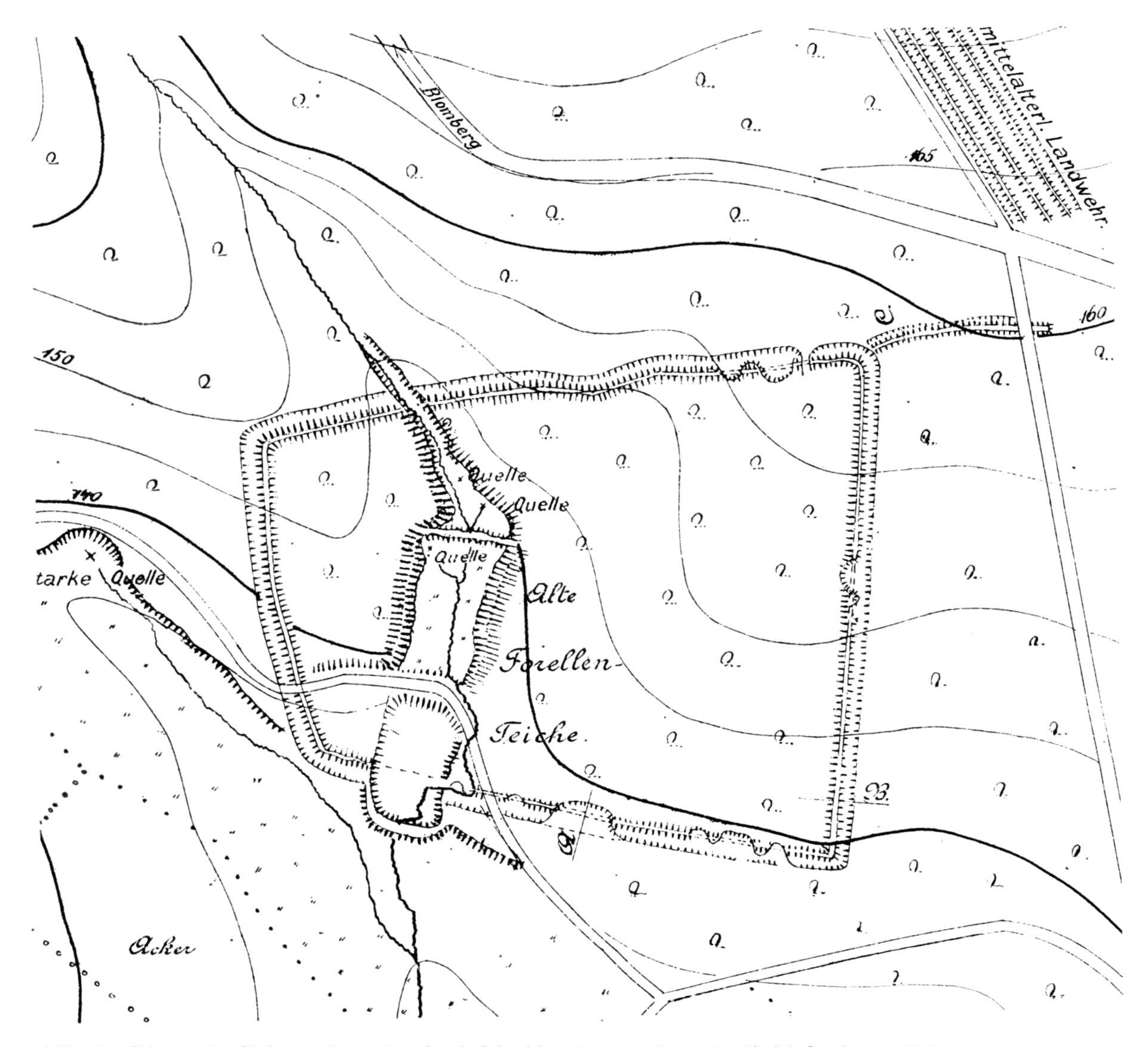

Abb. 54 Schanze im Siekholz, Lageplan (nach Schuchhardt, 1916, Blatt 54 A). Maßstab 1 : 3 125.

gesprochene Wehranlage wird man diese Schutzwälle nicht ansprechen können. Sie können, mit Hecken bestanden, eher als Einfriedigung, Wind- und Wetterschutz, mit Zaun zum Schutz der Garten- und Hofanlagen vielleicht gegen das Wild der benachbarten Wälder, aufgefaßt werden.

4.3.7. Alt-Sternberg bei Schwelentrup

TK 3920 Bösingfeld: r. 350250–350275,
h. 577000–577020

(Abb. 3, 12; 55 u. 56; Taf. 16 B; 49 u. 50)

Höhenlage: 300 m ü. NN.

Flächengröße: Haupt- und Vorburg 2000 m².

Befestigungsart: Die Bergnase ist durch 10–12 m tiefe Gräben gesichert und durch zusätzlichen Halsgraben vom ansteigenden Bergrücken getrennt.

Heutiger Zustand: Gräben noch bis zu 8 m tief und 40–50 ° geböscht.

Bodennutzung: Bauernwald und Hutung.

Besitzverhältnisse: Bäuerlicher Privatbesitz.

Ausgrabungen: O. Weerth 1908.

Literatur: Hölzermann, 1878; O. Weerth, 1908; Schuchhardt, 1916; Weißbrodt, 1920; Schuchhardt, 1924; Kittel, 1949; Nebelsiek, 1950a.

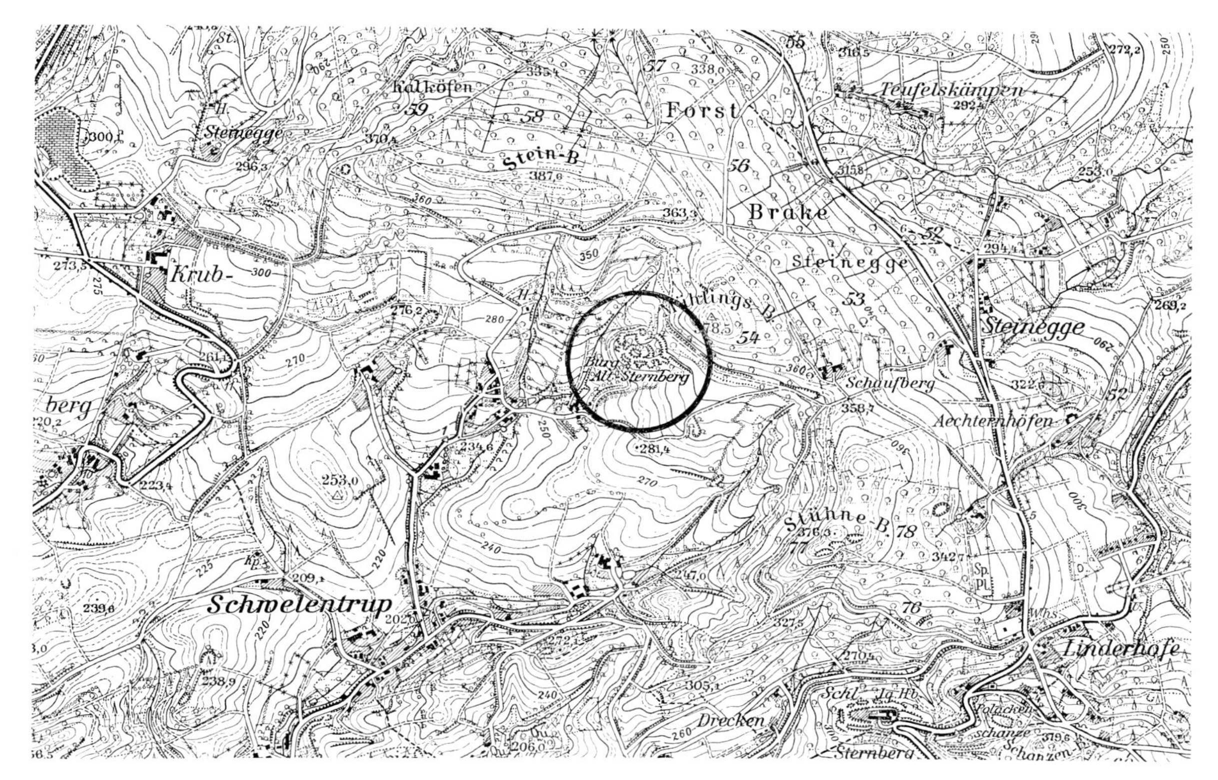

Abb. 55 Alt-Sternberg, Ausschnitt aus der TK 3920 Bösingfeld. Maßstab 1 : 25 000.

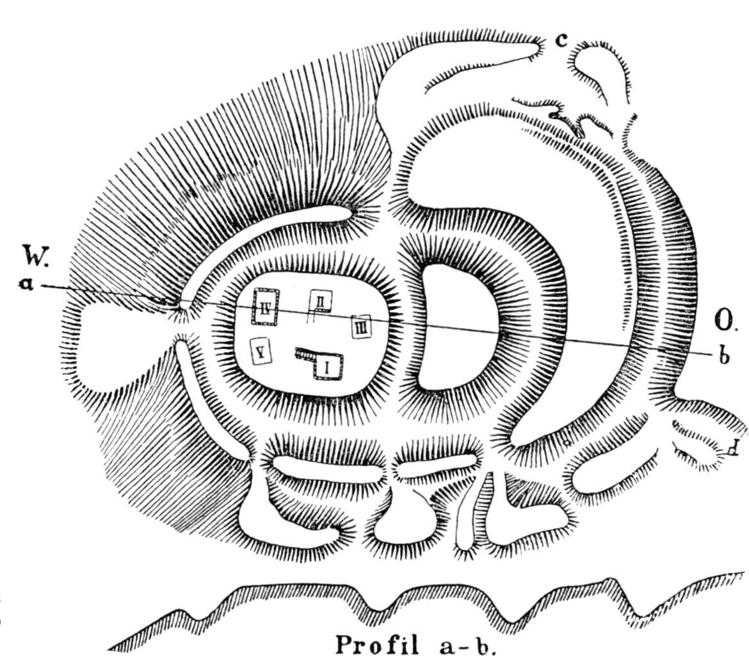

Abb. 56 Alt-Sternberg, Lageplan (nach Schuchhardt, 1924, Abb. 52). Maßstab 1 : 2 000.

4.3.7.1. Lage und geologische Verhältnisse

Alt-Sternberg ist auf der kleinen Bergnase eines Rückens angelegt, der sich 80 m niedriger als der Mühlingsberg westwärts gegen das Schwelentruper Tal vorwärts schiebt (Abb. 55; Taf. 49). Die nach drei Seiten steil abfallenden Hänge sind in rotem Mergel und bunten Letten des mittleren Keupers ausgebildet. Die Burg liegt jedoch noch beherrschend über dem Talkessel und auch über dem nach W sich öffnenden Kalletal.

4.3.7.2. Forschungsgeschichte

Hölzermann (1878, Taf. 23) lieferte uns den ersten guten Lageplan dieser Burg, die sich von allen bisher besprochenen mittelalterlichen Anlagen durch ihre Kleinräumigkeit und ihre besonderen Konstruktionsmerkmale deutlich abhebt. Er erkannte in der Burg ein reines Erdbauwerk nach der „Befestigungsmanier" des 10.–12. Jahrhunderts (1878, 90). Durch O. Weerth (1908) erfolgte eine umfangreiche Untersuchung, bei der Kellergruben von Häusern mit Treppen und Mauern festgestellt wurden. Schuchhardt übernimmt (1916, B V 90*, 95*, u. 1924, 100) von Weerth Grabungsergebnisse und den nach Hölzermann erstellten, ergänzten Plan (Abb. 56).

4.3.7.3. Befund

Das Befestigungssystem besteht aus 10–12 m tiefen Gräben mit einer oben annähernd gleichen Breite, die im W eine kleine, nur gut 1000 m² große fast rechteckige Fläche mit abgerundeten Ecken umschließen (Abb. 56). In diesem Bereich erkennt man den sich gegen das übrige Gelände abhebenden Burgplatz (Taf. 50). Nach O vorgelagert, etwas niedriger, schließt sich halbmondförmig und etwas kleiner eine Vorburg an. Auch diese ist in gleicher Weise von den Gräben umschlossen, die sich direkt von den Gräben der Hauptburg in gleicher Tiefe fortsetzen. Wieder 20 m weiter nach O schneidet ein mächtiger sichelförmiger Graben als regelrechter Halsgraben die gesamte Befestigungsanlage vom übrigen Bergrücken ab. Besonders typisch ist die Art der Materialbeseitigung, die bei der Anlage der gewaltigen Gräben einen erheblichen Arbeitsaufwand erforderte. An mehreren Stellen nach W, S und N wurden die anstehenden Massen der äußeren Grabenwange durchstochen und das Material der Gräben in Form von Schutthalden auf die Steilböschungen gekippt (Taf. 50 unten). Diese Halden versuchte man auch als Bastionen zu deuten. Es gibt jedoch keinen Hinweis, daß sie als solche jemals benutzt wurden. Nur am östlichen Halsgraben ist auf einer Strecke Material aus dem Graben innen zu einem kleinen Wall zusätzlich aufgeworfen. Mörtelmauerwerk konnte an keiner Stelle im Befestigungssystem nachgewiesen werden. Für eine hölzerne Brustwehr auf den Geländekanten der Vorburg und Hauptburg gibt es keinen Nachweis, da leider im sehr bröckligen Schiefer die Geländekanten schon verhältnismäßig weit nach innen abgebrochen und abgestürzt sind. Solche zusätzlichen Sicherungen müssen aber angenommen werden. Im übrigen kann man sich den Zugang vom Vorgelände aus und von der Vorburg zur Hauptburg nur durch mächtige Holzbrücken über die Gräben vorstellen. Andernfalls wäre es noch möglich, daß über die Schuttkegel im östlichen Bereich im N oder S eine Zuwegung in das Grabensystem führte. Von dort aus hätte man dann über Treppen oder Leitern die Innenräume erreichen können. Da man jedoch auch eine Zufahrt annehmen muß, bleibt nur die Möglichkeit einer Überbrückung der Gräben.
In vier Kellergruben von Häusern mit einer Seitenlänge von 4–5 m und einer Tiefe von 2–3 m fanden sich hochmittelalterliche Scherben, darunter auch Pingsdorfer Ware (Taf. 16 B), verschiedene Fragmente von Eisengeräten, die leider nicht erhalten sind, ein Glasring und Haustierknochen, insbesondere vom Schwein. Als wichtigste Fundstücke sind zwei Münzen zu nennen: ein puges von Accon, geprägt unter Heinrich von Champagne von 1192–1197, sowie ein Soester Hälbling aus dem Anfang des 13. Jahrhunderts.
(Die beschreibende und vergleichende Auswertung der Keramik erfolgt im Kap. 5.3.2.1.2.)

4.3.7.4. Zusammenfassung

Die oben beschriebenen bautechnischen Besonderheiten der tiefen, steil profilierten Gräben und der an den Steilhängen außen vorgelagerten Schutthalden mit dem Grabenaushub hat Alt-Sternberg mit der Burg Schnell/Pyrmont und anderen hochmittelalterlichen Anlagen auf dem Brunsberg bei Höxter, auf der Iburg bei Bad Driburg und der Falkenburg bei Detmold gemeinsam. Die Gründung aller dieser Anlagen fällt in die Zeit von 1184–1192. Lange (1963) hält daher diesen Ausbau bereits für eine Modernisierung. Da die keramischen Funde bis ins späte 11. Jahrhundert zurückreichen und kaum über das 12. Jahrhundert hinausgehen, ist mit einer Benutzung der Anlage vom Ende des 11. bis zum frühen 13. Jahrhundert zu rechnen. Es wäre daher auch an vergleichbaren Anlagen zu klären, ob sich dieser noch als reines Erdwerk errichtete frühe Typ einer reinen Dynastenburg nicht schon in jener Zeit entwickelt hat. Im Gelände sind Spuren, die auf einen Umbau der Gesamtanlage hindeuten, nicht festzustellen. Alle Maßnahmen wirken sehr einheitlich. Zu diesem zeitlichen Ansatz kommen Kittel (1949) und Nebelsiek (1950a, 102) aufgrund historischer Überlegungen. Unter Berücksichtigung des Baubeginns der benachbarten Burg Sternberg als Hauptsitz der Grafschaft Sternberg sehen sie in Alt-Sternberg den direkten Vorläufer. Alt-Sternberg ist geradezu ein Beispiel für die völlig unzureichende oder fehlende schriftliche Überlieferung für durchaus bedeutende mittelalterliche Befestigungsanlagen im Arbeitsgebiet, deren Datierung und historische Bedeutung nur über archäologische Untersuchungen erreicht werden können.

4.3.8. Burg auf dem Schildberg bei Lügde

TK 4021 Bad Pyrmont: r. 351805–351815,
h. 575860–575870

(Abb. 3, 13; 57 u. 58; Taf. 51)

Höhenlage: 250–255 m ü. NN.

Flächengröße: Innerer Burghof ca. 0,15 ha. Gesamtanlage mit Vorwall ca. 0,7 ha.

Befestigungsart: Die Burgfläche ist durch 4–6 m tiefe und 6–10 m breite Gräben umzogen, der Aushub in Schutthalden hangabwärts gelagert. Der Zugang erfolgte wohl über eine Holzbrücke und war durch ein rechteckiges Torhaus außerhalb des Grabens gesichert. Zusätzlich schwacher Wall mit vorgelagertem Halsgraben und Torlücke auf dem Bergkamm im O. Wall und Grabenstück auch zusätzlich auf Bergflanke nach NW.

Heutiger Zustand: Zwei Drittel des Burgplatzes vom Graben aus durch Steinbruchbetrieb als Wegeschotter abgebaut. Grabenprofile noch weitgehend erhalten. Auf restlicher Innenfläche noch eine Kellergrube erkennbar.

Bodennutzung: Stillgelegter Steinbruch und Forstfläche mit Buchenwald.

Besitzverhältnisse: Städtischer Forst, Stadt Lügde.

Ausgrabungen: Keine.

Literatur: Schuchhardt, 1916.

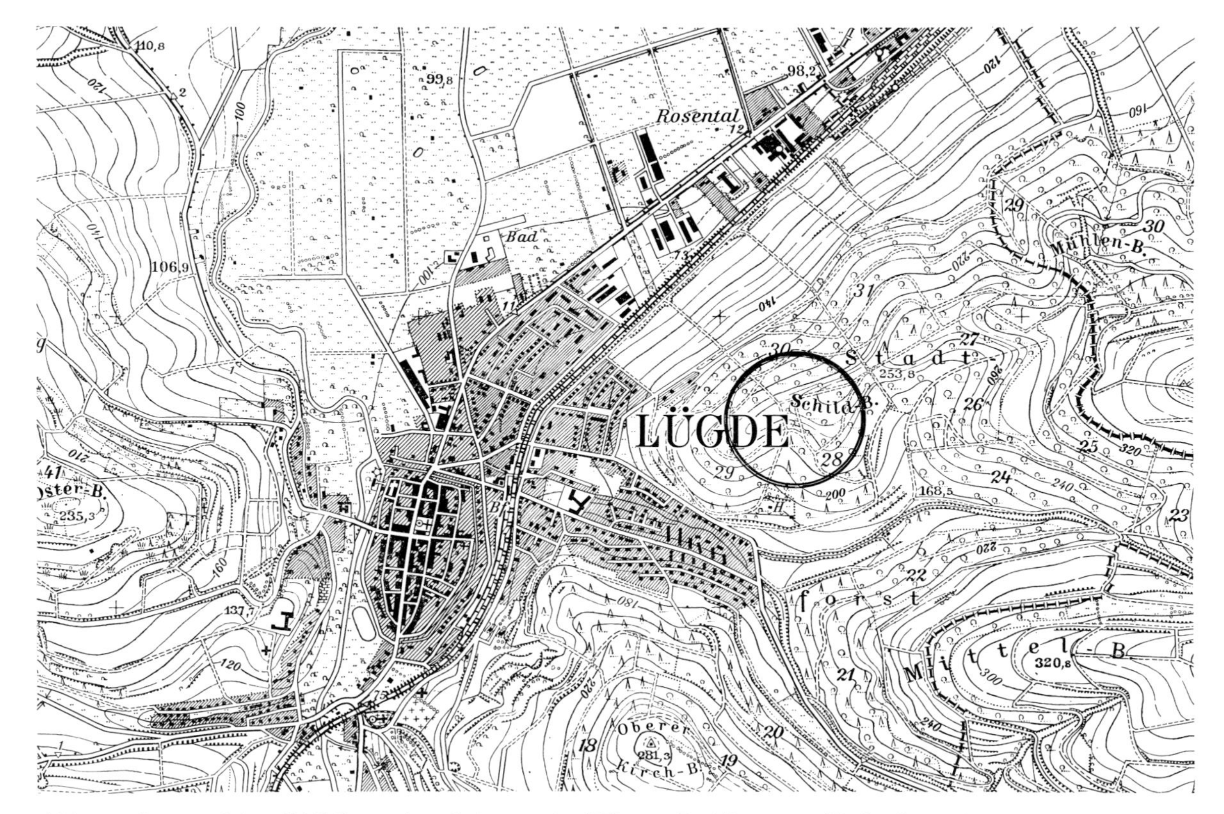

Abb. 57 Burg auf dem Schildberg, Ausschnitt aus der TK 4021 Bad Pyrmont. Maßstab 1 : 25 000.

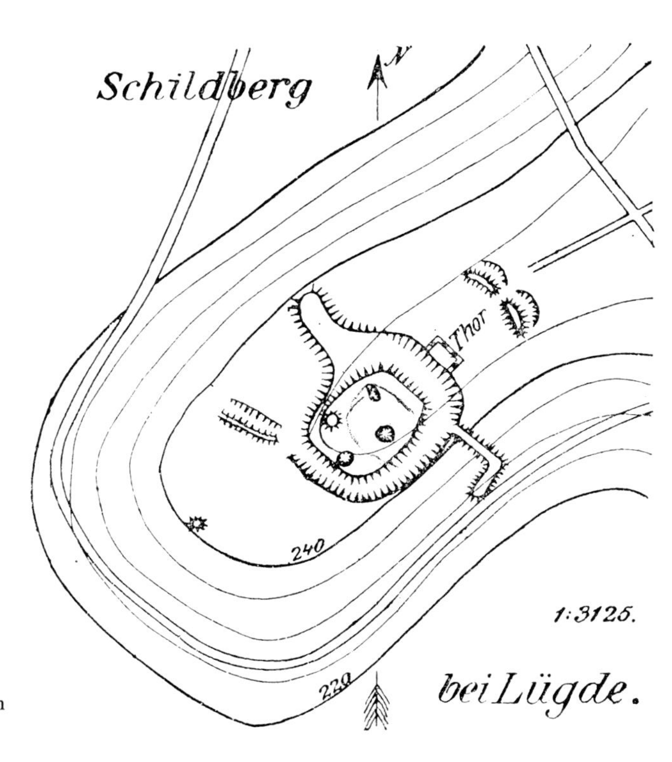

Abb. 58 Burg auf dem Schildberg, Lageplan (nach Schuchhardt, 1916, Abb. 65). Maßstab 1 : 3 125.

4.3.8.1. Lage und geologische Verhältnisse

Die Burg liegt auf dem Schildberg, einer kleinen Bergnase, die 100 m niedriger als das übrige in Schichtstufen ausgebildete Muschelkalkmassiv südlich des Emmertales aus diesem in den Lügde-Pyrmonter Talkessel vorspringt (Abb. 57). Der Bergrücken mit steilen Hängen besteht aus dem Unteren Wellenkalk, der Kamm aus einem schmalen Reststreifen der Terebratelbänke. Südlich des Schildberges sind an den Hängen eines tief in das Muschelkalkmassiv einschneidenden Seitentales alte Hohlwegspuren deutlich ausgebildet. Sie führen auf die Höhen nach O und nach NO auf die Schichtstufen entlang des Emmertales. Auf dem Bergkamm in der Nähe der Burg liegen noch mehrere Steinhügelgräber unterschiedlicher Größe, die hier einen Höhenweg schon seit urgeschichtlicher Zeit wahrscheinlich machen.

4.3.8.2. Forschungsgeschichte

Die kleine Burg fand in der Forschung, auch in der Heimatforschung, wenig Beachtung. Vor 1900 wurde sie bei der Suche nach römischen Straßen zur Weser mit den Römerkriegen in Beziehung gebracht. Dadurch wurde Schuchhardt auf sie aufmerksam (1916, 72), der in ihr eine kleine Dynastenburg erkannte. Da Funde nicht vorliegen, datiert er sie nach typologischen Merkmalen in die Zeit um 1200. Zum Vergleich mit anderen hochmittelalterlichen Dynastenburgen zieht er die mittelalterlichen Einbauten der Iburg bei Bad Driburg und der Brunsburg bei Höxter und die 1. Territorialburg der Edelherren zu Lippe, die Falkenburg bei Detmold, heran. Sie alle haben als gemeinsames Merkmal die Schutthalden des aus den tiefen Gräben herausgekarrten Materials (Abb. 58).

4.3.8.3. Befund

Bei der Betrachtung der Reste der Anlage bietet sich zum Vergleich die zwar wesentlich stärkere und kompliziertere Anlage von Alt-Sternberg an. Die tief ins anstehende Gestein eingeschlagenen Gräben (Taf. 51 unten), die kleine Burgfläche mit den Kellergruben, die Schuttkegel des Grabenaushubs (Abb. 58, s. a. Abb. 56; Taf. 50 unten), sind in beiden Anlagen gleich. Der Vorwall und Graben nach O mit der Torlücke (Taf. 51 oben) entspricht dem sehr starken Halsgraben Alt-Sternbergs. Auch er trennt das Burggelände auf der Bergnase vom rückwärtigen Gelände ab und bildet zugleich einen geschützten Vorraum. Diese kurzen Wälle und Gräben und dazu der kleine Rest an der Nordwestflanke der Bergnase erinnern allerdings stärker an die Befestigungstechnik der älteren mittelalterlichen Wallburgen. Das rechteckige Fundament eines Torhauses ist eher nachträglich entstanden.

4.3.8.4. Zusammenfassung

Da schriftliche Quellen ebensowenig bekannt sind wie eine historische Überlieferung am Ort und datierende Funde fehlen, erscheint es berechtigt, diese Anlage, wie Alt-Sternberg, schon etwas früher im 11.–12. Jahrhundert anzusetzen als ein kleines Beispiel für die Vorläufer der voll entwickelten hochmittelalterlichen Dynastenburgen, die um 1200 entstanden.
Ihre Lage zu einem alten Wegenetz an einem Knotenpunkt alter Höhenwege und den an den Talterrassen der Emmer und ihrer Zuflüsse entlangführenden Wegen mit der Übersicht über den Lügde-Pyrmonter Talkessel (Taf. 42 unten) läßt eine Kontrollfunktion erkennen. Die ins frühe Mittelalter zurückreichende Kirchengründung in Lügde, der durch schriftliche Quellen der Karolingerzeit nachgewiesene Königliche Haupthof, legt auch hier den Schluß nahe, an den

Versuch eines adeligen Herren zu denken, mit dieser kleinen Anlage einen lokalen Herrschaftsbereich zu sichern. Ob im etwa ein Jahrhundert älteren kleinen Ringwall „Bomhof“ 4 km südöstlich am anderen Rande des Talkessels ein Vorläufer und in dem mit Wall und Graben gesicherten kleinen Wohnturm außerhalb des Arbeitsgebietes auf dem 3 km nördlich gelegenen Königsberg bei Bad Pyrmont (Schuchhardt, 1916, 118), der zeitlich etwa anschließen könnte, Anlagen der gleichen Grundherrschaft zu sehen sind und eine Kontinuität gegeben ist oder ob sie verschiedenen Grundherren gehörten, konnte hier nicht untersucht werden.

4.3.9. Burg in Kohlstädt

TK 4119 Horn: r. 349050,
h. 574344

(Abb. 3, 14; 59 u. 60; Taf. 16 A u. 52)

Höhenlage: 190 m ü. NN.

Flächengröße: 144 m^2 Wehrturm, 198 m^2 Wohnbau.

Befestigungsart: Mehrstöckiger Wohnturm mit 2,40 m starkem Mauerwerk. Die Anlage ist an einem Bach gelegen. Eine Gräfte ist nicht mehr nachzuweisen.

Heutiger Zustand: Stark verfallene Ruine.

Bodennutzung: Keine.

Besitzverhältnisse: Privatbesitz.

Ausgrabungen: „Schatzgräber" 1704, W. Meyer und L. Nebelsiek 1932.

Literatur: Neues Sonntagsblatt, 1854; Teutoburger Wald 5, 1929; Meyer/Nebelsiek/Kiewning, 1933.

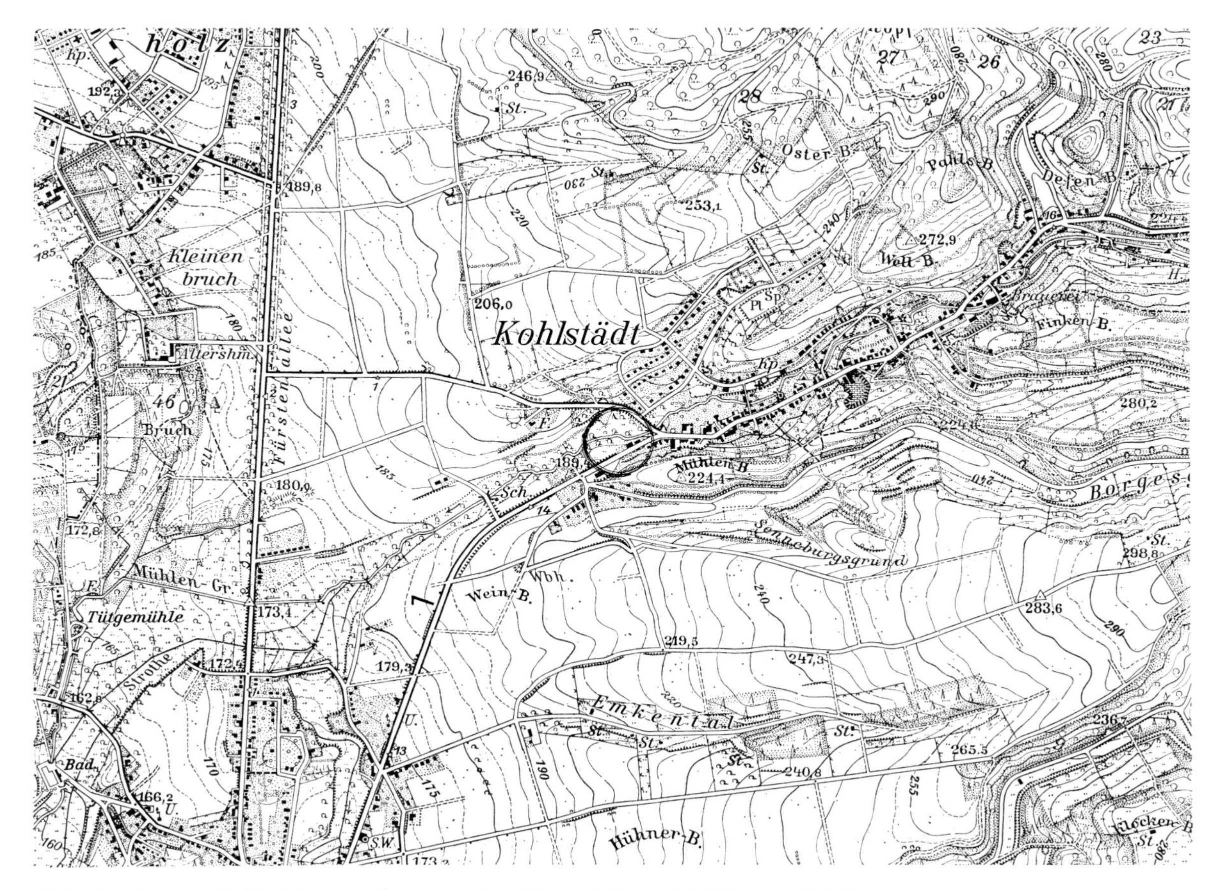

Abb. 59 Burg in Kohlstädt, Ausschnitt aus der TK 4119 Horn. Maßstab 1 : 25 000.

4.3.9.1. Lage und geologische Verhältnisse

Die Kohlstädter Ruine liegt am Südwestende eines tief in die Plänerkalke des Westabhanges des Teutoburger Waldes eingeschnittenen Tales, direkt am Strotebach (Abb. 59). Das Bachbett dieses Lippezuflusses ist hier in seinem oberen Teil in niederschlagsarmen Zeiten oft trocken und wegen seiner ebenen Ausschotterung mit Kalksteinkieseln sehr gut begehbar und sogar zu befahren. Die kleine Burg liegt direkt an einem zumindest seit dem Mittelalter wichtigen Paßweg des Teutoburger Waldes, der am Strotebach hinauf durchs Bärental über die kleine Egge in Richtung Horn in Lippe führt, einer Variante der West-Ost-Verbindung von Paderborn zur Weser bei Hameln.

4.3.9.2. Forschungsgeschichte

Es erübrigt sich, auf die verschiedenen Deutungsversuche einzugehen, die die alte Ruine in Kohlstädt erfuhr, vom Kalkofen über eine Eisenschmelze und „Heidenkirche" bis zum „Turm der Velleda".
Amüsant zu lesen und recht interessant in volkskundlicher Hinsicht mit einem Beispiel für den Volksglauben und abergläubisches Zeremoniell ist ein Bericht (Neues Sonntagsblatt, 1854), der sich mit der Bestrafung von Schatzgräbern des Jahres 1704 beschäftigt. Von Hölzermann existieren Briefe, in denen eine Tappesche Grabung an der Ruine erwähnt wird; von Preuß wird sie 1871 beschrieben („Teutoburger Wald", 1929, Jg. 5).

4.3.9.3. Befund

Eine 1932 durchgeführte Ausgrabung (Meyer/Nebelsiek/Kiewning, 1933) „erbrachte den Beweis, daß es sich in Kohlstädt um eine frühe Burganlage handelt" (Nebelsiek, 1950a). „Ein Wehrturm auf annähernd quadratischer Grundfläche mit einer Seitenlänge von 12 m und einer Mauerstärke von 2,40 m" wird unten noch durch Bankette bis zu 4,40 m verstärkt (Abb. 60). Die Stärke läßt auf mehrstöckige Bauweise schließen. Das Erdgeschoß ist von einem Kreuzgewölbe (Taf. 52 unten links) überbaut und hat keine Tür nach außen. Der Zugang erfolgt vom ersten Stock über eine Wendeltreppe in der dicken Turmmauer. Hochgelegene Lichtscharten, 15–20 cm breit und 1 m hoch, unterstreichen den Wehrcharakter des Bauwerkes. Erd- und Lehmanfüllung des unteren Turmteiles bis 3,40 m über die Fundamente deuten auf eine Verbindung zu den Turmhügelburgen hin und geben dem unteren Raum eine sichere Höhe über Talboden und Bachbett. Dem Wohn- und Wehrturm (Taf. 52 oben; Abb. 60) schließt sich ein rechteckig gebauter leichter Wohnteil 11 : 18 m an. Die Datierung ist gegeben durch Keramik vom ausgehenden 11.–14. Jahrhundert (Taf. 16 A), durch bestimmte Bauelemente, wie Fischgrätenmuster im Mauerverband und Kreuzgewölbe (Taf. 52 unten).

4.3.9.4. Zusammenfassung

Wir haben hier ein Beispiel für den Einfluß der kleinen Herrenburgen fränkisch-normannischer Bauweise des 11. Jahrhunderts. Wohntürme vergleichbarer Art haben wir in der Gräfte bei Bad Driburg (s. Abb. 71) und auf dem Königsberge bei Bad Pyrmont (Schuchhardt, 1924, 89–92). Die Datierung durch archäologische Befunde und Funde finden ihre Bestätigung auch durch archivalische Feststellungen H. Kiewnings (1933, 137). Noch für das 11. Jahrhundert ist ein Edeling bekannt, der seinen Besitz dem Dom zu Paderborn übergab. Der benachbarte Kuhlhof, Kohlstädt Nr. 1, und drei weitere mittelalterliche Kolonate entrichten Abgaben und Pachtzins

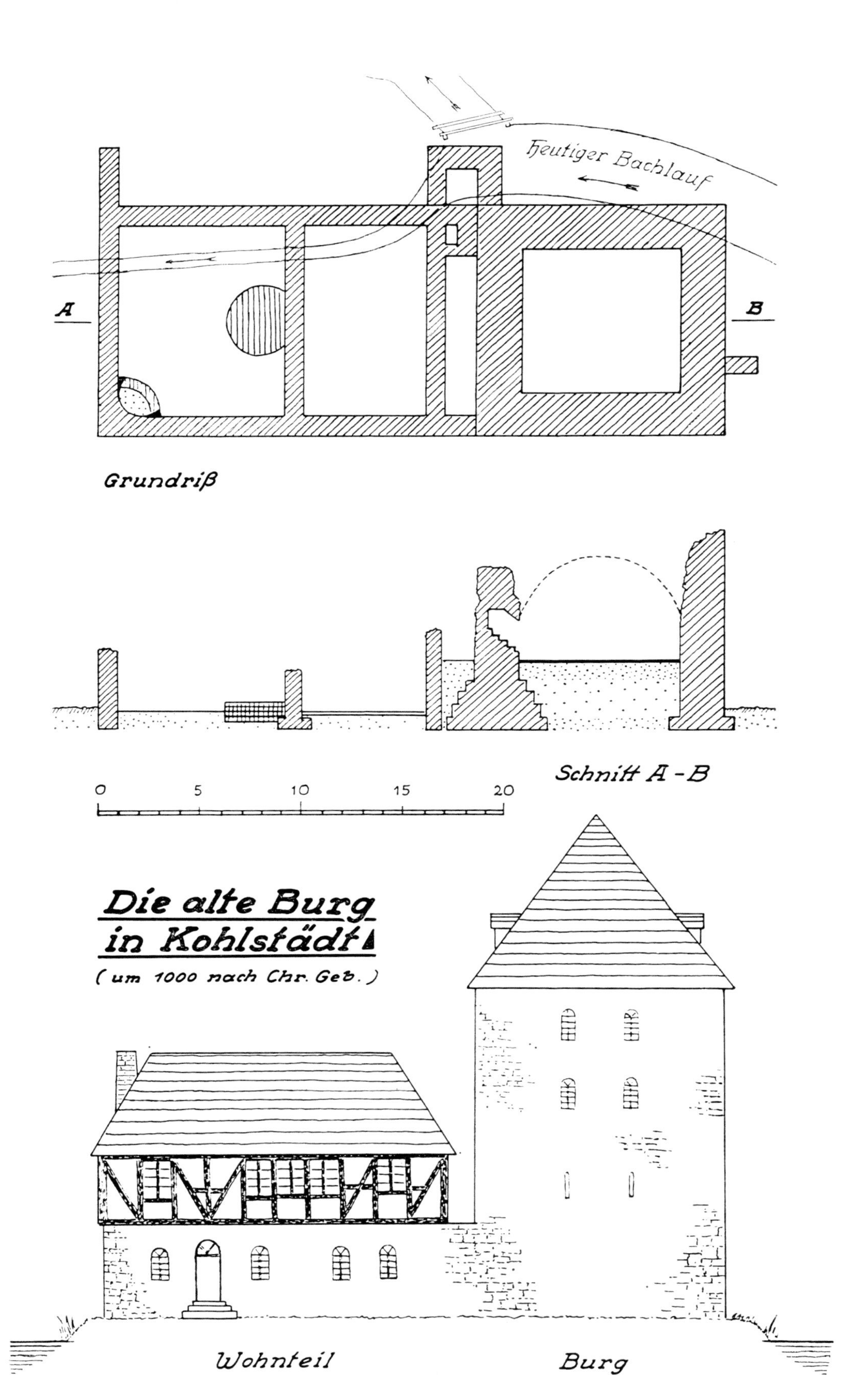

Abb. 60 Burg in Kohlstädt, Lageplan, Aufriß und Rekonstruktion (nach Nebelsiek, 1950a, Abb. 8).

sowohl an das Kloster Abdinghof als auch – für bewirtschaftete „Burgländereien" – an die Herren von Westfalen in ihrer Eigenschaft als Burgmänner der Edelherren zur Lippe.
Die Besitzverhältnisse gehen daraus also nicht klar hervor. So bleibt offen, ob der Paderborner Bischof die Burg errichtete, um seine schon älteren königlichen Privilegien, z. B. seinen Forstbann im Teutoburger Wald, zu schützen und sein Territorium gegen seinen lippischen Nachbarn zu sichern, oder ob zuvor die Schwalenberger Grafen zur Sicherung alten Corveyer Besitzes die Gründung vornahmen. Die Datierung nach der Keramik in das ausgehende 11. bis 14. Jahrhundert macht es unwahrscheinlich, daß sie noch von jener Edelingsfamilie erbaut wurde, die bereits in der Mitte des 11. Jahrhunderts ihren Besitz der Paderborner Kirche übertrug. Dem älteren Busdorfer Besitz an einem Vorwerk in Kohlstädt schon vor 1036 können allenfalls die Ländereien zugehört haben. So ist nicht mit Sicherheit zu klären, ob es wirklich für die Burg einen eigenen zugehörigen Niederen Hof gab oder ob der ebenso alte und benachbarte Hof Kuhlmeier zur Burg gehörte. Eine vermutete Kapelle oder ein Ausbau zur Kirche ist nicht nachgewiesen. Mit Sicherheit kann man aber annehmen, daß die kleine Herrenburg des 11.–12. Jahrhunderts neben der Aufgabe als sichere Stätte des Wirtschaftshofes für die Hofleute ein kleines Verwaltungszentrum darstellte und die Kontrollfunktion über die im Mittelalter an Bedeutung gewinnende Paßstraße über die kleine Egge nach Horn–Hameln ausübte.

4.4. PSEUDOBEFESTIGUNGEN

4.4.1. Allgemeines

Aus methodischen Gründen erscheint es angemessen, Untersuchungsergebnisse einer Anlage und eines Platzes, die im älteren Schrifttum immer starke Berücksichtigung erfahren, hier wiederzugeben. Aufgrund der verkehrsgeographischen Lage und besonderer Häufung ur- und frühgeschichtlicher Funde in der Umgebung dieser Plätze erschienen Untersuchungen nicht nur gerechtfertigt, sondern auch erfolgversprechend (Beilage 24). Andererseits sollten unhaltbare romantische Vorstellungen widerlegt werden, die seit den 20er Jahren durch zumindest zum Teil pseudowissenschaftliches Schrifttum (W. Teudt, 1936, 110f.) breiteste Beachtung fanden. In beiden Fällen wurde das prähistorische Alter der Anlagen nicht bestätigt.
Die Befunde sind jedoch überaus interessant. Berücksichtigt man den allgemeinen Forschungsstand der 20er und 30er Jahre und die Tatsache, daß bodenkundliche Details keine richtige Deutung erfuhren, so erscheint es verständlich, daß bei den älteren Untersuchungen eine voreilige Interpretation als Befestigungselemente erfolgte.
Die Nachuntersuchungen 1972 brachten sehr interessante archäologische Befunde zum Nachweis früher Agrarkulturmaßnahmen, zur Markierung und Sicherung von Besitzgrenzen und zum örtlichen Wegenetz. Wegen der besonderen landbautechnischen und siedlungsgeschichtlichen Aspekte ist eine ausführliche Veröffentlichung an anderer Stelle geplant. Hier seien nur einige Ergebnisse vorgelegt, die für die ur- und frühgeschichtliche Feldforschung bei der Beurteilung ähnlicher Erscheinungen an anderen Plätzen von Wert sein können. Die Materialvorlage erfolgt im Falle Haus Gierke – „Sternhof“, wo ja ein klar abzugrenzendes oberirdisches Bodendenkmal vorhanden ist, in der üblichen Form, zumal der umstrittene prähistorische oder mittelalterliche Charakter dieses Platzes im Schrifttum der Lokalforschung immer erörtert wurde (Copei, 1938, 196). Die historische Quellenlage ebenso wie die verkehrsgeographische Situation verlangen für dieses Gelände auch weiterhin besondere Aufmerksamkeit.

4.4.2. Wälle von Haus Gierke – „Sternhof“, Oesterholz

TK 4119 Horn: r. 348860–348895,
h. 574415–574450

(Abb. 3, 15; 61 u. 62; Taf. 53 u. 54)

Höhenlage: 185 m ü. NN.

Flächengröße: ca. 8 ha.

Befestigungsart: Erdwälle und flacher Graben umschließen eine fünfeckige Fläche.

Heutiger Zustand: Die Wälle sind in drei Linien erhalten und mit jüngerem Bruchsteinmauerwerk außen verkleidet. Die anderen zwei Linien sind nur als Unterbau im Boden bei einer Grabung festzustellen gewesen. Die Innenfläche ist durch Einbau eines Gutshofes, Ausbau zum Erholungsheim und lange Bewirtschaftung in Teilflächen stark gestört.

Bodennutzung: Parkanlagen, Gärtnerei, Wald und Teiche.

Besitzverhältnisse: Frau Oetker, Rittergut Hornoldendorf.

Ausgrabungen: Reinerth 1935/1937. Es wurden Wallschnitte durchgeführt, kleine Innenflächen untersucht und Suchgräben zur Feststellung der Wallfundamente im östlichen Vorgelände angelegt. Hohenschwert 1972.

Literatur: Copei, 1938; K. Weerth, 1949; Hohenschwert, 1966.

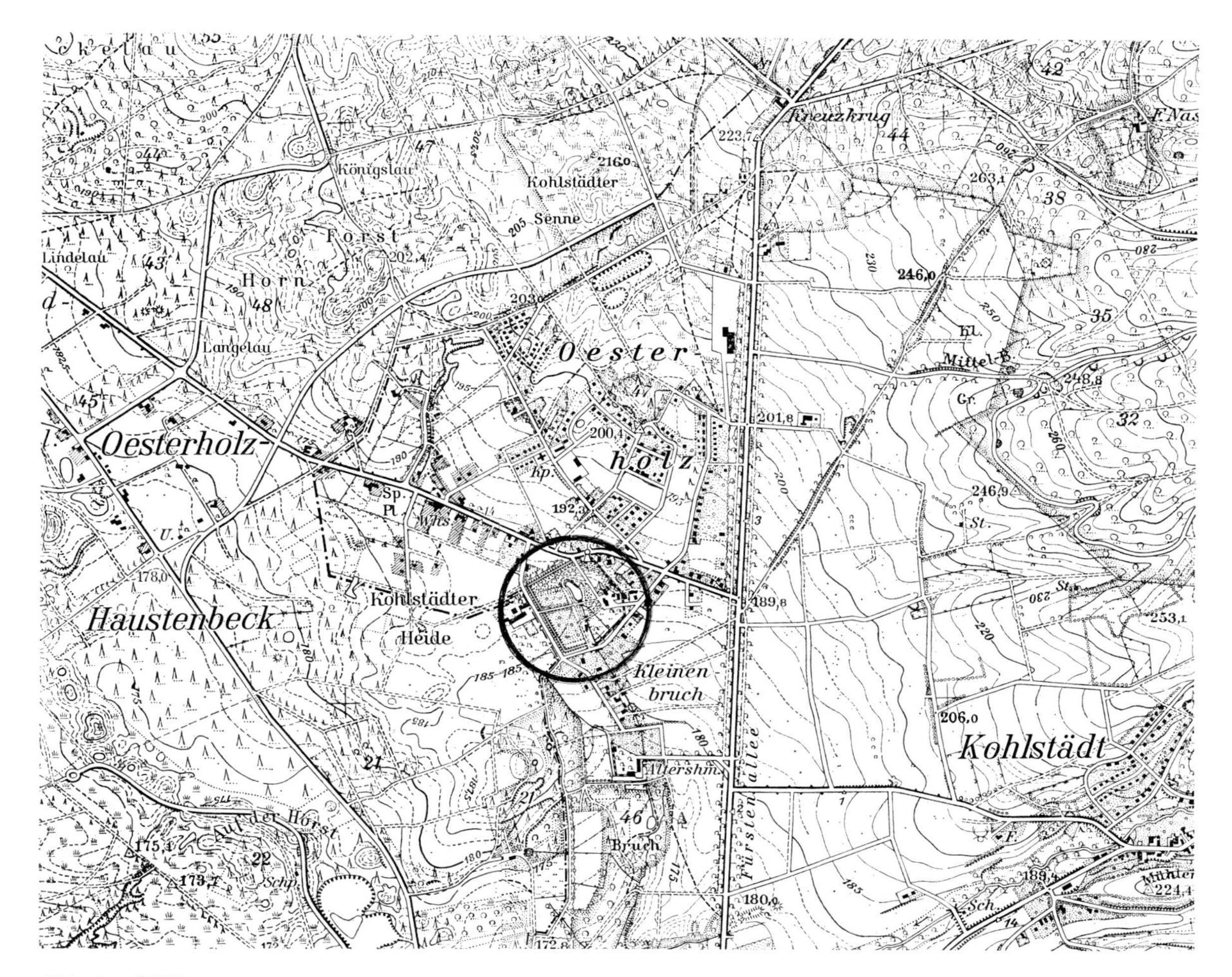

Abb. 61 Wälle von Haus Gierke „Sternhof“, Ausschnitt aus den TK 4118 Die Senne und 4119 Horn. Maßstab 1 : 25 000.

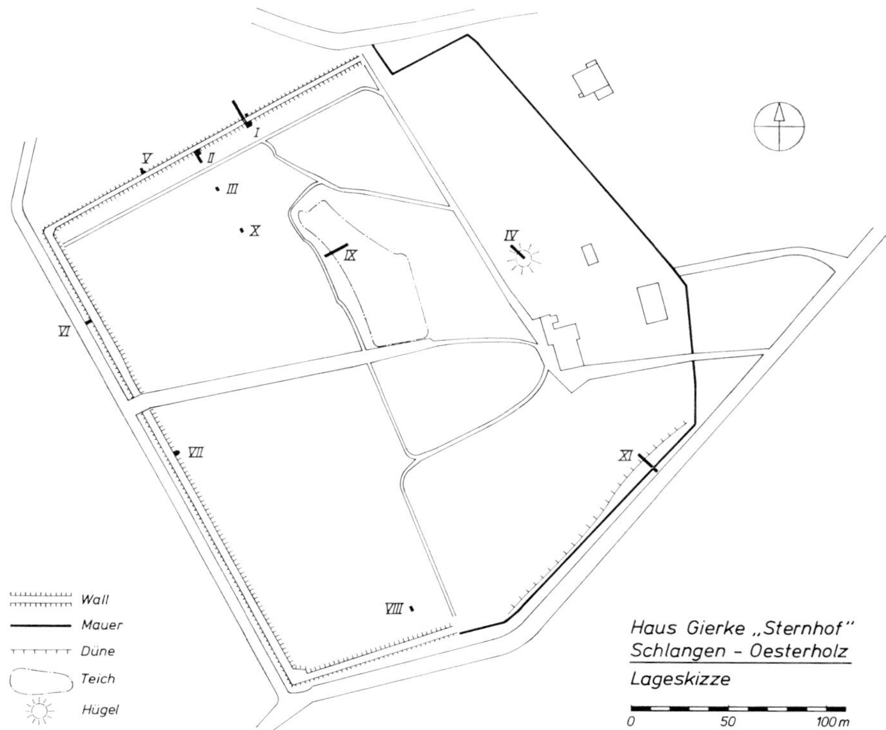

Abb. 62 Wälle von Haus Gierke „Sternhof“, Lageplan mit Schnitten 1972. Maßstab etwa 1 : 4 000.

4.4.2.1. Lage und geologische Verhältnisse

„Haus Gierke – Sternhof“ liegt am Rande der Senne an der Grenze der eiszeitlichen Sande zu den jüngsten Ablagerungen der Oberkreide, dem Emschermergel, der in der Umgebung in einigen Horsten durch die Sanddecke zutage tritt, und den grauen Plänerkalken der westlichen Abdachung des Teutoburger Waldes. Die geologischen Verhältnisse bedingen hier ein besonders wasserreiches Gebiet innerhalb des Quellhorizontes der Senne, das durch die Emschermergel und Plänerkalkverwitterungsschichten, vermengt mit einer leichten Sanddecke, zu den besten Siedlungsböden der sonst sehr armen Senne zählt. Die besonderen morphologischen und hydrologischen Verhältnisse im äußersten O der Münsterländischen Bucht westlich des Gebirgsbogens Teutoburger Wald–Eggegebirge geben diesem Raum eine besondere verkehrsgeographische Bedeutung (Abb. 1 u. 3). Hier treffen bzw. kreuzen sich mehrere alte Heer- und Handelswege von W nach O und von S nach N, wie der Hellweg entlang des Haarstranges und der Frankfurter Weg, der aus der Hessischen Senke über die Paderborner Hochfläche kommt (Abb. 74).
In verschiedenen Trassen führen diese Wege von hier nach N und O über die Pässe des Teutoburger Waldes und eine bedeutende alte Linie, den Sennehellweg, oberhalb des Quellhorizontes entlang des Teutoburger Waldes nach NW. Das Gebiet zeichnet sich durch eine große Konzentration an Plaggenhügelgräbern und zahlreichen Bodenfunden aller ur- und frühgeschichtlichen Perioden von der mittleren Steinzeit bis zum Mittelalter aus (Beilage 24).

4.4.2.2. Forschungsgeschichte

Die Teudtschen Vorstellungen über Haus Gierke (1936, 110ff.) führten dazu, daß an den Wällen Untersuchungen vorgenommen wurden. In den Jahren 1935 und 1937 gruben Reinerth und Walburg. Die Deutung, die Teudt diesen Wällen und Grenzlinien für eine „germanische himmelskundliche Ortung“ gegeben hatte, wurde dabei einwandfrei widerlegt. Copei kommt in seiner Untersuchung „Frühgeschichtliche Straßen der Senne“ (1938) zu dem Schluß, daß an diesem Platz mit der zuvor skizzierten verkehrsgeographischen Situation eine Befestigung zu suchen ist. Die recht deutlichen und interessanten Grabungsbefunde von 1937 sind nie in angemessener Form veröffentlicht worden, und ein wissenschaftlicher Ausgrabungsbericht lag dem Verfasser auch nicht vor. Er berichtet daher nur nach einem Aufsatz von Karl Weerth (1949), eigener Erinnerung und Kenntnis der Örtlichkeiten. Weerth setzt sich ausführlich mit dem Grabungsbefund und der Reinerthschen Deutung (K. Weerth, 1949, 31) „nicht älter als römisch, nicht jünger als karolingisch“ auseinander.

4.4.2.3. Befund

Weerth beschreibt die, wie er sagt, „mit vorbildlicher Sorgfalt“ erarbeiteten Befunde. Danach lagen unter den Wällen in Längsrichtung Eichenbohlen, 10–15 Stück nebeneinander. Ihre Holzsubstanz war vergangen. Als Verfärbung aber waren sie mit den Feinheiten der Holzstruktur noch sehr gut zu erkennen. Weerth glaubt nicht, daß diese Hölzer „1100 oder gar 1900 Jahre alt sein könnten“. Er geht auf die Erhaltungsbedingungen im Sand ein, spricht von abwechselnder Einwirkung von Regenwasser und atmosphärischer Luft; vergißt aber dabei, daß die Anlage nach zwei Seiten an einem bis ins vorige Jahrhundert hinein sehr feuchten Sumpfgelände liegt, das bis heute die Gemarkungsbezeichnung „Im kleinen Bruch“ führt. Darüber hinaus liegt im Inneren ein Quellgebiet, und der Grundwasserstand ist hier sehr hoch. So brauchten Bedenken gegen den „Erhaltungszustand“ nicht zu bestehen.
Daß ein Gutsherr, wie Weerth glaubt, auf eine Landesverordnung von 1789 hin einen derartig aufwendigen Unterbau für eine Wallhecke anlegte, um eine verhältnismäßig kleine landwirt-

schaftliche Nutzfläche gegen Wild zu schützen und einzufriedigen, dürfte kaum überzeugen. Das Vorhandensein dieses „Wallunterbaues“ an den östlichen Seiten des unregelmäßigen Fünfecks, wo der Wall selbst fehlt, erklärt er ebenso mit Urkunden des 18. Jahrhunderts. Danach soll der Hofbesitzer, nachdem er zusätzliche Parzellen erworben und die fundamentierende Balkenunterlage angelegt hatte, diese Linie auf Einsprüche der Hudeberechtigten hin zurückgenommen haben. Es ist völlig unglaubwürdig, daß der Gutsbesitzer einen Wallunterbau über mehrere hundert Meter aus Eichenbohlen erstellt, die dann von streitenden Parteien dem Boden überlassen werden.

Weerth sagt selbst, daß er bei seinem Besuch auf der Grabung überall da, wo der Wall abgedeckt war, „auf seinem Grund eine Unterlage von starken Eichenbohlen, in der Längsrichtung 10 bis 15 Stück nebeneinander gelegt“ sah. Der Verfasser hat dieses sehr eindrucksvolle Bild als Schüler, damals direkt an der Grabungsstelle wohnend, fast täglich vor Augen gehabt. Von der niedrigsten Angabe ausgehend, zehn starke Eichenbohlen nebeneinander überall unter einer auf 500 m nicht mehr vorhandenen Wallinie, das bedeutet 5000 lfd. Meter Eichenbohlen, in einem im 18. Jahrhundert sehr armen kleinen Heidedorf einfach nutzlos dem Boden überlassen. Diese negative Deutung des Grabungsbefundes konnte nicht überzeugen. Es war unmöglich, über die Bedeutung der Wälle von Haus Gierke etwas auszusagen, ohne daß ein wissenschaftlicher Bericht des Ausgräbers von 1935 bis 1937 vorlag. So blieben die Wälle von Haus Gierke eine archäologisch interessante Anlage, gerade im Hinblick auf andere bedeutende archäologische Forschungsergebnisse im Raume um Paderborn. Die Reinerthsche Datierung „frühestens römisch, spätestens karolingisch“ forderte geradezu eine Nachuntersuchung in der Hoffnung, bisher fehlendes stratigraphisch gesichertes, datierendes Material, evtl. auch Holzreste oder -kohle, für die modernen naturwissenschaftlichen Datierungsmethoden zu bergen.

Grabung 1972

In den Osterferien und zu Beginn der Sommerferien 1972 wurden daher mit Hilfe eines Rentners, einer Schülergruppe und einer historisch interessierten Lehrerin der örtlichen Schule an den Wällen und an dem auffälligen „Quellhügel“ (Abb. 62, I–XI) erneut mehrere Schnitte und auf den Innenflächen mehrere Probelöcher angelegt. Unter Berücksichtigung des Ergebnisses kann hier auf eine Beschreibung der Gesamtanlage verzichtet werden, ebenso in diesem Falle auf die zeichnerische Darstellung der Plana und Profile der Schnitte. Über den Verlauf der verschiedenen Teile der Einfriedigung des Gutshofes gibt der Plan Auskunft. Der Aufbau der Wälle und die im folgenden beschriebenen wesentlichen Befunde sind aus Taf. 53 u. 54 ersichtlich.

Im Schnitt I (Abb. 62; Taf. 53; 54 oben u. Mitte) zeigt der Wall einen sehr regelmäßigen Aufbau bei einer Gesamtbreite von 7,50 m an der Basis. Die Wallkrone ist 3–3,50 m breit, völlig eben, als Parkweg angelegt. An den Rändern stehen Reste einer alten regelmäßigen Bepflanzung, vorwiegend Eichen, Hainbuchen und Buchen (Taf. 53 oben), von denen die stärksten vor einem Besitzerwechsel um 1930 gefällt wurden. Auf der Innenseite ist eine 6 m breite flache Materialmulde erkennbar. Auf der Außenseite zeichnet sich noch schwach ein 2,50 m breiter, stark verfüllter Graben ab (Taf. 53). Die äußere Böschung ist gestützt durch eine aus Plänerkalk erstellte, leicht gegen den Wall geneigte und gemörtelte Bruchsteinmauer (Taf. 53 unten links), wie sie in der gleichen Art als freistehende Mauer den Gutshof auf allen Strecken nach NO, O und SO umschließt, wo kein Wall vorhanden ist.

Die Wallschüttung ist mit durchschnittlicher Mächtigkeit von 1,30–1,40 m auf einem gekappten Podsolprofil aufgesetzt, von dem durch Abplaggen oder Entfernung von Grassoden der humose Auflagehorizont (O) und die obere Schicht des mineralischen Bodens mit organischer Substanz (Ah) entfernt wurde (Taf. 54 oben u. Mitte). Die stark fleckige und im Material wechselnde Wallschüttung zeigt noch keinerlei Überformung und sehr scharfe Grenzen der verschiedenen Schüttungsbestandteile. Zuoberst liegt eine mit 2–5 cm nur schwach ausgebildete dunkelhumose Schicht, darunter 30–40 cm vorwiegend gelber Quarzsand mit vereinzelten Ortsteinbröckchen. Es

folgt eine 50–60 cm starke Schicht, die etwa zu gleichen Teilen aus scharf abgegrenzten, teils noch harten Ortsteinbrocken und gelbem Sand besteht. Der Rest des umgelagerten Materials besteht aus einer Schicht, in der im oberen Bereich weißer Bleichsand des Ae- oder E-Horizontes eines ehemaligen Podsolprofils mit den Ortsteinbrocken aus dem Bh- und Bfe-Horizont vermengt ist. Zuunterst liegt dann, oft in flachen Linsen, auf dem Rest des ungestörten Ah-Horizontes fast reiner Bleichsand mit kleinen Flecken humosen Sandes des Ah-Horizontes.
Die Lagerung und Neigung der beschriebenen Schichten (Taf. 54 oben) lassen ganz eindeutig die Arbeitsvorgänge und die Herkunft des Materials erkennen. Zunächst wurde etwas Material von außen aus dem Bereich des Grabens aufgeworfen (Taf. 53 unten rechts; 54 oben), dann in wechselnder Wurfrichtung, im Wallinneren überlappend, Material vom Innenraum und noch einmal von außen aus dem Grabenbereich. Zum Abschluß kam vorwiegend Material aus dem Innenraum, insbesondere der gelbe Sand, in die Wallkrone. Bei dem Arbeitsvorgang wurden sowohl vor der Innen- wie der Außenfront Grassoden und vor allem Torfsoden zur Befestigung der Böschungen verbaut, die nach oben hin leicht dachziegelförmig zur Wallmitte überlappen. Bei diesem Arbeitsvorgang war außen ein bis 1,40 m tiefer und 2,50 m breiter, muldenförmiger Graben entstanden, der an der Oberkante seiner Außenböschung noch eine Pfostengrube mit ca. 35 cm Durchmesser und 60 cm Tiefe zeigte (Taf. 53 unten). Weitere kleine Grabenschnitte (Abb. 62, V u. VI) zeigen, daß der Graben unregelmäßig ausgebildet ist. Bis hierher ist dieser Befund als eine einheitliche Baumaßnahme gut zu erklären. Nachzutragen ist noch, daß sich außen vor den Sodenfronten sowohl auf der Innen- als auch auf der Außenseite des Walles Abschwemmzwickel homogen aus grauhumosem Material gebildet haben.
Nun zur Bruchsteinmörtelmauer, die bisher unberücksichtigt blieb (Taf. 53 unten links): Sie ist an der inneren Grabenböschung ca. 80–100 cm über der Sohle des Grabens angesetzt, lehnt im unteren Bereich gegen das zuvor beschriebene abgeschwemmte Material und ist im oberen Bereich hinterfüllt mit stark humosem dunkelsandigem Material, das weit bis zur Wallmitte auskeilt und, statt der zuvor gewölbten Wallschüttung, die ebene breite Lauffläche des Parkweges bildet (Taf. 54 oben, im Bild rechts).
Nach Entfernung der Wallschüttung und der darunterliegenden, nur 3–5 cm mächtigen, aber fast geschlossenen grauhumosen Restschicht des Ah-Horizontes traten in sehr eindrucksvoller Weise, scharf abgegrenzt, jene Befunde zutage, die bei den Grabungen 1935 und 1937 als Spuren von Holzeinbauten der Wallkonstruktion gedeutet wurden. Im fast weißen Sand heben sie sich deutlich ab (Taf. 54 Mitte). Die zwei anschließenden Teilfotos zeigen im Planum links jene als Schwellhölzer oder Spaltbohlen gedeuteten Spuren und rechts dazu drei Pfostengruben im Planum. Die Deutung als „Eichenspaltbohlen mit noch erkennbarer Holzstruktur und Jahresringen" erwies sich jedoch bei genauer Betrachtung als Täuschung und unhaltbar. An die Stelle der Jahresringe können ja nicht im Wechsel dünne, wenn auch manchmal muldenförmig ineinanderliegende, konzentrisch ausgebildete, wechselnd weiße Quarzsandschichten und ebensolche dunkelhumose entstehen. Diese Bildungen sind nur durch Einschwemmung von Bleichsand im Wechsel mit der Einlagerung humosen Materials zu erklären. Solche Bildungen sind in allen Sandwegen der Senne in den Fahrspuren zu beobachten. Hinzu kommt, daß auch in dem zur Innenseite erweiterten Planum unter dem inneren Wallfuß auf einer Strecke von über 4 m an diesen Spuren nie eine Stoßstelle beobachtet werden konnte. Sie laufen alle durch. Darüber hinaus bestätigt eine andere wichtige Beobachtung diese Deutung. Es ließen sich bei leicht schräg laufenden Spuren, die durch Spurwechsel entstehen, einzelne schwächer ausgebildete Spuren feststellen, bei denen ein Radabstand von ca. 1,40 m feststellbar war. Im gleichen Abstand ließen sich auch verschiedene stark ausgefahrene Spuren einander zuordnen. Ferner wurden zwischen den Radspuren zwei ebenso scharf abgegrenzte, stark fleckige, ca. 40 cm breite Spuren beobachtet, die keinerlei Längsstrukturen aufweisen. Es handelt sich um zugehörige Laufspuren mit stark und tief von den Hufen der Zugtiere durchgetretenem Material der dünnen humosen Decke und des darunterliegenden Bleichhorizontes. Die meisten dieser Fahr- und Trittspuren reichen verständlicherweise nach unten bis hart an die Grenze des stark ausgebildeten Ortsteinhorizontes.

Zu den Pfostengruben ist zu bemerken, daß in der Wallschüttung darüber an keiner Stelle eine Spur des aufgehenden Pfostens erkennbar war, auch keine Einsturzstruktur. Die Füllung der Pfostengruben setzt sich zusammen aus einem Gemenge des Materials aller Horizonte eines durchstoßenen, vollständigen Podsolprofiles, vom humosen Oberboden über Bleichsand, Ortstein bis zum gelben Sand. Sie haben einen Durchmesser von 45–55 cm und eine Tiefe von ca. 60–70 cm unter der zu erschließenden alten Oberfläche. In mehreren Fällen wurde darüber hinaus festgestellt, daß die Pfostengruben die Wegespuren eindeutig schneiden. Weerth (1949, 34) deutete diese Gruben bei seiner Kritik an der Reinerthschen Interpretation als Spuren eines Pflanzgartens des Gutsherren für Forstpflanzen. Diese praxisferne Deutung konnte ebensowenig überzeugen, wie jetzt nach dieser Untersuchung eine Interpretation des Gesamtbefundes als frühgeschichtlicher Wehrbau mit Holzeinbauten und Sodenwänden noch möglich ist. Die guterhaltenen Spuren eines typischen Sandweges veranlaßten den Verfasser dazu, den Schnitt I nach NW über den Graben hinaus zu verlängern und zu verbreitern. Wie es in der Regel bei alten Heidewegen zu beobachten ist, konnten auch außerhalb des Grabens die gleichen Fahr- und Trittspuren, parallel laufend, einwandfrei festgestellt werden, wenn auch durch die Wurzeln von Strauchwerk und Unkraut gestört und infolge der fehlenden Überdeckung durch den Wall stärker verwittert.
Schnitt II (Abb. 62) wurde nun auf der Innenseite angelegt, um den Anschluß des Wallfußprofiles an die flache Materialentnahmemulde (Taf. 53 oben links) zu klären, da Schnitt I wegen eines Parkbaumes nicht zu verlängern war (Taf. 54 unten). Im Bereich der Innenböschung zeigt sich der gleiche Befund wie beim Schnitt I innen. Der Wallaufbau liegt, wie zuvor beschrieben, über einem voll erhaltenen, kräftig ausgebildeten Podsolprofil mit Ah-Horizont. Darüber, wenn auch durch das Umschaufeln vermengt, von unten nach oben, jeweils als Hauptkomponente Bleichsand mit humosem Sand, dann Ortsteinbrocken, zunächst mit Bleichsand, darüber mit gelbem Sand. Dann vorwiegend gelber Sand und schließlich eine sehr dünne humose Oberfläche. Die Innenböschung ist auch hier mit Torfsoden befestigt. Außen vor der Sodenfront liegt keilförmig ein grauhomogener abgeschwemmter Sand. In den Bleichsandhorizont des Podsols eingeschnitten wieder eine Fahrspur mit Einschwemmung. Direkt unter dem Wallfuß zeichnet sich, wie schon am Schnitt I, eine scharfe Grenze zwischen ungestörtem Podsol und ein bis auf 1,20 m unter die heutige Oberfläche reichendes Rigolprofil ab. Beim Brechen des mächtigen Ortsteines ist es zu einer feinen Vermengung aller Schichten eines extremen Podsols mit Resten des Ah-Horizontes, vorwiegend aber Bleichsand (Ae), Ortstein (Bh u. Bfe) und gelbem, eiszeitlichem Sand (C), gekommen. Es handelt sich um eine landbautechnische Maßnahme, durch die, wie weitere Schnitte III u. X (Abb. 62) in der Verlängerung des Schnittes II zeigten, weite Flächen des Innenraumes verbessert wurden. Innen war der Ortstein gebrochen und bis zu einer Tiefe von 1–1,20 m rigolt. In der südlichen Fläche zeigte Schnitt VII ein ähnliches Profil wie II u. III, nur daß hier, wie auch bei X, ein Übergang zum Plaggenesch mit einem über 50 cm mächtigen Ah-Horizont vorhanden ist.
In der südlichen Fläche bei VIII zeigt sich dieser Plaggenesch über einem sehr tief ausgebildeten, aber ungestörten Profil mit zahlreichen feinen Bänderungen und Gliederung in Oxydations- und Reduktionshorizonte, die auf Staunässe und wechselnden Wasserstand hinweisen. In der südöstlichen Fläche wurde durch Bohrungen die Verschlemmung und Verfüllung ehemaliger Teilflächen festgestellt, die durch weitgehende Abgrabung eines Dünenrückens entlang der Südostgrenze in feuchte Wiesenflächen umgewandelt wurden. Die Schnitte IX und XI zeigten Reste von Dünen, die hier noch von ehemaligem Teichaushub überdeckt wurden.
Im Schnitt XI ist direkt auf der Innenseite der Mauer, die hier gegen die Düne gesetzt ist, ein 50 cm breiter und ebenso tiefer Graben in die Düne eingetieft. Er könnte als Palisadengraben einer älteren Einzäunung gedeutet werden. Da er aber sehr regelmäßig mit grauhumosem Sandboden verfüllt ist, liegt hier eine Deutung als Pflanzgraben für eine ältere Grenzhecke näher. In diesem Bereich traten bei der Grabung 1935/37 wiederum, aber außerhalb der Mauer, deutliche Spuren des „Holzunterbaues", sogar südöstlich des heutigen Weges an der Grenze, auf, was damals zur Annahme eines ursprünglich anderen Grundrisses in diesem Bereich führte. Im

mehrfach bewegten Boden über der Düne wurde eine hart gebrannte Kugeltopfscherbe der blaugrauen Ware gefunden, in der Düne selbst ein wahrscheinlich mesolithischer oder neolithischer Flintabschlag. Sonst brachte kein Schnitt frühgeschichtliche oder frühmittelalterliche Keramik. Wohl aber traten in den bewegten Krumen einzelne Dachziegelreste und kleine Scherben von Irdenware des 16.–18. Jahrhunderts auf.
Abschließend schien es noch angebracht, Schnitt XII durch den auffälligen Hügel mit einem Durchmesser von ca. 15 m anzulegen, der mit seinem südlichen Fuß einen mit Plänerkalk kunstvoll gemauerten, kuppelförmig gewölbten Kellerraum überdeckt. Im hinteren Bereich hat der Keller einen erhöhten Sockel. Dort zeigten sich an der Basis die Reste einer stark verbrannten, mit Ziegeln belegten Feuerungsplatte, unter der noch ein alter Zuluftkanal erkennbar ist. Hier stand ein alter technischer Ofen; ob Backofen oder gar Brenn- oder Glasbläserofen, kann ohne aufwendige Untersuchung kaum geklärt werden, da durch den Keller alles überbaut und stark verändert ist. Darüber ist jedenfalls ein mächtiger Hügel aufgeschüttet, der an der Basis sehr häufig Trümmerschutt, ältere Dachziegelreste, Keramik und Glas des 17. Jahrhunderts enthält, oben als gutsherrlicher „Hochsitz" von einem Kranz sehr alter Linden umstanden.
An der Basis der Hügelschüttung liegt wiederum ein deutlicher Esch über einem Podsolboden.

4.4.2.4. Zusammenfassung

Es würde hier zu weit führen, alle festgestellten Einzelmaßnahmen unter Berücksichtigung der historischen Nachrichten und Urkunden über Besitzerwechsel seit dem späten Mittelalter datieren zu wollen. Die frühmittelalterlichen Quellen weisen in diesem Gebiet sowohl Besitz des Klosters Corvey und Paderborner Kirchenbesitz als später auch die Besitzrechte der lippischen Territorialherren aus. Da es zwei bedeutende Besitzungen in nächster Nachbarschaft gibt, ist es im Einzelfalle schwer nachzuweisen, ob sich die Nachrichten auf die alte Meierei Oesterholz, die zur Gräftenanlage und zum Jagdschloß ausgebaut wurde, oder den alten Gutshof beziehen, dessen Gelände sicher ein sehr bevorzugter Siedlungsplatz und ein für die Verhältnisse der Gegend wichtiges Wirtschaftsobjekt war. K. Weerths Argumentation (1949, 30–40) gegen die Deutung der damaligen Grabungsbefunde konnte nicht überzeugen. Sie wird dem Objekt auch in der Datierung nicht gerecht.
Die Grabungen lieferten Belege für frühe, überaus umfangreiche landbautechnische Maßnahmen, die vielleicht beispielhaft für spätere Kulturmaßnahmen der Siedler in der Senne waren. Zumindest wurde hier von einem intensiv bewirtschafteten landesherrlichen Gut aus für die reichliche Versorgung des benachbarten herrschaftlichen Jagdsitzes im beliebten Sennerevier sowohl der lippischen Grafen als auch Paderborner Bischöfe gesorgt. Im Jahre 1482 gehörte der Hof als Paderborner Lehen zum Rittergut Braunenbruch bei Detmold. Der Gutsherr Schwarze gab ihn an einen Meier, seither führte er den Namen „Schwarzmeiershof". Im Dreißigjährigen Krieg wurde der Besitz total verwüstet.
1652 kaufte der lippische Landesherr den Gesamtbesitz, um die Felder seiner Meierei zuzuschlagen und den Resthof dem Fürstlichen Jägermeister Krecke zu verkaufen. Nur vor diesem Verkauf mit den Möglichkeiten der einflußreichen Grundherren waren die überaus umfangreichen Kultur- und Ausbaumaßnahmen überhaupt denkbar. Mit Geld allein war das nicht zu machen. Es forderte über lange Zeit unendlich viele Tagewerke zu Hand- und Spanndiensten Verpflichteter, die in der nächsten Nachbarschaft gar nicht zu finden waren. Entscheidend für die richtige Einschätzung des gesamten Ablaufes ist die Feststellung, daß der Wallaufbau mit der umfangreichen Flächenrigolmaßnahme, ja der Gewinnung des Torfes aus einem Quellmoor und der damit verbundenen Anlage von Fischteichen gekoppelt war und nicht nur Handarbeit, sondern auch gewaltige Karren- oder Wagentransporte erforderte. Die Maßnahme mußte wie folgt durchgeführt werden: Die Flächenrigolmaßnahme begann mit dem Abtragen des kostbaren organischen Auflagehorizontes in Form von Plaggen oder Grassoden. Dann wurden

die unteren Schichten des degradierten Podsols in drei bis vier Stufen tief umgegraben, wobei der Ortstein gebrochen und weitgehend nach oben geholt wurde. Bei Beginn dieser Arbeit wurde aus dem ersten etwa 6 m breiten Streifen das Material aus der Tiefe entweder abgefahren oder planiert, um für das weitere umzusetzende Material Platz zu gewinnen. Hier wurden mit diesem Material Wälle aufgeworfen. Sie entstanden überall dort, wo die großzügige Flächenkultivierung des Gutshofes diese Maßnahme erforderte. Die Wälle sind dort nicht zu finden, wo in der östlichen Hälfte bereits älterer Eschboden vorhanden war und in tiefer gelegenen, wasserreichen Flächen Teiche angelegt wurden. Zuvor hat das Gelände wohl zwischen den verschiedenen Quellmulden noch Dünen gehabt, die im Bereich der Garten- und Ackerflächen planiert wurden. Die Reste solcher Dünen bei Schnitt IX westlich des heutigen Quellteiches und bei Schnitt XI an der Südostgrenze weisen darauf hin. Sowohl entlang der Nordwest- als auch der Südostgrenze führten breite Sandwege an der Gutsfläche vorbei nach SW in die Senne, wie die als Holzunterbau gedeuteten Wegespuren zeigen. Um ein Befahren der Parzellen zu verhindern, wurden mehrfach Zäune gesetzt, dies zeigen die in die Fahrspuren gegrabenen Pfahllöcher. Zum Teil werden sie auch vom Versuch einer Hecken- oder Windschutzpflanzung herrühren, die nach außen durch einen Zaun geschützt war, denn die Gruben wirken als Zaunpfostenlöcher, zum Teil ein wenig zu breit im Verhältnis zur Tiefe. In ihnen können jedoch niemals Sträucher oder Bäume längere Zeit gestanden haben, denn sie haben nach unten im gelben Sand sehr klare Grenzen und keinerlei alte Wurzelzapfen.
Durch die Aufschüttung der Wälle aus den Rigolmassen war das Gelände bestens geschützt. Der Ärger des Besitzers mit dem die Grenzen mißachtenden Verkehr hörte auf. Beim Ausbau des Quellteiches wurden aus einem kleinen Quellmoor, das hier noch in Resten am Teichrand erkennbar ist, die Torfsoden für die Böschungsbefestigung der Wälle gewonnen. Die Außengräben bewirkten eine Ableitung von Wasser aus dem teilweise nassen Gelände. Pfosten schützten den äußeren Grabenrand zum angrenzenden alten Weg.
Bei den Aufräumungsarbeiten nach dem Dreißigjährigen Krieg wurde mit dem Schutt des Hofplatzes weitgehend der Hügel in der Nähe der alten Bebauung aufgeworfen und mit Boden aus dem wieder instandgesetzten, westlich benachbarten Teich überdeckt. An seiner Basis fand man 1935 eine lippische Münze von 1623. Noch 1652 hat der verdienstvolle Gräfliche Jäger und Forstmeister zwar einen sehr intensiven Ausbau der Hofanlage betrieben, aber zugleich zahlreiche Anpflanzungen vorgenommen. Als seine Erben das Gut 1748 verkauften, waren weite, zuvor für den Ackerbau tief rigolte Flächen im nördlichen und östlichen Innenraum mit Mischwald aufgeforstet, weil dieser Besitzer nicht so sehr an der landwirtschaftlichen Nutzung dieser zweifelsohne besten Böden der Gegend interessiert war. Der neue Besitzer, ein Leutnant Hieronymus, hatte nicht die Mittel, um den aufwendigen Gutsbetrieb in Ordnung zu halten. 1786 erwarb es der sehr wohlhabende Kaufmann Johann Wilhelm Gierke. Ihm ist sicher die Ummauerung ringsum zuzuschreiben, die an den Wällen einfach vor die verstürzten Außenböschungen gesetzt wurde und dabei mit dem Material aus dem oberen Bereich der inzwischen völlig zugefallenen und versandeten Gräben hinterfüllt wurde. Die Wälle wurden mit Hecken und Laubengängen bepflanzt. Er verlagerte seine Feldwirtschaft noch stärker als bisher aus dem eingefriedigten Bezirk heraus und gestaltete den umhegten Teil des Hofes zum großzügigen Park. In der Folgezeit schwemmte von der Wallkrone aus so viel sandiges Material, vermengt mit Waldhumus, ein, daß die äußere Stützmauer am Wall fast völlig überdeckt wurde (Taf. 53 unten links).
Die späteren Besitzverhältnisse sind für die Deutung des Grabungsbefundes nicht von Interesse. Von den Dünenresten im S mit dem aufgelagerten Aushub der Fischteiche wurde im vorigen Jahrhundert viel Material abgefahren. Hier entstand nach der Einplanierung eine sumpfige Wiese.
So sind in den Wällen von Haus Gierke „Sternhof" drei voneinander klar zu trennende Maßnahmen feststellbar, die uns interessante Aufschlüsse über den Ausbau eines Gutshofes seit dem späten Mittelalter liefern, von denen aber keiner als Verteidigungsanlage zu werten ist.

Anhaltende Spekulationen bestimmter Kreise über den „Sternhof“ als uraltes Kultgelände und Stätte germanischer Gestirnskunde sind nicht zu beweisen und schaden dem wohl begründeten Anliegen der Erhaltung aller Anlagen des sicher sehr alten und interessanten Siedlungsplatzes als Denkmal der Kulturlandschaft mehr, als sie nützen.

4.4.3. Heidenoldendorfer „Spitzgraben“ bei Detmold

TK 4018 Lage: r. 348820,
h. 575696

(Abb. 3, 16; 63 u. 64; Beilage 23; Taf. 55)

Bodenverhältnisse, Forschungsgeschichte, Befunde und Auswertung zeigen manches mit dem zuvor behandelten Platz Vergleichbares. Die sehr instruktiven Befunde seien daher hier nur kurz anhand einiger Tafeln erläutert. Der Platz (Abb. 63) liegt auf einer weiträumigen Geländestufe südlich des Werretales, die aus saaleeiszeitlichem Geschiebelehm besteht und teilweise mit einer Flugsanddecke überzogen ist, auf der es noch bis in jüngere historische Zeit hinein zu Dünenbildungen kam. Das östlich angrenzende Heidenbachtal schneidet hier westlich der Grotenburg tief nach S in die mittlere Kette des Teutoburger Waldes ein und wird seit langem auch als Teilstrecke eines alten Gebirgsüberganges angesehen. Im Bereich der „Waldheide“, hart an der

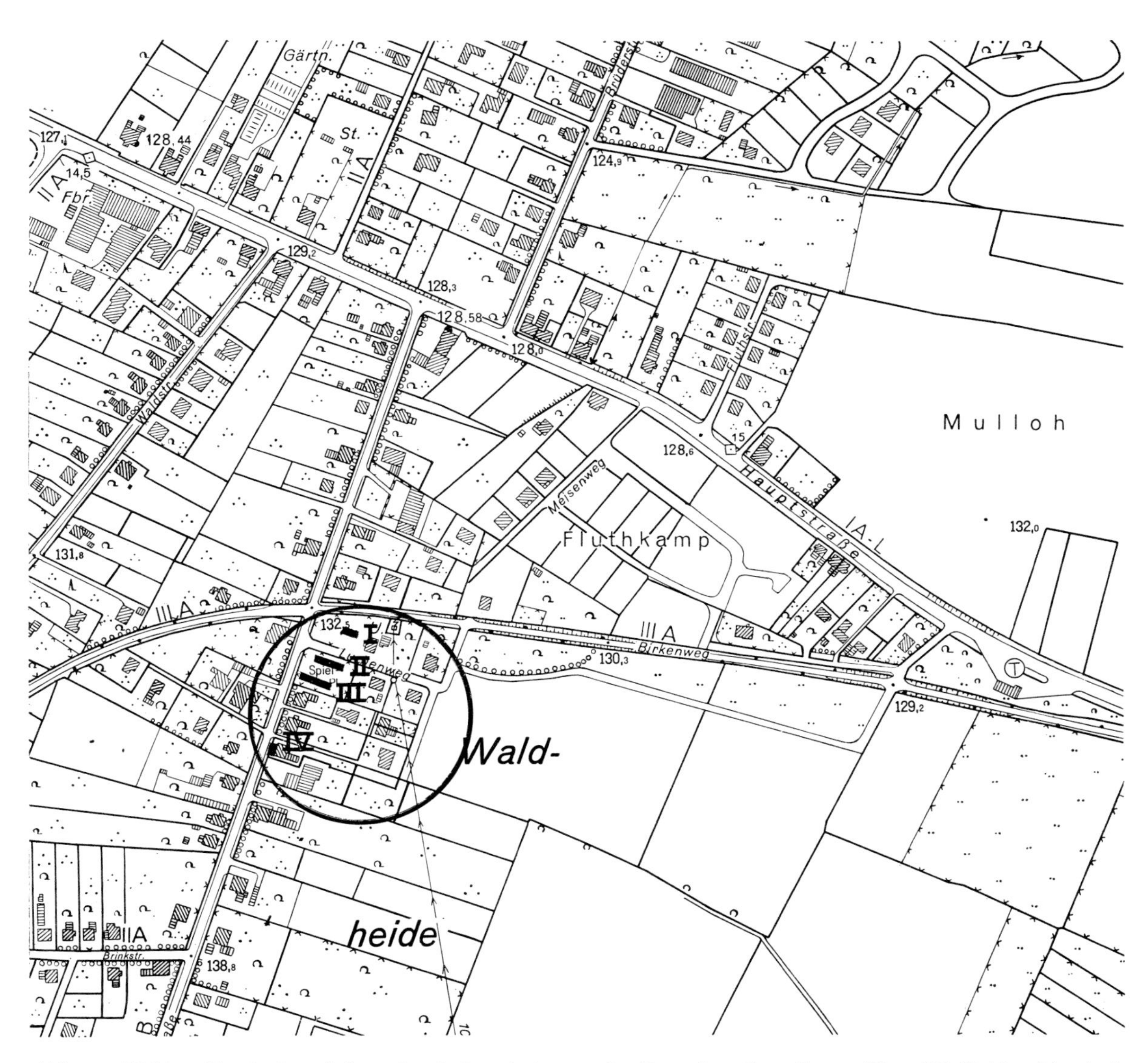

Abb. 63 Heidenoldendorfer „Spitzgraben“, Ausschnitt aus der Deutschen Grundkarte, Blatt 220 Heidenoldendorf. Maßstab 1 : 5 000. Lage der Schnitte 1972.

Grenze der alten Heidenoldendorfer Ackerflur, auf Geschiebelehm mit schwacher Sandüberdeckung zum eigentlichen Flugsanddünengebiet, wurden um die Jahrhundertwende zahlreiche ältereisenzeitliche Urnen und Spuren spätlatène- und kaiserzeitlicher Besiedlung gefunden.
Auf der Suche nach römischen Marschlagern legte der Soester Geh. Medizinal Dr. Dörrenberg 1911 im Gelände um Heidenoldendorf zahlreiche Schnitte an. Eines dieser Grabungsfotos, das einen angeblich römischen Spitzgraben zeigt, wurde von Teudt (1936, 243) veröffentlicht. Außerdem existieren aus dem Raum, ohne genaue Fundortangaben, drei augusteische Sigillata-Scherben (Müller 1959, 242 f.). Nach der Entdeckung des römischen Lagers an der oberen Lippe bei Anreppen hatte der Verfasser 1971 den Auftrag, die Stelle des bei Teudt veröffentlichten „Spitzgrabens“ im inzwischen stark bebauten Gelände zu lokalisieren. Aus denkmalpflegerischen Gründen mußten sofort einige Schnitte angelegt werden, bevor eine totale Überbauung Untersuchungen unmöglich machte. Es gelang, an verschiedenen Stellen (Abb. 63) den Verlauf des Grabens durch Abbohren festzustellen. Bei den Schnitten I und II konnten die alten Grabungsgrenzen der Dörrenbergschen Schnitte erfaßt und direkt im Anschluß neue Profilschnitte angelegt werden. Schnitt I (Beilage 23 oben) zeigte unter einem 40 cm mächtigen jungen Gartenboden, einem Gemenge von aufgetragenem humosem Sand in Verbindung mit Rübenerde und Scheideschlamm der Zuckerfabrik, einen älteren sandig-humosen Oberboden, in helleren schwachhumosen Sand übergehend. Bei 80 cm folgt ein weiterer älterer, dünner Humushorizont mit Plaggenstrukturen und feinen weißen Bändern, der auf der Ostseite des Profiles noch 1,20 m breit von einem Bleichsandrest überlagert war. Mit diesem humosen Bodenrest begann nach unten die Abfolge eines normalen Podsolprofiles, Bleichsand, Ortstein, gelber Flugsand. Bei 1,50–3 m fiel diese Schichtenfolge nach unten ab, bzw. die Schichten liefen an der Grenze zu einem muldenförmigen Graben aus, der eine Tiefe von 1,60 m unter heutiger Oberfläche, aber nur 80–90 cm unter dem Niveau des alten Podsolprofiles, aufweist. Die Gesamtbreite ist mit etwa 3 m zu schätzen, da die Grabenfüllung und der Rand nach W durch eine kleine Eingrabung, wohl nach Bausand, gestört war. Die muldenförmige Grabensohle zeigte eine beginnende Ortsteinneubildung, die aber mit Spaten oder Hacke an einzelnen Stellen zertrümmert war. Der Befund wird wie folgt gedeutet: Das Material eines flachen muldenförmigen Grabens war ursprünglich nach O hin über dem noch intakten Podsolprofil als Wall aufgeworfen, nachdem zuvor der Auflagehumus entfernt worden war. Bis auf einen kleinen Bleichsandrest ist alles vermengte Material der Wallschüttung später wieder in den Graben einplaniert worden. Zwischenzeitlich waren einzelne kleine Eingrabungen nach gelbem Bausand erfolgt. Die Einfüllung ist jung, vereinzelt kamen vor allem nach W Dachziegelbrocken vor.
Schnitt II, im nördlichen Teil eines Kinderspielplatzes angelegt, lieferte wiederum ein dem Befund in Schnitt I ähnliches Profil des unregelmäßigen Grabens. Nach O wiederum die ungestörte Bank eines Podsols mit Ortstein und aufliegendem Bleichsand und Humusoberfläche darüber. Nach W ist das Profil noch stärker und tiefer gestört durch Abgrabung von gelbem Sand und humoser, stark wechselnder Verfüllung. Westlich zeichnet sich muldenförmig noch der Rest eines zweiten Grabens ab. Die Grenzen der Eingrabungen zum gelben Flugsand sind sehr scharf, ohne Übergänge. 20 m weiter südlich wurde in der Hoffnung auf einen ungestörten Befund ein weiterer langer Schnitt III angelegt (Beilage 30; Taf. 55). Er traf wieder auf einen schmalen Dörrenbergschen Suchgraben, der im spitzen Winkel von 25° zum neuen Schnitt verlief. Hier wurde eine ganze Abfolge sehr klarer Befunde erfaßt. Wiederum trifft man unter einer 45–50 cm stark aufgebrachten Gartenerde eine ältere Oberfläche an. Von O nach W ist zunächst der ungestörte Podsolsockel zu beobachten. Dann folgen zwei sich überschneidende Grabenprofile, diesmal beide verfüllt mit feingebänderten Schichten. Vor allem im unteren Bereich sind feine weißsandige, dünne tonige Lagen im Wechsel mit dunkelhumosen Schichten eingeschwemmt. Der Ortstein hat sich hier nicht neu gebildet. Dafür liegen in der Grabensohle und stellenweise an den Böschungen kleine Ortsteintrümmer. Von den sich überschneidenden Gräben ist der östliche der jüngere.
Vor den Gräben nach W war wieder Ortstein in breiteren Streifen vollständig erhalten, bis auf

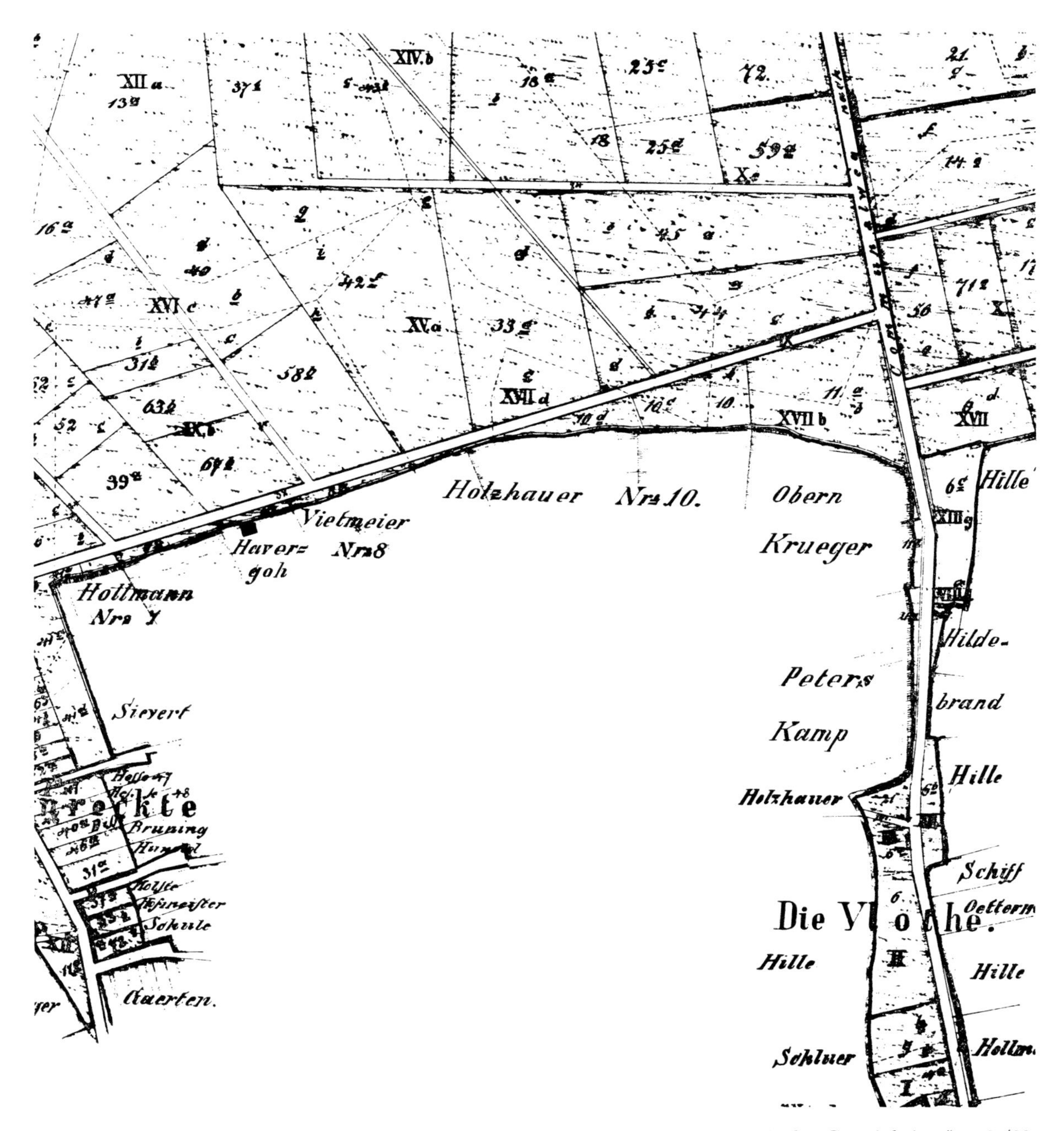

Abb. 64 Heidenoldendorfer „Spitzgraben“, Ausschnitt einer Karte „Heidenoldendorfer Gemeinheiten“ 1861/63, Staatsarchiv Detmold D 73 R. Maßstab etwa 1 : 5 500 (nicht einorientiert, N = oben rechts).

einen Streifen von 1 m Breite, 2 m westlich vor der äußeren Grabenkante, wo statt der Ortsteinschicht ein lockerer, graubrauner Sand ein flaches „Sohlgräbchen“ ausfüllte, eine für Triftwege typische Laufspur von Tierherden. Wieder 2 m weiter westlich folgt eine 2 m breite und 40–50 cm tief eingeschnittene Wegespur mit zwei deutlichen unteren Spurrillen im Abstand von 1,40 m (Taf. 55 unten). Darüber zeigten sich im eingeschwemmten und durchgetretenen, vorwiegend hellen gebleichten Sand mit starker Marmorierung schwächere obere Spurrillen. Auch in diesem Schnitt traten als einzige Funde ein paar Dachziegelbrocken auf.
Der Befund wirkte insgesamt in seiner scharfen Abgrenzung, ohne jede Überformung durch

chemische Vorgänge und Umlagerungen im Boden, recht jung. Nachforschungen im Staatsarchiv halfen den Befund sicher zu deuten. Auf einer alten Gemarkungskarte (Abb. 64) war mit Symbolen Buschwerk auf einer Wallhecke und außerhalb der Weg verzeichnet, und zwar an der Grenze der alten Ackerflur zur Gemeindehude. Die Hudeteilungskarte von 1861/1863 zeigt den Verlauf der alten Wallhecke mit dem außerhalb verlaufenden alten Fahr- und Triftweg zu der Gemeindehude und die Parzellierung. Im Zuge der Aufsiedlung und Kultivierung wurden die Dünen des Geländes einplaniert, nach Bausand gegraben und schließlich die Wallhecke gerodet sowie das ganze Gelände mit kleinen Dünen, Wall, Gräben und alten Wegespuren eingeebnet. So erklären sich die Befunde. Dabei stieß man auch im Neurodungsgebiet auf die kleinen Urnenfriedhöfe und Siedlungsplätze des alten Siedlungsgeländes. Bedauerlicherweise bestätigte sich der Verdacht, daß der muldenförmige Graben vielleicht gerade an dieser auf dem alten Foto festgehaltenen Stelle durch versickerndes Wasser stärkere Ortsteinzapfen oder Rostfärbung im Sande darunter aufwies und der Befund folglich nicht nur als Spitzgraben gedeutet wurde, sondern der Retuschierstift zur Hilfe genommen wurde, um diesen gewünschten Befund zu verdeutlichen.

Bei Kanalisationsarbeiten an der Waldheidestraße (Abb. 63, Schnitt IV) wurde der weitere Verlauf des verfüllten Grabens erneut festgestellt. Das Profil wurde geputzt. Im unteren Bereich des Grabens wurden die gleichen eingeschwemmten Schichten wie bei Schnitt III, diesmal in der Längsrichtung geschnitten, festgestellt. Weitere Bohrungen im Gelände erbrachten die Bestätigung für den aus der Karte (Abb. 64) ersichtlichen Verlauf. Der Gesamtbefund zeigt somit, wie Siedlungsvorgänge in einer alten Gemarkung mit archäologischen Methoden überprüft oder erkannt werden können.

5. AUSWERTUNG

5.1. TOPOGRAPHIE UND GEOLOGIE

Die örtlichen Verhältnisse sind bei den einzelnen Befestigungen jeweils im ersten Abschnitt „Lage und geologische Verhältnisse" besprochen. Zusammenfassend ist zu sagen, daß die sechs Höhenbefestigungen jeweils auf beherrschenden Hochflächen, die aus einem größeren Bergmassiv hervortreten, angelegt sind, soweit es sich um Anlagen in der Schichtstufenlandschaft des lippischen Keuperberglandes handelt (s. a. Abb. 3). Lediglich der Piepenkopf weist bei gleichen morphologischen Verhältnissen nicht die freie Lage auf. Ihm zuzuordnen ist aber wahrscheinlich die in nächster Nähe gelegene Bergkuppe der Amelungsburg, die die Funktion einer Warte für die Anlage gehabt haben kann. Der Bunten Berg weist eine zwar sehr charakteristische Höhenlage auf, unterscheidet sich jedoch in der Orientierung einer möglichen Burginnenfläche wesentlich von den übrigen Anlagen. Er wird im folgenden immer mit in die Auswertung einbezogen, obwohl der Befestigungscharakter nicht erwiesen ist. Eine Ausnahme in topographischer Hinsicht bildet der Tönsberg mit seinem ausgesprochen langgestreckten Rücken im Bereich der Schichtkammbildung des Teutoburger Waldes.
Außer beim Tönsberg, ist die Wahl des Platzes so getroffen, daß große Gesteinsmassen aus eiszeitlichen Hangschutt- und Blockmeerbildungen für den Aufbau der Stein-Erde- oder Stein-Holz-Erde-Mauern zur Verfügung standen. Im Zuge des Aufbaues der Wehrlinien wurden dabei in der Regel die Innenflächen von diesem hinderlichen Schutt weitgehend freigeräumt. Am Tönsberg mußte für die Errichtung der Wehrlinien das Material weitgehend aus Materialentnahmemulden oder aus Spitzgräben gebrochen werden.
Grundsätzlich anders sind die Verhältnisse bei den Anlagen der frühgeschichtlich-mittelalterlichen Burgenbauperiode. Soweit sie ausgeprägte Befestigungsanlagen sind, wie Alt-Schieder, Uffoburg, der Kleine Hünenring, Bomhof und Alt-Sternberg, liegen sie im Keuperbergland auf Schichtstufen des mittleren Keupers, die als kleinere Vorsprünge größerer Berge an ein Siedlungsgebiet heranreichen. Der geologische Untergrund besteht vorwiegend aus mittlerem Mergelkeuper, wobei Sandsteinschichten zur Ausbildung der Flächen oder Schichtkanten beigetragen haben. Der Kleine Hünenring am Fuße der Grotenburg liegt in einer geologisch vergleichbaren Situation, wobei in diesem Bereich durch die starken tektonischen Veränderungen sogar eine Scholle des mittleren Keupers in die Osningsandsteinkette hineinspringt. Der Schildberg bei Lügde ist eine Schichtstufe des Muschelkalkmassivs. Bei der Vielgestaltigkeit und dem unterschiedlichen Alter dieser Anlagen und der ebenso unterschiedlichen Funktion sind vier der Anlagen bei diesem Vergleich abzusondern. Zunächst Alt-Sternberg und die Burg auf dem Schildberg als Vorläufer hochmittelalterlicher Dynastenburgen. Während bei Alt-Sternberg die Lage noch in etwa vergleichbar ist mit jener der Uffoburg und der ausgesprochenen Ringwälle, wie die ältere Befestigung von Alt-Schieder, der Kleine Hünenring und der Bomhof, liegt die Burg auf dem Schildberg bereits wieder auf einem beherrschenden Bergrücken in einer Lage, wie sie von den hochmittelalterlichen Dynastenburgen des Gebietes bevorzugt wird. Eine Sonderstellung nimmt die Schanze im Siekholz ein, die auf der mittleren Flußterrasse im Bereich und in der Nähe günstiger Ackerböden liegt. Eine weitere Ausnahme bildet die Burg in Kohlstädt, direkt am Bach und Wegenetz gelegen, am Eingang zum Gebirgsdurchlaß im aufgeschotterten Tal.

5.1.1. Bodenarten

Nach der Bodenkarte von Sellke (1934), die unter dem Gesichtspunkt der Bodenklassen, der Bodenarten und der Schichtung ausgewertet wird, wobei acht Bodenklassen unterschieden werden, ist die Bodenklasse I im Arbeitsgebiet nicht vertreten. Nordöstlich des Teutoburger Waldes im Bereich des Keuperberglandes und der Herforder Liasmulde herrschen bessere Böden vor, während südwestlich des Waldes oberhalb des Quellhorizontes zum Teutoburger Wald hin an den Schichtstufen des Plänerkalkes und im Sandergebiet der Senne die schlechtesten Böden vertreten sind, im wesentlichen die VIII. Bodenklasse. Alle sechs Höhenbefestigungen des ältesten Burgenhorizontes liegen direkt am Rande größerer alter Siedlungskammern mit den besten Böden der Gegend, die durchweg als gute bis sehr gute Ackerböden anzusprechen sind. Es sind in allen Fällen Böden der II. und III. Bodenklasse. Die Burgen selbst haben im Innenraum in der Regel Gesteinsverwitterungsböden mit mehr oder weniger stark ausgeprägter Braunerdebildung, wie überhaupt die Braunerdewaldböden, außer in den Gebieten mit ausgesprochener Lößdecke, vorherrschen. Auffällig ist, daß sowohl am Südhang der Herlingsburg, im südlichen Vorgelände des Piepenkopfes als auch am Südhang des Tönsberges tiefgründigere Böden vorhanden sind. Am Tönsberg sind sie humos-sandig, am Piepenkopf und an der Herlingsburg dagegen mittelschwere Lehmböden auf Keupermergelverwitterung mit leichter Lößdecke. Auch an der Grotenburg sind III.-Klasse-Böden im Vorgelände am Fuße des Berges vorhanden. Ihre Lage ist allerdings nach NO orientiert. An der Rodenstatt befinden sich solche Böden der III. bis V. Bodenklasse im Innenraum. Da der Wall direkt an der Geländekante liegt, bestehen am südwestlichen Hang keine Nutzungsmöglichkeiten. Im Rücken der Anlage nach N hin liegt ein flaches Hochmoor. Die Wallburg auf dem Rintelnschen Hagen, die Uffoburg, hat selbst nur sehr schwere und kalte Böden in der nächsten Umgebung. Sie gehören der V. und VI. Bodenklasse an. Bessere Böden der III. und IV. Bodenklasse liegen 1 km entfernt nach W im Extertal. Im Bereich von Alt-Schieder liegen auf der Terrasse zum Emmertal hin und im Innenbereich selbst Böden der III. Bodenklasse. Die benachbarten Talaueböden dagegen gehören zur II. Bodenklasse. Der Kleine Hünenring am Fuße der Grotenburg liegt im Bereich und in der Nähe größerer Flächen der III. Bodenklasse. Ähnlich ist die Situation am Bomhof, wo die Bodenverhältnisse allerdings sehr stark wechseln und in der näheren Umgebung sowohl beste Böden der II. Bodenklasse als auch schlechtere der IV. und V. vorkommen. Sehr auffällig ist die Lage der Schanze im Siekholz. Sie liegt auf der Terrasse in einer geschlossenen Lößfläche mit II.-Klasse-Böden. Für Alt-Sternberg, die Burg auf dem Schildberg und Kohlstädt sind in nächster Umgebung der Anlage nur schlechtere steinige Böden der IV. und V. Bodenklasse zu nennen. Sowohl Alt-Sternberg als auch die Burg auf dem Schildberg haben aber am Fuße der Anlage jeweils in einer kleineren Siedlungskammer beste Böden der Gegend. Bei Alt-Sternberg ist es die III. Bodenklasse, im Lügde-Pyrmonter Talkessel vorherrschend die II. Bodenklasse. Außer den Bodenklassen dürften Bodenart und Schichtung von Bedeutung für die ackerbauliche Nutzung sein. In allen den großen Höhenbefestigungen zuzuordnenden Siedlungskammern herrschen Lößböden vor. Im Raume südlich des Piepenkopfes handelt es sich um lehmige Talaueböden und fruchtbare, lehmige Sand- bis sandige Lehmböden. Vor allem am Teutoburger Wald, nördlich des Tönsberges und nördlich der Grotenburg liegen diese Böden flach über Kalksteinverwitterung und Geschiebelehmen. Auch die Siedlungsböden in der Nähe der mittelalterlichen Anlagen sind von gleicher Bodenart und Schichtung; eine Ausnahme bildet lediglich das Gelände um die Kohlstädter Burg, wo schierer bis anlehmiger Sand und sehr flache Kalksteinverwitterungsböden vorhanden sind.

5.1.2. Höhenlagen

Auch die Höhenlage ist bereits bei den einzelnen Anlagen und bei der Besprechung der topographischen und geologischen Verhältnisse angesprochen worden (Abb. 3). Zusammenfassend kann festgestellt werden, daß, wie schon die Bezeichnung sagt, die großen Höhenbefestigungen alle beherrschende Höhen in exponierter Lage bevorzugen. Eine Ausnahme bildet lediglich der Piepenkopf mit einer mittleren Höhenlage von 220 m. Ihm ist aber eine beherrschende Kuppe, die Amelungsburg, zuzuordnen. Alle anderen Anlagen liegen zwischen 320 und 400 m hoch, das entspricht den höchsten Erhebungen dieses Bereiches. Auffällig davon abgesetzt ist die Masse der kleineren Anlagen, die im Durchschnitt eine Höhenlage um 200 m aufweisen. Lediglich der Kleine Hünenring liegt in dem Gebiet mit ohnehin durchschnittlich größeren Höhen bei 300 m. Herausgehoben sind die Burg auf dem Schildberg mit 250 m und Alt-Sternberg mit 300 m. Als befestigter Hof im Tal weist die Schanze im Siekholz die niedrigste Höhenlage von ca. 140 m auf.

5.1.3. Wasserversorgung

Alle großen Höhenbefestigungen, ausgenommen die Wälle auf Bunten Berg, fassen mit ihren Befestigungslinien Quellmulden ein, die zum Teil heute noch laufen, zum Teil allerdings durch Veränderung der Grundwasserführung nur noch durch andere lokale Vegetationsgemeinschaften im Gelände zu erkennen sind. Anders ist die Situation bei der zweiten Gruppe, den frühgeschichtlich-mittelalterlichen Anlagen. Nur der befestigte Hof, die Schanze im Siekholz, hat im Inneren einen großen Quellteich, der in historischer Zeit auch als Fischteich genutzt wurde. Beim Bomhof und auch beim älteren Ringwall von Alt-Schieder sind im Inneren keine Quellen vorhanden. Der Kleine Hünenring hat direkt an der Grenze seiner Befestigungslinie eine Quellmulde. Heute tritt diese Quelle außerhalb zutage. Es ist jedoch anzunehmen, daß sie ursprünglich innerhalb des Ringes erschlossen war. Bei Alt-Schieder, der Uffoburg und Alt-Sternberg ist anzunehmen, daß das Wasser außerhalb aus benachbarten kleinen Bachläufen und Quellen geschöpft wurde. Quellmulden oder Brunnen sind schon nach den geologischen Verhältnissen nicht anzunehmen. Mit Sicherheit trifft das für die Burg auf dem Schildberg zu. Nachweise für Zisternenanlagen liegen beim heutigen Forschungsstand nicht vor.

5.1.4. Orientierung

Ein weiteres auffälliges Merkmal der großen Höhenbefestigungen ist, daß der von den Wällen umschlossene Raum in der Regel eine gut überschaubare, mehr oder weniger nach S geneigte Hochfläche ist. Die Höhenunterschiede innerhalb der Anlagen liegen in der Regel bei nur 10–20 m. Eine Ausnahme bildet der Tönsberg, dessen Wall nach N im Hang verläuft und dessen Innenfläche ein kräftig aufgewölbter Bergrücken ist. Aber auch hier liegt die größte Fläche am allerdings steileren Hang im wesentlichen nach S. In diesem Fall beträgt der Höhenunterschied 60 m, weil die Wälle tief hangabwärts geführt wurden, um die Quelle einzubeziehen. Ebenso fällt Bunten Berg mit nach NO geneigtem Hang und 70 m Höhenunterschied bei allerdings wesentlich größerer Gesamtfläche aus dem allgemeinen Rahmen.
Bei den frühgeschichtlich-mittelalterlichen Befestigungen ist, zumindest bei den sehr kleinflächigen, eine so auffällige Orientierung nicht festzustellen. Wenn sie vom Wald freigestellt waren, bekamen sie auch die längste Zeit des Tages Sonneneinstrahlung. Bei den größeren Anlagen hat nur die Schanze im Siekholz eine warme, leichte Südhanglage. Weit ungünstiger und kühler liegen Alt-Schieder am Nordwesthang und der Kleine Hünenring am Osthang;

letzterer bekommt nur Morgensonne, während Alt-Schieder nur am Nachmittag eine intensivere Sonneneinstrahlung hat. Günstiger sind die Verhältnisse an der Uffoburg. Die Bergnase mit leichter Südlage der Innenflächen erwärmt sich sehr gut, obwohl sie morgens durch das nach O anschließende Bergmassiv später Sonne bekommt.

5.2. BEFESTIGUNGSTECHNIK

5.2.1. Allgemeines

Nachdem durch die Untersuchungen am Tönsberg zahlreiche Merkmale des Wehrbaues datiert werden konnten, soll versucht werden, durch eine vergleichende Betrachtung jeweils Typisches für das latènezeitliche und frühgeschichtlich-mittelalterliche Befestigungswesen herauszuarbeiten, lokale Erscheinungen von Allgemeingültigem zu unterscheiden und durchlaufende Techniken zu erkennen.

Typisch für die latènezeitlichen Anlagen unseres Arbeitsgebietes ist die Art und Weise, in der im Einzelfall Geländegegebenheiten dem fortifikatorischen Zweck nutzbar gemacht wurden, um eine Einschränkung des Bauaufwandes zu erreichen und die Bauweise vom örtlich vorhandenen Material abhängig zu machen.

Stärker gefährdete Linien in besonderer Weise zu sichern zeigt sich deutlich als durchlaufendes Merkmal und wird selbst in mittelalterlichen Burgwällen noch angewandt, in denen bereits moderne Befestigungstechniken, wie Mauerwerk, auftreten. Bei mehrperiodigen Anlagen, das zeigt der Tönsberg, ist jedoch zu prüfen, wieweit die altertümliche Bauweise als zusätzlicher Schutz neu angelegt oder nur als schon vorhandener Bestand einbezogen wurde. Es mußte also in den meisten Fällen überprüft werden, ob Anlagen mit solchen kombinierten Techniken einer einheitlichen Maßnahme zugehören. Es muß hier darauf verzichtet werden, die Vielzahl der Beispiele anzuführen, sondern auf die entsprechenden Kapitel der Studie v. Uslars (1964, insbes. Kap. VIII, 194 ff.) verwiesen werden. Das gleiche gilt für das doch sehr charakteristische Merkmal der meisterhaften und konsequenten Anpassung und Nutzung lokaler Gegebenheiten. Diese „Baugesinnung" zeigt sich bei den frühgeschichtlichen Befestigungen eigentlich nur noch bedingt an der Uffoburg.

Die drei Befestigungen im Keupergebiet des südöstlichen und nordlippischen Berglandes, auf Rücken und Plateaus gelegen, die durch die Überdeckung der Mergel- und mürben Lettenschichten mit Sandstein und Quarzitkappen entstanden, nutzen die stellenweise scharfen Abbruchkanten an den Hochflächen und die „sturmfreien" Hänge. Die Ränder dieser Flächen sowie die Innenräume lieferten mit ihren großen Frostschutterrassen und Abbruchblöcken der Schichtränder das Material für den Bau der Mauer handlich in großen Mengen. Im wesentlichen dadurch wurden Führung und Bauweise der Wehrlinien bestimmt. Die Herlingsburg, die Rodenstatt und der Piepenkopf liefern dafür eindrucksvolle Beweise. Bei den Wällen auf Bunten Berg haben wir zwar die gleichen geologischen Verhältnisse, aber die verschiedenen Wallinien und Terrassen stimmen nur auf wenigen Strecken mit diesen geologischen Gegebenheiten überein. Die Regel, nach der die Wallinien nach Möglichkeit den Höhenlinien folgen, wurde hier völlig mißachtet. Auch aus diesem Grunde wird der Wehrcharakter dieser Anlage bezweifelt. Für die Reste der Grotenburg treffen diese Merkmale jedoch wieder zu; für den Tönsberg nur bedingt, weil die Anlage im Kammbereich offensichtlich aus anderen zwingenden Gründen errichtet wurde.

5.2.2. Grundrissformen

Der Große Hünenring, Piepenkopf, Rodenstatt und Herlingsburg demonstrieren mit der Formgebung der Gesamtanlage die konsequente Ausnutzung von Geländevorteilen und die dadurch bedingten unterschiedlichen natürlichen Grundrißformen (Abb. 6; 15; 18; 28 u. 31). Hierzu gehört auch die Änderung der allgemeinen Linienführung, um eine Quelle einzubeziehen. Auch am Tönsberg erkennen wir die durch den langen Bergrücken bedingte natürliche Form der Gesamtanlage, obwohl sie hier nicht von einer Schichtkante und dem dort verfügbaren Baumaterial bestimmt wird. Das weite Hangabwärtsziehen der Wälle gegen die Wistinghauser Schlucht, das erneute Bergansteigen am Südhang bis hoch zum Tor in der Mitte und wieder den Berg hinunter, um die Quelle einzufassen, entspricht genau den Verhältnissen am Piepenkopf. Dort ist übrigens auch weit unten am Hang eine Terrassierung erkennbar, die für anthropogen gehalten wird und etwa der unteren Linie am Südosthang des Tönsberges entsprechen würde. Wenn man die topographisch bedingten Unterschiede berücksichtigt, sind die beiden Grundrisse erstaunlich ähnlich. Das wird allerdings erst sichtbar, wenn man den Tönsberggrundriß auf die ersten Bauperioden reduziert. Als einziges auffälliges Merkmal der Gemeinsamkeit mit der Herlingsburg nennt schon Schuchhardt die verschiedenen Schanzen mit Vorwällen an den Toren. Das wäre noch zu ergänzen durch eine sowohl unter dem westlichen Hauptwall als auch weiter hangabwärts im S vorhandene Terrasse, wie sie übrigens auch beim Piepenkopf anzunehmen ist.
Von den Grundrißformen der frühgeschichtlich-mittelalterlichen Gruppe kann man die der Uffoburg im wesentlichen noch den altertümlichen, dem Gelände angepaßten Anlagen zurechnen (Abb. 43). Der mächtige Abschnittswall mit tiefem vorgelagertem Graben, der hier nach beiden Seiten an die Hangaussteilung und Terrassen anschließt, zeigt dagegen auffällige Gemeinsamkeiten mit dem „vorkarolingischen Kernwerkswall“ des Tönsberges (Beilage 1). Beide haben ein in der Mitte gerade hindurchgeführtes Tor. Damit scheint sich ein jüngeres Merkmal zu zeigen. An der latènezeitlichen Tönsbergbefestigung ist wahrscheinlich nur die Torsituation in der Nordwestecke gesichert, der Durchbruch im Südwall wahrscheinlich erst für das mittelalterliche Kammertor angelegt. Ein Tor an einer Geländekante muß aber für den Piepenkopf zweimal angenommen werden, obwohl der archäologische Nachweis durch eine Grabung noch nicht erfolgen konnte (Abb. 15).
Zu den weiteren Grundrißformen der anderen frühgeschichtlich-mittelalterlichen Burgen kann kurz gesagt werden, daß sie alle zumeist künstliche geometrische Formen sind. Der Ringwall, mal zum Oval überleitend, wie am Kleinen Hünenring (Abb. 44), mal einseitig verdrückt, wie der Bomhof (Abb. 48) oder der teils geschleifte vorkarolingische Ringwall in Alt-Schieder (Abb. 39), hier offensichtlich älter als die rechteckige Anlage mit Mörtelmauern, Kammertoren und Torgasse, tritt im Arbeitsgebiet zu dieser Zeit erstmalig auf. Er paßt sich in seiner einseitig abgestumpften ovalen Form noch deutlich den Höhenlinien an. Hinzu kommt offensichtlich in der Folgezeit der rechteckige Grundriß mit gerundeten Ecken, unabhängig von der Topographie, wie wir ihn in eindrucksvoller Weise, in Mörtelbautechnik ausgeführt, in Alt-Schieder (Abb. 39) vorfinden. Daß er auch als reiner Erdwall mit mehr oder weniger tief ausgebildetem Graben auftritt, ist an der Vorburg der Uffoburg ebenso zu erkennen wie an der Schanze im Siekholz (Abb. 43 u. 53). Ob es sich bei dieser rechteckigen Form im Falle der Uffoburg um eine gleichzeitig angelegte Vorburg, die allerdings nur geringen Verteidigungswert hatte, oder eine teils geschleifte ältere Anlage handelt, kann erst durch zukünftige Untersuchungen geklärt werden. Auch an die nachträgliche Anlage zum Schutze einer Wirtschaftsfläche gegen Witterungseinflüsse in Form einer Wallhecke wäre zu denken. In Alt-Schieder ist die moderne, in Mörtelbauweise ausgeführte Anlage hangaufwärts durch einen mächtigen Spitzgraben verstärkt. Zum Südhang hin steht sie auf einer Geländekante, die durch die Erosionstätigkeit des Schweibaches im Keupermergel entstand. So tritt auch hier bei der geometrischen Kunstform die Ausnutzung des Geländevorteiles noch an einer Strecke in Erscheinung. Die rechteckige Einfriedigung eines Hofgeländes,

die wahrscheinlich auch eine Wallhecke getragen hat, lebt in Hofbefestigungen bis in die Neuzeit fort.
Etwas völlig Neues begegnet uns in den komplizierten Grabensystemen der kleinen Dynastenburgen Alt-Sternberg und der Burg auf dem Schildberg (Abb. 56 u. 58). Sie erinnern mit ihrem Burgplatz an die Rundwälle der vorangehenden Zeit, wobei lediglich auf die Aufschüttung des Grabenaushubs zu einem Wall verzichtet wurde. Sie mögen aber auch unter dem Einfluß der vom W in das Gebiet kommenden Turmhügelburgen oder Motten entstanden sein, dann kann man sie als eine den Verhältnissen des Mittelgebirges angepaßte Variante bezeichnen (s. a. Taf. 50 u. 51). Die hier entwickelte Grundrißform lebt weiter in den Anlagen der hochmittelalterlichen Dynastenburgen. Die Falkenburg bei Detmold ist dafür ein eindrucksvolles Beispiel.
Über den quadratischen Grundriß der kleinen starken Wohntürme, wie der Burg in Kohlstädt, braucht hier nicht viel gesagt zu werden. Ihre Vorbilder sind in fränkischen und normannischen Anlagen zu suchen (Taf. 52). Ob im Falle der Kohlstädter Burg eine Gräfte dazu anzunehmen ist, wie bei der vergleichbaren Gräfte bei Bad Driburg (Abb. 71), war bei den schwierigen Verhältnissen im aufgeschotterten Bachtal nicht festzustellen (s. a. Kap. 4.3.9.).

5.2.3. Konstruktion der Wälle und Mauern

Die jüngsten Tönsbergbefunde, im Kap. 4.2.1.3.3. ausführlich beschrieben, haben keine der zuvor schon an Herlingsburg, Piepenkopf, Grotenburg und Rodenstatt ergrabenen „Mauertechniken" bestätigt, sondern neue hinzugefügt. Auch das ist wieder ein Hinweis auf die Variationsbreite in der Anpassung an örtliche Verhältnisse. Für die latènezeitlichen Wehrlinien sind am Tönsberg, wo aufgrund der geologischen Verhältnisse – Sandstein-Schichtkamm mit steil einfallenden Schichten, tiefgründig verwittert – keine „Blockhalden" entstanden, andere Techniken entwickelt worden als auf der Grotenburg bei gleichem Gestein. Dort brachen Teile der Schichtkante in mächtigen Blöcken ab, weil das darunterliegende weichere Material verwitterte und abgetragen wurde. Ähnlich war es im Keupergebiet, wo Rätquarzitdecken in der Nähe der saaleeiszeitlichen Eisrandlagen durch Frosteinwirkung zerbarsten und durch Ausspülen bzw. Ausblasen des feinen Materials die „Blockmeere" entstanden, so auf dem Piepenkopf oder der Herlingsburg und, als bestes Beispiel, auf der Rodenstatt.
In der Auseinandersetzung der Burgenbauer mit diesen örtlichen Voraussetzungen wurde mal zur einen, mal zur anderen Technik gegriffen. Sie liegen räumlich im Umkreis von 35 km (Abb. 3) und zeitlich so nahe oder gleichzeitig beieinander (Abb. 73), daß man sie alle gekannt haben wird. Am Tönsberg wurde in der ersten Phase eine Pfostenlinie in unregelmäßigen Abständen von ca. 0,80–2 m mit waagerecht dahinter verlegten Hölzern errichtet (Taf. 29 oben). Die engen Pfosten sind als Verstärkung an Stoßstellen der waagerechten Hölzer zu erklären. Die Brustwehr mag als leichterer Zaun zwischen den Pfosten eingebunden und zwischen der Erdrampe und den waagerechten unteren Hölzern gestanden haben. In Holzbauweise mit Erdrampe errichtete Wehrlinien wurden auch am Piepenkopf (Beilage 21; Taf. 37) und an der Grotenburg (Kap. 4.2.4.3.) festgestellt, wo streckenweise die mächtigen Blöcke der Blockhalden und -meere fehlten. Hier entstanden aber statt der Holzkonstruktion mit weiten Pfostenabständen Palisaden mit eng in Gräben gestellten Pfosten. Auch dafür läßt sich ohne Zwang die Erklärung finden. Am Tönsberg grub man in großen Abständen in die felsige Sandsteinverwitterung einzelne Pfostenlöcher. Die Anlage durchziehender Palisadengräben war in diesem Material sehr schwierig. Am Piepenkopf liegt im Bereich dieser Wehrlinie eine Keupermergelverwitterung, die sich im oberen Bereich schon zu einer Braunerde umgebildet hat. Hier war ein Palisadengraben leicht zu ziehen. An der Grotenburg, wo die geologischen Verhältnisse sehr stark wechseln, wurde die gleiche Technik in dem Augenblick angewandt, wo man die Schichtkante des Osningsandsteines verließ und in den Bereich des Flammenmergels kam. Auch hier lag eine

von groben und harten Steinen freie Bodenbildung vor, in der man in gleicher Weise wie am Piepenkopf eine Palisadenlinie mit Erdrampe errichten konnte. Bei der Untersuchung L. Nebelsieks wurden in dem Palisadengraben einzelne kleinere Sandsteinbrocken festgestellt, die als Verkeilsteine zu erklären sind. Eine flache obere Sandsteinlage über der Erdrampe mag zur Befestigung der Lauffläche des Wehrganges gedient haben.
Als nächste sehr einfache Technik ist am Tönsberg die Aufschüttung von Stein-Erde-Wällen, die streckenweise mit kleinen Stützfronten in Trockenmauerbauweise verstärkt oder nur durch sorgfältigere Stapelung plattigen Materials steiler gesetzt wurden, festzustellen (Taf. 29 unten). Vor der Errichtung dieser Stein-Erde-Wälle hatte man mit den Resten zerstörter Anlagen und mit den Deckschichten des Hangschuttes den starken Geländeabfall ausgeglichen. Dadurch rollte oder rutschte das Baumaterial nicht so leicht hangabwärts. In diesem unteren Bereich waren Stützfronten mit Plaggen- oder Grassodenstruktur erkennbar. Zum Innenraum hin war die Lauffläche flach angerampt, so daß sie Wallschüttungen am Hang eher überhöhten Terrassen gleicht. Als Brustwehr auf der äußeren höchsten Kante dieser Wälle sind ebenfalls Holzzäune anzunehmen (Kap. 4.2.1.3.2.). Diese Konstruktion konnte in keiner anderen Anlage der latènezeitlichen Gruppe im Arbeitsgebiet festgestellt werden. An der Grotenburg, wo mit dem geologischen Untergrund auch die Bauweise der Wehrlinie wechselt, wurde im Bereich der Schichtkante des Osningsandsteines eine Mauer aus mächtigen Blöcken, die längs und quer von Hölzern durchzogen war, festgestellt. Sie wurde von Nebelsiek ergraben (Kap. 4.2.4.3.) und als murus gallicus gedeutet. Es ist jedoch darauf hinzuweisen, daß es keinerlei Funde von Eisennägeln gibt und ebensowenig Hinweise auf Verzimmerung der Hölzer. So kann auch mit Rücksicht auf die Zeitstellung der Anlage eher angenommen werden, daß es sich um eine sehr primitive ältere Technik handelt, und zwar die Steinpackung mit durchschießenden Hölzern, in allen Richtungen zu verstreben, um die Mauer steiler und höher, auch mit unregelmäßigem und unförmigem Material, aufsetzen zu können.
Bei einer Sondierung an der Rodenstatt (Kap. 4.2.5.3.) wurden an der Basis der Wallschüttung ebenfalls Reste von verkohlten Hölzern gefunden. Ob dieser Befund mit den Beobachtungen an der Grotenburg gleichzusetzen ist, muß noch offenbleiben (Taf. 43). Der Verfasser nimmt eher an, daß hier eine den Befunden am Piepenkopf vergleichbare Konstruktion vorliegt. Dort wurde die komplizierteste Bauweise einer Stein-Holz-Erde-Mauer festgestellt (Taf. 34–36; Beilage 20). L. Nebelsiek hatte hier 1939 sehr deutliche Befunde einer Trockenmauerfront nach außen mit Pfosten in Abständen von 1,30 m festgestellt. Diese Pfostenreihe stand zu einem Drittel in der Mauerlinie, die Pfostengruben unterschneiden sie. Im aufgehenden Mauerwerk waren Pfostenschlitze noch deutlich erkennbar (Taf. 34 unten). Außen vor der Mauerlinie lagerte noch eine regelmäßige starke Blockpackung, die diese Pfosten und die Mauer zusätzlich im unteren Bereich schützten. Zunächst war davon ausgegangen worden, daß hinter dieser Mauerkonstruktion eine breite Erdrampe lag. Bei der Nachuntersuchung 1966 konnte aufgrund der eindeutigen stratigraphischen Verhältnisse festgestellt werden, daß diese Mauer nur eine sehr geringe Breite, aber auf der Innenseite eine Stützkonstruktion hatte, die einen schmalen erhöhten Wehrgang erkennen läßt. Es wurden an verschiedenen Stellen Spuren schwächerer, senkrechter, angespitzt in den Boden getriebener Pfosten festgestellt, die eine nur schmale Hinterschüttung der Mauer stützten (Taf. 35 oben; Beilage 20). Sie sind Reste eines Flechtzaunes oder einer Frechtung mit Astholz, die durch Feuer zerstört wurde, dann zum Lagerinneren hin abstürzte, wobei das Material der Schüttung des Wehrganges ebenso nach innen abkippte. Auffällig war noch das Vorkommen zahlreicher, an dieser inneren Pfostenreihe senkrecht orientierter, plattiger Steine des Rampenmaterials. Sie könnten beim Versturz als Pflasterung des ehemaligen Wehrganges so abgerutscht sein. Es besteht aber auch die Möglichkeit, daß sie bewußt dort beim Bau der Wehrlinie eingekeilt wurden, um zu verhindern, daß der ständig feuchte Boden zu intensiv mit dem rückwärtigen Holzzaun in Berührung kam und dadurch einen zu schnellen Verfall bewirkte.
Diese Beobachtungen wurden auch im Schnitt IV (Beilage 22) bestätigt. Nach außen vor der Trockenmauer mit Stützpfosten liegt die Frontpackung aus dicken Blöcken in ca. 1 m Breite.

Aus dem Versturz ist zu erschließen, daß sie wahrscheinlich ebenso hoch war. Bei der Untersuchung des Bodenprofiles im Schnitt I weiter nach außen wurde ein bis dahin nicht beobachteter Graben festgestellt, den man trotz seiner Rundung im unteren Bereich, die durch Versturz oder Ausräumung entstanden sein kann, als Spitzgraben bezeichnen kann (Taf. 36). Er hat von der zu ermittelnden alten Oberfläche aus gerechnet eine Tiefe von gut 1 m bei einer Breite von 2 m. Zwischen Graben und Mauer liegt eine 2 m breite geneigte Berme. Der Befund erlaubt eine Rekonstruktion der Wehrlinie als eine nur 1,20 m starke Stein-Holz-Erde-Mauer mit Trockenmauerfront außen, gestützt durch Pfosten, dahinter eine Stein-Erde-Füllung, gehalten durch einen rückwärtigen niedrigeren Holzzaun, als Wehrgang. Die Pfostenstärken der Außenfront, dazu die Stützpackung vor dieser Front lassen nach einer Rückführung des Versturzmaterials eine Rekonstruktion der Mauer in einer Höhe von etwa 4 m einschließlich Brustwehr zu. Hinzu kommt das Gefälle der Berme und die Grabentiefe mit 2 m Höhendifferenz. Noch heute ergibt sich von der Grabensohle bis zur Oberkante des erhaltenen Mauerrestes ein Höhenunterschied von 3–4 m.
Es wird angenommen, daß an der Rodenstatt ein ähnlicher Befund zu erwarten ist. Die äußere Blockpackung und die in einem nur sehr kleinen Schnitt dahinter feststellbare Holzverbauung und das Vorkommen von Holzkohle zum Innenraum hin legen diesen Schluß nahe. Leider ist diese Anlage erst nach dem letzten Krieg unter Schutz gestellt worden und diente bis in jüngste Zeit, weil ihre Bedeutung nicht erkannt war, als Steingewinnungsgelände. Die Holzverbauung in einer 1 m breiten und 1 m hohen Stützmauer an einer Terrassenkante am Südhang des Tönsberges unterhalb der Wallschüttung muß nach den bisherigen Beobachtungen auch den latènezeitlichen Techniken zugerechnet werden. Starke Holzreste und Brandgänge in der breiten Trockenmauer deuten auf ein Schwellholz in Längsrichtung, senkrechte Pfosten und Ankerhölzer hin. Dieser lokale Befund wird als Reparaturmaßnahme angesprochen.
Die von Schuchhardt in den Wällen der Herlingsburg festgestellte doppelte „Holzschalenwand" kann nicht für die inzwischen nachgewiesene latènezeitliche Bauperiode herangezogen werden (Abb. 19 u. 20). Wenn sie zur Schüttung der heutigen Wälle mit Resten der latènezeitlichen Besiedlung gehört, kann diese Konstruktion der späteren, wohl der sächsischen Befestigung zugerechnet werden. Auffällig ist, daß diese Befestigungsart von Schuchhardt auch in Sperranlagen am Fuße der Herlingsburg, im sogenannten Kleff (Abb. 51), und in einem dazugehörigen kleinen Wartturm (Abb. 50) festgestellt wurde. Als Bautechnik des 10. Jahrhunderts ist sie im Bomhof (Abb. 49, Kap. 4.3.5.3.) datiert. Auch in den Wällen der Uffoburg wird von Schuchhardt eine ähnliche Holzversteifung angenommen (1916, 77). Im älteren Ringwall von Alt-Schieder hat Nebelsiek bei seiner Grabung 1938 im geschleiften Teil des Ringwallabschnittes innerhalb der jüngeren viereckigen Anlage ebenfalls in allen Schnitten (Abb. 39 u. 40), vor allem im Schnitt IV, noch zahlreiche Standspuren von Pfosten innerhalb der Linie des verfüllten Spitzgrabens feststellen können. Sie weisen darauf hin, daß eine ähnliche Holzwand mit Pfosten, wie sie in den Wällen der Herlingsburg festgestellt wurde, zur Versteifung der Erdmauer vorhanden gewesen sein wird. Das Bild in Alt-Schieder ist jedoch ein wenig unklar, weil Pfostenspuren einer späteren Bebauung des Innenraumes, in denen Keramik des 10. Jahrhunderts gefunden wurde, zwischen den Pfosten der Wallkonstruktion stehen. Auch am Ringwall in Alt-Schieder ist, wie an der Uffoburg, dem Wall ein Spitzgraben vorgelagert. Somit ist an zwei frühgeschichtlichen Ringwällen und der Uffoburg diese Technik nachgewiesen. Am Kleinen Hünenring machte Schuchhardt bei seinen Grabungen 1901 ganz andere Feststellungen. Hier lag reichlich Material von einer Blockhalde am Nordhang der Grotenburg vor. Der sehr gut erhaltene Ringwall (Taf. 47) zeigte einen stufenförmigen Maueraufbau mit einer Außenschale aus großen Steinblöcken (Abb. 45 u. 46), vor und über eine Lehmschüttung gesetzt. Sowohl in Längs- als auch in Querrichtung wurden Spuren von Hölzern beobachtet, die zur Verstrebung bzw. zur Stützung der Außen- und Innenfront eingelegt waren. Die Steinfront, auch die Torwangen, hält Schuchhardt für „gemauert" unter Verwendung von nassem Lehm. Mörtelverwendung ist mit Sicherheit nicht vorhanden. Auch Nebelsiek hat bei Nachuntersuchungen 1955

keine Hinweise darauf gefunden. Dieser Befund wurde zunächst wiederum von Schuchhardt als eine sehr urtümliche, an die Mauern der keltischen Oppida erinnernde Bauweise angesehen (1916, 74). Durch drei Kugeltopfscherben, die an der Außenfront lagen, kommt er aber selbst zu einer frühgeschichtlichen Datierung (Taf. 15 B). Wenn man die einzelne Randscherbe zu einer Datierung überhaupt heranziehen darf, ergibt sie einen Anhalt für eine Datierung ins 9.–10. Jahrhundert. Die historisch-geographische Situation im benachbarten Heiligenkirchen macht diese Datierung wahrscheinlich.
Eine weitere Form des frühgeschichtlichen Wehrbaus lernten wir im Kernwerkswall des Tönsberges kennen (Beilage 10). Der Wall setzt über einem über 4 m tiefen und ca. 11 m breiten Spitzgraben und einer ansteigenden Berme an, die zur Hälfte ein wenig aufgehöht und insgesamt etwa 6 m breit ist. Er hat in der Front eine Trockenmauer und dahinter eine Schüttung, die zumindest im oberen Bereich aus sehr grobem Material besteht. Zum Innenraum hin scheint der Wall etwa im Winkel von 45° angeböscht gewesen zu sein. Holzpfosten sind in ihm nicht erkennbar. Die Wallkrone ist in einer Breite von über 3 m völlig eben. Um den Aufbau des Walles zu erleichtern oder auch die Außenfront zu stützen, ist in gut 2 m Breite außen vor noch eine Stufe auf die Berme aufgesetzt und mit einer Trockenmauer in der Vorderfront befestigt.
Weitere Befestigungstechniken treten in karolingisch-frühmittelalterlichen Mörtelmauern in Erscheinung. Sie wurden vom Tönsberg im Kap. 4.2.1.3.4. ausführlich beschrieben. Eine solche Doppelschalenmauer ist in gleicher Stärke nach Schuchhardt (1916, 68) auch für Alt-Schieder anzunehmen. Es wird allerdings nur die Mauerbreite und nicht der Aufbau als Doppelschalenmauer angegeben. Für den Tönsberg gibt Schuchhardt (1916, 78; Abb. 7) die Mauerstärke mit 2,10 m sicher falsch an. Er hatte dieses Maß aus der Breite des Streifens mit Versturz und Mörtelresten ermittelt. Die Stärke des Mauerwerks der Toranlagen und des frühmittelalterlichen Ausbaues am Tönsberg ist unterschiedlich. In Schieder erreichen die Mauern eine Stärke von 1,30 m (Abb. 37). Am Tönsberg, wo sie sicher nachträglich eingebaut wurden, ist bei Schuchhardt nur eine Stärke von 80 cm angegeben (Abb. 8 u. 9). Schuchhardt vergleicht die Mauern der Tönsbergtore mit denen des Gebäudes am Westtor und spricht von einer gleichen Technik wie bei den Mauern der Umwehrung. Wenn man bereit ist, diesen Angaben zu folgen, und dabei berücksichtigt, daß der historische Ablauf und auch funktionale Überlegungen die Gleichzeitigkeit von Außenmauer, Toren und hallenähnlichem Bau am Westtor wahrscheinlich machen, kommt man über die Datierung des Gebäudes zu einem Ansatz aller dieser beschriebenen Anlagen ins 9. Jahrhundert. Bei der Nennung Schieders als karolingischem Königshof im 9. Jahrhundert bestehen nach den archäologischen Befunden keine Bedenken, diesen Teil Alt-Schieders bereits dem 9. Jahrhundert zuzuordnen und den älteren Ringwall ins ausgehende 8. Jahrhundert zu setzen. Bei der Untersuchung Nebelsieks 1938 kamen im Bereich des verfüllten Spitzgrabens Scherben einer groben, schwachgebrannten Ware zutage, die der Ausgräber für älter hielt als das übrige Material aus Alt-Schieder. Sie sind leider im Krieg, als sie zur Bestimmung nach Duisburg geschickt wurden, verlorengegangen. Abschließend soll der Fischgrätenverband im Mauerwerk der Burg in Kohlstädt noch erwähnt werden (Taf. 52, 3). Ähnliche Mauertechniken sind seit karolingischer Zeit auch in Paderborn nachgewiesen. Sie treten auch in jüngeren kleinen Dynastenburgen, wie der Hünenburg bei Todenmann, auf und kommen für eine engere Datierung nicht in Frage.

5.2.4. Konstruktion der Tore

Außer einer Torwange an der Herlingsburg, die Schuchhardt 1902 mit O. Weerth zusammen untersuchte, liegen Grabungsbefunde über latènezeitliche Torkonstruktionen im Arbeitsgebiet nicht vor. Solche Untersuchungen erfordern, wie die Untersuchung der Toranlage der Erdenburg bei Bensberg (Buttler, 1938) zeigt, größere Mittel und entsprechende Vorbereitung. Bei Teiluntersuchungen besteht die Gefahr, nicht alle Aussagen der Bodenbefunde zu erkennen und

auswerten zu können. Im Rahmen unserer Voruntersuchungen mußte aus diesem Grunde auf die Ausgrabung von Toranlagen leider verzichtet werden.
Die Untersuchung der Torwange der inneren Linie einer zangenförmig ausgebildeten Toranlage der Herlingsburg (Abb. 21 u. Schuchhardt, 1916, 137) zeigt eine Reihe von Pfosten, die auf eine trichterförmige Verengung der Torgasse zum Innenraum hinweisen. Es besteht die Möglichkeit, daß hier eine ebenso komplizierte und ausgedehnte Toranlage vorhanden ist, wie sie an der Erdenburg ergraben wurde. Buttler versuchte nach dem Grabungsbefund eine Rekonstruktion (Abb. 69). Bei der Untersuchung dieser Torwange der Herlingsburg wurde zahlreiches keramisches Material geborgen, von dem eine Auswahl abgebildet ist (Taf. 8, ausgenommen 8, 10). Auch hier steht das Problem an, ob mit dem latènezeitlichen Material die Torkonstruktion datiert werden kann, denn Angaben über die stratigraphische Lage des Materials liegen leider nicht vor. Nach dem heutigen Geländebefund ist anzunehmen, daß dieser Teil des komplizierten Wallsystems, der viel schwächer profiliert ist, zur latènezeitlichen Anlage gehört. Die sehr viel höheren und im Profil steileren Wälle der äußeren Torlinie scheinen in späterer Zeit wieder hergerichtet worden zu sein.
Am Nordwesttor des Tönsberges liegt ein ähnlich kompliziertes System vor und damit wiederum ein Hinweis darauf, daß in diesem Teil Elemente sowohl der latènezeitlichen als auch der vorkarolingischen Ausbauphase vorhanden sind. Eine ähnliche, doppelt gesicherte Torsituation nimmt Nebelsiek an der Grotenburg (Abb. 28 bei 10) an.
Am Piepenkopf (Abb. 15) führt eine vom unteren Hang aus einem alten Wegenetz heraufkommende Terrassierung direkt zu einer stark verfallenen Gasse am Ende des Walles vor der Bergnase nach W. Die fortifikatorische Situation entspricht genau dem Prinzip, den Ankommenden mit seiner vom Schild nicht geschützten rechten Körperseite an die Wehrlinie heranzuführen. Ein weiteres Tor, das auf einen alten Höhenweg in Richtung Amelungsburg hin orientiert wäre, ist an der nördlichen Geländekante zu vermuten. Die im Plan vorhandene Wallinie ist hier nur schwach und stark verschleift. Das Umbiegen des Außenwalles in diesem Bereich deutet diese Möglichkeit an.
Das am Tönsberg im Südwall vorhandene Tor könnte erst später hier eingebaut sein. Nach Geländebeobachtungen wird eine in frühgeschichtlicher Zeit überbaute ältere Torsituation, ähnlich der am Piepenkopf, vor der Bergnase nach O angenommen.
Bei dem noch in altertümlicher Weise errichteten Wall an der Uffoburg besteht eine ähnliche Torsituation wie am Kernwerkswall auf dem Tönsberg. Vergleichbare Befunde liegen von der Hünenburg bei Stöttinghausen vor (v. Uslar, 1964; Abb. 26). Berücksichtigt man den Befund von der Herlingsburg, so gewinnt man den Eindruck, daß es sich um eine Form handelt, die bereits in der La-Tène-Zeit entstand und in sächsisch-fränkischer Zeit an starken Ring- und Abschnittswällen allgemein üblich war.
Bei den mittelalterlichen Anlagen liegen die Torbefunde von Alt-Schieder (Abb. 37) und vom Tönsberg (Abb. 8 u. 9) vor. Es erübrigt sich, diese frühmittelalterlichen Kammertore hier erneut zu beschreiben. Zusammenfassend wird darüber berichtet durch v. Uslar (1964, 207 f.; Abb. 62). Eine weitere Torsituation beschreibt Schuchhardt beim Kleinen Hünenring, wo er glaubt, die Grundsteine der Torwangen festgestellt zu haben und damit die Gesamtbreite des aufgehenden Torbauwerkes (1916, 75). Der Verfasser konnte bei einer kleinen Sondierung feststellen, daß diese Wangensteine sehr starke Schleif- und Abnutzungsspuren zeigen, und das an einem Weg, der schon seit undenklichen Zeiten nicht mehr benutzt wird. Wenn die Räder der Fahrzeuge an diesen Steinen schleifen konnten, mußte der Oberbau weiter sein. Es ist daher statt der angegebenen Torweite von 2,55 m wohl eher eine Torweite von ca. 3 m anzunehmen, wie sie bei der Mehrzahl der Kammertore vorhanden ist.
Beim älteren Ringwall in Alt-Schieder ist in der Ansatzstelle zur jüngeren Anlage wahrscheinlich noch eine Torlücke erhalten, die zu einem alten Hohlwegsystem hin orientiert ist. Die jüngere, gemörtelte Anlage zeigt durch Einbiegen der Mauer gebildete, kürzere und längere Torgassen.

Der Kleine Hünenring besitzt zwei Tore. Bei allen anderen kleineren Ringwällen war nur ein Tor vorhanden. Bei den beiden kleinen Dynastenburgen Alt-Sternberg (Abb. 56) und Burg auf dem Schildberg müssen zur Erreichung des Burgplatzes Brückenkonstruktionen über den tiefen Graben angenommen werden oder die Möglichkeit, daß der Besucher von einer der Schutthalden am Hang durch das Grabensystem an die Kernburg herangeführt wurde und über Treppen in den Innenraum gelangte. An der Burg auf dem Schildberg scheint noch in späterer Zeit ein kleines rechteckiges Torhaus errichtet gewesen zu sein (Abb. 58). Die Zuwegung führt durch einen kleinen Vorwall, der eine mittlere Torlücke in geraden Wallenden aufweist.

5.3. CHRONOLOGISCHE EINORDNUNG

Die in der Fachliteratur allgemein vorherrschende Skepsis, Einzelmerkmale des Wehrbaues, Grundrißformen oder auch die Lage im Gelände für die chronologische Einordnung noch nicht umfassend untersuchter Anlagen zu nutzen, ist berechtigt. Zieht man jedoch, wie es hier versucht worden ist, Kombinationen von Merkmalsgruppen heran, so werden die Möglichkeiten, Befestigungen zeitlich einzuordnen, schon wesentlich besser. Geographische Lage, Ausnutzung der Geländeverhältnisse, Feststellung der durch diese bedingten oder auch nicht bedingten Konstruktionselemente lassen den Bauwillen und das technische Vermögen einer Gemeinschaft oder einzelner Bauherren erkennen, die sich unter bestimmten wirtschaftlichen und gesellschaftlichen Gegebenheiten mit organisatorischen und politischen Zielen und Machtverhältnissen wie dem kriegerischen Geschehen ihrer Zeit in einer ihnen eigentümlichen Art und mit den ihnen zu Gebote stehenden Mitteln auseinandersetzten. Damit zeichnen sich nicht nur regionale Gruppierungen, sondern auch die Möglichkeiten zur zeitlichen Einordnung ab. Eine wichtige Hilfe für die Beurteilung und Zuordnung der Anlagen des Arbeitsgebietes bieten dabei die inzwischen zahlreichen Befunde der verschiedenen Bauperioden und Funde vom Tönsberg.
Bei den frühgeschichtlich-mittelalterlichen Anlagen wird aus den schon mehrfach aufgeführten Gründen weitgehend auf historische Deutung und Funktionsvergleich verzichtet. Ihre chronologische Einordnung ergibt sich aus zahlreichen Funden und dem Vergleich mit besser erforschten Anlagen in Nachbargebieten, wo der Schwerpunkt der Forschung bei dieser Gruppe liegt. Im Kap. 4.3.1. und bei der Auswertung der Keramik im Kap. 5.3.2.1.2. wird darauf im einzelnen eingegangen.

5.3.1. Vergleiche mit anderen Befestigungen

Schon Behaghel (1943, 41) kommt zu dem Ergebnis, daß gegen Ende der Stufe Ha D im rechtsrheinischen Schiefergebirge eine große Anzahl von Befestigungsanlagen in der Art unserer Höhenbefestigungen bis hin zu den Bruchhäuser Steinen an der oberen Ruhr entstehen. Wieweit sich dieser Vorgang auch in unserem Untersuchungsgebiet zeigt, war bisher nicht bekannt.
Für die Situation am Piepenkopf hat Nebelsiek stets die Altenburg bei Niedenstein (Abb. 65) wegen ihrer Beziehung zum alten Wegenetz und der ähnlichen Einbeziehung eines benachbarten höheren Bergkegels als Warte zum Vergleich herangezogen. Sie bietet auch gute Vergleichsmöglichkeiten für die inzwischen vor allem am Tönsberg gefundene Keramik. Die durch eine statistische Auswertung der großen Keramikmengen der Altenburg von Mildenberger (1969, 122ff.) erzielten Ergebnisse der unterschiedlichen Zusammensetzung älterer und jüngerer Keramik und ihrer genaueren Datierung stützen im wesentlichen die unabhängig davon gewonnene Datierung für älteres und jüngeres Material vom Tönsberg. Auch Schicksal und Bedeutung unserer latènezeitlichen Anlagen lassen viel Gemeinsamkeit erkennen. Nach dem Fund der Nauheimer Fibel (s. Verbreitungskarte Abb. 72; Taf. 5, B 17) und der dazu beobachteten

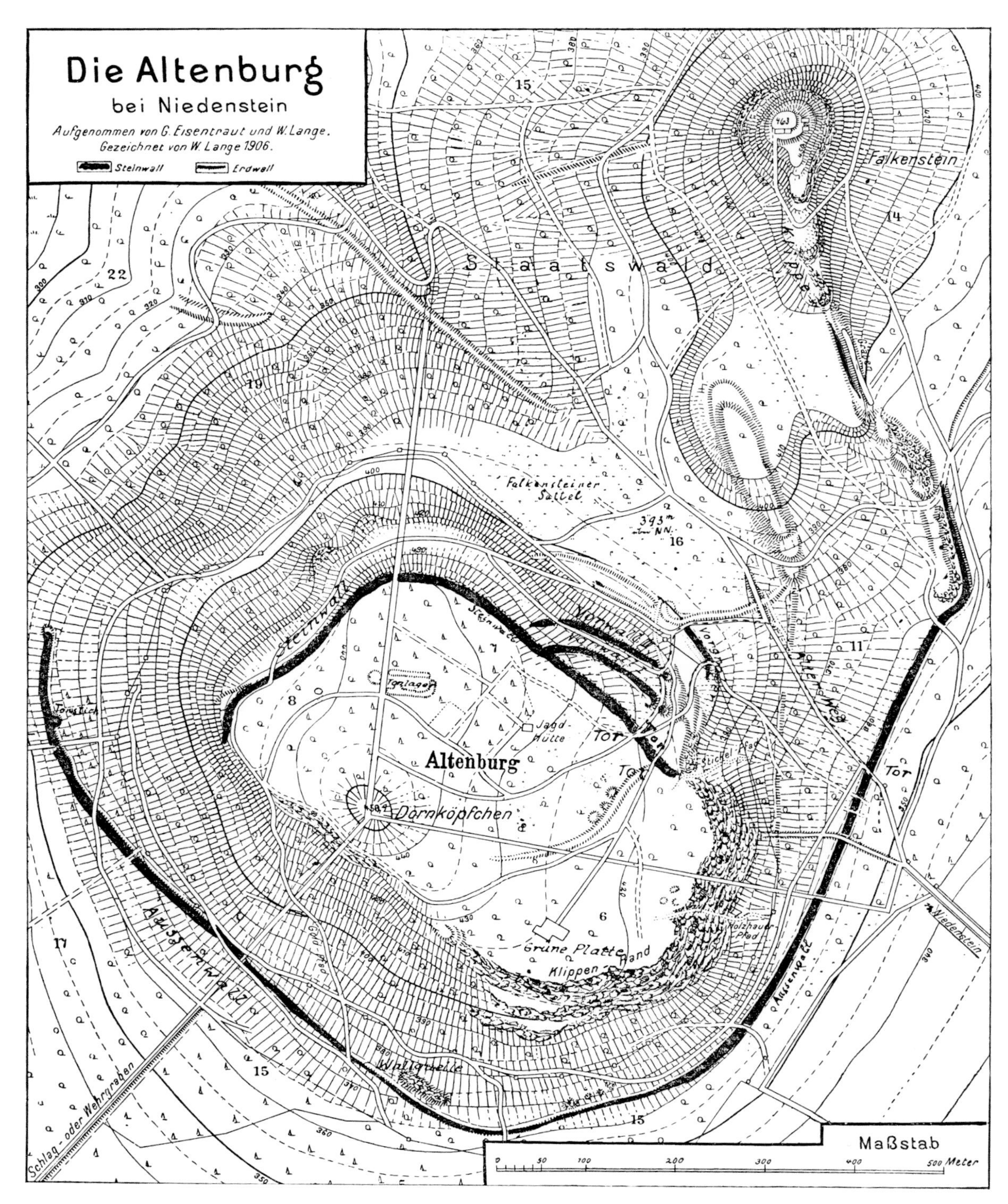

Abb. 65 Altenburg bei Niedenstein, Lageplan (nach Hofmeister, 1930, Taf. 1). Maßstab etwa 1 : 7 000.

Stratigraphie kann das Ende der Tönsbergbefestigung aber wohl etwas später angesetzt werden, als es im Falle der Altenburg geschieht. Es besteht Grund zu der Annahme, daß der Tönsberg erst in der Zeit der römischen Operationen im freien Germanien aufgegeben wurde.
Den nördlichsten Vorposten dieser latènezeitlichen Burgengruppe des Mittelgebirges haben wir in der Babilonie bei Lübbecke (Abb. 66). Dieser Ringwall zeigt ebenfalls viele Gemeinsamkeiten

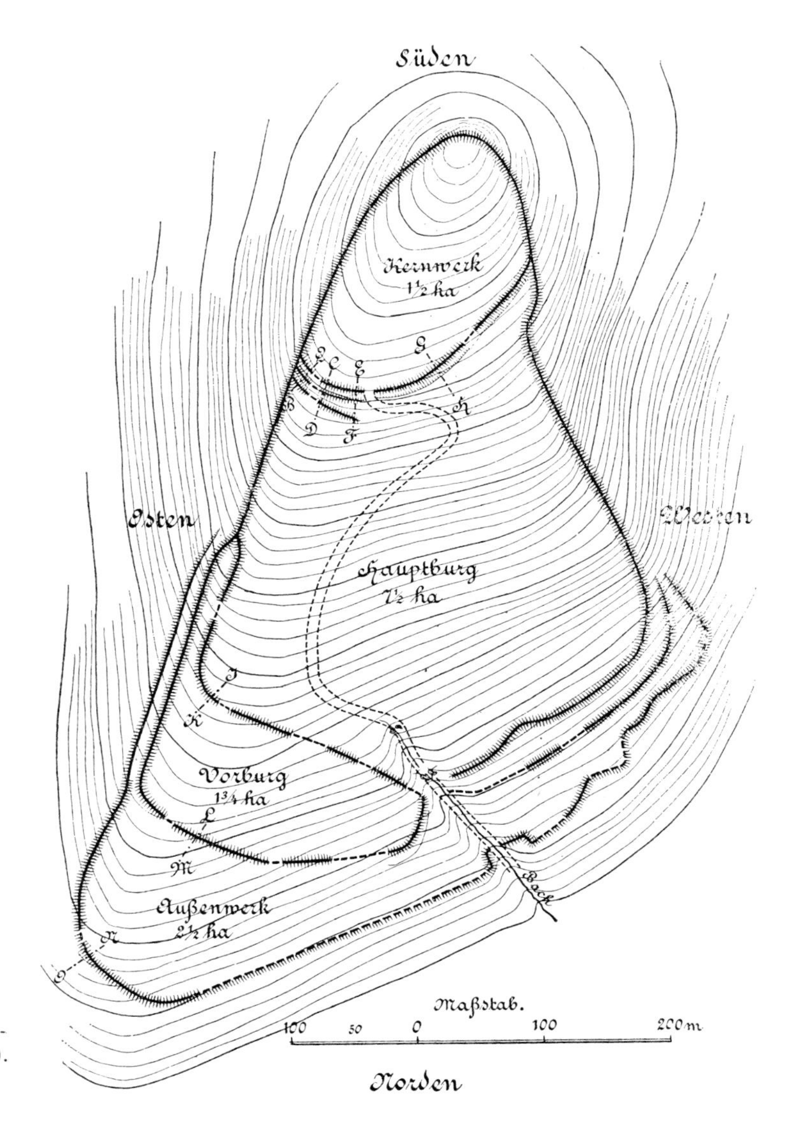

Abb. 66 Babilonie b. Lübbecke, Lageplan (nach Schuchhardt, 1916, Abb. 142). Maßstab 1 : 6 000.

mit dem Tönsberg. Wenn auch der Forschungsstand noch nicht die sichere Zuordnung aller Befestigungslinien der verschiedenen Bauperioden erlaubt und bisher die älteren Wälle aufgrund der Funde in einen späteren Abschnitt der vorrömischen Eisenzeit datiert werden (Langewiesche, 1930, 161; Lange, 1963, 40; v. Uslar, 1964, 13 Anm. 65, 161 Anm. 626), erlauben die Ergebnisse vom Tönsberg doch wohl den Schluß, daß schon in einem früheren Abschnitt der vorrömischen Eisenzeit in größerem Umfang mit dem Bau der Befestigung begonnen wurde. Auch am Tönsberg sind auf weiten Strecken die älteren Wälle in frühgeschichtlicher und frühmittelalterlicher Zeit überbaut und verstärkt worden. Die Abtrennung eines kleineren Kernwerks haben Tönsberg und Babilonie gemeinsam. In der Anlage der Vorwälle und „Vorburgen" an flacheren Hängen und am Tor bestehen große Ähnlichkeiten zwischen Babilonie, Herlingsburg und Tönsberg, ebenso im Wiederaufbau der Hauptwälle in sächsischer Zeit. Der Ausbau in karolingischer Zeit mit 1,40 bzw. 1,60 m starken Mörtelmauern erfolgt allerdings am Tönsberg in weit größeren Ausmaßen an den Hauptwällen mit Kammertoren und nicht am kleineren Kernwerk.
Besondere Beachtung müssen noch die am Tönsberg festgestellten Terrassierungen finden: Sie sind an Anlagen im rheinischen Schiefergebirge und im gesamten Mittelgebirgsraum schon häufiger festgestellt worden. Als Beispiel sei hier die Milseburg in der Rhön genannt (Abb. 67). Den Geländeverhältnissen entsprechend sind hier in Südhanglage die Wohnpodien und Ter-

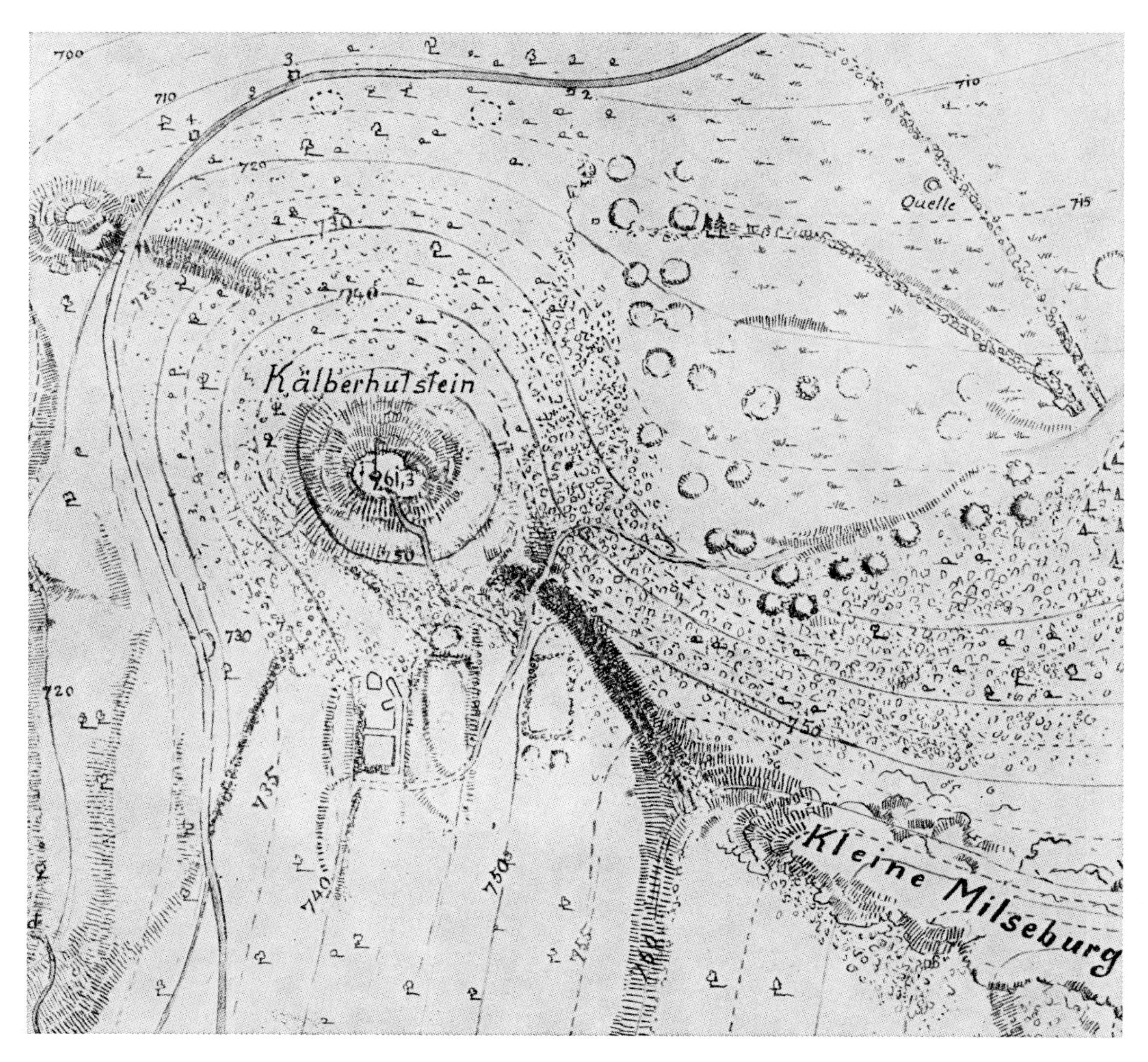

Abb. 67 Milseburg, Rhön, Wallanlagen und Terrassen im Norden (nach W. Lange, Führer zu vor- und frühgeschichtlichen Denkmälern, 1964, Falttafel I).

rassen, allerdings kräftiger ausgebildet. Sie zeigen hier auch Stützmauern (Vonderau, 1931, 84). Diese Maßnahme erübrigte sich am Tönsberg in der Regel. Auch hätte dafür geeignetes Material mühsam gewonnen werden müssen. Eine weitere Parallele bietet dazu die Steinsburg bei Römhild (Thüringen) (Götze, 1921, 74 Abb. 11). Auch hier zwingt der Bergkegel dazu, solche Terrassierungen vorzunehmen, um geeignete Wohn- und Arbeitsflächen zu schaffen. Auch auf dem Dünsberg bei Gießen sind Wohnpodien mit Hütten nachgewiesen (Schumacher, 1921, 153). Im Hinblick auf Funktion und Bedeutung bietet sich für den Tönsberg auch noch der Vergleich mit der Pipinsburg bei Osterode am Harz an (Claus, 1958, 161 ff.).
Der Piepenkopf und insbesondere die Herlingsburg sind nach den Ergebnissen der Untersuchungen dem Tönsberg und damit auch der Gruppe der zuvor genannten Anlagen zuzuordnen. Für die Herlingsburg ist anzunehmen, daß sie, ebenso wie der Tönsberg, erst in der Zeit der römischen Operationen aufgegeben wurde. Für den Piepenkopf dagegen ist nach den bisherigen Ergebnissen anzunehmen, daß er in der späten La-Tène-Zeit bereits aufgegeben war. Tönsberg und Herlingsburg haben beide in frühgeschichtlicher Zeit, spätestens zu Beginn der sächsisch-

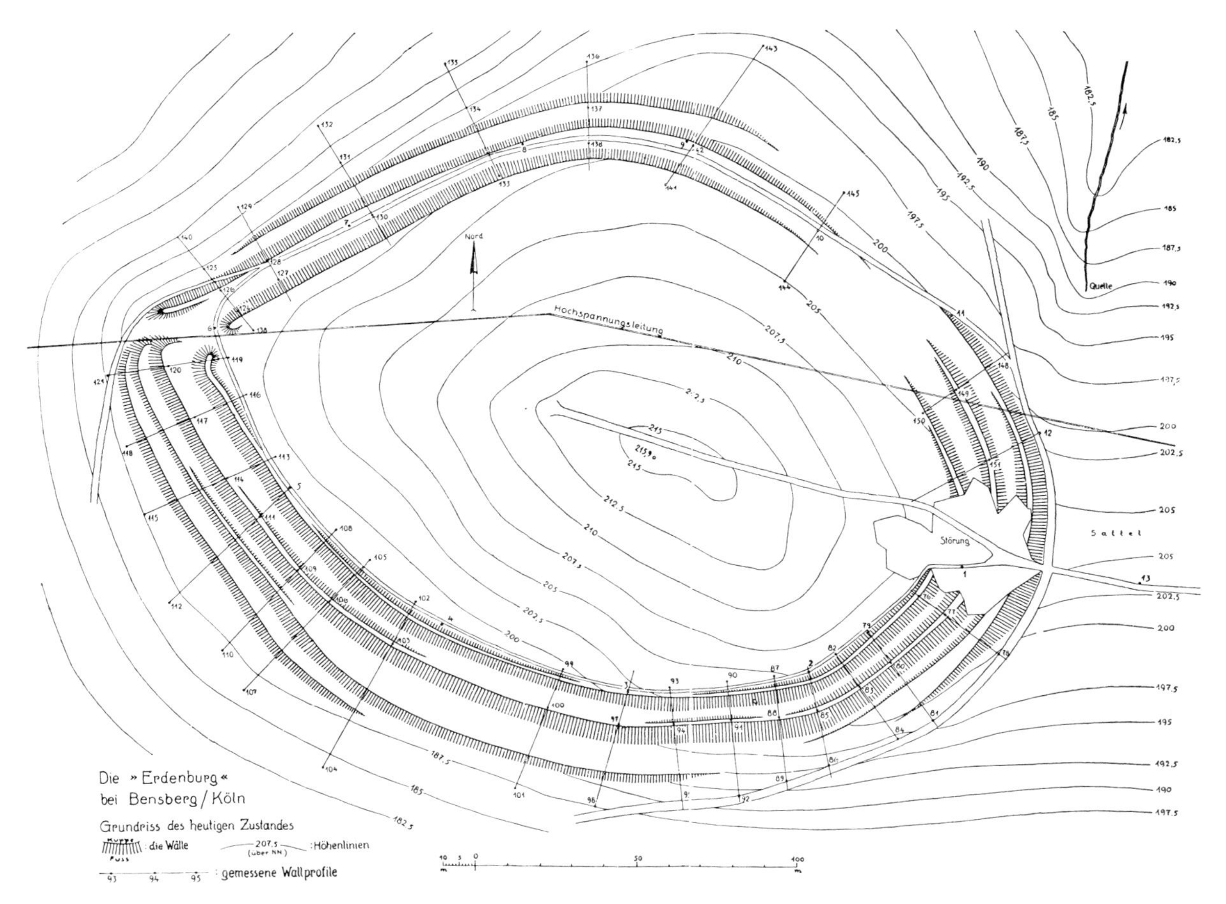

Abb. 68 Erdenburg bei Bensberg, Lageplan (nach Buttler, 1938, Abb. 3). Maßstab etwa 1 : 1 500.

fränkischen Auseinandersetzung, einen erneuten Ausbau erfahren, weil sie an strategisch entscheidenden Punkten der Landschaft lagen. Diese Vergleiche wären auch auf andere Anlagen im benachbarten nördlichen Weserbergland und im S des Arbeitsgebietes auszudehnen. Mit Rücksicht auf den allgemeinen Forschungsstand, der es noch nicht zuläßt, die einzelnen Bauperioden immer klar zu trennen, und die Abgrenzung des Arbeitsgebietes wird darauf verzichtet.

Als Analogie für vorgelagerte doppelte oder dreifache, verstärkende Wälle, wie wir sie zumindest streckenweise an der Herlingsburg (Abb. 18), aber auch am Tönsberg (Abb. 6), insbesondere am Nordwesttor, finden, sei abschließend noch auf einen weit westlich gelegenen Ringwall, die Erdenburg bei Bensberg (Abb. 68), verwiesen, die auch in der Keramik dem jüngeren Material vom Tönsberg und der Keramik der Herlingsburg gleicht. Vor allem das ausgegrabene Tor (Buttler, 1938, Abb. 29) und seine Rekonstruktion (Abb. 69) geben uns eine Vorstellung vom möglichen Aussehen der Toranlage an der Herlingsburg, die nach ihrem heutigen Zustand (Abb. 21 u. Taf. 38 Mitte) auf einen ähnlichen ursprünglichen Ausbau schließen läßt.

Die latènezeitliche Burgengruppe des Arbeitsgebietes läßt sich nach den Untersuchungsergebnissen und Datierungen weitgehend vielen Ringwällen des Mittelgebirgsraumes, im Ausstrahlungsbereich der Oppida zuordnen. Sie ergänzt das Bild, das für diese Befestigungsgruppe nördlich des Mains bis zum Rande der Mittelgebirge von Hachmann, Kossack, Kuhn (1962, Karte 2) gezeichnet wurde (vgl. dazu Abb. 2 u. 70). Mit Sicherheit trifft das für den Tönsberg und ebenso für die Herlingsburg mit ihrer beherrschenden Lage und Hinweisen auf eine Dauerbesiedlung, für die allerdings noch Untersuchungen der Innenfläche eine Bestätigung

Abb. 69 Erdenburg bei Bensberg, Rekonstruktionsversuch der Torbefestigung (nach Buttler, 1938, Abb. 29).

liefern sollten, zu. Der zuvor schon in diese Karte aufgenommene Piepenkopf mag dabei keine so große Bedeutung haben. Wegen seiner frühen Zerstörung ohne Wiederaufbau wird er daher den kleineren Ringwällen zugerechnet.

Für die Grotenburg und die Rodenstatt, durch C14-Daten als latènezeitliche Anlagen bestimmt, bietet sich wegen ihrer Lage und Fundarmut ein Vergleich mit Befestigungen am oberen Leinetal an, die sich nach ihrer Funktion als Fluchtburgen ohne echte Kulturschichten deutlich von Burgen mit Besiedlung von längerer Dauer unterscheiden lassen (Peters, 1970, 88 u. 140 f.). Sie wurden daher trotz ihrer Größe auch nur als kleinere Ringwälle kartiert (Abb. 70).

Auf eine ethnische und historische Interpretation dieser Befestigungsgruppe der La-Tène-Zeit wird bewußt verzichtet. Sie kann nur im Rahmen großräumiger Untersuchungen erfolgen. Die hier gewonnenen Ergebnisse mögen dazu beitragen, solchen Betrachtungen eine breitere Basis zu geben.

Bei der frühgeschichtlich-mittelalterlichen Burgengruppe soll hier bei der Vielzahl bekannter Beispiele und der Fülle des durch v. Uslar (1964, Kap. VI, 34–191) zusammengefaßten Materials auf den allgemein typologischen Vergleich verzichtet werden.

Nur für das einzige Beispiel eines Wohnturmes, der Kohlstädter Burg (Abb. 60), sei hier ein naheliegendes Vergleichsobjekt angeführt, das die ursprüngliche Situation verdeutlichen mag, die Gräfte bei Driburg (Abb. 71). Dort wurde der starke Wohnturm abgetragen, während an der Kohlstädter Burg die Bachbettverlagerung und die starke Aufschotterung das Gelände so veränderte, daß von den ursprünglich wohl vorhandenen Gräben nichts mehr zu erkennen ist. So mögen beide Denkmalsbefunde zusammen gesehen das Bild etwas deutlicher werden lassen.

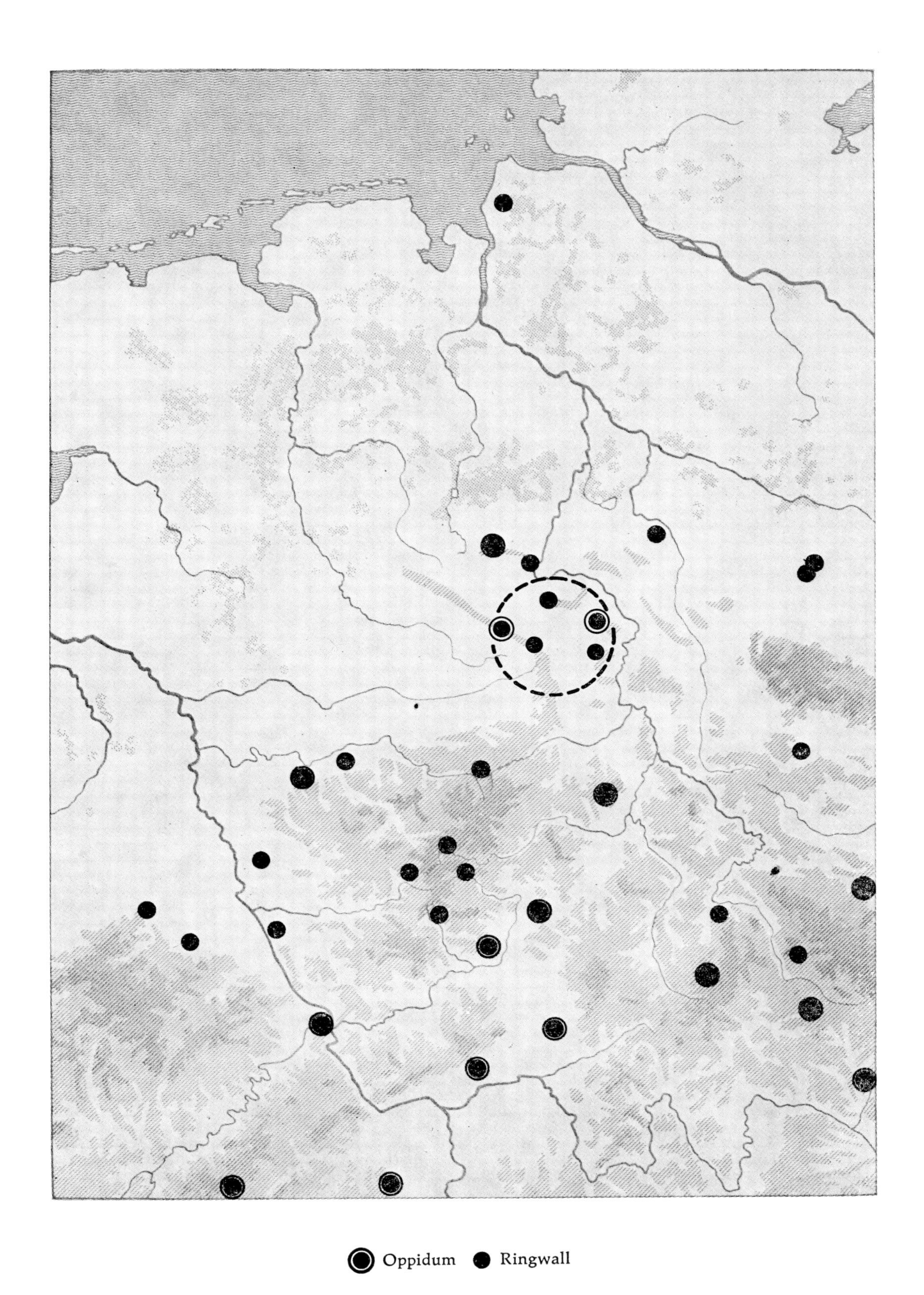

Abb. 70 Oppida und kleinere Ringwälle der späten La-Tène-Zeit, Übersicht (nach R. Hachmann, G. Kossack, H. Kuhn, 1962, Karte 2), mit Nachtrag, Anlagen im Arbeitsgebiet.

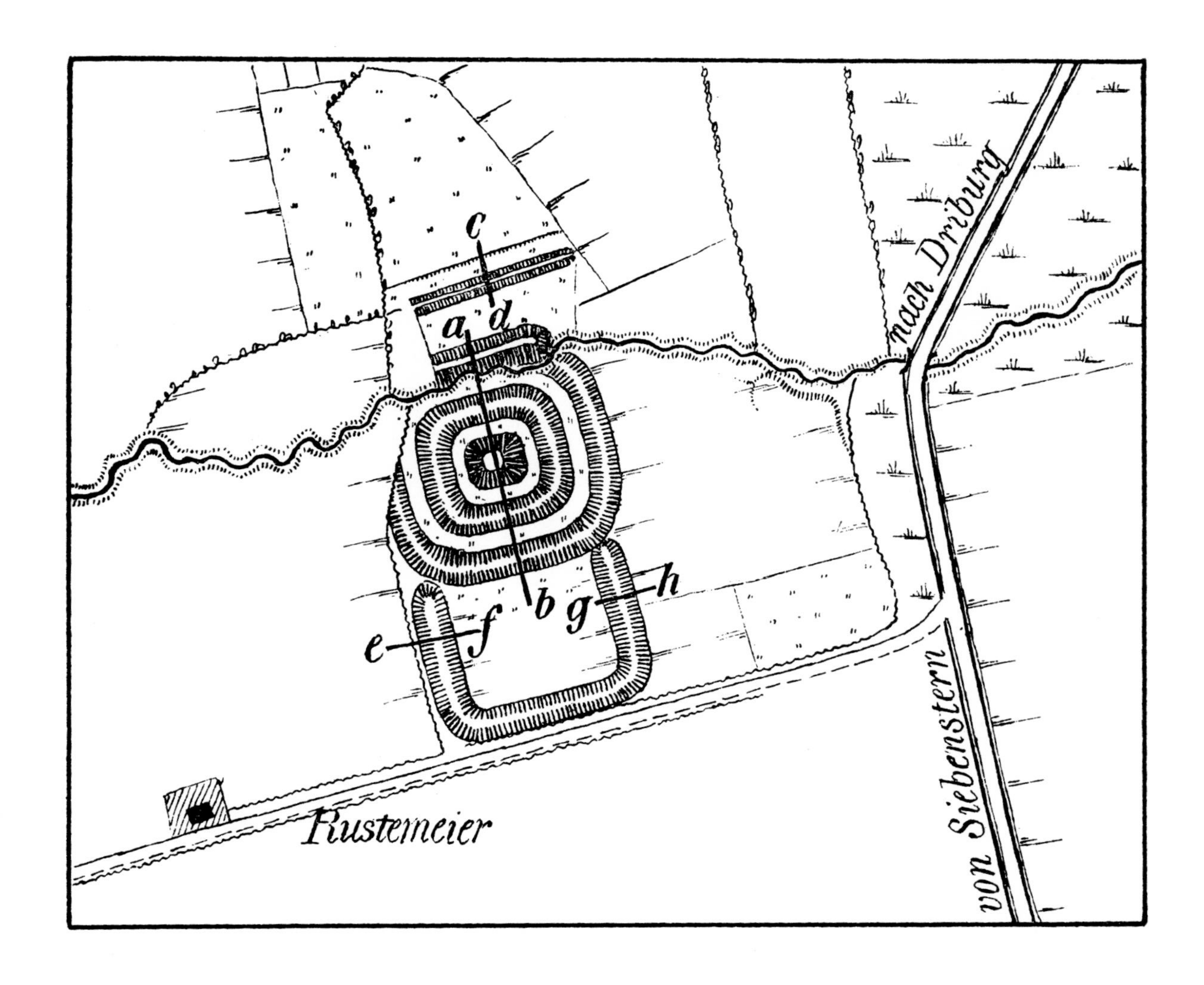

Abb. 71 Gräfte bei Driburg, Lageplan (nach Hölzermann, 1878, Taf. 16). Maßstab Plan etwa 1 : 2650, Profil a–b Maßstab etwa 1 : 570.

5.3.2. Funde

Die bisher unzureichend veröffentlichten Keramikfunde der alten Grabungen an der Herlingsburg und die zahlreicheren Funde der jüngsten Ausgrabungen vom Piepenkopf und vor allem vom Tönsberg werden in einer repräsentativen Auswahl vorgelegt und besprochen (Taf. 1–8).
Von allen mittelalterlichen Anlagen liegen je nach dem Umfang der älteren Ausgrabungen, der Nutzungsdauer und Nutzungsart Funde der verschiedenen Gattungen in sehr unterschiedlichen Mengen vor: Keramik, Metall, Knochen als Mahlzeitreste von Haus- und Jagdtieren. Dieses Material, vorwiegend aus den Weerthschen und Schuchhardtschen Ausgrabungen um 1900, ist leider in den meisten Fällen nicht so klar und dauerhaft beschriftet, daß es innerhalb der Anlagen oder Fundstellen stratigraphisch auszuwerten ist. Das umfangreichste Inventar liegt von Alt-Schieder für einen Zeitraum von ca. sechs Jahrhunderten vor. Es folgt die Burg in Kohlstädt bei einer Nutzungsdauer von etwa drei Jahrhunderten. Für alle anderen Anlagen ist nur eine kürzere Nutzungsdauer für etwa ein Jahrhundert anzunehmen, wofür die Probegrabungen in der

Uffoburg und die umfangreicheren Untersuchungen im Bomhof und Altsternberg ausreichendes Material lieferten. Vom Kleinen Hünenring und der Schanze im Siekholz geben nur mehr zufällige Funde, bei Wallschnitten geborgen, einen ersten Datierungsanhalt. Ausreichende Grabungen auf den Innenflächen erfolgten bisher nicht.
Von der Burg auf dem Schildberg liegen keine Funde vor. Sie wird erst seit 1973 vom Verfasser denkmalspflegerisch betreut, nachdem die Stadt Lügde im Zuge der kommunalen Neuordnung dem Arbeitsgebiet angegliedert wurde.
Kein Fundinventar liefert mit Sicherheit einen repräsentativen Querschnitt, noch weniger ist mit zeitlicher Vollständigkeit zu rechnen. Von Alt-Schieder fehlt weitgehend Material aus dem älteren Ringwall. In der Uffoburg ist weder der Innenraum systematisch durch Flächengrabungen auf Bebauung untersucht worden, noch kann eine Aussage über Gleichzeitigkeit oder Funktion der „Vorburg“ gemacht werden. Da die Funde bisher kaum ausreichend oder nur schwer auffindbar im lokalen Schrifttum veröffentlicht, oft auch nur erwähnt sind, erfolgt die Vorlage einer Auswahl charakteristischer Funde auf den Taf. 9–16.

5.3.2.1. Keramik

5.3.2.1.1. Urgeschichtliche Keramik

Selbst größere und vollständig ergrabene Siedlungskomplexe dieser Zeit bereiten erhebliche Bearbeitungsschwierigkeiten (Wilhelmi, 1967, 61). Das über weite Zeiträume sehr einheitliche Material ist für eine feinchronologische Gliederung kaum geeignet. Diese wäre jedoch für die Frage der Zeitdauer bzw. des zeitlichen Abstandes einzelner Baumaßnahmen wie am Tönsberg, Schnitt I, sehr nützlich. So kann hier nur bezugnehmend auf die Beschreibung der Keramik in den Abschnitten 4.2.1.4.1. (Tönsberg), 4.2.2.4. (Piepenkopf) und 4.2.3.4. (Herlingsburg) versucht werden, durch Vergleich mit anderen großen Fundkomplexen den zeitlichen Rahmen zu erkennen. Für eine vergleichende Auswertung erscheinen die Grubeninhalte der Siedlung Sünninghausen, Kreis Beckum (Westf.), insbesondere die durch Fibeln datierten Grubeninhalte 39, 66 u. 101, geeignet (Wilhelmi, 1967, 67 u. 101, Taf. 4 u. 5, 1–17; 1973, Taf. 6–9, 18 u. 19). Darüber hinaus bietet die Keramik einiger Ringwälle des Mittelgebirgsraumes, insbesondere die der Altenburg bei Niedenstein und die der Steinsburg auf dem Kleinen Gleichberg bei Römhild (Thüringen), gute Vergleichsmöglichkeiten.
Für die Keramik vom Tönsberg liegen zumindest im Bereich der Wallschnitte einige stratigraphische Beobachtungen vor. Am Piepenkopf lag alle Keramik in einem Besiedlungshorizont hinter dem Wall, bis auf eine einzelne Scherbe in der Grube eines Außenpfostens. Bei den Funden aus der alten Grabung an der Herlingsburg können Fundbeobachtungen nicht ausgewertet werden, ihre Lokalisierung ist jedoch weitgehend gesichert.
Folgende Merkmale und Verzierungselemente können zum Vergleich herangezogen werden (Taf. 1–8): leicht verdickte Fingertupfenränder an steilwandigen Gefäßen und einigen Schalen (wie Taf. 1, 21; 4, 17 u. 18; 5, 7; 7, 1–3; 8, 11 u. 12), die in der Regel der groben und stark beschlickten Ware zugehören. Des weiteren: flache, dickwandige Schalen und Kümpfe mit schräg nach innen abgestrichenem, teils verdicktem Rand (Taf. 1, C 17; 3, A 1 u. 2; 8, 1, 5 u. 20). Besonders auffällig im Material des Tönsberges und der Herlingsburg sind flach s-förmige Topfprofile, sowohl mit spitzauslaufendem (Taf. 2, 3; 3, 9; 5, 8 u. 9; 8, 2) als auch leicht abgestrichenem Rand mit äußerer Randlippe (Taf. 2, 6). Letztere sind auch im Material vom Piepenkopf vertreten (Taf. 7, 13). Ferner treten vereinzelt schärfer gegliederte Gefäßränder mit deutlichem Umbruch, höherer Schulter und ausladendem, teils spitz auslaufendem Rand auf (Taf. 4, 10; 8, 4).
Fingertupfenränder an groben Gefäßen gibt es seit Ha D bis in die römische Kaiserzeit hinein, so in: Rittershausen und Kalteiche, Dillkreis (Behaghel, 1943, Taf. 21 E, 21; 38, 73), Habinghorst,

Kreis Castrop-Rauxel, und Hochlarmark-Siepenheide, Kreis Recklinghausen (Stampfuss, 1959, Taf. 20, 8; 12, 1 u. 5), Buisdorf, Siegkreis (Marschall, Narr, v. Uslar, 1954, Taf. 57, 24), Sinn, Dillkreis (Schoppa, 1954, Abb. 7).
Schräg nach innen abgestrichene, verdickte Schalenränder kommen von Ha D bis in die La-Tène-Zeit vor, so in: Habinghorst, Stadtgut und Kanalstraße, Kreis Castrop-Rauxel, und Bochum-Hiltrup, Zeche Constantin (Stampfuss, 1959, Taf. 19, 19; 20, 16; 21, 11 u. 14), Siegen, Minnerbach und Dünsberg, Kreis Wetzlar (Behaghel, 1943, Taf. 31 E, 7; 35, 92), Altenburg bei Niedenstein (Hofmeister, 1930, 62, Abb. 37, 7–10; 63, Abb. 39, 6 u. 9; 42, 6 u. 7), Buisdorf, Siegkreis (Marschall, Narr, v. Uslar, 1954, Abb. 57, 7), Sinn, Dillkreis (Schoppa, 1954, Abb. 6, 6).
Gute Vergleichsmöglichkeiten bestehen auch für einige auffällige Stücke mit der Keramik vom Kleinen Gleichberg (Steinsburg) bei Römhild. Für flach s-förmige Topfprofile gibt es gute Parallelen bei Peschel (1962, 191; Taf. 15 A, B, G). Für die Schnurösen, Tönsberg (Taf. 3, 21; 5, 12), gibt es Parallelen von der Steinsburg (Peschel, 1962, 213; Taf. 37, 9 u. 21); für den kleinen Boden (Taf. 1, 19) bei Peschel (1962, 202; Taf. 26 E, 1). Für die verzierte Scherbe von der Herlingsburg (Taf. 8, 28) existieren Vergleichsstücke von der Steinsburg (Peschel, 1962, 189; Taf. 13 D, 1 u. 2). Für den spätlatènezeitlichen Fundkomplex mit Nauheimer Fibel vom Tönsberg (Taf. 5 B) bestehen für die Keramik beste Vergleichsmöglichkeiten mit gleichartigen Boden- und Randprofilen von der Steinsburg (Peschel, 1962, 185; Taf. 9 A, 1,2 u. 6). Für die kleine strichverzierte Scherbe vom Piepenkopf (Taf. 7, 16) ist eine sehr gute Parallele von der Altenburg vorhanden (Hofmeister, 1930, Taf. 38, 12).
Gute Entsprechungen sind unter der Keramik in Sünninghausen, Kreis Beckum, zu finden. Für Keramik, die mit Sicherheit der frühen Besiedlung zuzurechnen ist, gibt es Parallelen in der durch eine Paukenfibel datierten Grube 101 (Wilhelmi, 1973, Taf. 6–8 u. 9), insbesondere für s-förmige, zugespitzte Randprofile vom Tönsberg (Taf. 2, 2,3 u. 6; 3, 6 u. 9; bei Wilhelmi, 1973, Taf. 7). Für die Kammstrichscherben vom Tönsberg, Schnitt I, (Taf. 1, 7,8,10 u. 11) bei Wilhelmi (Taf. 6, 133), für die Kumpfrandscherbe aus Schnitt IV, Nordwall (Taf. 3, 1), ist bei Wilhelmi eine Parallele auf Taf. 8, 171 vorhanden. Auch für die strichverzierte Scherbe vom Piepenkopf (Taf. 7, 16) gibt es in der Grube Sünninghausen 101 eine gute Parallele auf Taf. 6, 130.
Für die sicher nach der Errichtung der zweiten Befestigungslinie (Stein-Erde-Wall im Schnitt I) entstandenen Siedlungsreste (Schnitt I, F2) sind für die Keramik gute Parallelen in Sünninghausen, Grube 39 und 66, zu finden (Wilhelmi, 1973, Taf. 18 u. 19). Die am Tönsberg gefundenen Bodenprofile sind für eine genauere Datierung nicht verwendbar. Sie treten sowohl am Tönsberg als auch in Sünninghausen in den datierten Gruben sowohl im älteren als auch im jüngeren Fundzusammenhang auf. Für die Randscherben der verschiedenen Töpfe, Kümpfe und Schalen lassen sich jedoch gewisse Unterschiede erkennen. Für das Material vom Tönsberg (Schnitt I, F2, Taf. 1 A u. 2) sind vergleichbare Profile bei Wilhelmi, 1973, auf Taf. 18, 5,9,12,13,17–19; 19, 1–4 u. 8–10 vorhanden. Für das Material aus der Wallschüttung des Kernwerkes, Tönsberg, Schnitt III (Taf. 5 A), das eine Vermengung aufweist, sind für die jüngeren Randprofile ebenfalls gute Beispiele bei Wilhelmi, 1973, Taf. 18, 19–29, sowohl für Kumpf- und Schalenränder als auch für Böden vorhanden. Das gleiche gilt für Taf. 19, insbesondere 9–12 u. 14–17. Auch das zum größten Teil etwas jüngere Material von der Herlingsburg (Taf. 8) hat in den Gruben 39 und 66 (Wilhelmi, 1973, Taf. 18 u. 19) gute Parallelen. Für die scharf profilierten Ränder mit hartem Umbruch (Taf. 4, 6 u. 8, 4), hoher Schulter und abgewinkeltem Rand sind in Sünninghausen kaum Parallelen zu finden, sie stehen Formen von Paderborn-Hecker näher (Wilhelmi, 1967, Taf. 10 L, 1).
Für den eingezogenen, nach innen rund gewulsteten Schalenrand und den leicht eingezogenen runden Rand vom Tönsberg (Taf. 4, 2 u. 1) gibt es in Sünninghausen keine Entsprechungen. Um so zahlreicher treten letztere in Fundkomplexen der Amöneburg auf (Gensen, 1969, 24, Abb. 2, 12–14), ebenso auf der Milseburg, aber auch im Material der Altenburg (Hofmeister, 1930, Abb. 37–41) und der Erdenburg bei Bensberg (Joachim, 1974, Abb. 9). Die besten Parallelen für die Schalen mit eingezogenem, durch eine runde Wulst verdicktem Rand aus zwei spätlatènezeit-

lichen Brandgräbern liegen von Ginsheim-Gustavsburg vor, wo diese Schalen mit Nauheimer Fibel zusammen vorkommen (Meier-Arendt, 1968, 32f., Abb. 1, 1; 2, 3 u. 5).
Für die kräftig gegliederten Randprofile vom Tönsberg (Taf. 2, 1 u. 2; 4, 10) können Gefäßformen der späten La-Tène-Zeit, z.B. aus Alfeld, Altstadt (Jacob-Friesen, 1974, Abb. 394), ebenso herangezogen werden, wie sie an Profile der Ripdorfstufe erinnern, ohne daß damit Beziehungen zum norddeutschen Raum hergestellt werden sollen (Jacob-Friesen, 1974, Abb. 515–518). Bei der Schale vom Tönsberg (Taf. 2, 1) sind auch Anklänge an Formen von der Pipinsburg bei Osterode (Claus, 1957, Abb. 11c) vorhanden. Für die Schnurösen, Tönsberg (Taf. 3, 21; 5, 12) ist noch eine mittellatènezeitliche Parallele nachzutragen, die in gleicher Weise über dem runden Umbruch auf der Schulter einer kleinen Urne angebracht ist (Jacob-Friesen, 1974, Abb. 386).
Abschließend sei der kleine Komplex stratigraphisch zu trennenden Materials vom Tönsberg, Schnitt I, mit aller gebotenen Vorsicht mit den von Mildenberger (1969, 122ff.) erzielten Ergebnissen bei der statistischen Auswertung der großen Keramikmengen der Altenburg verglichen. Auch hier nimmt die randtupfenverzierte grobe Ware in den nachweislich jüngeren Fundkomplexen ab, während sie im älteren Material, das unter den Wällen liegt oder in die Wallschüttung geriet, häufiger vorkommt. Die wenigen Scherben mit senkrechtem Kammstrich, nur unter dem Wall in Schnitt I gefunden, geben einen weiteren Hinweis darauf, daß die Zerstörung der älteren Anlage in der mittleren La-Tène-Zeit erfolgte und die Errichtung des Stein-Erde-Walles bereits in die beginnende späte La-Tène-Zeit zu datieren ist.
Die vergleichende Auswertung der Keramik zeigte deutlich die Beziehungen zum Mittelgebirgsraum und dem südöstlichen Teil der Münsterländischen Bucht. Parallelisierung mit dem Fundgut der latènezeitlichen Gruppen im nördlichen Deutschland, insbesondere im Weser-Aller-Bereich und weiter zur Elbe hin, bietet sich nicht an. Zwischen der Keramik der latènezeitlichen Ringwälle und dem Material, das aus frühkaiserzeitlichen Siedlungsplätzen des Arbeitsgebietes in großer Menge zur Verfügung steht, bestehen kaum Vergleichsmöglichkeiten. Besonders auffallend ist, daß Übergänge zu facettierten Rändern überhaupt nicht auftreten und Flächenornamentierung nur sehr selten vorhanden ist. Darin unterscheidet sich das Material allerdings auch von den zum Vergleich herangezogenen Fundkomplexen des Mittelgebirgsraumes, wo Kammstrich-, Besenstrich-, Fingertupfen- mit Fingernagel- oder Holzspachtelverzierungen flächendeckend viel früher auftreten.

5.3.2.1.2. Frühmittelalterliche Keramik

Sie wird hier in Anlehnung an die Untersuchungen zur mittelalterlichen Keramik von U. Lobbedey (1968, 89) chronologisch eingeordnet. Zum Materialvergleich wurden herangezogen: die Keramik der Siedlungshorizonte der Wurt „Hessens" (W. Haarnagel, 1959, 41ff.), die stratigraphisch gesicherte und gut datierte Keramik der Hamburger Altstadtgrabung (R. Schindler, 1959, 57ff.) und die frühmittelalterliche Keramik um Halle und Magdeburg (P. Grimm, 1959, 72ff., Abb. 3 u. 4). (Zum folgenden s. auch Abb. 73.)
Es wurden Gruppen gebildet sowohl nach technischen Merkmalen wie Brennweise, Tonbeschaffenheit und Magerung, Oberflächenbehandlung und Farbe als auch formal nach der Ausformung der Randprofile, da ganze oder rekonstruierbare Gefäße nicht zur Verfügung standen. Dieses Vorgehen war auch gerechtfertigt, weil aus einigen Anlagen mit kürzerer Nutzungsdauer, Münzdatierung und anderen Hinweisen auf sehr unterschiedliche Zeitstellung ein sehr einheitliches Material zur Verfügung stand. Das trifft zu für die Wallanlage Uffoburg (Kap. 4.3.3.), die kleine Dynastenburg Altsternberg (Kap. 4.3.7.) und die Burg in Kohlstädt (Kap. 4.3.9.).
Für eine Bearbeitung nach typologischen und technologischen Gesichtspunkten als selbständigen Beitrag zur regionalen Geschichte der Keramik des Arbeitsgebietes mangelt es für diesen Zeitraum an gesicherten stratigraphischen Beobachtungen und der Möglichkeit, umfangreiche mineralogische Untersuchungen und Laboruntersuchungen zur Brenntechnik durchzuführen. Solche

Untersuchungen wären für das Arbeitsgebiet, das sowohl verkehrsgeographisch wie historisch vom Ende der Frühgeschichte bis zum hohen Mittelalter eine Kontaktzone zwischen dem norddeutschen, sächsischen und dem rheinisch-fränkischen Gebiet darstellt, sehr lohnend. Dazu kommen aufgrund der besonders stark wechselnden geologischen Verhältnisse mit unterschiedlicher Rohstoffbeschaffenheit noch zahlreiche lokale Ausprägungen der heimischen Produktion, wie Keupermergel-, Kalkgrusmagerung und Sandmagerungen. Sie bewirken auch bei den Gruppen einige Unterschiede zum Vergleichsmaterial des entsprechenden Zeithorizontes.

Gruppe A

Mäßig hart gebrannt, grobe Granitgrusmagerung tritt buckelig an die Oberfläche.
Farbe: Schwarzgrau, an der Oberfläche teils Rotbraun (Taf. 14, 4).
Ränder: rund ausladend, teils noch s-förmig und Rand dünn ausgezogen (Taf. 9, 12) oder gedrückt, s-förmiges Profil, bei dem die Herausbildung eines abgesetzten Randes vollzogen ist, teils ist das Profil im Randstück innen verdickt und der Rand oberhalb dünn ausgezogen, ein Merkmal, das noch an Ränder des Horizontes 5 von Hessens erinnert, ohne daß hier mit Rücksicht auf den wesentlich länger ausgezogenen Rand ein so früher Ansatz erfolgen soll (Taf. 9, 11; 14, 6). Einige Ränder kantig abgestrichen (Taf. 14, 4; 6 A) (Haarnagel, 1959, 48 u. Taf. II).
Sonderstücke: feinsandiger Ton, Buntsandsteinmagerung, Oberfläche glatt gestrichen (Taf. 9, 12). Scherbe mit blasiger Oberfläche, hell lederbraun, feingeglättet, innen schwarzgrau, Muschelgrus (?) oder ausgelaugte Kalkmagerung (?) (Haarnagel, 1959, 48 u. 51; Hübener, 1959, 24 f. u. 96 ff.).
Datierung: 9. Jahrhundert.
Vorkommen: Tönsberg Inv. U. 1334, Uffoburg Inv. U. 851, Alt-Schieder Inv. U. 845.

Gruppe B

Mäßig hart gebrannt, feiner und weniger stark gemagert als Gruppe A, teils Granitgrusmagerung (Uffoburg, Taf. 14 u. 15 A), teils feiner Bachkies aus Keupermergel entsprechender Korngröße (Bomhof, Taf. 15 C, 4–9 u. 12–15), Oberfläche innen und außen mit fein geschlemmtem Ton überzogen.
Farbe des Überzugs: Hellgrau bis Hellbraun, im Bruch Schwarzgrau.
Ränder: abgeknickt, teils verdickt und kantig profiliert, teils lang ausgezogen mit leichter Innenkehle.
Zugehörig eine Gußtülle (Taf. 14, 2).
Sonderstück: Glättung ähnlich, aber rötlichbraun.
Farbe im Bruch: Rostbraun mit feingrauem Kern (Taf. 14, 1) (Haarnagel, 1959, 50 ff., Taf. II u. III; Grimm, 1959, 76 f., Abb. 3 u. 4).
Datierung: 10. Jahrhundert.
Vorkommen: Bomhof (Taf. 15 C, 4–8 u. 12–15) Inv. U. 847, Kleiner Hünenring (Taf. 15 B) Inv. U. 622 a, Alt-Schieder (Taf. 9, 6–10) Inv. U. 845, Uffoburg (Taf. 14, 1–3 u. 7–10) Inv. U. 851.

Gruppe C

Härter gebrannt, grobe Granitgrusmagerung (wie Gruppe A). Oberfläche rauh und ungleichmäßig.
Farbe: Hellgrau, Mittelgrau bis Rotbraun, im Bruch ungleichmäßig Hell- bis Dunkelgrau.
Sonderstück (Taf. 9, 1): Bruch und Außenfläche grau-braun, Innenfläche rot.
Ränder: im Winkel abgeknickt, abgestrichen, teils schräg nach außen, teils horizontal mit leichter Kehle innen am Rand (Andeutung einer „Deckelfalz"). Ein Stück mit Henkelansatz (Taf. 9, 5) (Haarnagel, 1959, Taf. III; Grimm, 1959, Abb. 4).
Datierung: Ende 10./11. Jahrhundert.
Vorkommen: nur Alt-Schieder (Taf. 9, 1–5) Inv. U. 845.

Gruppe D

Mäßig hart gebrannt (wohl stärker als A, aber schwächer als C), Ton, teils von Natur aus mager mit wenigem gröberem Zuschlag, teils auch grob gemagert. Machart grob und dickwandig, wie A–C, mit schlecht geglätterter Oberfläche.
Farbe: wechselt zwischen Hell- bis Mittelgrau, Rot bis Rotbraun und Gelbgrau. Im Bruch zumeist wechselnd, wie Oberfläche, außer Taf. 10, 5, außen rotbraune Schicht, innen Dunkelgrau.
Ränder: laden mit runder Halskehle aus, teils lippenförmig gerundet, teils nach außen, auch am Knick innen verstärkt, verdickt und schräg abgestrichen, teils senkrecht abgestrichen. Ränder aber nachgedreht (Haarnagel, 1959, Taf. IV u. V; Grimm, 1959, Abb. 4; Grimm, 1962/63, 555 ff., Taf. L I).
Sonderstück: Lochgriffdeckel (Taf. 16 B, 9), Wand glockenförmig, 12. Jahrhundert. Als Entwicklung für Kugeltopf (Grimm, 1959, 91).
Datierung: 2. Hälfte 11. bis 1. Hälfte 12. Jahrhundert.
Vorkommen: Alt-Schieder (Taf. 10, 3,5,9,11,13,15; 11, 4 u. 10) Inv. U. 845, Alt-Sternberg (Taf. 16, 8–11 u. 13–15) Inv. U. 852.

Gruppe E

Ziemlich hart gebrannt, teils natürliche Magerung, Keupergrus, der meist kräftig an die Oberfläche tritt.
Farbe: meist in helleren Tönen, Hellgrau, Grau bis Rotbraun, im Bruch oft dunkler.
Dünnwandig, Rand und Wandung sorgfältig auf rasch laufender Handtöpferscheibe nachgedreht.
Rundprofile nach außen verdickt, aber auch nach innen abgeschrägt mit Hohlkehle innen („Deckelfalz") (Haarnagel, Taf. IV, 5–8, u. V).
Datierung: 11.–12. Jahrhundert.
Vorkommen: Alt-Schieder (Taf. 10, 1,2,4,6,10,12,14; 11, 1–3 u. 5–9) Inv. U. 845, Kohlstädt (Taf. 16 A, 7) Inv. U. 884, Siekholz (Taf. 10 B, 7 u. 8) Inv. U. 850 (vgl. dazu Material 11. Jahrhundert: Haarnagel, 1959, 52; Taf. IV, 5. u. 7).

Gruppe F

„Blaugraue Ware", hartgebrannt, kräftige, aber feinkörnige Sandmagerung, dünnwandig.
Farbe: Hellgrau bis Dunkelblaugrau, teils auch Dunkelgrau bis Bräunlich.
Sonderstück: innen und Bruch weißgrau, außen blaugrau (Taf. 12, 18).
Ränder: entweder im Winkel abgeknickt, kantig, profiliert mit Innenkehle oder über Halskehle rund ausladend, nach außen schräg abgestrichen oder auch rund profiliert. Ränder immer sorgfältig nachgedreht (Bader, 1962, 207, Abb. 5; Haarnagel, 1959, 53; Taf. V).
Datierung: einzelne Stücke schon 11. Jahrhundert, Masse 12. Jahrhundert.
Vorkommen: Alt-Schieder (Taf. 12, 17,18,20,21) Inv. U. 845, Kohlstädt (Taf. 16, 1–3,5 u. 6) (Taf. 16, 4 jünger).

Gruppe G

Helltonige Importware. Drehscheibenware, feine Sandmagerung.
Farbe: innen Hellgrau, außen Hellrotbraun, scharfe Farbgrenze bei 4 mm.
Wandstärke Außenschicht ca. 1,50 mm (Taf. 15 C, 10 u. 11).
Datierung: Frühmittelalter, paßt ins 10. Jahrhundert.
Vorkommen: Bomhof Inv. U. 847.

Wie vor. Scharf abgeknickter, gerader Rand mit runder Lippe (Taf. 12, 22).
Vorkommen: Alt-Schieder Inv. U. 845.

Drehscheibentopf, fein gemagert, einheitlich blaßgelb.
Rand: scharf ausgebogen mit waagerecht nach außen gezogener Randlippe (Taf. 12, 16).

Datierung: vermutlich 11./12. Jahrhundert.
Vorkommen: Alt-Schieder Inv. U. 845.

Nachahmung der Pingsdorfer Ware.
Farbe: Gelb, manchmal innen Grau mit allmählichem Übergang.
Wahrscheinlich von Kugeltöpfen, Gefäßkörper handgemacht.
Ränder: gedreht, mit runder Halskehle, ausladend, leicht krallenförmig verdickt mit Innenkehle („Deckelfalz"), rotbraun bemalt und flache Ritzfurchen senkrecht und waagerecht in Halskehle und auf Schulter (Taf. 12, 19).
Datierung: wohl 12. Jahrhundert.
Vorkommen: Alt-Schieder Inv. U. 845.

Wie vor. Rand: rund hochgezogen mit breiten Drehfurchen innen im Schulter- und Halsbereich und kräftiger Innenkehle „Deckelfalz", unbemalt (Taf. 12, 13).
Datierung und Vorkommen: wie vor.

Wandscherbe, wie vor, mit Bemalung, schwarze Streifen (Taf. 16, 12).
Vorkommen: Alt-Sternberg Inv. U. 852.

Gruppe H

Lediglich eine kleine Auswahl jüngerer „Blaugrauer Ware" als Hinweis auf die weitere Entwicklung vom 13. Jahrhundert ab.
Drehscheibenware mit Riefen und Furchenverzierung, insbesondere im Schulterbereich. Stempel- bzw. Rollstempelverzierung und Wellenfüßen (Taf. 12, 4–6,9,11,12,14,15; 16, 1,2,4).
Vorkommen: Alt-Schieder und Kohlstädt.

5.3.2.2. Metall

5.3.2.2.1. Latènezeitliche Metallfunde

Die latènezeitlichen Befestigungen haben bisher nur sehr wenige Metallfunde gebracht. Die Funde vom Tönsberg sind im Abschnitt 4.2.1.4.2. vorgelegt. Die wenigen Eisenfunde sind für eine Feindatierung ungeeignet, außer der Eisenspitze von der Grotenburg (Abb. 29), die v. Petrikovits (1951, 209) „mit sehr großer Wahrscheinlichkeit als eine römische Pilumspitze" und Variante vierseitig-pyramidaler Pila ansieht, die Parallelen in Haltern und Vindonissa haben und in Augusteischer Zeit noch benutzt wurden. Sie liefert als durchaus interessante Bodenurkunde eine Zeitmarke, kann aber nicht für die Altersbestimmung der Anlage herangezogen und erst recht nicht als Einzelstück historisch ausgewertet werden für die Geschichte der Auseinandersetzung zwischen Germanen und Römern.
Die Nauheimer Fibel vom Tönsberg besitzt dagegen über den chronologischen Wert hinaus eine erhebliche Aussagekraft (Taf. 5 B, 11). Sie wird in die zweite Hälfte des 1. vorchristlichen Jahrhunderts datiert und kommt in spätaugusteisch-tiberischer Zeit außer Gebrauch (Werner, 1955, 170ff.). Sie wurde in stratigraphisch eindeutiger Lage im braunen Füllboden eines Gräbchens zwischen zwei Pfosten (Beilage 9, P VI u. P VII) unter dem Niveau der brandgeröteten Feuerstellenplattierung gefunden. Über der Feuerstelle innerhalb des Gebäudes lagen das Fragment des Läufersteines einer Drehmühle aus Basaltlava und eine große Zahl von Gefäßscherben, vorwiegend der mittleren, fein gemagerten braunen Ware mit geglätteter Oberfläche, ein kleiner Boden mit einer Andeutung von Standring, rund ausladend, eine Scherbe, eventuell dazugehörig, mit weichem Umbruch, steiler Schulter, waagerecht abgestrichenem Rand und kleiner äußerer Randlippe. Eine weitere Randscherbe zeigt einen schärferen Umbruch, eine schräg geneigte Schulter und einen kurzen, nach außen gebogenen Rand. Dieser Fundkomplex (Taf. 5 B) ist

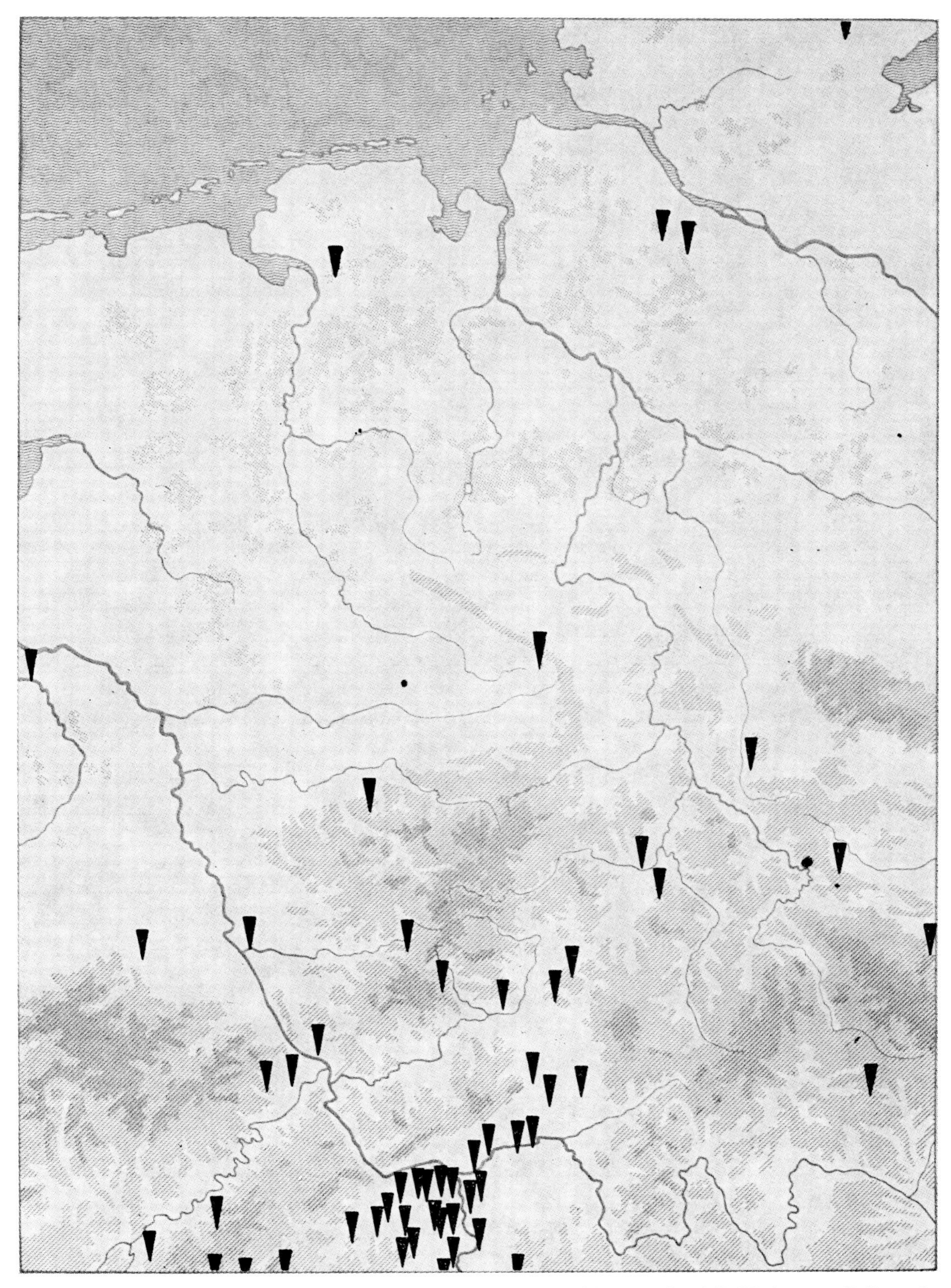

Abb. 72 Verbreitung der spätlatènezeitlichen Fibeln vom Typus Nauheim (nach R. Hachmann, G. Kossack, H. Kuhn, 1962, Karte 5, vgl. Taf. 5,8), mit Nachtrag Fibel vom Tönsberg (Taf. 5,17).

gleichzeitig mit der Nauheimer Fibel oder sogar etwas jünger anzusetzen. Es bleibt offen, ob die Fibel bereits beim Bau des Hauses oder erst bei seiner Zerstörung in das Gräbchen geriet. Wenn wir den ersten Fall annehmen und gar noch das von Wilhelmi (1973, 91) herausgestellte „Nachleben" von Einzelformen auf dieses Importstück bei der allgemeinen Verzögerung ältereisenzeitlicher Erscheinungen dieses Gebietes anwenden wollen, so müssen wir für den Tönsberg wohl ein noch späteres Zerstörungs- und Auflassungsdatum annehmen, als es Mildenberger (1969, 122ff.) für die Altenburg herausgearbeitet hat. Wenn wir die Wernersche Datierung (1955, 172ff.) zugrunde legen, bei der er die beiden Stücke des Manchinger Depotfundes mit der Einnahme des Oppidums durch die Römer in Verbindung bringt, ergibt sich durch den Fibelfund unter Berücksichtigung der Fundsituation ebenfalls eine Datierung der letzten latènezeitlichen Anlagen auf dem Tönsberg und ihre Auflassung in der Zeit der militärischen Operationen der Römer im freien Germanien. Wir fassen hier aber auch wohl nach dem bisherigen Forschungsstand das Enddatum für die eisenzeitliche Nutzung des Tönsberges. Die ganz andersartige Keramik aus spätlatène- und frühkaiserzeitlichen, wohl durchlaufenden Siedlungen des zugehörigen Siedlungsraumes um Schötmar, in Hündersen und Wüsten fehlt auf dem Tönsberg trotz des im Vergleich zu anderen Ringwällen unseres Gebietes schon zahlreichen Materials völlig.
Mit der Nauheimer Fibel läßt sich der Tönsberg – auch bei Berücksichtigung der zahlreichen anderen Siedlungsreste in den im Vergleich zur Größe der Gesamtanlage nur unbedeutenden Grabungsflächen – zu den von Werner (1955, 171) aufgeführten 41 Siedlungen der späten La-Tène-Zeit und den 28 befestigten unter ihnen rechnen. Es wäre sicher übertrieben, für diese Anlage der nördlichen Randzone der spätlatènezeitlichen Oppidakultur den Begriff Stadtanlage zu verwenden. Dazu fehlt bisher der Nachweis umfangreicher Handwerksansiedlung und all jener Funktionen, die solche Bezeichnung rechtfertigen. Aber Ansätze zu solcher Entwicklung nach den südlichen Vorbildern sind durchaus erkennbar. Die Funktion der Anlage im Rahmen der siedlungs- und verkehrsgeographischen Situation wird im Kap. 5.4. noch zu besprechen sein.
Der Nachtrag auf der Verbreitungskarte der spätlatènezeitlichen Fibeln vom Typus Nauheim (Abb. 72) läßt die Wege erkennen, auf denen sich die Einflüsse der Oppidakultur nach N bewegten. Es sind, von dem Zentrum im Rhein-Main-Gebiet aus, der Weg durch die hessische Senke über die Paderborner Hochfläche, der Sennehellweg oberhalb des Quellhorizontes der Lippe- und Emszuflüsse durch die Pässe des Teutoburger Waldes zur Weser. Ein weiterer Weg ist vom Rheintal aus am Nordrande des Rheinischen Schiefergebirges, südlich des Lippegebietes entlang des Haarstranges, zum Treffpunkt mit der ersten Linie vor dem Teutoburger Wald anzunehmen.
Das von Hachmann, Kossack, Kuhn gezeichnete Bild (1962) einer sehr einheitlichen Gruppe „im Wirkungsbereich der spätlatènezeitlichen Oppidakultur" erfährt durch die Ergebnisse dieser Arbeit insofern eine Ergänzung, als der Raum des Weserberglandes zwischen den äußersten Vorposten am nördlichsten Mittelgebirgsrand, dem Rheinischen Schiefergebirge und dem Hessischen Bergland eine Auffüllung erfährt und die Abgrenzungen deutlicher werden (Abb. 70 u. 72).
Die Nauheimer Fibel, ein typischer Fund in den Oppida (Kossack, 1962, 83), und der Nachweis umfangreicher Besiedlungsspuren rechtfertigt es, außer der „Babilonie" (Hachmann, 1962, 33; Kossack, 1962, 95) auch den Tönsberg unter die den Oppida ähnlichen Anlagen einzureihen.

5.3.2.2.2. Mittelalterliche Metallfunde

Von den frühgeschichtlich-mittelalterlichen Anlagen brachte bisher nur Alt-Schieder Eisengerätschaften und Beschläge in größerer Zahl, die aus der Grabung 1899 stammen. Da sie von Schuchhardt nur zum Teil abgebildet und beschrieben wurden (1916, 69f.; Abb. 53–60) und einige besondere Merkmale kaum erkennbar sind, wurden sie in die Tafeln aufgenommen. Sie

zeigen in der Zusammensetzung sehr anschaulich die Inventarreste eines Wirtschaftshofes und einige Funde aus dem Bereich der Kirche (Abb. 36). Leider waren nur noch wenige Stücke nach Fundzetteln zu lokalisieren. Es sind Geräteformen, die im einzelnen nicht genauer datiert werden können, da sie von der karolingischen Zeit bis ins späte Mittelalter reichen. In den Trümmern der Kirche und des nach W vorgelagerten Komplexes wurden die Beschlagteile, Schlüssel und Messer gefunden (Taf. 12, 7 u. 10; 13, 1, 6 u. 10). Das Messer hat eine ovale, auf die flache Griffangel geschobene Griffplatte. Das mit eingeschnittenen Kerben versehene Objekt (Taf. 12, 7) ist leicht verbogen und hat zwei Niete. Es kann als Buchdeckelschließe oder als Schließe für ein kleines Kästchen gedeutet werden. Die verschiedenen Arbeitsgeräte sind auch recht interessante Belegstücke für die volkskundliche Geräteforschung. Nach Angaben auf alten Fundzetteln wurden sie zum größten Teil in der Umgebung des Gebäuderestes in der Südostecke und an den verschiedenen Wallschnitten gefunden. Drei Scherenfragmente (Taf. 13, 2–4) gehören zu einem Typ, wie er seit der La-Tène-Zeit bekannt ist und nach mittelalterlichen Bildquellen vorwiegend als Schafschere genutzt wird. Das Fragment (Taf. 13, 5) ist ein aus zwei Platten zusammengeschmiedeter Schneidenbeschlag eines Holzspatens. Ein beim Losreißen verbogener Truhenbeschlag (Taf. 13, 6) läßt auf eine Materialstärke der Bohle von ca. 3,50 cm schließen. Das s-förmige Flacheisen (Taf. 13, 9) ist auf einer Seite schneidenförmig ausgebildet. Solche Stücke dienten früher den Zimmerleuten zum Verklammern von Bohlen. Der vierkantig ausgeschmiedete Nagel mit flachrundem Kopf gehörte wohl ebenso zum Material des Zimmermannes. Weitere Nägel, auch mit dicken und eckig ausgeschmiedeten Köpfen, sind vorhanden. Die größere Zimmermannsaxt (Taf. 13, 11) mit weit ausgezogener Schneide ist für Linkshänder, das kleinere Beil (Taf. 13, 13) eignete sich für rechtshändige Arbeit. Es ist im eingezogenen Schneidenansatz sehr dick und sorgfältig ausgeschmiedet, die schmale Schneide ist sehr stark abgenutzt. Auffällig ist das sehr lange Messer (Taf. 13, 8). Der interessanteste Fund ist die lang-hakenförmig ausgezogene Sichel (Taf. 13, 7). Es ist eine frühe Form der gezahnten Getreidesichel, die wiederum für linkshändige Arbeit ausgeschmiedet ist, wie man an der abgedachten Oberfläche in Arbeitshaltung erkennen kann. Die Zahnung ist mit einem scharf schneidenden Gerät in die zuvor ausgeschmiedete Schneide geschlagen. Die Sichel hat eine Gesamtlänge von 40 cm und ist zur Spitze hin sehr dünn ausgeschmiedet. Die zahlreichen Hufeisenbruchstücke (Taf. 9, 14 u. 15) sind alle von der gleichen Art. Immer an der Stelle eines länglichen schlitzförmigen Nagelloches sind sie wellenförmig ausgetrieben. Die Eisen sind mit einer durchschnittlichen Breite von 10 cm ausgesprochen leicht und klein. Die Trense zeigt eine interessante Fertigungstechnik. Die Beißstange ist hohl gearbeitet. Zum mittleren Gelenk hin, sich konisch verjüngend, wurde ein 2 mm starkes Eisenblech eingerollt. Die äußeren Enden wurden je durch ein kleines rundes, in die Röhre geschobenes Eisenplättchen verschlossen, das durch Überbörtelung gehalten wurde.
Auch im Bomhof wurden einige Bruchstücke der zuvor beschriebenen Hufeisenform gefunden.

5.3.2.3. Sonstiges

Die Mahlsteinfragmente, zahlreiche Wetz- und Glättsteine haben zwar viele Parallelen in Anlagen wie der Altenburg bei Niedenstein, der Steinsburg bei Römhild und der latènezeitlichen Siedlung Sünninghausen, ihre Datierung läßt sich jedoch nicht so eng fassen, daß sie für eine chronologische Einordnung hier von Wert wären.

5.3.3. Absolute Datierung

Bei allen Ausgrabungen wurden aus stratigraphisch gesicherter Lage Holzkohleproben geborgen, bei weiteren Anlagen gezielte Sondierungen zur Gewinnung von C14-Proben durchgeführt. Die Ergebnisse der im C14-Labor des Institutes für Ur- und Frühgeschichte der Universität zu Köln durchgeführten Altersbestimmung der einzelnen Proben sind in der nachfolgenden Übersicht zusammengestellt:

Proben-Nr.	Fundort	Befund	Fundumstände	Datum
KN-I. 331	Rodenstatt	Brandschicht im rückwärtigen Wall	Sondierung	550 ± 45 B.C.
KN-I. 450	Tönsberg	Schnitt I, Sohle: Holzkohle aus Bodenrest unter Brandschuttschicht, Basis des Walles	Grabung	340 ± 40 B.C.
KN-I. 805	Tönsberg	Schnitt VII, Innenseite: Mauerfront, Pfostenloch	Grabung	260 ± 45 B.C.
KN-I. 806	Tönsberg	Schnitt Ia: unter Terrassenmauer, alte Lauffläche	Grabung	100 ± 50 B.C.
KN-I. 281	Grotenburg	verkohlter Holzeinbau im Wall	Grabung	280 ± 40 B.C.
KN-I. 322	Piepenkopf	Balkenrest aus Brandschicht der rückwärtigen Holzverbauung	Grabung	270 ± 40 B.C.
KN-I. 392	Herlingsburg	unter Wallkrone aus der Wallschüttung	Sondierung	210 ± 50 B.C.
KN-I. 394	Alt-Schieder	Spitzgraben der Vorburg, verkohlter Pfahl aus unterer Grabenverfüllung	Sondierung	1480 ± 60 A.D.

Die Radio-Carbon-Daten für die einzelnen Anlagen und die verschiedenen Bauabschnitte des Tönsberges bestätigen die hier durch die Funde erreichte Datierung. Das Ergebnis der Probe KN-I. 450 bestätigt eine Besiedlung des Platzes vor der Errichtung der ersten Holzwehrlinie im Bereich des Hauptwalles. Diese wiederum wird mit der Probe KN-I. 805, die von einem Pfosten der Linie stammt, in die mittlere La-Tène-Zeit datiert. Die Probe KN-I. 806 beweist, daß zu dieser Zeit der Stein-Erde-Wall bereits existierte und Reparaturen erfuhr. Die Proben von der Rodenstatt, dem Tönsberg insgesamt, der Grotenburg, dem Piepenkopf und der Herlingsburg lassen deutliche Zeitunterschiede in der Gründung der Anlagen erkennen. Ihre gleichzeitige Existenz über einen längeren Zeitraum hin wird damit aber kaum in Frage gestellt (Abb. 73). Dies mag als Hinweis darauf gewertet werden, daß in den einzelnen Siedlungskammern, denen diese Anlagen zuzurechnen sind, schon eine beachtliche Bevölkerungsdichte vorhanden war.

Im Arbeitsgebiet sind zwei Burgenbauperioden deutlich voneinander zu trennen, eine latènezeitliche, die offensichtlich unter den Auswirkungen der römischen Operationen im freien Germanien spätestens ihr Ende fand, und eine zweite frühgeschichtliche Bauperiode, die erst mit der Ausdehnung der Franken beginnt und zum hochmittelalterlichen Burgenbau überleitet (Abb. 73).

Die junge Probe KN-I. 394 von Alt-Schieder muß als Hinweis darauf gewertet werden, daß Wall mit Holzaufbauten und Graben des älteren Ringwalles noch bis in die Zeit kurz vor dem Wüstwerden des Platzes bestanden haben. Die in Abb. 73 dargestellte Zeitmarke 784 weist auf den Aufenthalt Karls des Großen im Bereich Lügde, Alt-Schieder und Herlingsburg hin.

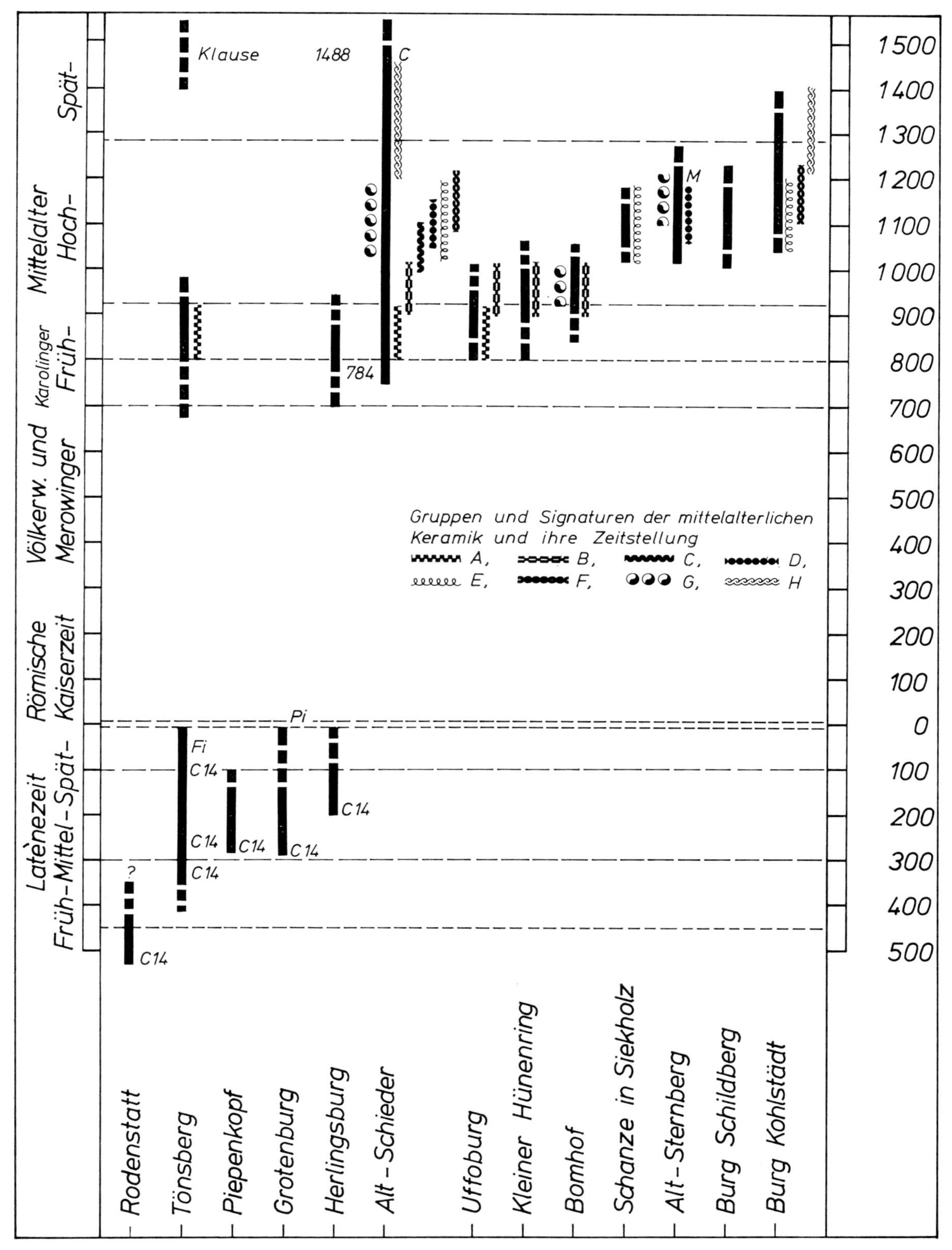

Abb. 73 Zeittafel der ur- und frühgeschichtlichen Befestigungen in Lippe. Fi = Fibel; Pi = Pilumspitze; C 14 = Radio-Carbon-Datum, Gruppen der mittelalterlichen Keramik; M = Münzen.

5.4. SIEDLUNGS- UND VERKEHRSGEOGRAPHISCHE VERHÄLTNISSE

(Abb. 1 u. 3; Beilage 24)

Bei der Behandlung der einzelnen Befestigungen des Arbeitsgebietes sind jeweils im Abschnitt „Lage und geologische Verhältnisse“ für die örtliche Situation Hinweise zur Stellung der Befestigung in ihrem Raum gegeben worden. Auch in dem Abschnitt „Auswertung“ wurden, soweit möglich, Beziehungen und funktionale Zusammenhänge, die sich aus der Verkehrssituation und dem benachbarten Siedlungsgebiet erkennen lassen, angedeutet. Der Versuch einer Auswertung in diesem Kapitel soll sich im wesentlichen auf die latènezeitlichen Anlagen beziehen. Für die frühgeschichtlich-mittelalterlichen Anlagen erscheint die Auswertung des wenn auch nur spärlichen Quellenmaterials zur Siedlungsgeschichte und zur politischen Geschichte noch nicht weit genug gediehen zu sein, um hier endgültige Schlüsse zu ziehen. Diese letzte Gruppe wird nur insoweit in diese Betrachtung mit einbezogen, als durch den Vergleich ein Wandel in den Verhältnissen erkennbar wird und die entsprechenden Fragestellungen für die latènezeitlichen Anlagen damit deutlicher werden.

5.4.1. Beziehung zu den Siedlungsräumen

Vergleichen wir die Gruppe der latènezeitlichen Höhenbefestigungen in ihrer Lage zu den durch die Altlandschaftsforschung (Schlüter, 1952/53) zumindest großrahmig ausgewiesenen Siedlungsräumen und ziehen dazu die im Kap. 5.1.1. gegebene Beschreibung der Bodenverhältnisse hinzu, so dürfte die in vielen Veröffentlichungen vertretene Auffassung, daß es sich in diesem Gebiet des Weserberglandes um ein nur dünn besiedeltes Gebiet handelte, erhebliche Einschränkungen erfahren. Bei noch sehr unterschiedlichem Forschungsstand und sicher nicht ausreichender Landesaufnahme zeichnen sich trotzdem bei der Kartierung der Denkmalsgruppen von der Bronzezeit bis in frühgeschichtliche Zeit erhebliche Konzentrationen ab (Beilage 24). Dazu im vollen Umfang die landschafts- und siedlungsgeschichtlichen, wirtschafts- und verkehrsgeographischen Untersuchungen auszuwerten, die sich mit dem frühgeschichtlichen Zeitraum intensiver beschäftigen, würde den Rahmen dieser Untersuchung sprengen. Hier seien nur einige Arbeiten angeführt, die Ergebnisse der Ortsnamenforschung bei der Behandlung dieses Themenkreises einbeziehen: Hunke, 1931; Schmidt, 1940.
Durch die Denkmalspflege und Forschungstätigkeit L. Nebelsieks zwischen 1935 und 1960 wurde die Fundkarte der für unsere Fragestellung besonders wichtigen La-Tène-Zeit und römischen Kaiserzeit wesentlich dichter. Im Gebiet östlich des Teutoburger Waldes kam es vor allem im NW Lippes und ganz im N am Wesertal zu einer deutlichen Fundkonzentration. Es handelt sich hier zum größten Teil um Funde in Böden, die erst in jüngerer Zeit intensiver und tiefer bearbeitet wurden, und um solche Fundstellen, die, zum Teil durch Talauelehme überdeckt, in größeren Tiefen liegen und bei Abbaumaßnahmen mehr zufällig festgestellt wurden. Andererseits ist auf den besten Böden, die seit dem in der Karolingerzeit beginnenden stärkeren Landausbau intensiver beackert werden, im Raume des Blomberger Beckens, um Lemgo, in Detmold und Horn die Funddichte geringer. Das darf nicht zu falschen Schlüssen veranlassen. Charakteristische Einzelfunde, zumeist Oberflächenfunde, lassen erkennen, daß auch diese Räume in den Jahrhunderten um Christi Geburt dichter besiedelt waren. Diese Gebiete weisen auch die nach der Namenforschung ältesten zu den Urgemeinden zählenden Ansiedlungen auf. Die vom unvollständigen archäologischen Quellenmaterial ausgehende Altlandschaftsforschung wurde, wo sie auf anderem Wege zur Rekonstruktion kam, durch die nachträglichen Fundstellen vollauf bestätigt. So wird man auch die seit mehr als einem Jahrtausend intensiv bewirtschafteten Siedlungskammern, in denen die Bodenurkunden schon früh weitgehend vernichtet wurden, für die Betrachtung mit heranziehen müssen.

Alle latènezeitlichen Befestigungen liegen am Rande geschlossener, aber weitgehend zusammenhängender Waldgebiete, die das Land in verschiedene größere Siedlungskammern aufgliedern. Vergleicht man die Größe dieser Siedlungsräume mit der Fläche der Anlagen, so gewinnt man den Eindruck, daß zwischen Größe und Qualität der Wohngebiete und Größe der Befestigungen gewisse Beziehungen bestehen. So würde der „Einzugsbereich" der 12 ha großen Rodenstatt das große Steinheimer und auch noch das Blomberger Becken mit günstigen Siedlungsbedingungen sein. Hinzu kämen die im nördlichen und südöstlichen Bergland anschließenden Altsiedelgebiete. Das zur 7,2 ha großen Herlingsburg gehörige Siedlungsgebiet wäre dann an der Emmer entlang, im wesentlichen im Lügde–Bad Pyrmonter Talkessel, zu suchen.
Dem 7 ha großen Piepenkopf würde das Gebiet des Begatales um Lemgo und die versplitterten Flächen im angrenzenden nordlippischen Bergland zugehören, der Grotenburg mit der beachtlichen Größe von 11 ha würde das günstige Gebiet um Detmold und in Richtung Horn zuzurechnen sein.
Der Tönsberg wäre in Verbindung zu bringen mit dem großen dichten Altsiedelgebiet zwischen Oerlinghausen–Lage und Bad Salzuflen.
Für die Anlage auf dem Bunten Berg ist ein entsprechender Siedlungsraum für die La-Tène-Zeit nicht nachzuweisen. Es sei denn, man rechnet ihm den ganzen N bis zur Weser und auch eine bisher durch keinen Bodenfund nachgewiesene Besiedlung im oberen Extertal zu.

5.4.2. Beziehung zum Wegenetz

Für das Arbeitsgebiet liegen neue lokale oder regionale Untersuchungen zur verkehrsgeographischen Situation nicht vor. Ältere Untersuchungen befassen sich vorwiegend mit den großen „Fernhandelsstraßen", die sich aus dem Bedürfnis entwickelten, begehrenswerte oder notwendige Ware und Rohstoffe zu beschaffen oder zu vertreiben. Bernstein, Metalle, Salz, Gewebe sind Beispiele dafür. Strategische Planungen und militärische Operationen waren ein weiterer Grund dafür, daß zuvor schon vorhandene Verbindungen, die durch Siedlungsverhältnisse und Morphologie bestimmt waren, zu Straßen wurden. Wo die morphologischen Verhältnisse wenig wechselten, wo weiträumige Mittel- oder Hochterrassen der Ströme und Flüsse vorhanden waren und zudem eine staatliche Ordnungsmacht darauf bedacht war, einen Landausbau zu betreiben, um das staatliche Gefüge und gewonnene Positionen zu sichern, entstanden sehr früh Straßensysteme als echte Kunststraßen. In den Provinzen des Römischen Reiches wird das eindrucksvoll sichtbar.
Alle diese Straßen und Wege verliefen nicht zufällig im Raum, sie waren Verbindungen zwischen Ausgangspunkt und Ziel, und je abwechslungsreicher die Topographie, desto mehr Zwangspässe gab es. Für den fraglichen Zeitraum waren die Verhältnisse im „freien Germanien" sicher nicht vergleichbar mit denen des römischen Rheinlandes, auch wenn es in den norddeutschen Moorgebieten die abkürzenden Moorbrücken und Bohlenwege gab. Die römischen Operationslinien mit den Lagern als Stationen bildeten nur eine kurze Episode, und erst seit der karolingischen Zeit begann sich ein festes System herauszubilden, das zwar im Mittelgebirgsraum immer noch von der topographischen Leitlinie bestimmt wurde, aber wiederum mit seinen Stationen Schwerpunkte und Hauptlinien herausbildete. Hier gab es dann auch die Ansatzpunkte für den weiteren Landausbau durch die örtlichen Territorialherren. So sind letztlich in einem Arbeitsgebiet, das ein wenig abseits der großen Achsen wirtschaftlicher und politischer Machtentfaltung lag, sozusagen als neutrale Zone, die alten Strukturen länger erhalten geblieben. Es erscheint dem Verfasser daher gerechtfertigt, vom Wegebestand einer Karte um 1800 ausgehend, jene Linien zurückzuverfolgen, an denen im 13. Jahrhundert die ersten Städtegründungen erfolgten. Das waren Plätze, die schon lange zuvor im Verkehrsgeschehen so viel Gewicht hatten, daß man sich hier eine gute Entwicklung erhoffte. So wurde vom Verfasser, bevor noch die Grabungsergebnisse vom Tönsberg vorlagen, ein erster Versuch unternommen, die Stellung der latènezeitlichen und

auch der frühgeschichtlichen Anlagen des Arbeitsgebietes zum Verkehrsnetz zu erkennen (Hohenschwert, 1966, 80ff.), um daraus Schlüsse für Funktionsdeutung zu ziehen. Unter Hinzunahme der Fundkartierung aller bronzezeitlichen und jüngeren Denkmäler, Gräberfelder, Siedlungsplätze und wichtiger Einzelfunde, wie römischer Münzen (nach B. Korzus, 1973) bis zur Völkerwanderungszeit, wurde jetzt festzustellen versucht, welche Linien des historischen Straßennetzes bis in die La-Tène-Zeit zurückreichen können, ob ein jüngerer Ausbau erkennbar wird und wie die Befestigungen der einzelnen Burgenbauperioden zu diesen stehen (s. hierzu weiter Beilage 24).

Wichtig erscheint es, die Hydrologie als wesentlichen bestimmenden Faktor mit zu berücksichtigen, weil Versumpfungen, Bachbettüberhöhungen im Bereich der Senne und Furten an Einmündungsstellen mit der morphologischen Situation sehr deutliche Leitlinien für den Verkehr in prähistorischer Zeit bewirken. In der näheren Umgebung und an den Befestigungen selbst werden Detailbeobachtungen hinzugezogen. Dazu liegen im Arbeitsgebiet an mehreren Stellen Grabungsergebnisse vor.

Eine Wegespur der alten Vlothoer Straße wurde im Bereich einer latène- und kaiserzeitlichen Siedlung, Wüsten Hühnerbrink, durch L. Nebelsiek 1935 untersucht. Er konnte die zugeschwemmten, unter einer kaiserzeitlichen Feuerstelle liegenden Wegespuren durch eine römische Kleinbronze und einen Münzfund datieren. Zahlreiche Hohlwegfächer an den Gebirgsübergängen, besonders des Teutoburger Waldes, und ebenso deutliche tiefe Hohlwegspuren (Taf. 78 u. 86), eingeschnitten in die Schichtstufenränder des östlichen Keuperberglandes, wurden hinzugezogen.

Der Rekonstruktionsversuch (Beilage 24) wird unkonventionell und ohne Spezialkenntnisse zu verkehrsgeographischen Fragen, ohne Auseinandersetzung mit Methoden und umfangreicher Literatur aus anderen Landschaften unternommen. Kritische Hinweise gibt H. G. Peters in seiner Untersuchung (1970, 84ff., mit weiterer Literatur) über die Burgen am Leinetal im Göttinger Raum und ihre Stellung zu den Verkehrslinien. Die Anregung zu diesem Versuch, die Stellung der Burgen zu den Straßen im eigenen Arbeitsgebiet zu klären, kam durch die Lektüre einer Untersuchung „Frühgeschichtliche Straßen der Senne“ (Copei, 1938). Einen weiteren Anstoß dazu gab die Beschäftigung mit L. Hölzermanns Rekonstruktion des Straßennetzes zur Zeit der römischen wie der fränkischen Militäroperationen (1878, Übersichtskarte A u. Abb. 74). In beiden Fällen wurde der Tönsberg zwar in die Kartendarstellung übernommen, jedoch nie in direkten Bezug gesetzt, obwohl anklingt, daß von hier aus das Verkehrsnetz des weiteren Umraumes beobachtet werden konnte. Aber die Deutung der Befestigung erfolgte letztlich im Sinne eines Sammelplatzes für militärische Gegenaktionen oder als Fluchtburg. Man sah ihre Bedeutung in einer Möglichkeit, von hier aus die Dörenschlucht oder gar den Bielefelder Paß zu „kontrollieren“.

Im folgenden soll die Bezeichnung „Straße“ vermieden werden. Sie trifft für das Arbeitsgebiet mit Sicherheit nicht zu. Sinnvoller erscheint die Bezeichnung „Weg“ für örtliche Verbindungen und „Fernweg“ für durchlaufende Verkehrslinien. Auch der Begriff „Trasse“ wird verwandt, wo eine Verkehrsverbindung mit häufig wechselnden Einzellinien und Varianten zu erkennen oder anzunehmen, aber durch eine sehr unruhige Topographie ohne langwierige Geländeuntersuchungen kaum festzulegen ist. Von „Leitlinien“ wird gesprochen, wo die verschiedensten topographischen Elemente, Morphologie, Hydrologie, Boden und Vegetation mit archäologischen Funden und eventuell noch dem ältesten Bestand an Ortsnamen eine Verkehrsrichtung besonders deutlich machen, aber verschiedene Varianten der Linienführung erkennbar sind.

Die Hauptverkehrslinien, die in der älteren wie in der jüngeren Literatur allgemein anerkannt werden, sind die große Ost-West-Verbindung vom Rhein entlang des Mittelgebirgsrandes in Richtung Harz, die eine besondere Bedeutung im hohen Mittelalter hatte, und eine Nord-Süd-Linie, die vom Main durch die hessische Senke über das Sintfeld auf die Leitlinien des Eggegebirges und des Teutoburger Waldes stieß, um in einigen Varianten geeignete Übergänge zu nutzen und in Richtung auf das Weserknie das Arbeitsgebiet zu durchqueren. Sie führte weiter entlang der Weser zur Küste. So liegt der Untersuchungsraum eindeutig an einer sehr bedeutenden Verkehrskreuzung. Für die große Ost-West-Verbindung, den Hellweg, der für die Zeit des hohen Mittelalters von 900–1100 nach Hömberg (1967, 119ff.) eine „Königsstraße par excellence“ war, wurde diese Bedeutung ebenso herausgestellt wie die Varianten dieser Hauptlinie, die vom Rhein bis Dortmund bestanden, nach einer Bündelung zwischen Dortmund und Soest sich wieder neu herausbildeten, um den Schwierigkeiten, die besonders im Weserbergland ab Paderborn auftraten, auszuweichen. Fernziel war wiederum die Landschaft am Harz, in der das Königtum des Mittelalters seine stärksten Stützpunkte besaß. Der starke Ausgriff der Mittelgebirge in die norddeutsche Tiefebene hinein und die komplizierten hydrologischen Verhältnisse mit Wasserscheiden für das Flußsystem des Rheines, der Ems und der Weser bewirkten sehr deutliche Leitlinien, und es ist sicher richtig, daß eine nördliche Linie, die schon von Dortmund über Hamm, Bielefeld, Minden den Mittelgebirgsrand zu erreichen suchte, sehr große Bedeutung hat. Sie mußte aber im Bereich der Ems und ihrer Zuflüsse vor dem Teutoburger Wald erhebliche Schwierigkeiten überwinden. So bildeten sich verschiedene Möglichkeiten heraus, wie von Lippstadt durch die Dörenschlucht in Richtung Lemgo zur Weser. Der Hellweg verlor dadurch zweifellos einiges von seiner Verkehrsdichte. Trotzdem bleibt die Bedeutung des Raumes Paderborn–Bad Lippspringe bestehen, denn hier traf diese Linie mit der westlichen Variante, der großen Nord-Süd-Verbindung, auch Frankfurter Weg genannt, zusammen. Von hier aus wurden wiederum verschiedene Wege zur Weser bei Höxter über Driburg, Brakel, zur Weser bei Hameln über Horn und Blomberger Becken gewählt. Die Weser selbst mäandriert im Bereich zwischen Karlshafen und Hameln sehr stark, so daß das Tal für eine Nord-Süd-Verbindung in diesem Bereich keine besondere Bedeutung hatte, wie Peters (1970, 86f.) herausstellt. Um so bedeutender war die Nord-Süd-Verbindung durch das Leinetal. Dieses großräumige Verkehrsnetz berührt unser Arbeitsgebiet also nicht mit den Hauptlinien, sondern nur in einigen Varianten. Der von Paderborn nach NW entlang des Teutoburger Waldes durch den Quellhorizont der zahllosen Emszuflüsse in seiner Trasse bestimmte Sennehellweg liegt an seinem Beginn allerdings voll im Arbeitsgebiet. Er übernimmt hier sozusagen eine Verteilerfunktion in das örtliche Wegenetz hinein. Im östlichen Bereich des Arbeitsgebietes liegen einige Abkürzungsstrecken, wie Höxter, Bad Pyrmont, Hameln, die das dort verkehrsfeindliche Wesertal meiden, und ein sehr alter Höhenweg entlang des Schwalenberger und Blomberger Waldes durch das nordlippische Bergland zur Weser im Raum zwischen Rinteln und Vlotho, wo es sicher einige alte Fährstellen gegeben hat, wie zahlreiche Einbaum- und Bootsfunde beweisen. Es sind also Varianten großer Linien und Querspangen nach modernem Sprachgebrauch, die allzu weite Umwege vermeiden helfen. Sie geben unserem Raum doch eine besondere Bedeutung, sozusagen als Verkehrsdrehscheibe. Diese Funktion im Großen wiederholt sich im Kleinen aber um so bedeutender im Raume Paderborn–südliche Senne, wie die jüngsten Forschungsergebnisse W. Winkelmanns im karolingischen und hochmittelalterlichen Paderborn in eindrucksvoller Weise demonstrieren. In solchem verkehrsgeographischen Zusammenhang müssen auch unsere latènezeitlichen Anlagen gesehen werden. Es erscheint gerechtfertigt, für das Jahrtausend vor dieser Zeit keine wesentlichen Veränderungen für die Hauptleitlinien anzunehmen, sicher aber einige Veränderungen im Kleinen und einige Abstriche mit Rücksicht auf den verstärkten Landausbau seit karolingischer Zeit.

In dieses Netz sollen nun die Detailbeobachtungen eingebunden werden.

Entlang des Teutoburger Waldes zeichnet sich sehr deutlich die oberhalb des Quellhorizontes gelegene Hauptlinie eines Fernweges in nordwestlicher Richtung ab. Ihre von der Topographie bestimmte Richtung wird in überaus eindrucksvoller Weise durch Plaggenhügelgräberfelder und -gruppen bestätigt und weist diese Linie als urgeschichtliche Trasse aus. Eine östlich des Waldes parallel laufende Linie desselben Alters wird in gleicher Weise deutlich. Es muß jedoch darauf verzichtet werden, die Trasse im einzelnen festzulegen, weil hier die oben schon erwähnten Schwierigkeiten durch die komplizierte Topographie gegeben sind. So beschränken wir uns hier auf die Andeutung einer wichtigen Leitlinie des Verkehrs.

Vom Süden, aus dem Bereich des Ostrandes des Eggegebirges kommend, ist sie aber auf weiten

Strecken am Muschelkalkhöhenzug des Teutoburger Waldes anzunehmen. Auf einigen Strecken weicht sie, wie Altsiedelgebiete ausweisen, in die ausgeräumten, aber trockenen Längstäler zwischen der Muschelkalk- und der Sandsteinkette aus. Diese Trasse hat mit Sicherheit keinen so gestreckten Verlauf gehabt wie die westliche.
Zwischen diesen beiden Linien an den Flanken des Gebirges ist für einige Strecken zumindest ein alter Kammweg anzunehmen, durch Grabhügel auf dem Kamm des Gebirges, am Tönsberg, an den Externsteinen und durch frühgeschichtliche Siedlungsreste bei Feldrom belegt.
Ebenso belegen Grabhügellinien im Bereich Schlangen–Oesterholz–Horn, in der Dörenschlucht, vor der Stapelager und der Wistinghauser Schlucht seit urgeschichtlicher Zeit benutzte Gebirgsübergänge und Verbindungswege zwischen der Trasse in der Senne und östlich des Waldes. Es ist sehr eindrucksvoll zu sehen, wie die Schicht der Urgemeinden nach der Ortsnamenforschung die Lage der bedeutendsten Territorialburg der lippischen Edelherren, die Falkenburg, und die kurz darauf erfolgten Städtegründungen Horn und Detmold sich auf diese Gegebenheiten hinorientieren (Pittelkow, 1941, 117; Gorki, 1966, 83).
Von Paderborn über die Große Egge und die Externsteine nach Horn und weiter in Richtung Schieder und den Emmerdurchbruch zwischen Schwalenberger und Blomberger Wald zeichnet sich eine weitere bedeutende Trasse, zumindest als Variante der großen Ost-West-Verbindung, ab, die vor dem Blomberger Wald zur Gründung der Stadt Blomberg führte. Diese Trasse entspricht im westlichen Bereich der Linienführung der alten Reichsstraße 1, heute B 1. Der Verfasser ist jedoch der Meinung, daß die heutige Linienführung von Blomberg aus über den Blomberger Wald in Richtung Ärzen–Hameln erst im hohen Mittelalter an Bedeutung gewann. Ursprünglich verlief diese Linie ebenso in Richtung Hameln, aber mit größter Wahrscheinlichkeit über die Terrasse nördlich des Emmertales und im Bereich der Herlingsburg über die vorgelagerte Schichtstufe des mittleren Keuper, auf der der Bomhof als kleiner Ringwall des 10. Jahrhunderts liegt. Dazu kommen noch einige von Schuchhardt 1916 veröffentlichte Befunde (Abb. 47–51) eines kleinen Wartturmes und einer nach Alter und Funktion noch nicht zu bestimmenden großen Umhegung des Kleffs. Anzumerken ist dazu, daß in diesem Bereich zahlreiche noch nicht näher zu bestimmende kleine Steinhügelgräber mit Steinkammern und Skelettresten festgestellt wurden, die leider in der Frühzeit nicht sachgemäß ausgegraben und dokumentiert wurden. Dieser Fernweg ist vom Bomhof ab eindeutig als uralter Hohlweg, der die Höhen nutzt und die Erosionsrinnen kleiner Bäche überspringt und dabei tiefe Geländeschnitte hinterläßt (Taf. 48 u. 56), bis Lügde zu verfolgen, wo die Einschüttkegel von Zuflüssen eine Furt bilden. An dieser Stelle vereinigt sich dieser Weg mit einer südlich der Emmer verlaufenden Trasse, die durch Grabhügel für die urgeschichtliche Zeit ebenso belegt ist wie durch die Anlage des sächsischen Ringwalles und des karolingischen Königshofes. Auf die zuvor beschriebene große Trasse trifft, von SW aus dem oberen Emmertal vom Eggegebirgsrand kommend, wahrscheinlich bei Driburg oder auch weiter nördlich im Raume Grevenhagen–Altenbeken das Eggegebirge überwindend, eine weitere Variante dieser von SW nach NO orientierten Hauptverkehrsrichtung. Sie ist in eindrucksvoller Weise belegt durch frühgeschichtliche Gräber bei Himmighausen und römische Münzfunde. Bei Steinheim wurde eine keltische Münze der Treverer (Korzus, 1973, 52ff.) gefunden. Auf eine weitere Fundkartierung wurde hier verzichtet, da das Steinheimer Becken nicht zum Arbeitsgebiet gehört.
Eine weitere „Leitlinie“ mit einigen Varianten in der Trassenführung ist in Südost-Nordwest-Richtung zwischen Höxter und dem Weserknie als echte „Querspange“ erkennbar. In urgeschichtlicher Zeit muß sie mit Höhenwegen eine große Rolle gespielt haben, hat dann aber in frühgeschichtlicher Zeit an Bedeutung verloren und ist auf weiten Strecken heute nur noch in Wegeresten erkennbar, soweit sie nicht in Forstwegen der Waldgebiete bis zum Beginn des vorigen Jahrhunderts erhalten blieb. Diese Leitlinie wird deutlich durch zahlreiche urgeschichtliche Steinhügelgräber, metallzeitliche Einzelfunde sowie Siedlungsreste an den Stellen, wo sie siedlungsfreundliche Gebiete erreicht. Die östlichste dieser Trassen im Arbeitsgebiet beginnt an der Emmer bei Bad Pyrmont mit dem bekannten und bedeutenden Quellopfer aus der Zeit vor

Christus bis 3. Jahrhundert und endet im N bei Stemmen-Vahrenholz mit zahlreichen Siedlungsresten, Urnenfriedhöfen und Brandgrubengräbern der La-Tène-Zeit. Die westliche Variante dieser Verkehrsspange kommt aus dem Raume Schieder und zieht über den Blomberger Wald bei Barntrup in das Begatal wie auch durch die fruchtbaren Altsiedelgebiete des Blomberger Beckens zur Siedlungskammer um Lemgo und verläuft nach N durch das Befestigungssystem von Piepenkopf und Amelungsburg in Richtung Hohenhausen–Erder zur Weser, wo wiederum eine starke Konzentration metallzeitlicher Siedlungsreste und Gräberfelder und die schon erwähnten Bootsfunde einen Weserübergang andeuten. Die Linie mag sich sowohl zur Porta Westfalica hin wie über das Wesergebirge in Richtung auf das Nammer Lager fortsetzen. Zahlreiche Siedlungsfunde und Gräberfelder auf der nördlichen Weserterrasse dieses Gebietes deuten an, daß diese Trassen nicht nur südlich, sondern auch nördlich der Weser auf eine andere Verkehrslinie stoßen, die entlang des Wesertales führte, mit den verschiedensten Abzweigungen an Gebirgsübergängen nach N in Richtung Bückeberge, Deister und Leinetal. Diese nicht im einzelnen in der Trassenführung genau festzulegende Verkehrsrichtung gehört nach dem zahlreichen Bestand an Grabhügelgruppen zu einem sehr alten Höhenwegsystem, das in der La-Tène-Zeit noch volle Bedeutung hatte, wie die Situation am Piepenkopf zeigt, und im Mittelalter wahrscheinlich noch eine gewisse Rolle spielte, wie die Anlage der frühen Dynastenburg Alt-Sternberg und ihrer Nachfolgeanlage Burg Sternberg deutlich macht. Sie liegen am Kreuzungspunkt jüngerer Wege mit der östlichen Trasse. Wieder gibt es in diesem Bereich, wenn auch vereinzelt, römische Münzfunde.

Nach diesen Beobachtungen erscheint es gerechtfertigt, die Herlingsburg bei Schieder diesem alten Wegesystem zuzuordnen. Es ist zwar keine Führung dieser Trasse direkt durch das Burggelände nachzuweisen, aber am Westhang der Bergkuppe ist ein Hohlwegsystem erhalten, das allerdings die Linie des südlichsten Vorwalles schneidet (Abb. 18). In Richtung auf diese Linie weist die Herlingsburg einen verstärkten Flankenschutz durch Terrassierungen und Vorwälle auf. Sie wird also am Kreuzungspunkt eines sehr alten Höhenweges mit einem etwas jüngeren Fernweg auf der Flußterrasse liegen, der seine Bedeutung bis in die sächsisch-karolingische Zeit und länger behielt, denn er steuert direkt Lügde an, das ja im Zusammenhang mit Skidroburg genannt wird und jener Platz war, an dem Karl der Große 784 das Weihnachtsfest verlebte, um seine im sächsischen Bereich gewonnene Macht zu demonstrieren. Im 11.–12. Jahrhundert wird diese Trassenführung zugunsten der südlich des Emmertales gelegenen aufgegeben worden sein. Mittelalterliche Keramikfunde aus dem Raume Harzberg zeigen, daß dort die Besiedlung begann oder fortlief.

Im Kreuzungspunkt dieser Hauptverkehrsrichtung der alten Höhenwege von SO am Emmertal nach NW zum Weserknie und einer im Begatal ausgebildeten Leitlinie, die, aus dem Raume Herford–Bad Salzuflen kommend, bei Bad Salzuflen–Schötmar auch noch eine vom Bielefelder Paß kommende Linie aufnimmt, liegt zunächst Lemgo. Von hier führt die Linie weiter in Richtung Bad Pyrmont–Hameln über den Raum Barntrup–Alverdissen und eine Parallele wohl auch ins Aerzener Tal. In diesem Straßennetz der alten Siedlungskammer konnte sich eine Stadtgründung des hohen Mittelalters an der Stelle einer älteren Siedlung zur zunächst bedeutendsten Stadt des lippischen Territoriums entwickeln. Nordöstlich von Lemgo aber, an das vielleicht im Ursprung noch ältere Höhenwegsystem angebunden, liegen der Piepenkopf und die Amelungsburg (Abb. 13–15). Im Gelände dazwischen noch Reste einer alten Landwehr und einer Warte ähnlich der, die am Fuße der Herlingsburg beim Kleff (s. Kap. 4.3.5.3.) beschrieben wurde. Zwischen Piepenkopf und Amelungsburg zieht das alte Wegesystem hindurch. Eine Abzweigung scheint jedoch nicht nur im W in den Piepenkopf hinein-, sondern auch im NO wieder herauszuführen, um erneut in die Hauptlinie einzumünden (Abb. 14). Die Keramikfunde aus den wenigen Schnitten lassen für den Piepenkopf eine stärkere Besiedlung annehmen. Ob die südlich vorbeilaufende Linie durch das Begatal näher an der Befestigungsanlage vorbeiführte, kann nicht festgestellt werden, da sich gerade im Raume Dörentrup, südlich vom Piepenkopf, durch einen umfangreichen Abbau tertiärer Ton- und Sandvorkommen und eine entsprechend umfang-

reiche Bebauung das Gelände stark veränderte. Dem Piepenkopf käme somit eine Funktion zur Kontrolle dieses Verkehrsknotenpunktes und der Gabelung alter Höhenwege zu.
Das eindrucksvollste Beispiel für eine Zuordnung zum Wegenetz und einem regelrechten Ausbau zur Kontrolle der Kreuzung einer Paßstraße mit einem hier abzweigenden Höhenweg ist aber der Tönsberg (Abb. 4). In Kap. 4.2.1.1. und 4.2.1.5.4. sind die örtlichen Verhältnisse bereits ausführlich beschrieben worden. In allen älteren Untersuchungen, die zuvor erwähnt wurden, wurde die Bedeutung der Wistinghauser Schlucht für das Verkehrsnetz unterschätzt. In keinem Fall wird die Situation so deutlich wie hier, nach der Hinzuziehung der eisenzeitlichen Bodenfunde zwischen Tönsberg, Bad Salzuflen und Vlotho an der Weser. Es scheint hier neben den großen Linien, wie sie Hölzermann (Abb. 74), Hömberg (1967, 119f.) und Copei (1938) zeichnen, eine Fern-Verkehrstrasse gegeben zu haben, die zwischen den bisher immer dargestellten Linien Bielefeld–Minden und Dörenschlucht–Lemgo und weiter zur Weser zumindest in prähistorischer Zeit eine bedeutende Rolle spielte. Nach der gesamten Fundsituation muß ihr zeitweise sogar gegenüber der Linie durch die Dörenschlucht über Lemgo zur Weser eine wesentlich höhere Bedeutung zugesprochen werden. Besonders auffällig ist auch, daß dort, wo die von der Wistinghauser Schlucht kommende Trasse nach NO am Werretal eine durch Einmündung des Haferbaches und die dadurch entstehenden Schotterfächer gebildete Furt annimmt, eine der stärksten Fundkonzentrationen des Arbeitsgebietes liegt. Gerade in jüngster Zeit sind dort bei Baggerarbeiten frühgeschichtliche Funde und Siedlungsreste beobachtet worden. Groß ist die Zahl der ringsum liegenden Urnenfundstellen. An dieser Stelle liegt dann auch einer der ältesten Adelssitze des Landes, Gut Iggenhausen. Ein mächtiger runder Graben umzieht einen inneren, zum Teil ebenfalls rund gebauten Burghof. Leider gibt es von diesem Platz keine archäologischen Befunde. L. Nebelsiek hat dem Verfasser gegenüber immer die Ansicht vertreten, daß unter der spätmittelalterlichen Anlage noch eine weit ältere Motte stecken könne, aus der heraus sich die heutige auffällige Umbauung des Platzes entwickelte. Unabhängig davon kann gesagt werden, daß dieser Werreübergang in ur- und frühgeschichtlicher Zeit eine sehr große Bedeutung gehabt hat. Die Verkehrslinie führt dann weiter nach Schötmar, wo sie im Bereich des für frühere Zeiten anzunehmenden Zusammenflusses von Bega und Werre erneut einen Übergang fand. Auf der Zwischenstrecke führt sie über einen ausgeprägten trockenen Landrücken. Die Trasse ist zusätzlich durch einen römischen Münzschatzfund (Korzus, 1973, 61) oder eine Anhäufung von Einzelfunden gekennzeichnet. Außer einer augusteischen Münze der Zeit um 3/2 v.Chr. gibt es zahlreiche jüngere Münzen bis ins 3. Jahrhundert. Darüber hinaus ist direkt an der Trasse noch ein merowingerzeitliches Grab bekanntgeworden. Die Fundhäufung im Raume Schötmar–Bad Salzuflen braucht in diesem Zusammenhang nicht berücksichtigt zu werden, sie könnte auch für die anderen hier vorbeiführenden Verkehrslinien zur Begründung dienen. Wichtig ist aber die erneute Fundkonzentration im Raume Wüsten. Hier wurden außer zahlreichen Siedlungsresten der La-Tène- und Kaiserzeit auch Brandgrubengräber gefunden, in einem eine Augenfibel der Augusteischen Zeit. Die ergrabenen Wegespuren mit den datierenden Funden dazu wurden zuvor schon erwähnt. Damit ist erwiesen, daß das Tönsberglager einen alten Gebirgspaß kontrollierte, der sicher für längere Zeit den aus dem Raume des Hellweges kommenden Verkehr, der über verschiedene Linien von Lippstadt, Delbrück oder auch aus dem S über Paderborn in Richtung Vlotho zum Weserknie strebte, durchließ. Dazu kommt mit Sicherheit der Verkehr, der sich vom W her auf dem trockenen Landrücken der Wasserscheide zwischen Lippe und Ems und ihren zahlreichen Zuflüssen entwickelte. Es scheint für die drei benachbarten Pässe des Teutoburger Waldes, der Dörenschlucht, die ebenfalls durch zahlreiche römische Münzfunde belegt ist, der Stapelager Schlucht, die sicher im frühen Mittelalter an Bedeutung gewann, als die Abtei Werden in Stapelage den alten Hof im Besitz hatte, und Oerlinghausen, das wahrscheinlich nach Auflassung des Tönsberglagers an Bedeutung gewann, starke Wechselbeziehungen zu geben. Sie mögen sich daraus erklären, daß unter unterschiedlichen politischen, administrativen oder militärischen Gegebenheiten die Hauptverkehrsrichtung vom Teutoburger Wald ab, wo die Hellwegtrasse zunächst den Verkehr aufgenommen hatte, die Richtung wechselte. Es mag aber

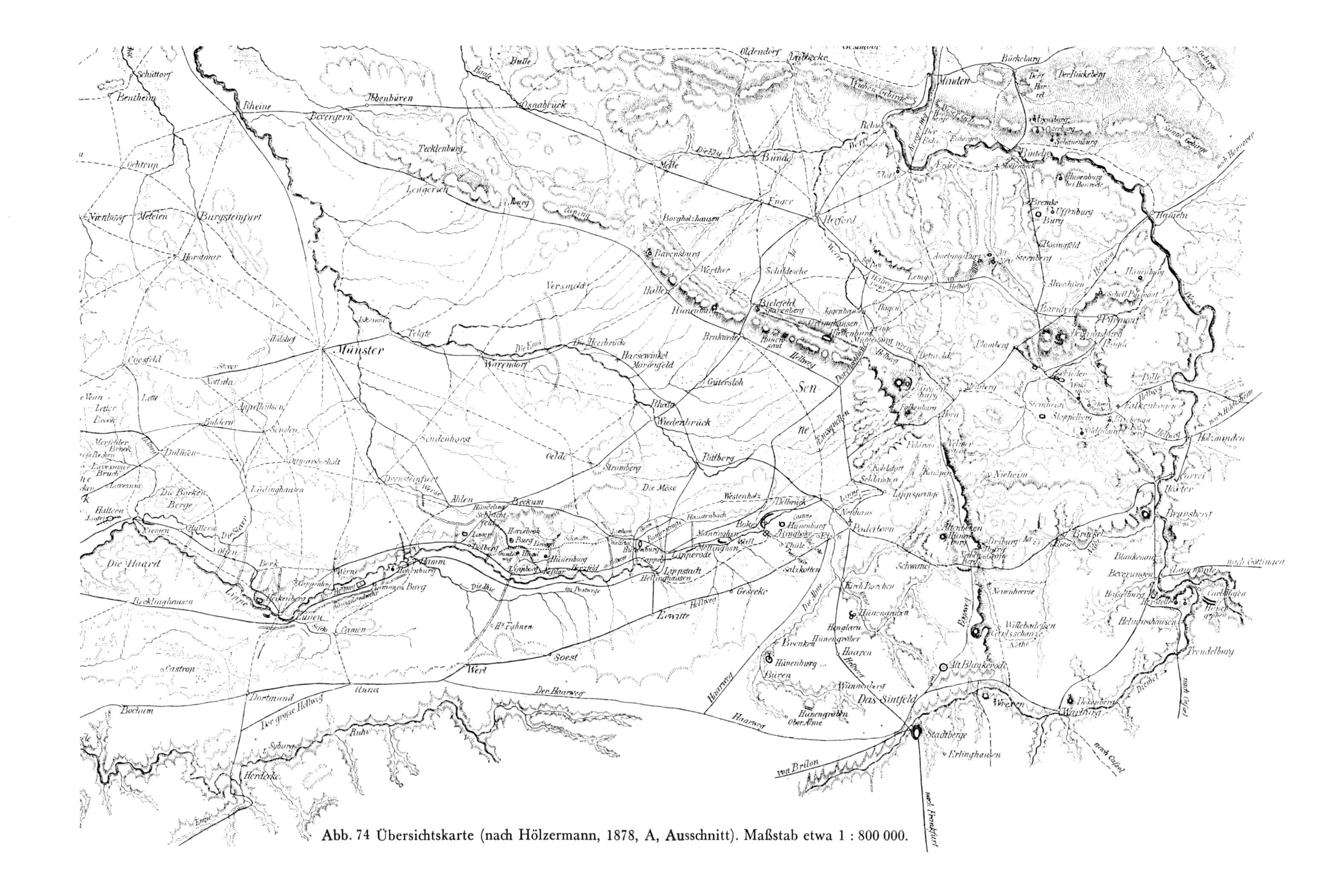

Abb. 74 Übersichtskarte (nach Hölzermann, 1878, A, Ausschnitt). Maßstab etwa 1 : 800 000.

auch sein, daß durch die starken landschaftlichen Veränderungen und die Zerstörung der Vegetationsdecke in den mit dicken Flugsanddecken aufgefüllten Pässen die Bedingungen so ungünstig wurden, daß man sich einen Weg suchte, in dem die Verkehrsbedingungen besser waren. Bis in die Neuzeit hinein waren periodenweise immer wieder starke Flugsandbildungen und Dünen im Bereich der Senne und vor allen Dingen in den Pässen und den den Pässen nach O vorgelagerten Flächen zu beobachten.
Die Stellung der zwei restlichen latènezeitlichen Anlagen (Grotenburg und Rodenstatt) zum Wegenetz ist nicht so klar herauszuarbeiten. Die Teutoburger-Wald-Übergänge in der Höhe der Grotenburg scheinen immer nur vorübergehend oder später eine gewisse Bedeutung gehabt zu haben. Die Nachrichten über Münzfunde in dieser Trasse über das Winfeld sind leider sehr unsicher. Ein direkter Kontakt mit dem Wegenetz, wie er beim Tönsberg gesichert und auch beim Piepenkopf und der Herlingsburg gegeben ist, besteht bei der Grotenburg allein schon aus morphologischen Gründen nicht. Sicher aber konnte man von dieser Befestigung aus Bewegung und Wege im Gebirge und im östlichen Vorland sehr gut beobachten. Bei der Rodenstatt sind die Verhältnisse ebenso unsicher. Man müßte schon einen ausgesprochenen Höhenweg am Rande des Hochmoores auf dem Schwalenberger Wald annehmen, für den es aber keine Anhaltspunkte durch Funde in diesem Bereich gibt. Eher ist die Trasse weiter hangabwärts im besiedelten Gelände anzunehmen. Weiter nach O ist allerdings ein alter Höhenweg zur Weser hin wahrscheinlich.
Es war das wesentliche Anliegen, die Stellung der befestigten latènezeitlichen Siedlungsplätze zum alten Verkehrsnetz deutlich werden zu lassen. Es muß darauf verzichtet werden, im vollen Umfange das gleiche für die frühgeschichtlichen Anlagen im einzelnen auszuführen. Von ihnen ist allgemein bekannt, daß sie im engen Bezug zum Verkehrsnetz errichtet wurden, bis auf einige Anlagen, die in unruhigen Zeiten als ausgesprochene Fluchtburgen angelegt wurden. Solche Anlagen sind jedoch im Arbeitsgebiet nicht vorhanden, wenn man nicht gewillt ist, dem Kleinen Hünenring eine solche Bedeutung beizumessen. Diese Betrachtungen wären fortzusetzen für den Zeitraum der hochmittelalterlichen Städtegründungen und der damit verbundenen Ausweitung oder auch Verlagerung des Wegenetzes.

5.4.3. Funktionelle Betrachtungen

Außer beim Tönsberg bieten Funde und Befunde noch keine Möglichkeit, zur Funktion der latènezeitlichen Befestigungen etwas zu sagen. Bezieht man aber die verschiedenen zuvor besprochenen geographischen Aspekte und die verschiedenen Merkmale der einzelnen Anlagen mit in die Betrachtung ein, so lassen sich z. Z. zwei Gruppen unterscheiden: die erste mit Besiedlungsspuren und einer Zuordnung zum Wegenetz, die zweite, bisher zumindest, ohne Besiedlungshinweise und ohne deutliche Beziehung zum Wegenetz. Innerhalb dieser Gruppen sind weitere Unterschiede erkennbar: Beim Tönsberg (Abb. 4) ist mit Sicherheit ein funktionaler Zusammenhang mit dem Wegenetz gegeben. Er kontrolliert einen wichtigen Weg, der aus dem zumindest zu jener Zeit siedlungsfeindlichen schmalen Geländestreifen der trockenen Senne in ein dichter besiedeltes Gebiet führte. Durch die Befestigungsanlage führt ein Weg, der sich als Kammweg nach NW über die Teutoburger-Wald-Kette fortsetzt. Der Tönsberg liegt am westlichen Rande der Siedlungskammer. Der Standort bietet bei weitem nicht die Möglichkeit, geologische Gegebenheiten in so konsequenter Weise zu nutzen, wie es am Piepenkopf und an der Herlingsburg geschieht, wo auf langen Strecken der Steilhang eine arbeitsaufwendige Wallschüttung erspart. Es gab hier keine natürlichen Geländekanten, kein bereitliegendes Baumaterial. Gerade die älteren, weit hangabwärts nach S und O angelegten Terrassen und Wälle wie auch der hoch aufgewölbte Rücken des Lagerinnenraumes und die teilweise Einbeziehung des kalten Nordhanges weisen auf gewisse Unterschiede in der Funktion und Bedeutung der Anlagen hin (Abb. 6). Damit dürfte eine strategische Funktion sichtbar werden. Für eine vorrangig zentral-

örtliche Funktion wären andere Plätze mitten im Siedlungsgebiet geeigneter gewesen. Eine wirtschaftliche Motivation der Burgenbauer ist aus den bisherigen Funden nicht erkennbar. Zu diesem Schluß führten bereits die Voruntersuchungen, ohne daß Grabungsbefunde vorlagen (Hohenschwert, 1966, 82). Daß in einzelnen südlichen Außenbereichen ein wenig Acker- oder Gartenbau betrieben wurde, ist nicht auszuschließen. Er konnte jedoch bei den Bodenverhältnissen niemals für eine längerzeitliche Versorgung einer größeren Bevölkerungszahl ausreichen. Die Anlage kann auch kaum allein aus einer augenblicklichen politisch-militärischen Situation heraus erklärt werden. Dagegen sprechen die Spuren des umfangreichen Terrassenausbaues für eine Dauerbesiedlung. Dahinter muß auch ein größerer Stammesverband gestanden haben. Daß eine kleinere Gruppe solch einen Aufwand beim Ausbau des gesamten Südhanges betrieb, ist kaum anzunehmen.
Ähnliche Fragen drängen sich auch für den vorkarolingischen und frühmittelalterlichen Ausbau auf. Die folgende Zusammenstellung mag das verdeutlichen. Nach überschlägiger Schätzung wurden folgende Arbeiten bewältigt:

Erste Bauphase

Hauptwall (ohne Nordwall):
Ca. 800 lfd. m Holzkonstruktion = ca. 600 starke Pfosten à 4 m und ca. 8 000–10 000 lfd. m Langholz und Äste, dazu kleine Erdrampe 800 lfd. m je 2–3 cbm = ca. 2 000 cbm Erde.

Zweite Bauphase

Stein-Erde- und Sandwall ringsum:
Ca. 1500 lfd. m Stein-Erde-Wall, durchschnittlich je 6 cbm = 9 000 cbm Materialgewinnung, Transport und Verbauung.
Dazu:
Terrassierungen, Aussteilungen und muldenförmige Gräben außen am Südhang: insgesamt etwa 3 000 lfd. m mit durchschnittlich 1,50 cbm je lfd. m = 4 500 cbm Materialbewegung.
Vorwälle nach S und W: 800 lfd. m je 4 cbm = 3 200 cbm.

Dritte Bauphase

Kernwerkswall:
80 lfd. m je 16 cbm = 1280 cbm grobsteiniges Material.
Dazu:
Verstärkung des östlichen Südwalles: 200 lfd. m je 8 cbm = 1600 cbm grobsteiniges Material.
Verstärkung des Hauptwalles nach W und im Quellbereich: ca. 300 lfd. m je 10 cbm = 3 000 cbm Material bei erheblichen Transporten in die Höhe.

Vierte Bauphase

Mittelalterliche Kalkmörtelmauer:
Ca. 700 m, 3 cbm je lfd. m bei 1,60 m Breite und 1,80 m Höhe = 2 100 cbm Mauerwerk, mit Steinbrucharbeit, weitem Transport von Kalkstein aus der westlichen Gebirgskette, Kalkbrennen und Mörtelbereitung.

Allein die Bodenbewegungen machen für die latènezeitlichen Maßnahmen ca. 18 700 cbm aus, das wären bei einer geschätzten Arbeitsleistung mit Materiallockern bzw. Steinausbrechen, Transport und Einbau mit einfachem Handarbeitsgerät je Tagwerk etwa 2 cbm, insgesamt also etwa 9 400 Tagewerke bei härtester körperlicher Arbeit. Dazu wird man mit Hausbau, Abräumung des Waldes und Herrichtung der Hölzer ein Vielfaches an Zeit rechnen müssen.
Für den Ausbau der frühgeschichtlichen Perioden kamen etwa 6 500 cbm zusammen, die im wesentlichen in Steinbrucharbeit gewonnen werden mußten.
All diese sicher noch nicht im einzelnen und im vollen Umfang zu erfassenden Leistungen lassen

erkennen, daß es sich hier nicht um nur kurzfristig genutzte Schutzanlagen handelte, sonst hätte man auf die arbeitsaufwendigen und sehr mühsamen Hangaussteilungen, Terrassen und Gräben in solcher Vielfalt sicher verzichtet.
Für die Herlingsburg und den Piepenkopf (Abb. 15 u. 18) treffen die beim Tönsberg festgestellten Beziehungen zum Wegenetz und Siedlungsgebiet auch zu. Jedoch ist anzunehmen, daß sie nicht so extrem am Rande des zugehörigen Siedlungsgebietes lagen. Die Besiedlungsdichte darf zumindest bei der Herlingsburg in ähnlicher Weise angenommen werden. Auffällig ist, daß in beiden Fällen ein größerer, flacherer Südhangbereich durch eine schwach erkennbare Außenlinie abgegrenzt ist. Diese Flächen liegen an der Herlingsburg im Bereich des mittleren Keuper, mit tiefgründiger Verwitterung und Lößeinwehung. Auch zusätzliche Quellen sind vorhanden, das macht eine Nutzung als umhegte Viehweiden oder Hangäcker durchaus wahrscheinlich. Gewisse „zentralörtliche Funktionen“ sind für diese Burgen anzunehmen.
An der Grotenburg und Rodenstatt (Abb. 23 u. 30) sind solche Beobachtungen nicht zu machen. Sie sind wohl eindeutig einem Siedlungsgebiet zuzuordnen, liegen jedoch deutlich abseits von gesicherten Verkehrslinien und haben außerdem bisher keine Siedlungsfunde geliefert. Für sie könnte die Funktionsbestimmung „Fluchtburg“, die für die großen Höhenbefestigungen des Arbeitsgebietes früher im allgemeinen angenommen wurde, zutreffen. Auch im Leinetal sind solche Anlagen nach ihrer Lage zum Wegenetz als Fluchtburgen der La-Tène-Zeit nachgewiesen worden (Peters, 1970, 88).
Für die frühgeschichtlich-mittelalterlichen Ringwälle kann eindeutig festgestellt werden, daß sie vorrangig direkt an den Verbindungs- und Fernwegen des Raumes liegen. Eine Einschränkung ist beim Kleinen Hünenring und der Uffoburg zu machen. Administrative Gesichtspunkte und Sicherheit haben bei ihnen offensichtlich vor wirtschaftlichen rangiert, denn diese Anlagen liegen nicht direkt auf fruchtbaren oder auch nur relativ günstigen Ackerböden. Immer aber grenzen Siedlungskammern mit zum Teil sehr alten Ansiedlungen direkt an. So wird man diese Befestigungen als frühe Belege sich herausbildender Territorialherrschaft sehen müssen, die zur Verwaltung und Sicherung eines Gebietes angelegt waren.
Strategische Gesichtspunkte, wie gute Verteidigungsmöglichkeit, Einlagerung von Vorräten, Kontrolle der Hauptverkehrswege, wurden dabei nicht außer acht gelassen. In der nächsten Phase entstehen bereits ausgesprochene Dynastenburgen wie Alt-Sternberg und als kleines Beispiel die Burg auf dem Schildberg, noch vor allgemeiner Übernahme der hochmittelalterlichen Befestigungstechniken in Mörtelmauerwerk.
Alt-Schieders Funktion im zweiten, endgültigen Ausbau ist deutlich erkennbar. Sowohl aufgrund der historischen Nachrichten als auch nach dem archäologischen Befund diente die Anlage zunächst administrativen wie politischen Zielen im neugewonnenen Sachsenland und zugleich der Sicherung der Versorgung auf den Reiserouten. Der Grundbesitz gehörte später zur Ausstattung des Klosters Corvey. Ein örtliches kirchliches Zentrum verlor nach den mittelalterlichen Städtegründungen allmählich seine Bedeutung und verfiel. Wirtschaftliche und handwerkliche Aktivität wird, wie Bodenfunde und Gebäude ausweisen, in der ganzen Zeit eine Rolle gespielt haben. Die am Wegenetz orientierte Lage hat außerdem ringsum gute Böden.
Eindeutig dürfte die Funktionszuweisung für die Schanze im Siekholz sein. Sie liegt direkt auf der Mittelterrasse mit fruchtbarem Lößlehm an einem Wasserlauf bzw. Quellteich. Verkehrsgeographische oder strategische Gesichtspunkte spielen hier, wenn überhaupt, sicher nur eine untergeordnete Rolle. Man wird sie zum Kirchen- bzw. Klosterbesitz, der hier durch die Schwalenberger Grafen verwaltet wurde, oder direkt zum Besitz eines Territorialherren rechnen müssen. Zeitlich ist sie mit den Dynastenburgen des 12. Jahrhunderts gleichzusetzen.

5.5. AUSBLICK

Die Beschäftigung mit den ur- und frühgeschichtlichen Befestigungen Lippes hat gezeigt, daß ständig wechselnde Beobachtungsverhältnisse an den in Waldgebieten liegenden Bodendenkmälern immer noch neue Detailbeobachtungen ermöglichen, die für die Beurteilung der Gesamtanlagen von Wert sind. Ebenso wurde im Gelände festgestellt, daß die Höhenlinien der Meßtischblattunterlagen nicht die morphologischen Feinheiten wiedergeben, die für den fortifikatorischen Wert der Anlagen von Bedeutung sind. Aus diesem Grunde ist die Neuaufnahme eine wichtige Voraussetzung für zukünftige Untersuchungen.
Eine andere Aufgabe wäre es, die Bedeutung der Flächen innerhalb der Vorwälle und Terrassen an der Herlingsburg und am Piepenkopf zu klären zu versuchen. Dadurch könnten zusätzliche Hinweise zur Funktion der Burgen gewonnen werden.
Um die Stellung der Burgen im Siedlungsraum und Wegenetz noch sicherer und deutlicher erkennen zu können, sollten die im Gelände noch möglichen Beobachtungen alter Wegereste und ihre systematische Kartierung betrieben werden.
In der nächsten Stufe wären die Befestigungssysteme der mittelalterlichen Stadtgründungen an den Gemarkungsgrenzen, zahlreiche Landwehre (s. Abb. 75 u. 76) und Warten mit einzubeziehen und ihre sicher unterschiedliche Zeitstellung weiter zu erforschen, um den jüngeren Wegeausbau in Karten des vorigen Jahrhunderts vom echten frühgeschichtlichen Wegebestand besser trennen zu können.
Auch Untersuchungen an latène- und kaiserzeitlichen Siedlungsplätzen wären sinnvoll, um nähergelegene Fundkomplexe zum Vergleich heranziehen zu können.
Zur Klärung der Lage von Bestattungsplätzen, zumindest im Falle des Tönsberges, ist älteren Beobachtungen von Nachbestattungen und Urnenfunden in Grabhügeln der Wistinghauser

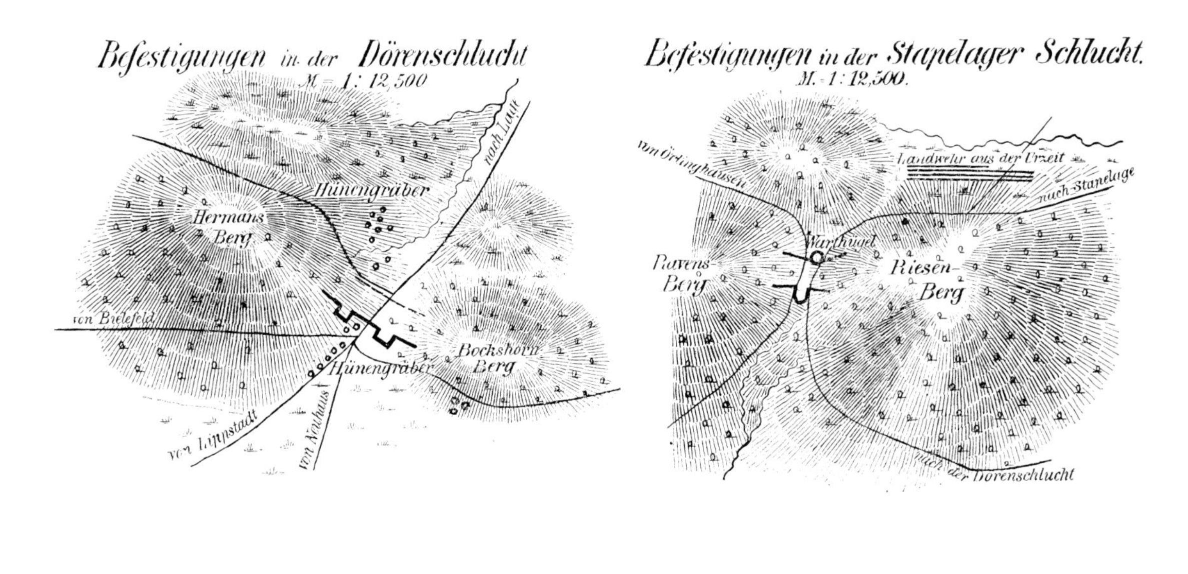

Abb. 75 u. 76 Landwehren in der Dörenschlucht und Stapelager Schlucht (nach Hölzermann, 1878, Taf. 9).

Senne unbedingt nachzugehen. Die bisher vorliegenden Hinweise reichen nicht aus, um zu dieser für die Bedeutung und Stellung der Befestigungen im Siedlungsraum wichtigen Frage bereits eine Antwort geben zu können.
Diese Arbeit stellt einen Beitrag zu komplexen Problemen der Burgenforschung dar, die in jüngster Zeit stärkere Beachtung und Niederschlag in der Fachliteratur fanden. Sie beweist insbesondere durch die Ergebnisse der Grabungen am Tönsberg und Piepenkopf, die zugleich weitere Fragen aufgeworfen haben, daß für eine Beurteilung der Zeitstellung und Funktion ur- und frühgeschichtlicher Befestigungsanlagen der Forschungsstand im allgemeinen noch unzureichend ist. Nur durch weitere und großflächige Untersuchungen der Innenräume und intensivere Beobachtung der Umgebung lassen sich neue Erkenntnisse für die Fragestellungen moderner Forschung gewinnen.

6. ZUSAMMENFASSUNG

1. Die vorliegende Arbeit behandelt die ur- und frühgeschichtlichen Befestigungen im Gebiet zwischen Teutoburger Wald und mittlerer Weser. Ihre räumliche Abgrenzung wird durch die Grenzen des Kreises Lippe (Regierungsbezirk Detmold, Land Nordrhein-Westfalen) bestimmt. Zeitlich erstrecken sich die hier besprochenen Anlagen von der frühen La-Tène-Zeit bis zum Beginn der hochmittelalterlichen Territorialburgen gegen Ende des 12. Jahrhunderts.

2. Die naturräumliche Gliederung des Arbeitsgebietes wird bestimmt durch starke tektonische Veränderungen im Bereich der saxonischen Faltung, deren verschiedene Achsen, Brüche und Verschiebungen in herzynischer Richtung streichen. Im W liegt eine Grenze zu geschlossenen eiszeitlichen Sandablagerungen. Im übrigen Gebiet herrschen die Gesteine des Mesozoikums vor. Durch das komplizierte Bruchsystem ist eine sehr abwechslungsreiche und kleinräumig strukturierte Landschaft entstanden. Eiszeitliche Überformungen und Ablagerungen über unterschiedlichstem geologischen Untergrund bedingen häufig wechselnde Bodenverhältnisse. Es überwiegen schwach gebleichte braune Waldböden. Das unruhige Relief bewirkt wechselnde Gewässerlaufrichtungen und in Verbindung mit der wechselnden Bodengüte mehrere kleinere und größere bevorzugte Siedlungskammern.

3. Die Erforschung der lippischen Burgen beginnt zu Beginn des 19. Jahrhunderts mit Chr. G. Clostermeier, der in ausführlichen Beschreibungen der Befestigungen frühere Zustände festhielt. L. Hölzermann betrieb vor 1870 eine systematische Kartierung. Mit C. Schuchhardt und O. Weerth beginnen um 1900 die systematischen Untersuchungen und Ausgrabungen an den verschiedensten Anlagen. Durch L. Nebelsiek wurde die Burgenforschung in dem ihm gesetzten, bescheidenen Rahmen, aber sehr gezielt fortgesetzt. Zwei Befestigungen, Piepenkopf und Rodenstatt, wurden neu entdeckt und unter Schutz gestellt.

4. Im Mittelpunkt der Arbeit stehen detaillierte Beschreibungen sämtlicher Befestigungen, bei denen sich zwei Gruppen klar trennen lassen: die ältereisenzeitlichen großen Höhenbefestigungen und eine zweite Gruppe mittlerer und kleiner Anlagen verschiedenster Form und Bauart, die, in karolingischer Zeit beginnend, in verschiedenen Formen bis zum hohen Mittelalter reichen.

5. Die wichtigsten Aufschlüsse zur Geschichte der Burgen lieferten die Grabungen am Tönsberg bei Oerlinghausen. Durch zahlreiche Wallschnitte konnten in der Anlage vier Befestigungsperioden festgestellt werden: zwei latènezeitliche bei wechselnder Technik, eine frühgeschichtliche und eine karolingerzeitliche. Für die latènezeitliche Befestigung wurde eine Dauerbesiedlung anhand von Wohnterrassen, Feuerstellen und Hauspfosten festgestellt.

6. Am Piepenkopf, einer nur einperiodigen latènezeitlichen Anlage, wurde eine Stein-Holz-Erde-Befestigung mit Außenpfosten, Trockenmauer und holzverbautem innerem Wehrgang festgestellt, außen liegt vor schmaler Berme ein flacher Spitzgraben.

7. Die kleineren frühgeschichtlich-mittelalterlichen Befestigungen wurden als Vergleichsobjekte beschrieben und zur Darstellung der Burgenentwicklung und Untersuchung des funktionalen Wandels in die Auswertung mit einbezogen. Historische Fragestellungen konnten in den meisten Fällen nicht behandelt werden, weil die schriftliche Überlieferung für das Arbeitsgebiet dazu nicht ausreicht.

8. Pseudobefestigungen, an denen zur endgültigen Klärung ihres Charakters Untersuchungen vorgenommen wurden, konnten in einem Falle mit sehr klaren Befunden als Ergebnis umfangreicher bodenbautechnischer Maßnahmen des späten Mittelalters erkannt werden. Im anderen Falle handelte es sich um eine im Rahmen der Hudeteilung des vorigen Jahrhunderts verebnete Wallheckenanlage mit Wegespuren.

9. Die Topographie der latènezeitlichen Burgen läßt eine von der Ausnutzung fortifikatorischer Vorteile bestimmte Platzauswahl und Anpassung deutlich erkennen. Sie liegen zumeist auf beherrschenden Höhen. Eine Zuordnung zu Siedlungsgebieten ist möglich. Auch die größeren frühgeschichtlichen Anlagen zeigen noch eine teilweise Anpassung ans Gelände. Sie sind jedoch wesentlich stärker an kleinen Siedlungskammern orientiert und liegen auf Vorbergen und an Wegen auf den Flußterrassen. Die mittelalterlichen frühen Dynastenburgen bevorzugen wiederum höhere, geschützte und beherrschende Lagen.

10. Ein Vergleich der Befestigungstechniken zeigt, daß in den latènezeitlichen Anlagen verschiedene Bauweisen nebeneinander bestehen. In einer Wehrlinie kann die Bautechnik in Abhängigkeit vom örtlichen Material wechseln. Bei verschiedenen Boden- und Untergrundverhältnissen wurden bei Holzwehrlinien verschiedene Befestigungstechniken zur gleichen Zeit festgestellt. In vorkarolingischen Wallburgen tritt eine neue Holzbautechnik mit doppelten Holzstützwänden auf.

11. Bei der frühgeschichtlich-mittelalterlichen Gruppe ist eine zeitliche Staffelung erkennbar. Zunächst sind kleinere Wallburgen, teils als Einbau in latènezeitliche Anlagen, in urtümlicher Manier vorhanden. Dann treten die frühesten Ringwälle als künstliche, geometrische auf. In karolingischer Zeit beginnt die Stein-Mörtel-Bauweise. Daneben aber treten weiterhin urtümliche Befestigungstechniken auf. Im 10. Jahrhundert entstehen erneut einfache Ringwälle mit Gräben in Holz-Erde-Bauweise. Ihnen folgen komplizierte Systeme mit tief eingeschlagenen Gräben ohne Wall als Befestigungen auf Bergnasen, die Vorläufer der hochmittelalterlichen Territorialburgen, aber noch in reiner Erdbauweise.

12. Für eine zeitliche Einordnung der urgeschichtlichen Anlagen stehen sowohl keramische Funde, eine Nauheimer Fibel wie einige C14-Daten zur Verfügung (Abb. 73).
Bei den frühgeschichtlichen Anlagen ermöglicht keramisches Material zusammen mit einigen historischen Daten für Alt-Schieder, einem Münzfund und Vergleichsmöglichkeiten mit nur kurze Zeit benutzten Burgen eine zeitliche Gruppierung der Keramik sowie einen Vergleich mit anderen datierten Anlagen außerhalb des Arbeitsgebietes.

13. Ein Bezug der urgeschichtlichen Anlagen zum Wegenetz, das nach Bodenfunden, Wegeresten und geographischen Gegebenheiten rekonstruiert wurde (Beilage 24), konnte im Falle des Tönsberges nachgewiesen werden und ist beim Piepenkopf und der Herlingsburg ebenso wahrscheinlich. Besiedlungsspuren und Zuordnung zum Wegenetz sind gekoppelt. Zwei Anlagen wurden, beim derzeitigen Forschungsstand noch fundleer und ohne gesicherte Einbindung in das Wegenetz, als Fluchtburgen angesprochen.

14. Am Tönsberg sind weitere Aufschlüsse zu erwarten, wenn es möglich wird, den dort vorhandenen mittelalterlichen hallenähnlichen Bau im Innenraum vollständig zu untersuchen. Unter seinen Schuttschichten sind auch die latènezeitlichen Siedlungsreste besser erhalten. An den stärksten Linien des Tönsberges und den starken und komplizierten Torbefestigungssystemen hier und an der Herlingsburg konnte bisher noch nicht gegraben werden. Zukünftige Ausgrabungen lassen Ergebnisse erhoffen, die das bisher gewonnene Bild noch wesentlich ergänzen können.

7. ANHANG

7.1. LITERATURVERZEICHNIS

Albrecht, Chr.: Eine germanische Siedlung der römischen Kaiserzeit bei Waltrop, Kr. Recklinghausen, in: Westfalen, Jg. XVI., 1931, 196–216

Bader, Walter: Datierte Gefäße aus St. Victor in Xanten, in: Bonner Jahrbuch 162, 1962, 188–230

Behaghel, Heinz: Die Eisenzeit im Raume des Rechtsrheinischen Schiefergebirges, Wiesbaden 1943

Böger, Richard: Der Reichshof Schieder und das Königsgut im Wethigau, in: Zeitschrift f. vaterl. Geschichte u. Altertumskunde, Bd. 61, 1903, 145–160

– – Die Rodenstatt, in: Zeitschrift f. vaterl. Geschichte u. Altertumskunde, Bd. 63, 1905, 195–196

Bruder, Willy: Die Burgen an der Emmer. Cherusker und Römer, Sachsen und Franken trafen sich hier, in: Lippische Staatszeitung, Jg. 17, 1945, Nr. 18 vom 22. Januar

Buttler, Werner / Schleif, Hans: Die Erdenburg bei Bensberg, in: Prähistorische Zeitschrift, Bd. 28–29, 1938, 184–232

Claus, Martin: Ausgrabungen auf der Pipinsburg bei Osterode am Harz, in: Nachrichten aus Niedersachsens Urgeschichte 26, 1951, 26–94

– – Die Pipinsburg bei Osterode am Harz, in: Neue Ausgrabungen in Deutschland, Berlin 1958, 161–174

Clostermeier, Chr. Gottlieb: Historisch, geographische Beschreibung der Grafschaft Lippe, 1786

– – Wo Hermann den Varus schlug, Lemgo 1822, 118–129

Copei, Friedrich: Frühgeschichtliche Straßen der Senne, in: Mannus, Bd. 30, 1938, 64–91

– – Heer- und Handelsstraßen im Sennegebiet, in: Mitteilungen aus der Lippischen Geschichte und Landeskunde, XVI, 1938, 163–207

Deppe, August: Über die Hünenringe auf der Grotenburg bei Detmold, in: Lippische Landes-Zeitung, Jg. 115, 1882, Nr. 94–98 und 100–105 vom 22. April bis 5. Mai

– – Auf dem Tönsberg bei Oerlinghausen ein Römerlager?, in: Lippische Landes-Zeitung, Jg. 126, 1893a, Nr. 84–86 vom 11.–13. April

– – Das Lager auf dem Tönsberg ein Römerlager?, in: Lippische Landes-Zeitung, Jg. 126, 1893b, Nr. 174–176 vom 27. bis 29. Juli

Donop, W. G. L.: Historisch-geographische Beschreibung der Fürstlichen Lippischen Lande in Westphalen, Lemgo 1790

Falkmann, August: Die lippischen Burgen, in: Falkmann, Beiträge zur Geschichte des Fürstenthums Lippe aus archivalischen Quellen, H. 2, Lemgo und Detmold 1856, 3–6

Firbas, Franz: Waldgeschichte Mitteleuropas, Bd. 1, 1949; Bd. 2, 1952

Gensen, Rolf: Beobachtungen zur Lage und Umgebung des Oppidums Amöneburg, Kr. Marburg, in: Marburger Beiträge zur Archäologie der Kelten (Festschrift für Wolfgang Dehn); Bonn 1969, 20–29

Götze, Alfred: Die Steinsburg bei Römhild nach den neueren Untersuchungen, in: Prähistorische Zeitschrift, Bd. 13, 1921, 19–83

Gorki, Hans Friedrich: Die Städte des Landes Lippe in geographisch-landeskundlicher Darstellung, in: Westfälische Forschungen, Bd. 19, 1966, 79–115

Grimm, P.: Zur Entwicklung der frühmittelalterlichen deutschen Keramik in den Bezirken Halle und Magdeburg; Prähist. Zeitschrift 37, 1959, 72–100

– – Der Ilsestein bei Ilsenburg/Harz. Eine Burg des 11. Jahrhunderts, in: Altthüringen, Bd. 6, 1962/63, 555–564

Haarnagel, W.: Die einheimische frühgeschichtliche und mittelalterliche Keramik aus den Wurten Hessens und Emden und ihre zeitliche Gliederung, in: Prähist. Zeitschrift 37, 1959, 41–56

Hachmann, Rolf / Kossack, Georg / Kuhn, Hans: Völker zwischen Germanen und Kelten, Neumünster 1962

Handbuch der historischen Stätten Deutschlands: Nordrhein-Westfalen, 3. Bd., 1963

Hartmann, Hermann: Das Lager und die Hünenkirche auf dem Tönsberge bei Oerlinghausen, in: Niedersachsen, Jg. 5, 1899–1900, 26–27

Heimat und Welt: Auf dem Tönsberge bei Oerlinghausen, in: Jg. 8, 1930, Nr. 5 vom 14. September, 36–37

Heldmann, Theodor: Rund um den „Großen Hünenring“, in: Lippische Tageszeitung, Jg. 38, 1933, Nr. 69–70 vom 22.–23. März

Hofmann, Albert v.: Das deutsche Land und die deutsche Geschichte, Berlin 1920

Hofmeister, Hermann: Germanische Denkmäler der Frühzeit II, Die Chatten, 1. Bd.: Mattium, Die Altenburg bei Niedenstein, Frankfurt 1930

Hohenschwert, Friedrich: Frühgeschichtliche Befestigungen im ehemaligen Lande Lippe – Stand und Aufgaben ihrer Erforschung, Magisterarbeit Phil. Fak. Universität Köln, 1966

– – Die lippische Senne, Landschaft / ur- und frühgeschichtliche Besiedlung, Lippisches Landesmuseum Detmold, 1969
Hölzermann, Ludwig: Lokaluntersuchungen, die Kriege der Roemer und Franken sowie die Befestigungsmanieren der Germanen, Sachsen und des spaeteren Mittelalters betreffend, Münster 1878
Hoemberg, Albert K.: Westfälische Landesgeschichte, Münster 1967
Hübener, Wolfgang: Die Keramik von Haithabu, Neumünster 1959 (Die Ausgrabungen in Haithabu, 2. Bd.)
Hunke, Heinrich: Landschaft und Siedlung im lippischen Lande, in: Wirtschaftswissenschaftliche Gesellschaft zum Studium Niedersachsens e. V.; H. 9, 1931
Jacob-Friesen, Gernot: Einführung in Niedersachsens Urgeschichte, 3. Teil: Eisenzeit, 1974
Jankuhn, Herbert: Burgenforschung, in: Ausstellungskatalog Museumsdorf Cloppenburg, Einleitung, 1971
Joachim, Hans-Eckart: Die Vor- und Frühgeschichte im Gebiet von Bensberg/Bergisch Gladbach, in: Rheinisch-Bergischer Kalender, Gladbach 1974
Kiewning, Hans: Der Turm der Veleda in der Ura-Linda-Chronik, in: Germanien, Folge 6, 1934, 44–49
Kittel, Erich: Alt-Sternberg und Alt-Blomberg – Zwei Rätsel der lippischen Geschichte, in: Westfalen-Zeitung, Jg. 4, 1949, Nr. 100–101 vom 25. u. 27. August
– – Geschichte des Landes Lippe, 1957
Korzus, Bernard: Die Fundmünzen der römischen Zeit in Deutschland, Abt. VI, Nordrhein-Westfalen, Bd. 6, Detmold 1973
Küster: Chronik des Amtmanns Küster, Schötmar, Landesarchiv 1736–1738, im Staatsarchiv Detmold
Lange, Walter R.: Handbuch der historischen Stätten Deutschlands, Bd. 3, 1963, 23
Langewiesche, Friedrich: Die Wallburg Babilonie, in: Jahrbuch des Römisch-Germanischen Zentralmuseums Mainz (Schumacher-Festschrift), 1930, 160–161
Last, Martin: Adel und Graf in Oldenburg während des Mittelalters, Oldenburg 1969
– – Zur Erforschung frühmittelalterlicher Burgwälle in Nordwestdeutschland, in: Niedersächsisches Jahrbuch für Landesgeschichte, Bd. 40, 1968, 31–60
Lippische Landes-Zeitung: Jg. 134, 1901, Nr. 207 vom 4. September
– – Jg. 138, 1905, Nr. 270 vom 16. November
– – Eine vorgeschichtliche Befestigung (Alt-Schieder) als Steinbruch, in: Jg. 153, 1919, Nr. 232 vom 27. August
– – Die Skidrioburg bei Schieder, in: Jg. 169, 1935, Nr. 29 vom 3. Februar
Lippische Post: Auf dem Tönsberg bei Oerlinghausen, in: Jg. 83, 1930, Nr. 105 vom 6. Mai
Lippische Staatszeitung: Zur 900-Jahrfeier der lippischen Bergstadt Oerlinghausen. Das Sachsenlager auf dem Tönsberg bei Oerlinghausen, in: Jg. 8, 1936, Nr. 115 vom 26. April
Lippische Tageszeitung: Die Ruine von Kohlstädt, in: Jg. 31, 1926, Nr. 192–193 vom 18.–19. August
– – Jg. 40, 1935, Nr. 30 vom 5. Februar
– – Jg. 43, 1938, Nr. 22 vom 27. Januar
Lippisches Volksblatt: Von der Grotenburg, in: Jg. 5, 1880, Nr. 104 vom 29. Dezember
Lobbedey, Uwe: Untersuchungen mittelalterlicher Keramik, vornehmlich aus Südwestdeutschland, 1968
– – Heiden – Heiligenkirchen – Schlangen, Vorbericht über drei Kirchengrabungen in Lippe 1969/70, in: Lippische Mitteilungen aus Geschichte und Landeskunde, Bd. 40, 115–129
Maertens: Alt-Schieder, in: Lippische Tageszeitung, Jg. 24, 1919, Nr. 254 vom 16. September
Marschall, Arthur / Narr, Karl J. / v. Uslar, Rafael: Die vor- und frühgeschichtliche Besiedlung des Bergischen Landes, Neustadt an der Aisch 1954
Meier-Arendt, W.: Zwei spätlatènezeitliche Brandgrubengräber bei Ginsheim-Gustavsburg, Kr. Groß-Gerau, in: Fundberichte aus Hessen, Bd. 8, 1968, 32
Meier-Böke, August: Heimatblätter Schaumburg, Jg. 13, 1933a, Nr. 12 vom 25. März
– – Entdeckung einer urgeschichtlichen Wallburg im lippischen Norden auf dem Bunten Berg oberhalb Göstrup, in: Vaterländische Blätter N. F., Jg. 12, 1933b, Nr. 3 vom 13. April, 9–10
– – Das lippische Bergland, 1933c, Nr. 13 vom Juni
– – Der Bunten Berg bei Göstrup. Entdeckung einer urgeschichtlichen Wallburg im Lippischen Norden, in: Germanien, Folge 5, 1933d, 173–176
– – Lippischer Dorfkalender, N. F., Jg. 19, 1934, 76–78
Meyer / Nebelsiek / Kiewning: Die Ruine von Kohlstädt, in: Mitteilungen aus der lippischen Geschichte und Landeskunde, Bd. 14, 1933, 125–141
Mildenberger, Gerhard: Das Ende der Altenburg bei Niedenstein, in: Marburger Beiträge zur Archäologie der Kelten (Festschrift für Wolfgang Dehn), Bonn 1969, 122–134
Mische: Die Amelungsburg und ihre Umwallung bei dem Kirchdorfe Hillentrup, in: Lippische Post, Jg. 32, 1879, Nr. 103–104 vom 27. u. 31. Dezember
Müller: Gab es eine Stadt am Mörth, in: Westfalen-Zeitung, Neue lippische Rundschau, vom 30. Juli 1949
Müller, Wilhelm: Augustische Sigillata bei Heidenoldendorf . . ., in: Germania, Jg. 37, 1959, 242 f.
Müller-Wille, Wilhelm: Die Naturlandschaften Westfalens, in: Westfälische Forschungen, Bd. 5, 1942, 1–78

Nebelsiek, Leo: Eine noch unerforschte Volksburg. Die Wallburg auf dem Piepenkopf bei Hillentrup, in: Lippische Staatszeitung, Jg. 11, 1939, Nr. 130 vom 13. Mai
– – Vor- und frühgeschichtliche Burgen in Lippe, in: Lippischer Kalender, 1950a, 95–103
– – Bodenaltertümer Westfalens, Bd. 7, 1950b; Schieder, 149–150; Göstrup, 154–155; Hillentrup (Piepenkopf), 156–157
– – Die Grotenburg bei Detmold (Grabung im Jahre 1950), unveröffentlichtes Manuskript o. Jg.
– – Die Steinhügelgräber des lippischen Landes, in: Bodenaltertümer Westfalens, Bd. 17, 1950c, 163–167
– – Vorgeschichte der Gegend von Detmold, in: Geschichte der Stadt Detmold, Detmold 1953, 29–38
– – Die Grotenburg bei Detmold, in: Arminius und die Varusschlacht, Beiträge zu den Forschungen über die Zeit vor 1950 Jahren, hrsg. von Dr. Hermann Kesting, Detmold 1961a, 80–82
– – Bibliographie der lippischen Ur- und Frühgeschichte, in: Lippische Bibliographie, hrsg. vom Landesverband Lippe, bearb. von Wilhelm Hansen, 1957
– – Vor- und Frühgeschichtsforschung in Lippe, in: Lippische Heimat, 34. Jahrbuch des Lippischen Heimatbundes für 1959/60, 1961b, 27–48
Neues Sonntagsblatt: Ein Nachtstück aus der Ruine von Kohlstädt, in: Jg. 1, 1854, Nr. 9 vom 26. Februar, 65–66
Oppermann, August v./Schuchhardt, C.: Atlas vorgeschichtlicher Befestigungen in Niedersachsen, 1888–1916 (kurz zitiert: Schuchhardt, 1916)
Peschel, Karl: Die vorgeschichtliche Keramik der Gleichberge bei Römhild in Thüringen, Weimar 1962
Peters, Hans-Günter: Ur- und frühgeschichtliche Befestigungen zwischen Oberweser und Leine, in: Neue Ausgrabungen und Forschungen in Niedersachsen, Bd. 5, Hildesheim 1970, 63–183
– – Die Wittekindsburg bei Rulle, Kr. Osnabrück, in: Nachrichten aus Niedersachsens Urgeschichte 40, 1971, 76 ff.
Petrikovits, Harald v.: Eine Pilumspitze von der Grotenburg bei Detmold, in: Germania, Bd. 29, 1951, 198–210
Pfaff, Walter: Die Gemarkung Ohrsen in Lippe, Entwicklung und Gegenwartsbild einer ländlichen Siedlung, Sonderveröff. d. naturwiss. u. hist. Vereins f. d. Land Lippe, Detmold 1957
Piderit, Johann: Chronicon comitatus Lippiae, das ist: Eigentliche und außführliche Beschreibunge aller Antiquiteten und Historien der uhralten Graffschafft Lipp, Rinteln 1627
Pittelkow, Johannes: Der Teutoburger Wald geographisch betrachtet, in: Provinzial-Institut f. Landesplanung, Landes- u. Volkskunde v. Niedersachsen an der Universität Göttingen, Reihe A I, Bd. 8, Oldenburg i. O. 1941
– – Die naturräumliche Gliederung Lippes, in: Mitteilungen aus der lippischen Geschichte u. Landeskunde; Bd. 19, 1950, 150–168
Plath, C.: Die Hünenburg von Todenmann bei Rinteln, in: Mitteilungen aus der lippischen Geschichte und Landeskunde, Bd. 1, 1903, 200
Preuß, Otto: Die baulichen Alterthümer des Lippischen Landes, 2. Aufl. Detmold 1881, 94
Preuß, Otto/Falkmann, August: Lippische Regesten. Aus gedruckten und ungedruckten Quellen bearbeitet, Bd. 2–3, Lemgo und Detmold 1864–1866
Reinerth, Hans: Wir sprachen mit Prof. Reinerth. Ein Volk lernt wieder seine Ahnen achten. Der Leiter der Reichshauptstelle der NSDAP für Vorgeschichtsforschung über seine Grabungsergebnisse im Lipperland, in: Lippische Staatszeitung, Jg. 9, 1937, Nr. 231 vom 22. August
Rosen, G.: Hünenring und Grotenburg, in: Lippische Landes-Zeitung, Jg. 114, 1881, Nr. 20 vom 25. Januar
Schierenberg, G. August: Alt-Sternberg und der Externstein, in: Lippische Landes-Zeitung, Jg. 116, 1883, Nr. 248 vom 23. Oktober
Schierenberg, Heinrich: Fragmente zur Geschichte und Alterthumskunde des Fürstenthums Lippe. II. Skidroburg (Schieder), in: Lippisches Magazin, Jg. 1, 1836, Nr. 15–16 (15. u. 22. Juli 1835), Sp. 231–239, 246–251
Schindler, R.: Entwicklungstendenzen der Hamburger Keramik des 8.–10. Jahrhunderts; Prähist. Ztschr. 37, S. 57–71, 1959
Schlüter, Otto: Die Siedlungsräume Mitteleuropas in frühgeschichtlicher Zeit. 1. Heft: Einführung in die Methodik der Altlandforschung, Frankfurt 1952; 2. Heft: Das südliche und nordwestliche Mitteleuropa. Bundesanstalt für Landeskunde, Remagen 1953
Schmidt, Hans: Lippische Siedlungs- und Waldgeschichte, Sonderveröffentlichung des Naturwissenschaftlichen Vereins, 1940
Schoppa, Helmut: Die germanische Siedlung bei Sinn/Dillkreis, in: Nassauische Heimat-Blätter, Bodenaltertümer in Nassau IV, 1954
Schoppa, Helmut u. Mandera: Eine germanische Siedlung bei Sinn/Dillkreis, in: Nassauische Heimatblätter, Bodenaltertümer in Nassau III, 1953
Schuchhardt, Carl: Ausgrabungen auf alten Befestigungen Niedersachsens. 2. Lager auf dem Tönsberge bei Oerlinghausen, in: Zeitschrift des historischen Vereins für Niedersachsen, Jg. 1892, 347–349
– – Die Grotenburg bei Detmold, in: Hannoversche Geschichtsblätter 5, 1902
– – Die Grotenburg bei Detmold, der Standort des Hermannsdenkmals, in: Festnummer zum Verbandstag der deutschen Touristenvereine, Berlin 1905, 7–9
– – Bericht auf der Tagung des Nordwestdeutschen Verbandes für Altertumsforschung in Detmold vom 17.–19. April 1906, in: Mitteilungen aus der lippischen Geschichte und Landeskunde, Bd. 4, 1906a, 215–218

– – Der große und kleine Hünenring bei Detmold, in: Mitteilungen aus der lippischen Geschichte und Landeskunde, Bd. 4, 1906b, 217–218
– – Atlas vorgeschichtlicher Befestigungen in Niedersachsen, Hannover 1916 (voller Titel: v. Oppermann u. C. Schuchhardt, 1888–1916)
– – Der starke Wall und die breite, zuweilen erhöhte Berme bei frühgeschichtlichen Burgen in Norddeutschland, in: Sitzungsberichte der Königlich Preussischen Akademie der Wissenschaften XXVII, 1916b, 596–607
– – Die frühgeschichtlichen Befestigungen in Niedersachsen, in: Niedersächsische Heimatbücher, Reihe 2: Geschichts- und Kulturbilder, Bd. 3, Bad Salzuflen 1924
– – Die Burg im Wandel der Weltgeschichte, Potsdam 1931
Schumacher, K.: Siedlungs- und Kulturgeschichte der Rheinlande, Bd. I, Die vorrömische Eisenzeit, S. 153; Mainz 1921
Schwanold, Heinrich: Steinwälle auf dem Bunten Berge unweit des Hexenberges bei Lüdenhausen, in: Vaterländische Blätter N. F., Jg. 2, 1922, Nr. 5 vom 15. April, 44
– – Wann ist das Tönsberglager entstanden?, in: Vaterländische Blätter N. F., Jg. 3, 1924, Nr. 22 vom 28. Oktober
– – Hügelgräber der Bronzezeit in Lippe, in: Mitteilungen aus der Lippischen Geschichte und Landeskunde, Bd. 12, 1926, 106–139
– – Ausgrabungen in den Jahren 1926 und 1927, in: Mitteilungen aus der Lippischen Geschichte und Landeskunde, Bd. 13, 1927, 125–144
– – Die Oerlingsburg, in: Schöner Teutoburger Wald, Jg. 3, 1929, Nr. 11, November, 17
– – Menschengeschichtliches, in: Unsere Senne (Staumühle 1928), 128–151
– – Notizen zur Rodenstatt, in: Kleine Heimatkunde, 1930, 63
Stampfuß, Rudolf: Siedlungsfunde der jüngeren Bronze- und älteren Eisenzeit im westlichen Ruhrgebiet, Bonn 1959
Tappe, Wilhelm: Die wahre Gegend und Linie der dreitägigen Hermannsschlacht, Essen 1820
Teudt, Wilhelm: Germanische Heiligtümer, 1936
Teutoburger Wald, Der: Die Ruine von Kohlstädt, in: Jg. 5, 1929, Nr. 6, Juli
Thorbecke, Heinrich: Die Befestigungen an und auf der Grotenburg, Detmold 1892
Tüxen, Reinhold: Pflanzensoziologie und Bodenkunde in ihrer Bedeutung für die Urgeschichte, in: Urgeschichtsstudien beiderseits der Niederelbe, hrsg. von G. Schwantes, Hildesheim 1939, 18–37
Uslar, Rafael v.: Westgermanische Bodenfunde des ersten bis dritten Jahrhunderts nach Christus aus Mittel- und Westdeutschland, Berlin 1938
– – Studien zu frühgeschichtlichen Befestigungen zwischen Nordsee und Alpen, in: Beihefte der Bonner Jahrbücher, Bd. 11, Köln 1964
Vonderau, J.: Denkmäler aus vor- und frühgeschichtlicher Zeit im Fuldaer Land, 21. Veröffentlichung des Fuldaer Geschichtsvereins, 1931
Weerth, Karl: Germanische Heiligtümer in Lippe, in: Mitteilungen aus der lippischen Geschichte und Landeskunde, Bd. 18, 1949, 26 ff.
Weerth, Otto: Die Uffenburg bei Bremke, in: Blätter für lippische Heimatkunde, Jg. 2, 1901, Nr. 3, März, 17–18
– – Die Uffenburg bei Bren.ke, in: Mitteilungen aus der lippischen Geschichte und Landeskunde, Bd. 1, 1903, 1–12
– – Alt-Sternberg, in: Mitteilungen aus der lippischen Geschichte und Landeskunde, Bd. 6, 1908, 193–203
– – Rodenstatt, in: Tagebuchnotizen, 1911a
– – Die Burgen des Lippischen Landes, in: Niedersachsen, 1911b, Oktober
– – Geologie des Landes Lippe, Sonderveröffentlichung des Naturwissenschaftlichen Vereins für das Land Lippe, 1929
Weerth, Wilhelm: Über das Sachsenlager am Tönsberge, Bericht über die Angelegenheiten und die Verwaltung des naturwissenschaftlichen Vereins im Fürstentum Lippe 1872, Detmold 1873, 12–16
Wehlt, Hans-Peter: Der Königshof Schieder, in: Lippische Mitteilungen aus Geschichte und Landeskunde, Bd. 41, 1972, 42–62
Wehrhan, Karl: Die Arminiusburg bei Schieder im Sagenkranze, in: Lippischer Kalender 1931, 110–112
Weißbrodt, Ernst: Alt-Sternberg, in: Unter der Grotenburg, Jg. 1, 1920, Nr. 5 vom 30. Oktober
– – Herlingsburg, in: Unter der Grotenburg, Jg. 2, 1921, Nr. 8 vom 24. April
– – Die alten Befestigungen in der Umgebung Schieders. I. Altschieder, in: Der Teutoburger Wald, Jg. 1, 1925, Nr. 4, Juni
– – Eine Arminiusburg bei Lemgo entdeckt?, in: Lippische Post, Jg. 88, 1934, Nr. 187 vom 11. August
Wendiggensen, Paul: Beiträge zur Wirtschaftsgeographie des Landes Lippe, in: Jahrbuch der geographischen Gesellschaft zu Hannover, 1931
Werner, Joachim: Die Nauheimer Fibel, in: Jahrbuch des Römisch-Germanischen Zentralmuseums Mainz, Bd. 2, 1955, 170–195
Wilbrand, Julius: Die altgermanischen Befestigungen auf der Grotenburg bei Detmold einst und jetzt, in: Bielefelder Post 1892, Beilage zu Nr. 176, 1–8
– – Über alte Befestigungen, Landwehren und Hünengräber in der Umgebung von Bielefeld, in: Jahresbericht des Historischen Vereins für die Grafschaft Ravensburg 11, 1897, 36–67

– – Dr. Carl Schuchhardts Forschungen über sächsische und fränkische Kastelle und über das Römerkastell bei Haltern. Bericht an den Historischen Verein Bielefeld, in: Blätter für lippische Heimatkunde, Jg. 1, 1900, Nr. 3, März, 19–22
– – Über Dr. C. Schuchhardt's Forschungen in Niedersachsen, in: Ravensburger Blätter, Jg. 2, 1902, Nr. 7/8, Juli-August, 47–50
Wilhelmi, Klemens: Beiträge zur einheimischen Kultur der jüngeren vorrömischen Eisenzeit . . ., in: Bodenaltertümer Westfalens, Bd. 11, 1967
– – Eine Siedlung der vorrömischen Eisenzeit bei Sünninghausen, Kr. Beckum (Westf.), in: Bodenaltertümer Westfalens, Bd. 13, 1973, 77–139
Wormstall, Albert: Übersicht über die vor- und frühgeschichtlichen Wallburgen, Lager und Schanzen in Westfalen, Lippe-Detmold und Waldeck, in: Mitteilungen der Altertums-Kommission für Westfalen, H. 1, 1899, 1–30

7.2. QUELLE ZUR REGIONALLITERATUR

Lippische Bibliographie: Mit Hinweisen auf die Buchbestände der Lippischen Landesbibliothek, hrsg. vom Landesverband Lippe, bearb. von Wilhelm Hansen, Detmold, 1957

7.3. VERZEICHNIS DER BENUTZTEN KARTEN

Geologische Übersichtskarte: M. 1 : 200 000, Bundesanstalt für Bodenforschung, CC 3918 Hannover und CC 3910 Bielefeld
Geologische Karten des Arbeitsgebietes: M. 1 : 25 000, hrsg. von der Königlich Preußischen Geologischen Landesanstalt
Bodenübersichtskarte von Nordrhein-Westfalen: M. 1 : 300 000, Amt für Bodenforschung, bearb. von E. Mückenhausen und H. Wortmann, Landesstelle Nordrhein-Westfalen, Krefeld
Bodenkarte Niedersachsen-Süd: M. 1 : 200 000, bearb. von Max Sellke, 1932–34, I. Bodenarten und Schichtung, II. Bodenentstehungstypen, III. Bodenklassen
Topographische Karten des Arbeitsgebietes: M. 1 : 25 000 (Angaben jeweils im entsprechenden Kapitel „Lage und geologische Verhältnisse")
Mit Genehmigung des Landesvermessungsamtes Nordrhein-Westfalen vom 15. 8. 1977 D 5080 vervielfältigte Ausschnitte aus der *Deutschen Grundkarte,* M. 1 : 5 000, bzw. *Topographischen Karte,* M. 1 : 25 000, hrsg. vom Landesvermessungsamt Nordrhein-Westfalen: 1 Ausschnitt aus der DGK 5 G, 14 Ausschnitte aus der TK 25
Topographischer Atlas Nordrhein-Westfalen: hrsg. vom Landesvermessungsamt NW, 1968 (Leitung: A. Schüttler)
Die Landschaften Niedersachsens, ein topographischer Atlas: Niedersächsisches Landesvermessungsamt Hannover, 1954 (Bearbeitung: Dr. phil. Erich Schrader)
Topographische Karte, Ausschnitt Lippe: von Le Coq, Berlin 1806

Textabbildungen nach jeweils zitierten alten Veröffentlichungen. Abb. 2; 70 u. 72 mit freundlicher Genehmigung des Verlages Karl Wachholtz, Neumünster. Alle übrigen Archiv Lippisches Landesmuseum Detmold.
Material- und Fototafeln sowie Beilagen nach Vorlagen vom Verfasser und Archiv Lippisches Landesmuseum Detmold.

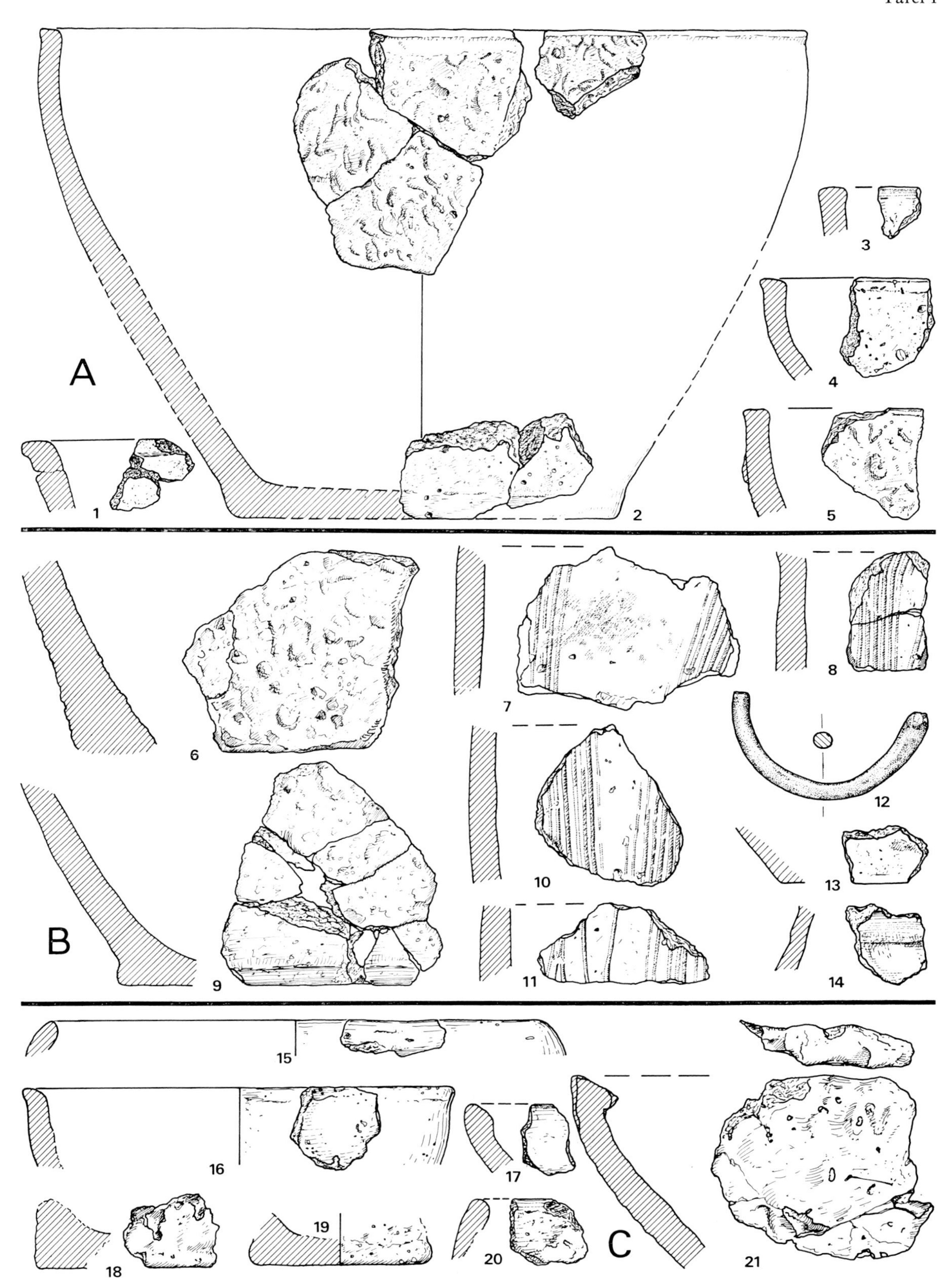

Tönsberg. A: Schnitt I, Feuerstelle 2; B: Schnitt I, Stein-Erde-Wall und Kulturschicht darunter; C: Schnitt II. 1–11, 13–21 Keramik; 12 Fragment eines Eisenringes. – Maßstab 1 : 2.

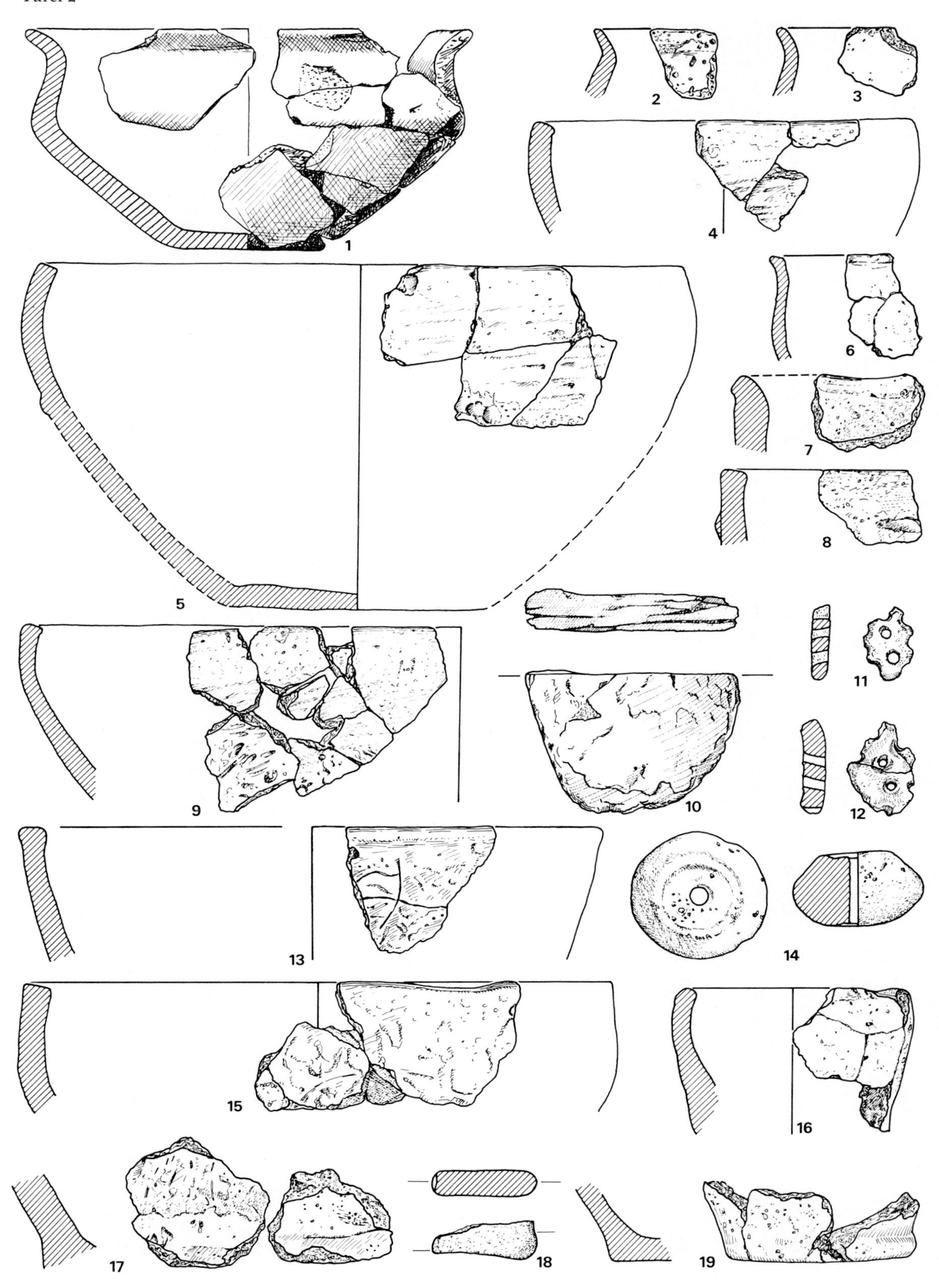

Tönsberg. Schnitt I. 1–9, 11–13, 15–17, 19 Keramik; 10 Platte aus Posidonienschiefer; 14 Spinnwirtel; 18 Glättstein. – Maßstab 1 : 2.

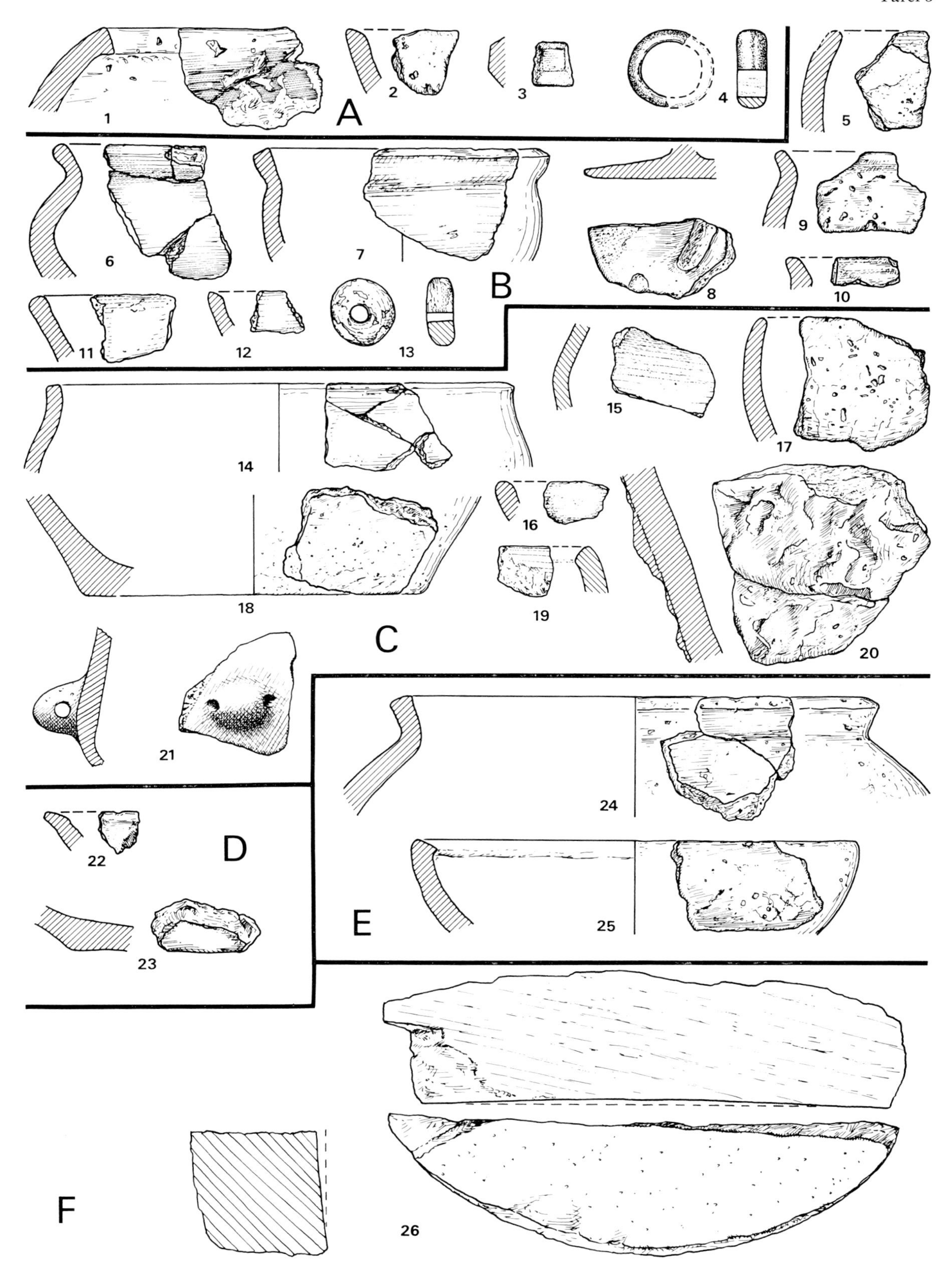

Tönsberg. A: Schnitt IV; B: Schnitt V; C: Schnitt VI; D: Schnitt VII; E: Schnitt VIII; F: Schnitt II. 1–3, 5–12, 14–25 Keramik; 4 Glasperle (Maßstab 2 : 1); 13 Bleiperle; 26 Mahlstein, Bruchstück, grobporöser Sandstein (Maßstab 1 : 4). – Maßstab 1 : 2.

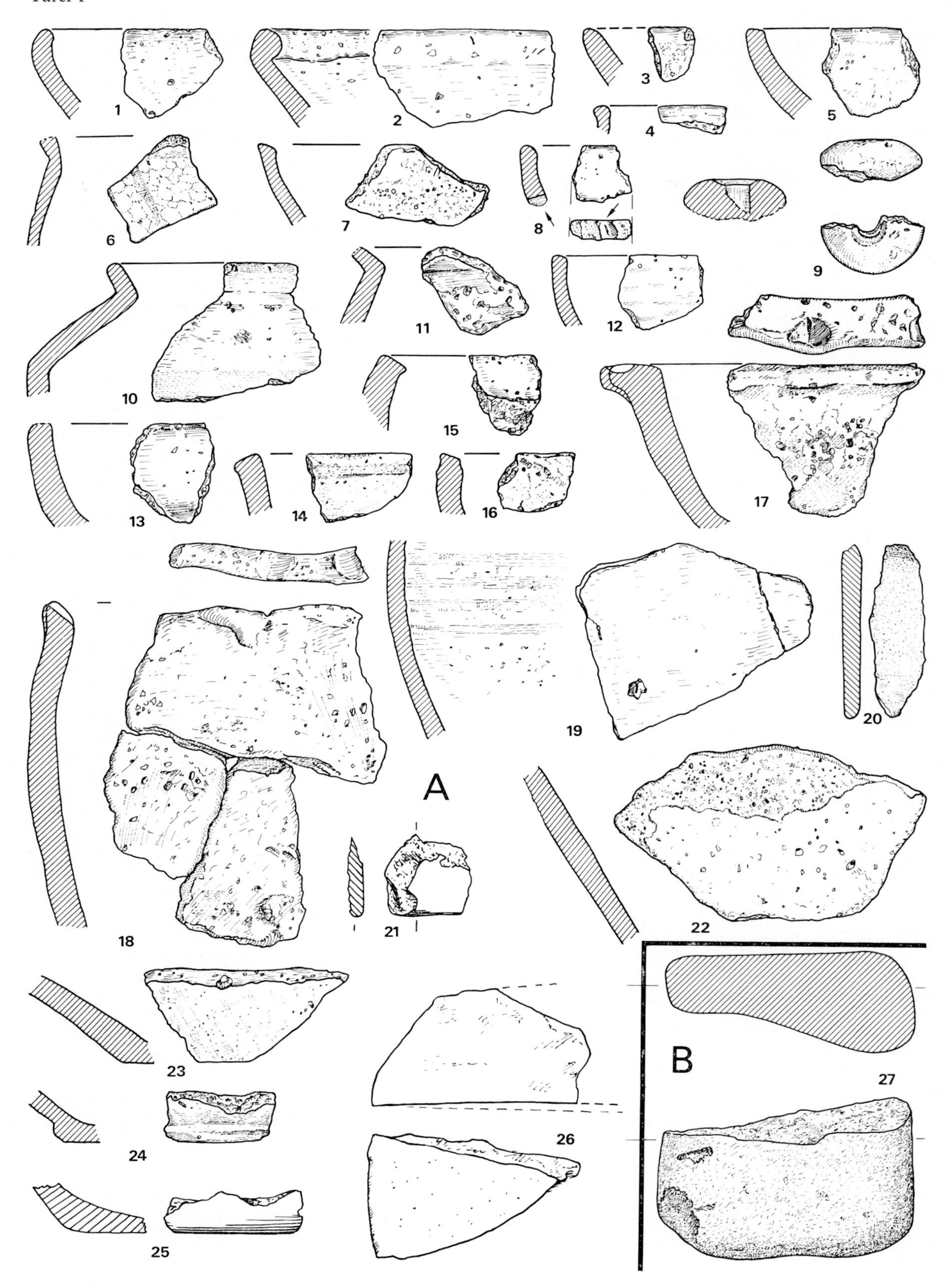

Tönsberg. A: Schnitt III; B: Schnitt IX. 1–8, 10–19, 22–25 Keramik; 9 Spinnwirtel; 20, 21, 27 Glättsteine; 26 Mahlstein, Bruchstück, quarzitiger Sandstein (Maßstab 1 : 4). – Maßstab 1 : 2.

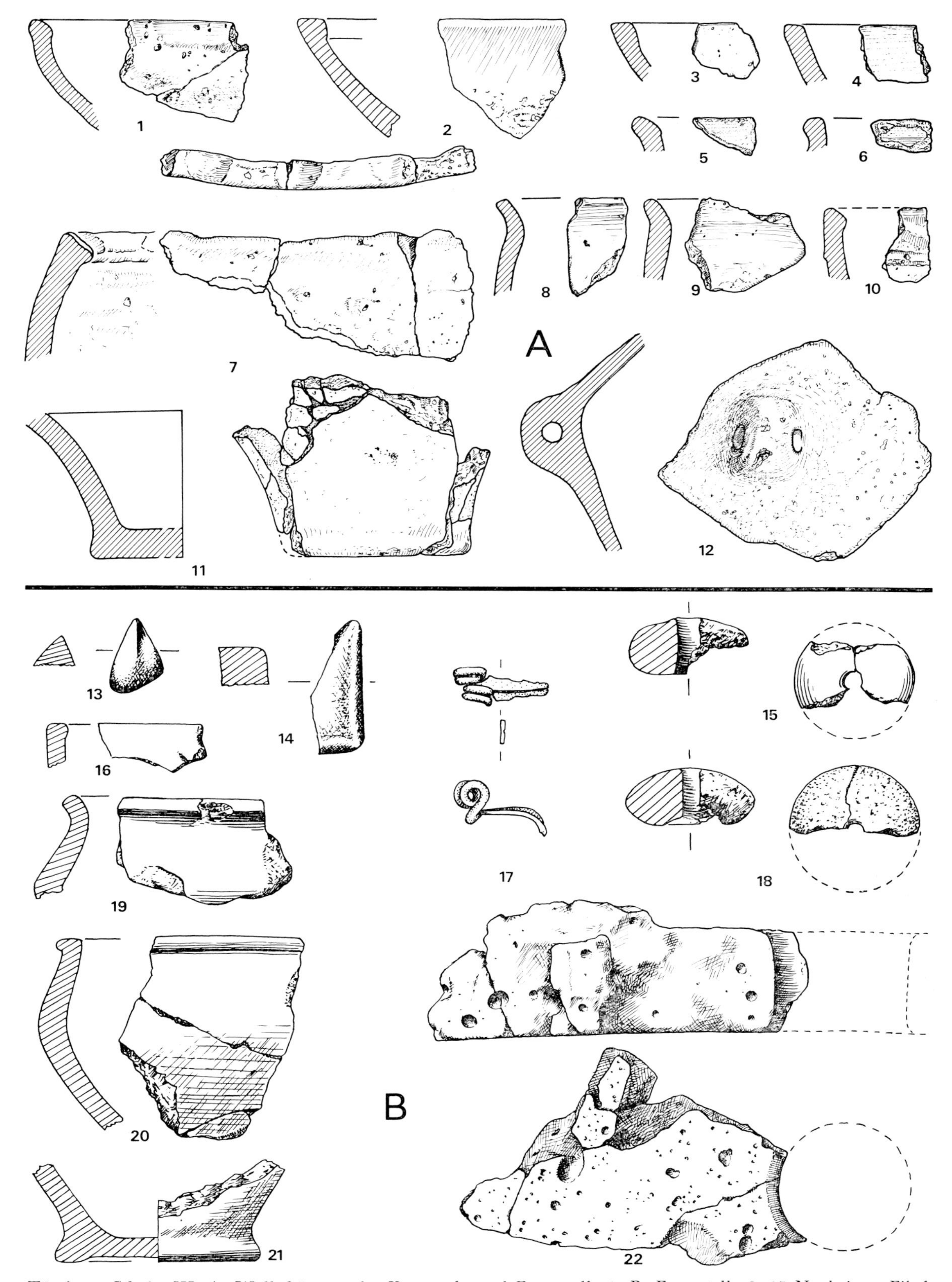

Tönsberg. Schnitt III. A: Wallschüttung des Kernwerks und Feuerstelle 1; B: Feuerstelle 2. 17 Nauheimer Fibel, Fragment aus Wandgräbchen (Maßstab 1 : 1); 1–12, 16, 19–21 Keramik; 13, 14 Glättsteine; 15, 18 Spinnwirtel; 22 Mahlstein, Bruchstück, Basaltlava. – Maßstab 1 : 2.

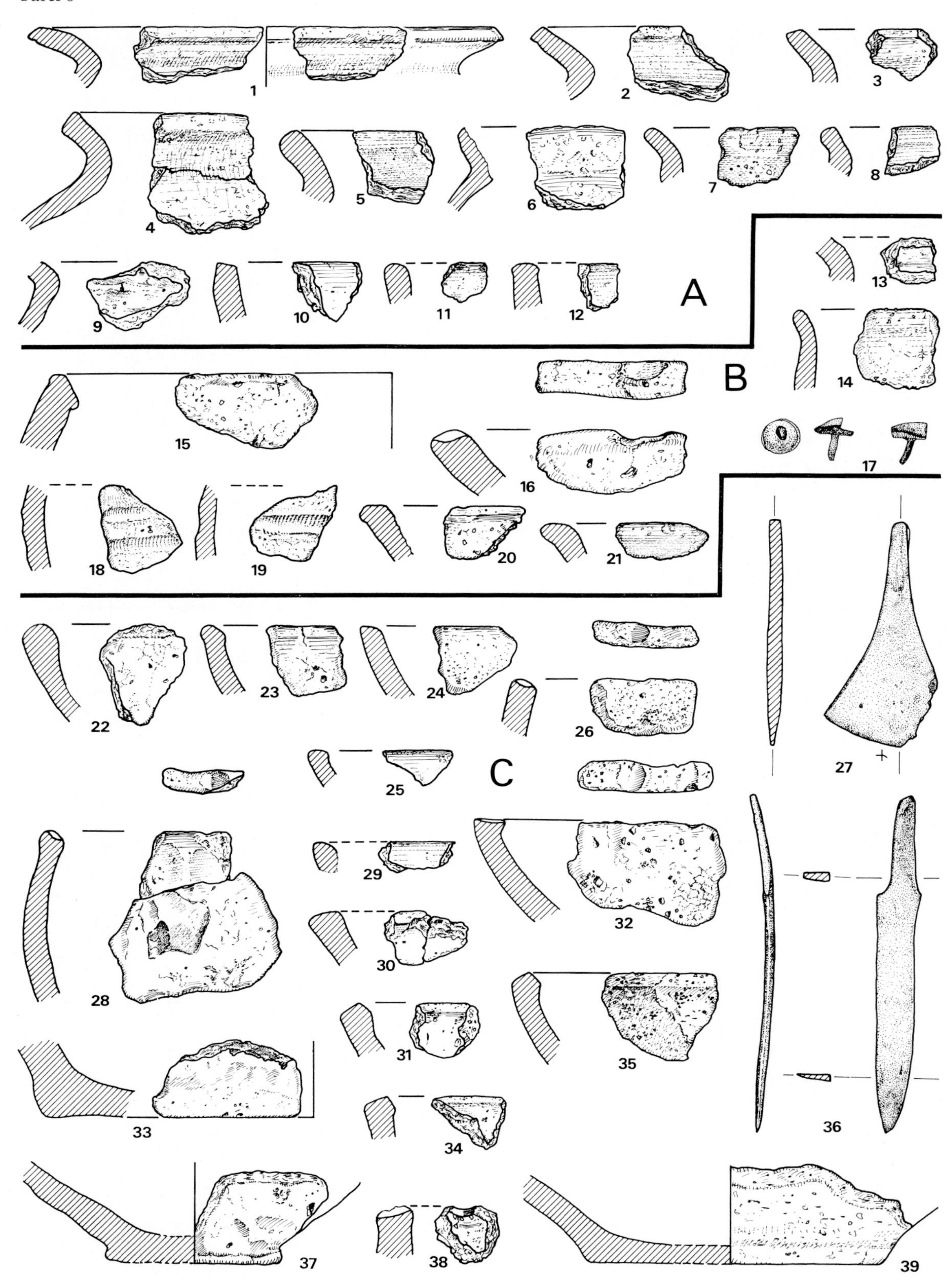

Tönsberg. Schnitt IX. A: Werkhorizont; B: einplanierte Kulturschicht; C: Kulturschicht in situ. 1–16, 18–26, 28–35, 37–39 Keramik; 17 Eisennagel; 27 Schneidegerät aus Eisen; 36 Eisenmesser. – Maßstab 1 : 2.

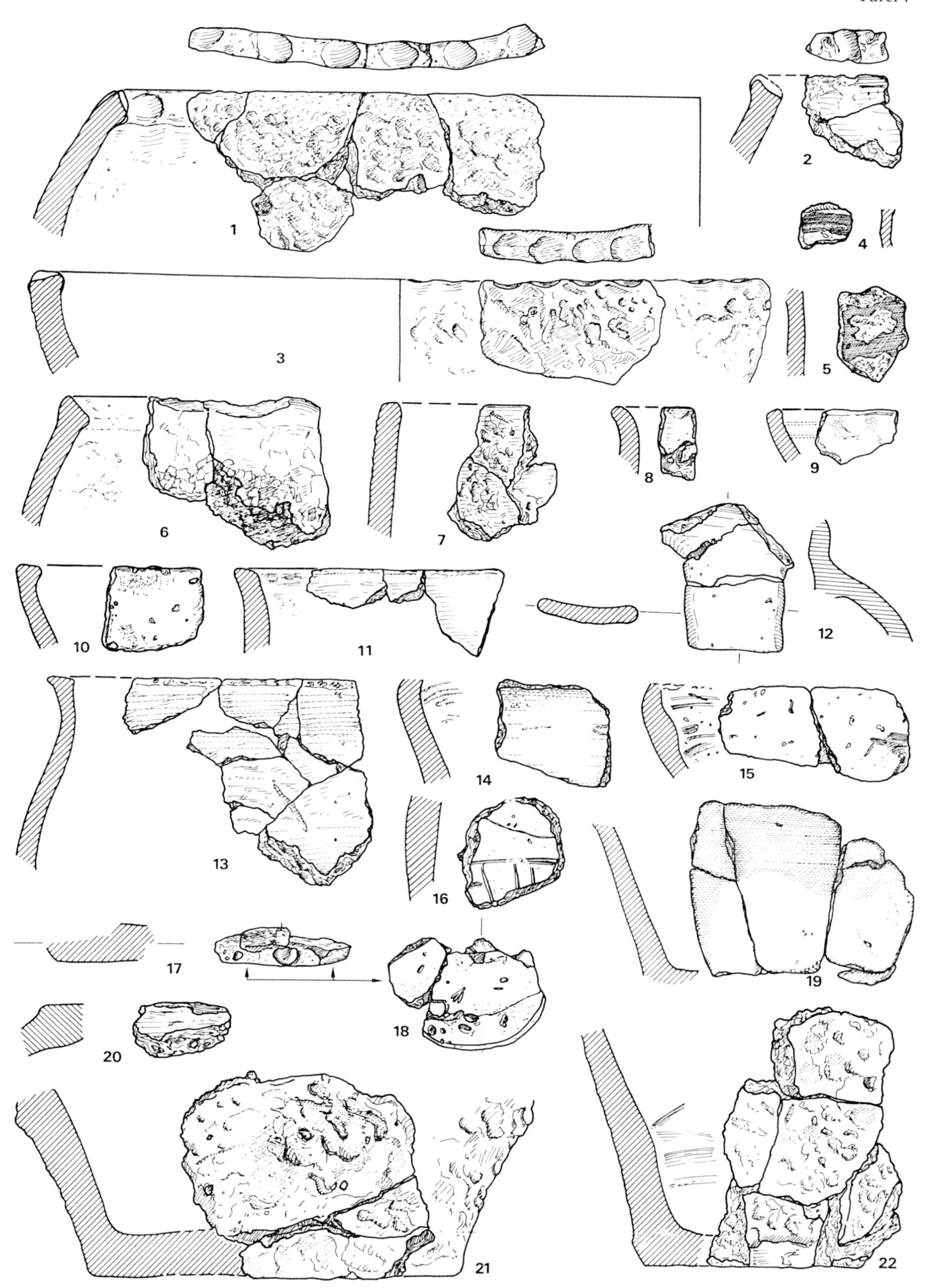

Piepenkopf. Keramik. – Maßstab 1 : 2.

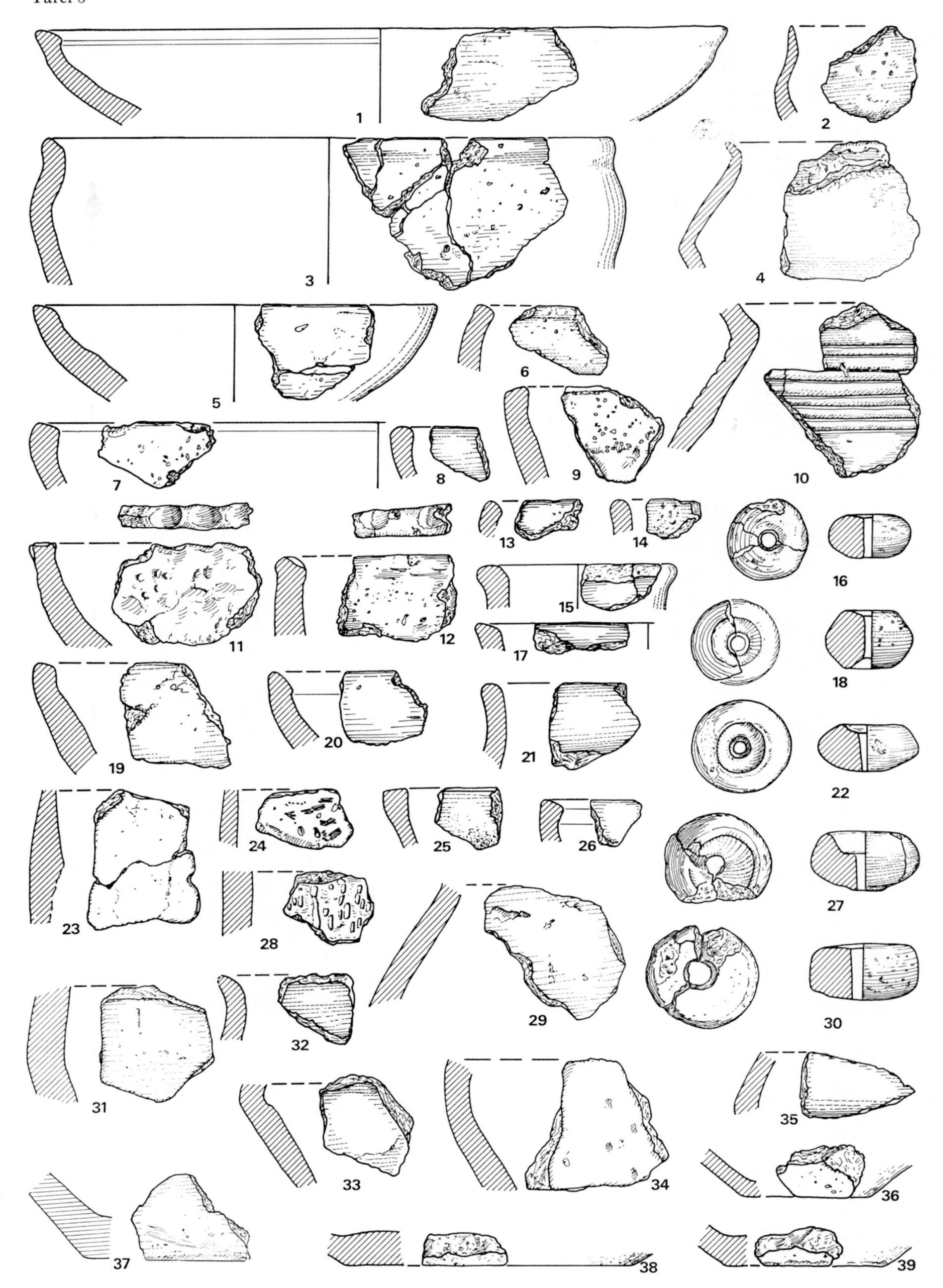

Herlingsburg. 1–15, 17, 19–21, 23–26, 28, 29, 31–39 Keramik; 16, 18, 22, 27, 30 Spinnwirtel. – Maßstab 1 : 2.

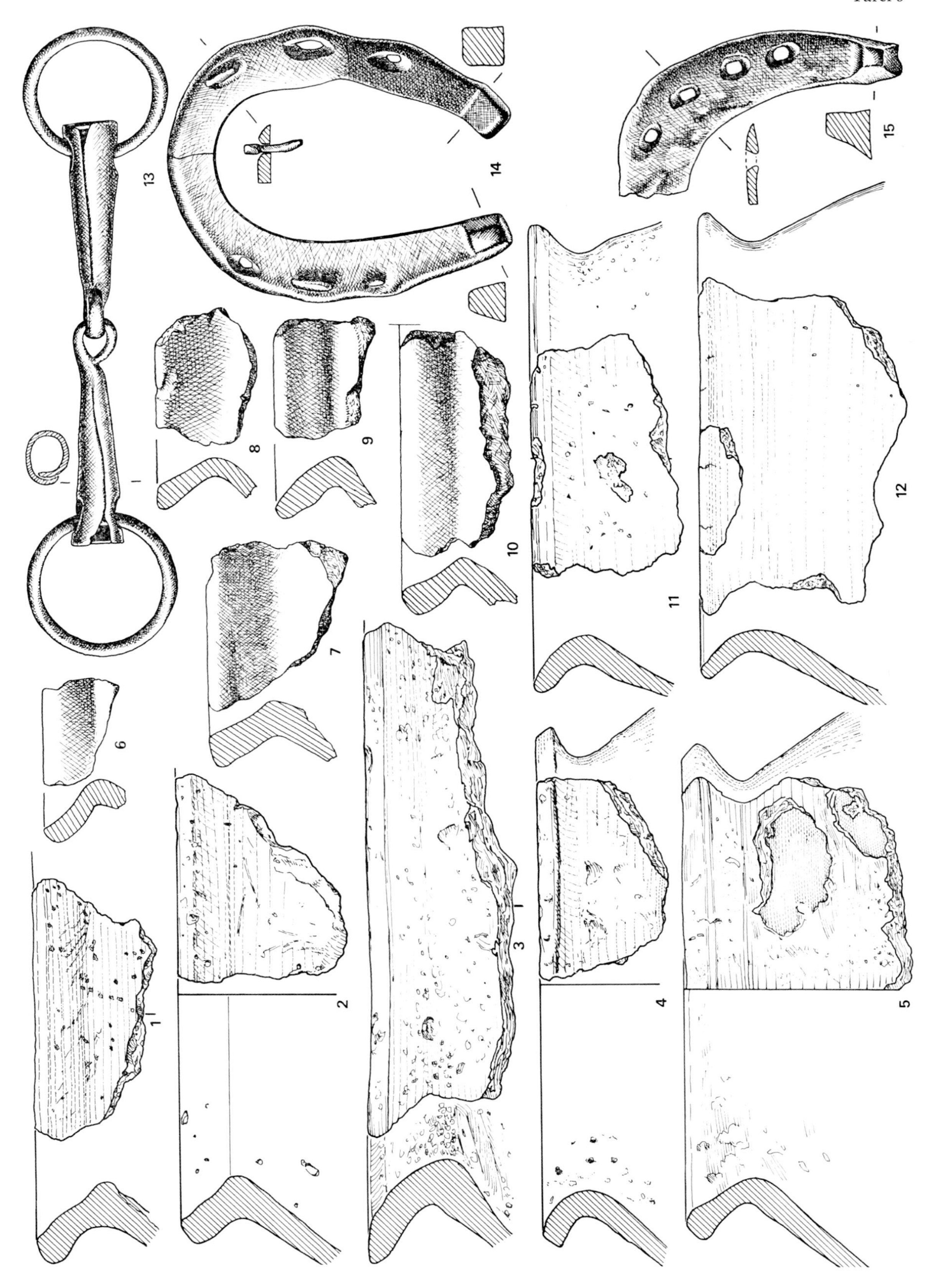

Alt-Schieder. 1–12 Keramik; 13 Trense; 14, 15 Hufeisen. – Maßstab 1 : 2.

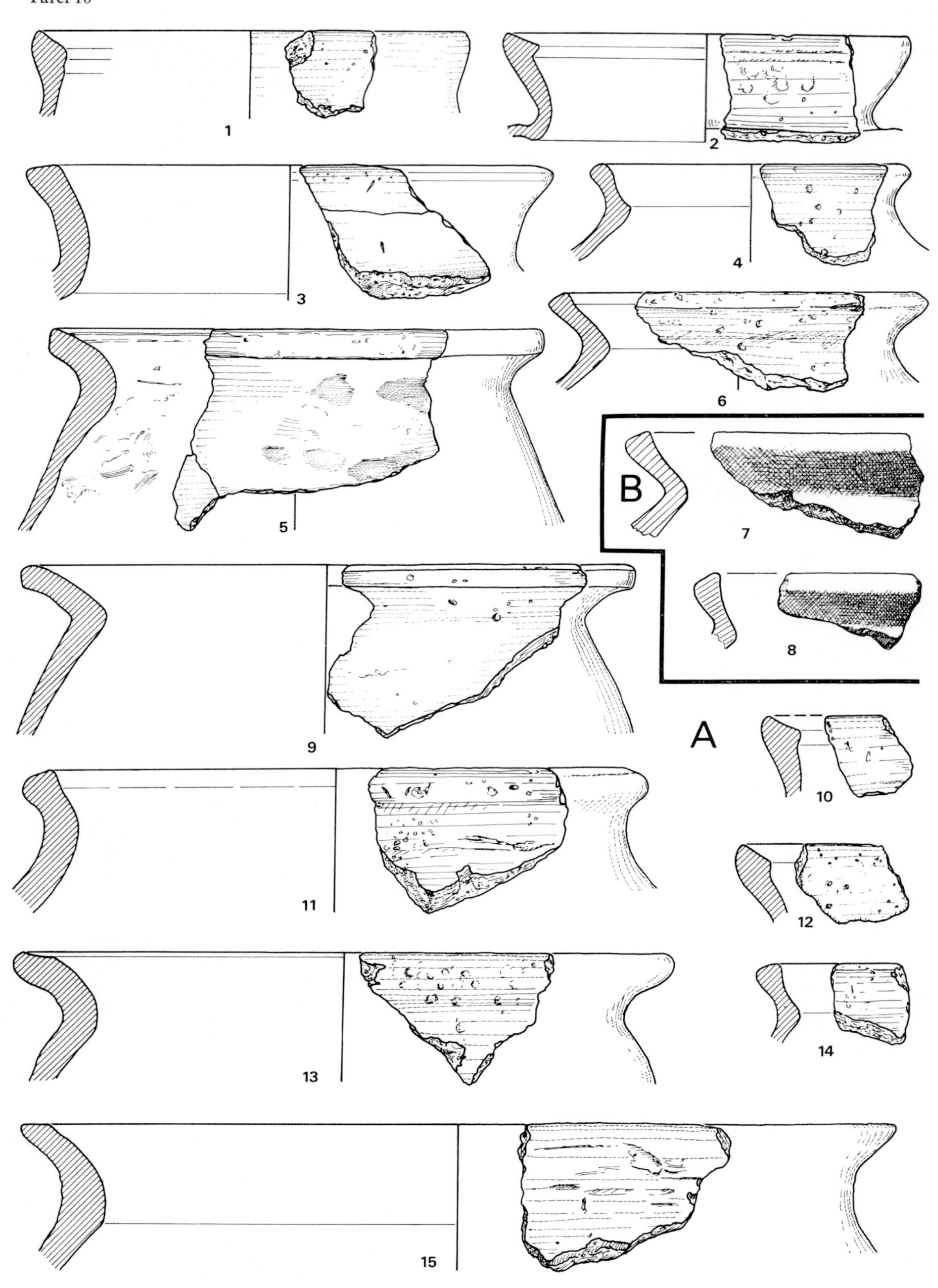

A: Alt-Schieder. B: Schanze Siekholz. Keramik. – Maßstab 1 : 2.

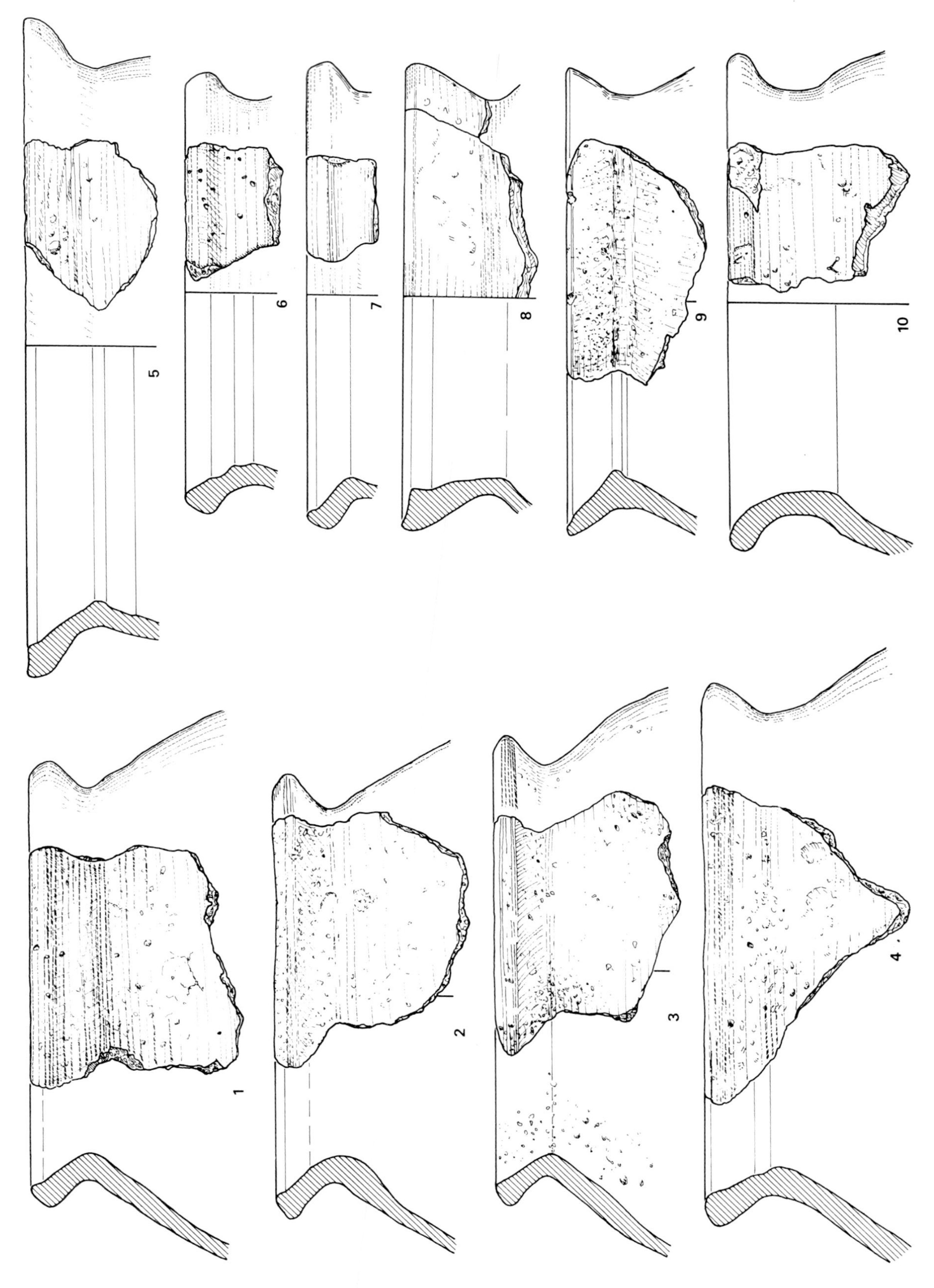

Alt-Schieder. Keramik. – Maßstab 1 : 2.

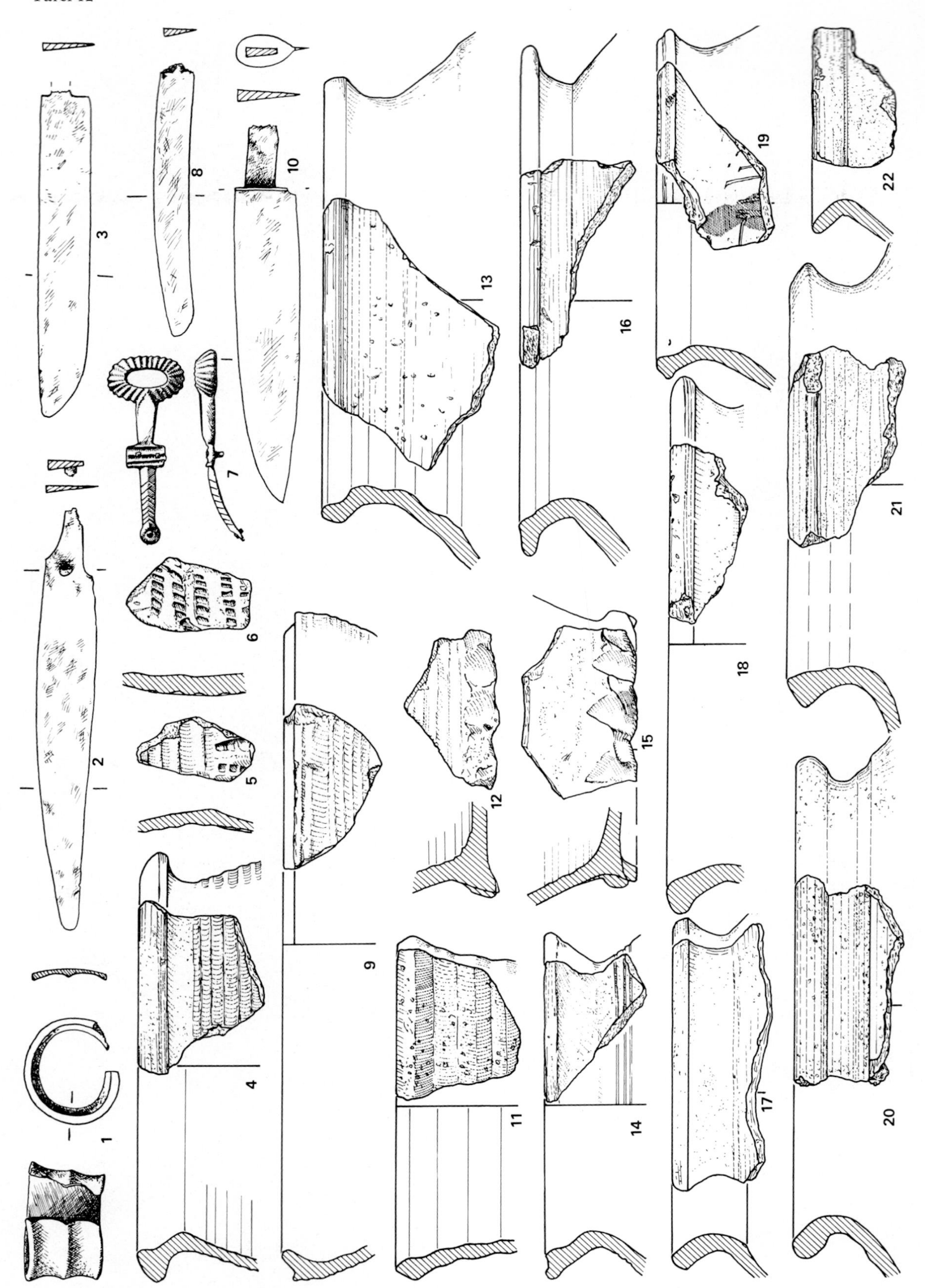

Alt-Schieder. 1 Schäftungszwinge; 2, 3, 8, 10 Eisenmesser; 7 Beschlag; 4–6, 9, 11–22 Keramik. – Maßstab 1 : 2.

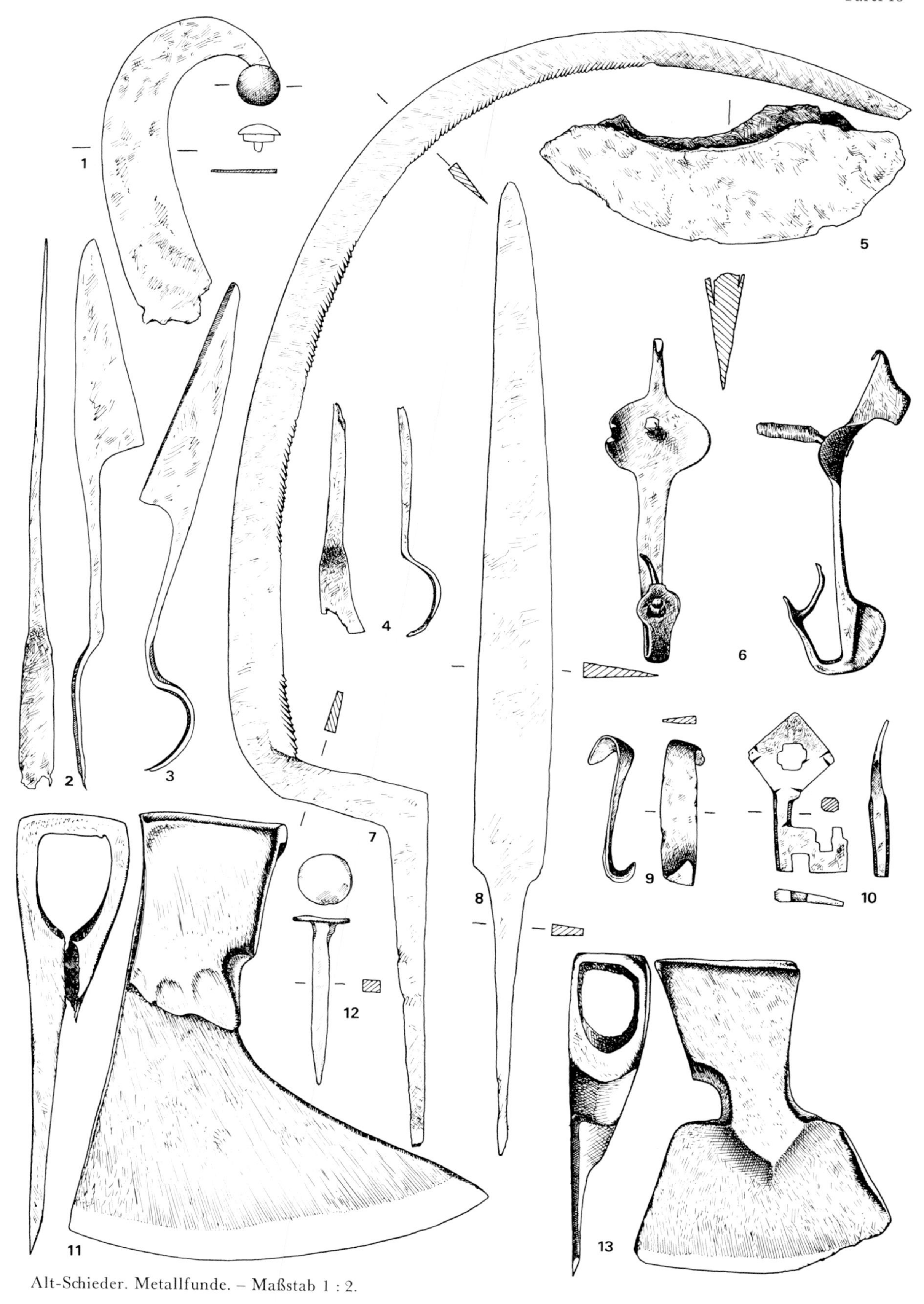

Alt-Schieder. Metallfunde. – Maßstab 1 : 2.

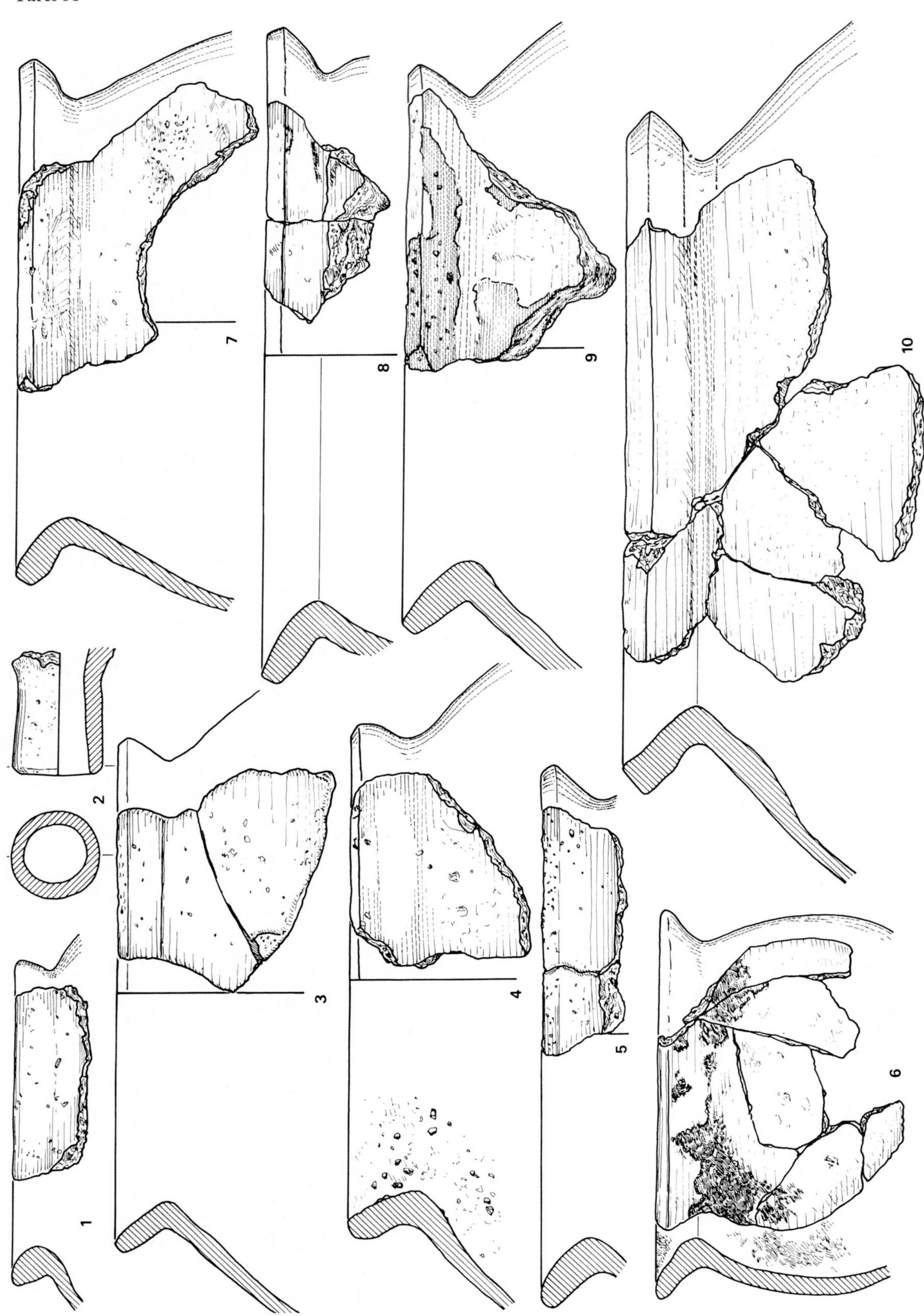

Uffoburg. Keramik. – Maßstab 1 : 2.

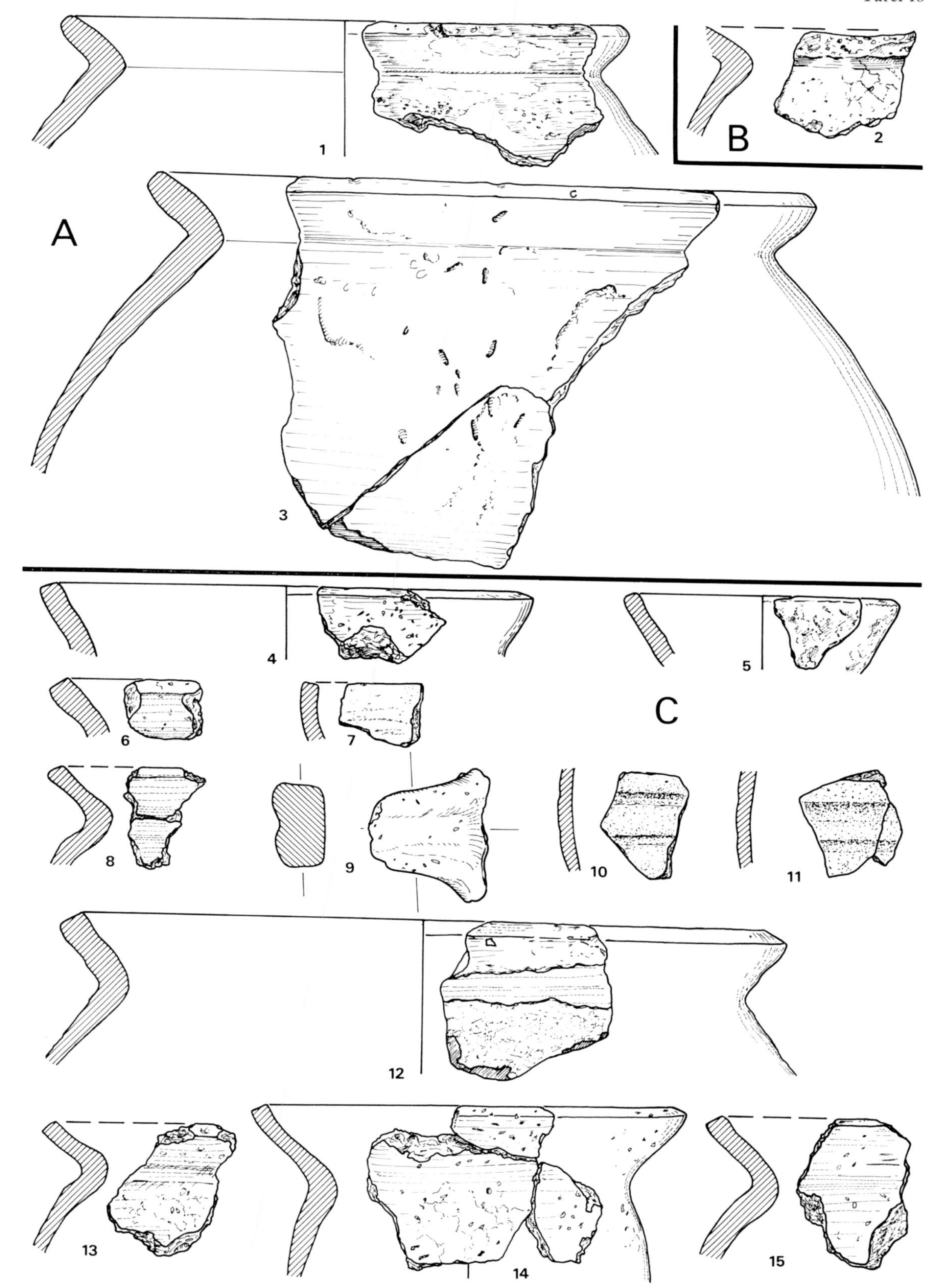

A: Uffoburg; B: Kleiner Hünenring; C: Bomhof. Keramik. – Maßstab 1 : 2.

A: Kohlstädt; B: Alt-Sternberg. Keramik. – Maßstab 1 : 2.

Tönsberg bei Oerlinghausen. Oben: Ansicht von O. Unten: Blick über südlichen Hauptwall (A) nach SW in die Wistinghauser Schlucht (B) und Senne.

Tönsberg bei Oerlinghausen. Oben links: Nordwesttor (A) mit Hauptwall (B), Graben (C) und Vorwall (D). Oben rechts: Südtor (E) vom Innenraum. Unten: Terrassierungen (F, G, H) am Südhang bei Schnitt XIV (Beilage 1).

Tönsberg bei Oerlinghausen, Grabung 1968. Oben: Schnitt I mit Innenfront der Mörtelmauer (A) und Wallschüttung (B). Unten links: Erste Pfosten (C) unter innerem Wallfuß. Unten rechts: Pfosten P I (D) mit Brandschutt hangabwärts. (Siehe Kap. 4.2.1.3.2.)

Tönsberg bei Oerlinghausen, Grabung 1968. Oben: Schnitt I durch aufgesetzte Mauer (A) und Laufhorizont (B) über älterer Wallschüttung mit Trockenmauerfront (C), unterer Fundschicht (D) und äußerem Versturz (E) (Beilage 3). Mitte: Schnitt XIV Südhang mit Schuttdecke auf Terrasse (G). Unten: Muldenförmiger Graben (F) (Beilagen 1 u. 17). (Siehe Kap. 4.2.1.3.2.)

Tönsberg bei Oerlinghausen, Grabung 1972/1974 (Beilagen 1, 2, 4 u. 6), Schnitt I. Oben: Aufgesetzte Doppelschalenmauer (A) über Laufhorizont (B) auf altem Wall mit Frontpackung (C). Unten: Innenfläche nach O mit Pfosten P I und P V (D) und verkohltem Längsholz (E). (Siehe Kap. 4.2.1.3.2.)

Tönsberg bei Oerlinghausen, Grabung 1972/1974. Oben: Innenhang mit Schnitt II (A) und Terrassen (B, C, D) (Beilagen 1 u. 7 oben). Unten: Trockenmauerfront (E) außen vor Terrasse, Schnitt I (Beilagen 1, 2 u. 6). (Siehe Kap. 4.2.1.3.2.)

Tönsberg bei Oerlinghausen. Oben: Kernwerkswall (A) mit Graben (B) bei Schnitt III von S (Beilagen 1, 8 u. 10). Unten: Einmündung Kernwerkswall (A) mit Graben (B) in südlichen Hauptwall (C) von O (Beilagen 1 u. 8). (Siehe Kap. 4.2.1.3.1. u. 4.2.1.3.2.)

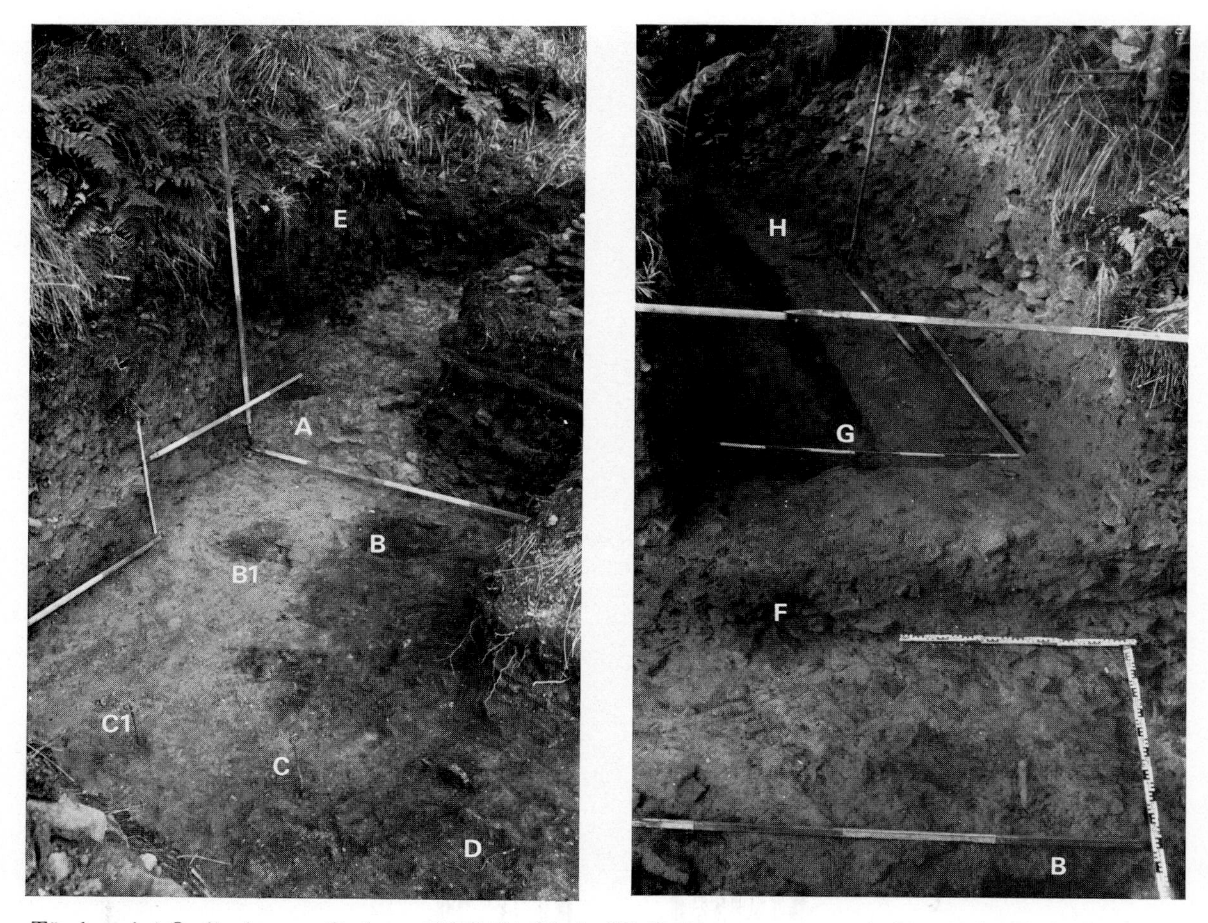

Tönsberg bei Oerlinghausen, Grabung 1972/1974, Schnitt III (Beilagen 1, 8, 9 u. 10). Oben links: Fläche Innenseite Kernwerkswall mit Pfosten (A, B, B1, C, C1), Innenfläche eines Hauses (D) und alter Grabungsstörung (E). Oben rechts: Erweiterung Schnitt III durch den Wall nach W mit Pfosten P I (B), Pfosten P VI (F), Feuerstellen F2 (G) und F1 (H) in alter Kulturschicht. Unten: Pfosten P I und P Ia, Detail (B, B1). (Siehe Kap. 4.2.1.3.2.)

Tönsberg bei Oerlinghausen, Grabung 1974, Schnitt III (Beilagen 1, 8, 9 u. 10). Oben: Wallschüttung Kernwerk mit Feuerstelle F1 (A) und Oberfläche der alten Kulturschicht (B). Mitte: Feuerstelle F1 (A), Detail. Unten: Trockenmauerfront (C) in der Wallschüttung. (Siehe Kap. 4.2.1.3.2.)

Tönsberg bei Oerlinghausen, Grabung 1974, Schnitt III (Beilagen 1, 8, 9 u. 10). Oben: Siedlungsreste unter Wallschüttung von O, Pfosten P VI (A), P V (B), P IV (C). Feuerstelle F2 (D), alte Oberfläche (E). Unten: Feuerstelle F2 (D), Detail mit Oberfläche (E) der alten Kulturschicht mit Ton- und Eiseneinlagerung auf Braunerde. (Siehe Kap. 4.2.1.3.2.)

Tönsberg bei Oerlinghausen, Grabung 1974, Schnitt VI (Beilagen 1, 8 u. 12). Oben: Ansicht von N mit Mörtelmauer (A) und grober oberer Wallschüttung (B). Unten: Schichtfolge, von innen gesehen, Mörtelmauer (A), obere jüngere Wallschüttung (B), untere alte Wallschüttung (C) mit Laufhorizont (D) und untere starke Brandschicht (E). (Siehe Kap. 4.2.1.3.2.)

Tönsberg bei Oerlinghausen, Grabung 1974. Oben: Schnitt VI, Ansicht Querprofil von W, Detail zu Tafel 27 unten mit oberer Wallschüttung (A), Laufhorizont (B), der unteren Wallschüttung (C) und darunterliegender Brandschicht (D). Unten: Schnitt VII von N (Beilagen 1, 8 u. 13). Fundament der Mörtelmauer (E), zusätzliche Aufhöhungsschicht (F), ältere Wallschüttung (G), untere Kulturschicht mit starkem Brandschutt (H) und Pfosten P I (J). (Siehe Kap. 4.2.1.3.2.)

Tönsberg bei Oerlinghausen, Modelle der Befestigung im Südwall. Oben: Älteste Befestigung in Holzbauweise mit Pfosten, Bohlen und Flechtwerk sowie schwachem Graben unten am Steilhang. Unten: Zweite Befestigung durch Stein-Erde-Wall mit Trockenmauerfront über abplaniertem Schutt der ersten Befestigung und Reparaturstelle mit Stützmauer im unteren Graben. Hölzerne Brustwehr auf der Wallkrone. Dahinter Siedlungsfläche mit Feuerstelle. Beide Rekonstruktionen nach Befund im Schnitt I. (Beilagen 4 u. 6.) (Siehe Kap. 4.2.1.3.3. u. 5.2.3.)

Tönsberg bei Oerlinghausen, Grabung 1972/1974. Oben: Ansicht Nordwall von O. Unten: Äußerste Befestigungslinie am Südwesthang, Schnitt XIII (Beilagen 1 u. 16). Innengraben (A) mit Einschwemmung, Versturz und starker Podsolierung und äußerer Wallschüttung (B) über degradierter Braunerde einer starken Flugsanddecke. (Siehe Kap. 4.2.1.3.2.)

Tönsberg bei Oerlinghausen, Grabung 1972, Schnitt IX, Gebäude am Nordwesttor. Oben: Nördliche Schalenmauer von außen. Unten: Südmauer (A) von außen, alter Siedlungshorizont (B) und Werkschuttschicht (C) mit Mörtel, Bausteinresten und zahlreichen Scherben. Darüber Abbruchschutt (D). (Beilagen 1 u. 14.) (Siehe Kap. 4.2.1.3.2.)

Piepenkopf und Amelungsburg bei Hillentrup-Dörentrup. Oben: Gesamtansicht von S. Mitte: Amelungsburg mit Bergrücken zum Piepenkopf hin von S. Unten: Piepenkopf, Steilhang nach N (Abb. 13).

Piepenkopf bei Hillentrup-Dörentrup. Oben: Terrassenförmiger Wall (A) am Südhang (Abb. 15). Unten: Südwall, Schnitt I von NO mit Stein-Erde-Mauer (B), Fundschicht innerhalb der Mauer (C) und rückwärtigem Versturz (D). Darüber angeschwemmter Waldboden (Beilagen 19 u. 20). (Siehe Kap. 4.2.2.3.2.)

Piepenkopf bei Hillentrup-Dörentrup. Südwall, Schnitt I (1939). Oben: Wallkern (A) mit äußerer Blockpackung (B). Unten: Detail der Mauerfront mit Trockenmauer (A), Blockpackung (B) vor der Front, Pfostenschlitz (C) und Pfostenloch (D) im Keupermergel (Beilagen 19 u. 20). (Siehe Kap. 4.2.2.3.2.)

Piepenkopf bei Hillentrup-Dörentrup. Oben: Schnitt I (1966) (Abb. 15; Beilagen 19 u. 20). Profil Ostseite mit Trockenmauer (A), senkrechten Verkeilsteinen (B) und innerer Pfostenspur (C). Mitte: Detail, innerer Pfosten (C) mit verkohlten äußeren Jahrringen. Unten: Mauerkern (A) Schnitt II (1939) (Abb. 15). (Siehe Kap. 4.2.2.3.2. u. 4.2.2.3.3.)

Piepenkopf bei Hillentrup-Dörentrup, Schnitt I (1966) (Abb. 15; Beilagen 19 u. 20). Oben: Rekonstruktion der Wehrlinie mit Graben, äußerer Blockpackung, Pfostenreihe in Schlitzen der Trockenmauer, hölzerner Brustwehr und rückwärtigem, durch Flechtwand gestütztem Wehrgang. Unten: Schnitt I von SW mit vollständigem Grabungsbefund (Beilagen 19 u. 20). Außenfront der Trockenmauer (A), Versturz auf der Berme (B), Spitzgraben (C) verfüllt mit abgeschwemmten Wallresten (E) im Graben und über dem ursprünglichen Waldbodenprofil (D). (Siehe Kap. 4.2.2.3.3. u. 4.2.2.3.4.)

Piepenkopf bei Hillentrup-Dörentrup. Oben: Rekonstruktion der Befestigung des Vorwalles nach O nach Befund bei Schnitt III (Abb. 15; Beilage 21). Palisadenzaun mit innerer Erdrampe. Unten: Schnitt III, östlicher Vorwall von O mit Pfostengräbchen (B) im Planum und im Profil. (Siehe Kap. 4.2.2.3.2. u. 4.2.2.3.4.)

Herlingsburg bei Schieder. Oben: Ansicht aus dem Emmertal von SW. Mitte: Toranlage im N von außen. Unten: Blick vom Innenraum über Wall nach O.

Herlingsburg bei Schieder. Oben: Hauptwall und Vorwälle der Bastionen westlich des Tores, von N. Unten: Terrassierung am südlichen Steilhang zum Emmertal hin mit historischem Grenzstein zwischen lippischem und ursprünglich Waldeck-Pyrmonter Territorium.

Grotenburg bei Detmold. Oben: Gesamtansicht von NW. Unten: Blick vom Großen Hünenring nach NW über mittlere Kette des Teutoburger Waldes.

Grotenburg bei Detmold. Oben: Wallrest (A) bei Schnitt 1 (1950) (Abb. 28), mit Brandschicht (B) in der Steinpackung. Unten: Graben zur Abgrenzung des Denkmalplateaus, der früheren Kernburg, Schnitt 9 (Abb. 28). (Siehe Kap. 4.2.4.3.)

Oben: Rodenstatt bei Brakelsiek. Ansicht von SW. Mitte: Stark abgetragener Rest der westlichen Wehrlinie (A) beim Südwesttor von N (Abb. 31). Unten: Emmertal bei Lügde. Blick vom Schildberg zur Herlingsburg mit Bomhofgelände.

Rodenstatt bei Brakelsiek, Schnitt I (1950) (Abb. 31). Oben: Ansicht der äußeren Wallfront (A). Unten: Schnitt durch den Wall, Frontpackung aus großen Blöcken (B) und umgestürzte Mauer über Brandschicht an der Basis (C). (Siehe Kap. 4.2.5.3.)

Oben: Bunten Berg bei Göstrup (Abb. 33), Ansicht von S. Unten: Alt-Schieder, Nordwestwand der großen Mergelgrube (Abb. 39, III) mit Wall (A) und Grabenprofil (B) der älteren Vorburg.

Alt-Schieder (Abb. 39). Oben: Innenfläche der Vorburg (A) im NW mit Wall (B) und Blick auf Wall (C) und Graben (D) der Hauptburg nördlich vom Nordwesttor. Unten: Torgasse (E) des Südwesttores zum Schweibachtal mit Südwestecke (F) der Hauptburg und vorgeschobener Außenbastion (G).

Uffoburg auf dem Rintelnschen Hagen bei Bremke (Abb. 43). Oben: Ansicht von NW. Mitte: Wall (A) und Graben (B) nördlich der Torlücke (C) von O. Unten: Blick vom Burgplatz (D) über Steilhang (E) auf Terrasse (F) vor der Nordwestfront.

Kleiner Hünenring an der Grotenburg bei Detmold (Abb. 44). Oben: Nordtor (D) von innen. Mitte: Ringwall (A) und Graben (B) östlich vom Südtor zur Straße hin. Unten: Wall (A) und Graben (B) im W zum ansteigenden Berghang (C) hin.

Oben: Bomhof bei Lügde (Abb. 47 u. 48). Kleiner Ringwall (A) mit Graben (B), Ansicht von W. Mitte: Gelände am Uhlensenbach, östlich vom Bomhof (Abb. 47) mit tiefem Hohlweg und Blick auf Herlingsburg. Unten: Schanze im Siekholz bei Schieder (Abb. 54), Wall (A) und Graben (B) im N.

Alt-Sternberg bei Schwelentrup (Abb. 55 u. 56). Oben: Schwelentruper Talkessel, Übersicht mit Mühlingsberg und Burgplatz von S. Unten: Ansicht des Bergsporns mit Burg von S.

Alt-Sternberg bei Schwelentrup (Abb. 56). Oben: Gesamtübersicht von O mit äußerstem Halsgraben (A), Gräben der Vorburg und des Burgplatzes (B). Unten: Vorburg und Burgplatz von SO mit Grabenaushub als Halde (Bastion) nach S.

Burg auf dem Schildberg bei Lügde (Abb. 57 u. 58). Oben: Tor (A) in Vorwall (B) mit Graben (C) von NO.
Unten: Burgplatz, Innenfläche mit Graben (E) im S.

Burg in Kohlstädt (Abb. 59 u. 60). Oben: Ansicht des Wohnturmes (A) mit Mauer des Anbaues (B) von S. Unten links: Gewölbeansatz im Turm. Unten rechts: Mauerdetail vom Turm.

Wälle von Haus Gierke „Sternhof" in Oesterholz (Abb. 62). Oben: Nordwestlicher Wall bei Schnitt I. Unten links: Schnitt I, vorgesetzte Mauer (A) im N und Grabenfüllung (B). Unten rechts: Schnitt I, Profil Graben (B) und Wall (C) nach Entfernung der Mauer, von N. (Siehe Kap. 4.4.2.3.)

Wälle von Haus Gierke „Sternhof" in Oesterholz (Abb. 62). Oben: Schnitt I, Wallschüttung von NO. Mitte: Schnitt I, Wallschüttung und Befunde im Planum des Bleichhorizontes. Zugeschwemmte Wegespuren (A), Laufspur der Zugtiere (B) und Pfahl- oder Pflanzgruben (C). Unten: Schnitt II, Wallfuß (E) innen mit Wegespur (A) im Bleichsand und Grenze zum tiefen Rigolprofil (D) von NO. (Siehe Kap. 4.4.2.3.)

Heidenoldendorfer „Spitzgraben“ bei Detmold (Abb. 63 u. 64; Beilage 23). Oben: Schnitt III mit gebänderten Grabenfüllungen (A) direkt im Flugsand ohne Ortsteinumrandung, verschiedene Wegespuren (B) mit Einschwemmungen und Ortsteinbildung bzw. Verfestigung an der Flugsandgrenze. Unten: Schnitt III, Querschnitt durch Wegespuren (B) mit Planum und Profil, Detail von S. (Siehe Kap. 4.4.3.)

Alte Wege (Beilage 24, Abb. 74). Oben: Tief eingeschnittener Hohlweg (A) vom Bomhof in Richtung Lügde. Unten: Stark gefächerter Hohlweg (B) in der Wistinghauser Schlucht, Detail. (Siehe Kap. 5.4.2.)